〔개론＋문제집〕

근현대사 편

정통 한국사

머리말

2015년 올해는 해방 70년, 분단 70년, 그리고 대한민국 건국 67주년이 되는 해다. 남북분단의 비극적 현실만큼이나 안타까운 것은 대한민국의 역사조차 둘로 쪼개져 있다는 점이다. 지난 시대, 반독재 민주화 투쟁 과정에서 과도하게 체제비판적이고 좌편향적인 역사관이 학계에 뿌리를 내리고 대중화된 탓이다. 이러한 좌편향 역사관은 정당한 체제비판을 넘어 반체제적 성향을 보이기까지 한다. 이제는 왜곡과 편향의 뒤안길을 걸어온 우리의 역사를 정도(正道)로 인도해야만 하며, 왜곡·편향된 교과서를 개정하고 한국사 시험을 개혁하는 것이 그 출발점이다. 특히 한국사능력검정시험과 공무원 시험의 한국사 과목은 크게 바뀌어야 한다.

같은 문제의식을 가진 분들과 함께 근현대사를 중심으로 표준적인 문제들을 만들었다. 대표 집필자로서 혼자 이름을 올렸지만, 이 책은 새로운 시대에 걸맞는 국민통합적, 긍정적 역사관을 가진 여러 분들의 노력에 의해 만들어졌음을 밝힌다. 시대별로 중요한 역사적 사실들을 올바른 시각에서 문제화하였다. 제목에 어울리는 정통의 역사관을 담은 이 문제집이 많은 분의 사랑을 받기를 희망한다.

대표 집필자 김원

목차

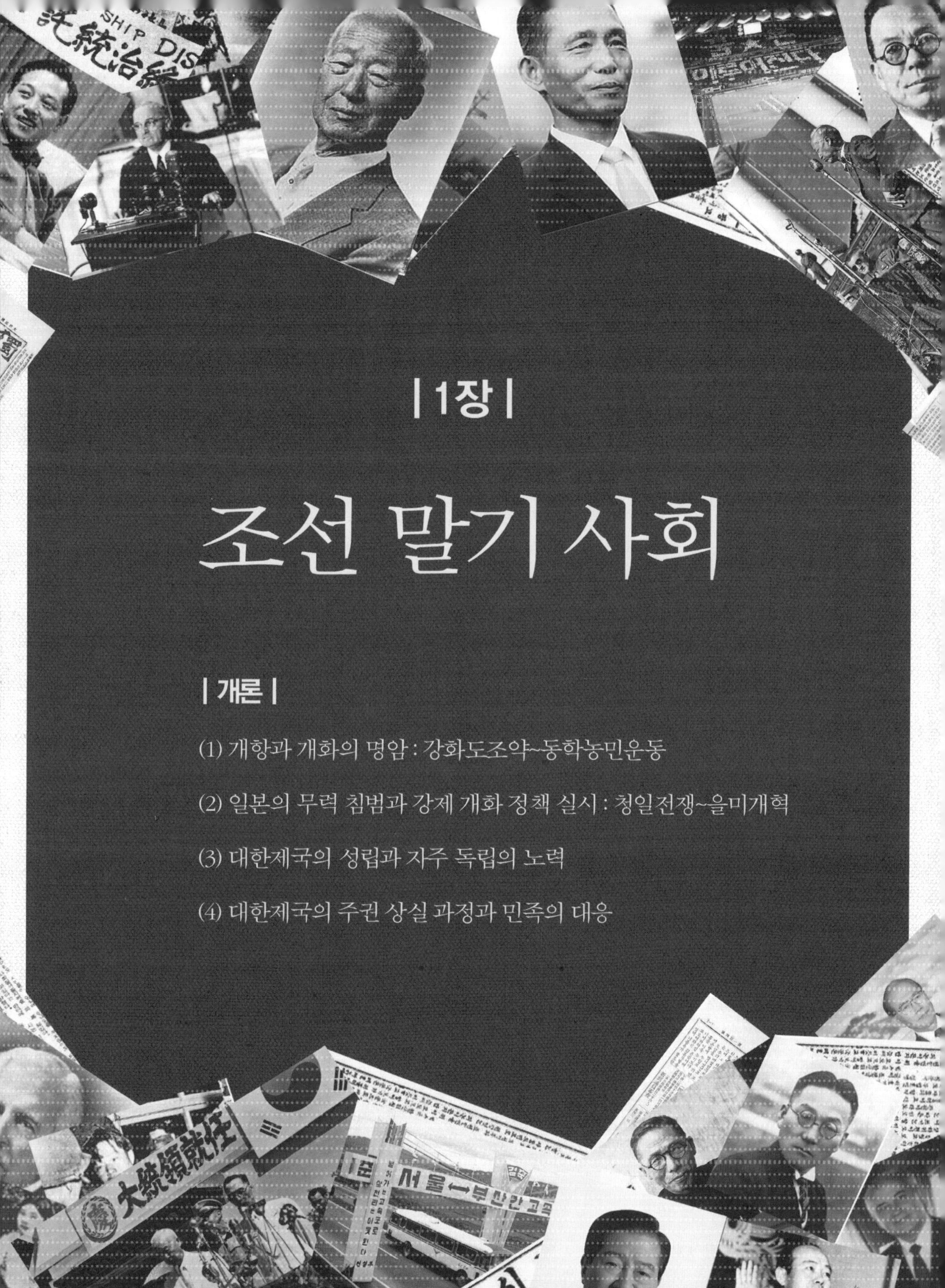

|1장|

조선 말기 사회

|개론|

(1) 개항과 개화의 명암 : 강화도조약~동학농민운동

(2) 일본의 무력 침범과 강제 개화 정책 실시 : 청일전쟁~을미개혁

(3) 대한제국의 성립과 자주 독립의 노력

(4) 대한제국의 주권 상실 과정과 민족의 대응

개론

(1) 개항과 개화의 명암 : 강화도조약~동학농민운동

조선 말기의 상황

정조가 사망(1800)한 이후 순조, 헌종, 철종 3대 60년에 걸쳐 안동 김씨 등 외척 세력에 의해 세도정치가 전개되면서 조선은 급격히 쇠락하였다. 농업과 상공업 분야에서 자본주의적 발전이 이루어지고 있었지만, 정치 세력은 이에 상응하는 제도적 개혁을 이루지 못했다. 붕당 정치와 법치는 붕괴되고 세도 권문이 권력을 독점하면서 부정부패가 극심해졌다. 전정, 군정, 환곡 등 이른바 '3정'의 문란은 백성들의 삶을 피폐하게 만들어 민란이 끊이질 않았다. 불만이 팽배한 사회 분위기를 틈타 서학(천주교)과 동학이 널리 퍼져나갔지만, 지배층은 강압으로 사회적 변혁에 대한 요구를 억누를 뿐이었다.

한편 19세기는 서구 열강의 제국주의적 팽창이 정점에 달한 시기였다. 제국주의 열강들은 원료 공급지 및 상품 시장을 원했다. 순조 32년(1832) 영국의 상선 암허스트호가 통상을 요구한 이래 프랑스, 러시아 등 다른 나라들의 요구가 줄을 이었다. 조선 정부는 이 모든 요구를 거절했다. 외세의 거센 압박으로부터 자주 독립을 지켜내는 동시에 근대화를 성취하는 것이 시대적 과제였으나 세도 정치기의 조선(19세기 전반)은 이 과제를 감당할 능력이 없었다.

1860년대 흥선대원군의 반동적 개혁

1864년 철종의 뒤를 이어 어린 고종이 즉위하자 국왕의 부친인 흥선군 이하응이 대원군으로서 정치적 실권을 장악했다. 흥선대원군은 무너져가는 조선을 다시 세우기 위해 과감한 개혁 정치를 시도하였다. 그의 개혁은 전통적인 통치 체제를 재정비하는 것으로 국가 기강을 바로잡고 민생을 안정시키는 성과를 거두긴 했으나 근본적으로 전제 왕권 강화라는 목적을 벗어나지 못했다.

특히 흥선대원군은 외국의 통상 수교 요구에 대해 강경한 자세로 쇄국 정책을 고수했다. 19세기 중반 러시아는 만주 지역을 통해 조선까지 확장을 시도했다. 이에 흥선대원군은 선교사를 통해 프랑스를 끌어들임으로써 러시아를 견제하려고 했으나 이 교섭은 실패로 돌아갔다. 이후 흥선대원군은 천주교를 엄금하며 신부들과 신도 수천 명을 처형하였다(병인박해, 1866). 이로 인해 프랑스의 극동 함대가 침공해 들어왔지만 조선은 이를 물리쳤다(병인양요). 병인양요가 일어나기 직전 미국의 상선 제너럴셔먼호가 통상을 요구하다 대동강에서 평양 군민의 공격을 받아 침몰된 사건이 벌어졌다. 이를 구실로 1871년 미국의 군함 5척이 강화도를 공격해왔으나 조선은 다시 이를 물리쳤다(신미양요). 두 번의 승리로 자신감을 얻은 흥선대원군은 서양 오랑캐를 배척한다는 요지의 척화비를 전국에 세워 통상 수교 거부 정책을 공고히 하였다.

강화도조약 – 일본에 의한 강제 문호 개방

10여 년 만에 흥선대원군이 실각(1873)하고 고종이 직접 정사를 돌보기 시작하자 조선의 내외 상황이 달라지기 시작했다. 당시 일본은 메이지 유신(1868) 이후 적극적인 근대화를 시도하고 있었다. 일찍이 조선과의 국교 수립을 추진하였지만 흥선대원군에 의해 거절당한 바 있는 일본은 서구 열강의 방법을 따라 강압적인 방식으로 조선의 문호를 개방하기로 마음먹고 운요호 사건을 일으켰다(1975). 막무가내로 접근하다 공격을 받자 이를 핑계로 문호 개방을 요구해온 것이다. 외국에 통상 수교를 개방해야 할 필요성을 느끼고 있던 조선은 이를 계기로 일본과 조일수호조규, 이른바 강화도조약을 맺게 된다(1876).

강화도조약은 조선이 자주국으로서 일본과 동등한 권리를 가진다고 선언하고 있었다. 하지만 이는 청의 종주권을 부인함으로써 일본의 조선 침략을 용이하게 만들기 위한 구실이었다. 실제로는 불평등한 내용으로 가득 차 있었다(일본인의 치외법권, 조선의 해안 측량권 등). 그러나 이를 계기로 조선은 일본으로 수신사를 파견하고 일본은 조선에 공사관을 설치하는 등 본격적인 교류가 시작되었다. 또한 후속 조치로 조일수호조규 부록 및 조일 무역 규칙이 체결되어 일본의 경제적 침략이 용이해졌다.

조선책략과 통상 수교

일본과의 수교 이후 서구 열강과의 수교가 이어졌다. 수신사로 일본에 건너간 김홍집이 중국 외교관 황준헌으로부터『조선책략』을 받아와 고종에게 바쳤다. 러시아의 남하를 견제하는 중국(청)의 입장에서 조선에 제안하는 내용을 담고 있는 서적이었다. 친중국, 결일본, 연미방을 통해 러시아를 방비하라는 것이 요지였다. 조선 정부가 이에 전적으로 따른 것은 아니었으나 미국, 영국, 독일(1882), 이탈리아와 러시아(1884), 프랑스(1886) 등 서구 열강과의 수교를 통해 문호 개방이 지속적으로 이루어졌다. 하지만 이들과의 수교 역시 대부분 불평등한 내용의 조약으로 이루어졌다.

개화파와 위정척사파

이러한 시대 상황에 대해 조선의 내부는 크게 두 가지 입장으로 나뉘어 대립하고 있었다. 개화파는 조선 후기의 실학 사상을 계승하면서 청의 양무운동, 일본의 문명 개화론의 영향을 받았다. 문호 개방과 통상을 지지하면서 근대적 개혁을 원했던 이들은 1870년대 무렵부터 정치 세력으로 성장하기 시작했다. 문호 개방 정책을 펼치던 조선 정부도 개화파 인사들을 등용하면서 내부 제도를 개혁하고 해외 문물에 대한 정보를 수집하려 하였다.

그러나 전통적인 유생층 대부분은 흥선대원군의 노선을 여전히 따르고 있었다. 이들은 성리학적 가치관을 지키며 외세를 배격한다는 위정척사운동을 전개하였다. 1870년대에는 왜양일체론을 들어 일본과의 문호 개방을 반대하였고, 1880년대에는 『조선책략』을 비판하며 개화를 반대하는 상소 운동을 전개하였다(영남만인소). 위정척사파는 복고적이고 반동적인 성향을 지녔지만, 반외세 자주의 정신은 훗날 의병 운동으로 이어졌다.

임오군란

준비되지 않은 급격한 개화 정책 추진은 새로운 문제를 불러일으켰다. 외척 세력인 민씨 일파가 개화를 주도하였는데, 이들이 일본인 교관을 초빙하여 훈련하던 신식 군대(별기군)를 우대하며 구식 군대를 차별하였다. 봉급 지급을 13개월이나 미룬데다, 지급된 쌀에 돌까지 섞여 있는 것을 본 구식 군대가 난을 일으켜 민씨 정권의 관료들을 살해하는 사건이 벌어졌다(임오군란, 1882). 이로 인해 민씨 일파가 정권에서 물러나고 흥선대원군이 다시 복귀하게 되었다.

임오군란은 조선을 사이에 두고 청과 일본이 본격적으로 대립하게 된 계기였다. 일본인 공사와 거주민들을 보호한다는 핑계로 일본이 군대를 파견하려하자 청은 흥선대원군에게 군란의 책임을 물어 청으로 압송함으로써 일본이 개입할 명분을 없애려 했다. 그러나 다시 복귀한 민씨 정권은 일본과 제물포조약(1882)을 맺어 일본 경비병이 공사관에 주둔할 수 있도록 허용하였다. 한편 임오군란을 계기로 청은 본격적으로 조선을 식민지화하기 위해 나섰는데, 조선에 대한 종주권을 확인하고 불평등한 조약으로 경제적 이권을 침탈할 기반을 마련하였다. 또한 청군으로 하여금 조선 군대를 훈련시키게 하는 한편, 정치 외교 고문을 파견해 조선의 내정과 외교에 깊이 간섭하기 시작했다.

갑신정변

임오군란 이후 복귀한 민씨 정권은 청의 힘으로 재집권한 탓으로 군란 이전과는 달리 친청 세력이 요직을 차지하고 있었다. 당시 개화파는 두 파벌로 나뉘어 있었는데, 청과의 전통적인 사대 관계를 인정하며 중국의 양무운동을 따르려고 한 온건 개화파(사대당)와 일본으로부터 근대화를 배우려고 하던 급진 개화파가 있었다. 민씨 정권은 급진개화파와 공공연하게 대립하며 이들을 억압하였는데, 이에 대해 김옥균 등을 중심으로 한 급진개화파는 일본 공사로부터 지원을 약속받고 우정국 개국 축하연을 계기로 정변을 일으켰다(갑신정변, 1884). 갑신정변을 일으킨 이들은 14조 개혁 요강을 발표하며 사대 외교를 폐지하고 입헌군주제를 도입하는 등 근대적인 정치 개혁을 시도하였으나 지원을 약속한 일본이 배신하고 청군이 신속하게 개입함으로써 3일 천하로 끝나고 말았다.

갑신정변이 실패로 끝난 뒤 급진개화파의 입지는 더욱 좁아졌고 개화운동은 후퇴하게 되었다. 조선은 일본이 입은 피해에 배상하기 위한 한성조약(1885)을 맺었고, 일본과 청나라는 톈진조약(1885)을 맺어 조선에서 양측 군대를 철수하기로 약속하였다. 하지만 일본은 이 조약을 통해 유사시에 청과 동등하게 조선에 파병할 권한을 확약받았고 이는 나중에 청일 전쟁을 일으키는 빌미가 되었다.

동학농민운동

임오군란과 갑신정변 이후 청의 지배력이 더 강화되는 것처럼 보였지만, 경제적인 측면에서는 일본의 진출이 더욱 활발해지고 있었다. 특히 입도선매 방식으로 쌀의 수출을 독점하자 조선의 식량 사정은 매우 나빠졌다. 황해도 지방에서는 방곡령(1889)으로 쌀의 유출을 막으려 했지만, 조약에 위배되는 조치라는 일본의 항의로 오히려 배상금만 물어야 했다.

일본을 비롯한 외세의 침탈로 농촌 경제가 파탄에 이르렀고 이는 동학의 확산을 불러왔다. 철종 시기에 최제우가 세운 동학은 인간 평등 사상과 사회 개혁 사상을 주장하였고, 이는 농민층의 불만과 사회 변혁 요구와 잘 들어맞았다. 위기감을 느낀 정부가 일찍이 1864년 교주 최제우를 처형했지만, 1890년대가 되자 세를 크게 확장한 동학교도들은 교조의 억울함을 풀고 종교를 공인받고자 했다. 1892년부터 시작된 교조신원운동이 실패로 끝난 후, 이렇게 결집된 동학교도의 힘은 다른 방향으로 움직였다. 1894년 전라도 고부 군수 조병갑의 학정에 항거하여 동학교도를 중심으로 농민군이 조직되어 관아를 습격하는 사건이 벌어졌다. 정부는 이 민란의 책임을 물어 동학교도들을 체포, 처형하였는데 이에 반발한 동학교도들은 전봉준 등을 중심으로 제폭구민, 보국안민의 기치를 내걸고 대대적인 봉기에 나섰다.

정부군이 동학농민군에 패퇴하자 정부는 청에 원군을 요청하였고, 일본도 텐진조약을 빌미로 군대를 파견하였다. 이렇게 외국군이 들어오자 동학농민군은 정부군과 화친(전주화약)을 맺고 해산하였다. 이후 전주화약에 따라 민정 기관 집강소가 설치되어 행정 개혁이 이루어졌고, 중앙 정부도 개화파의 주도 아래 개혁 정치를 시도하려 하였다.

주둔 근거가 없어진 청군과 일본군은 조선에서 물러나야 했지만, 일본은 이를 계기로 청을 조선에서 몰아내기로 마음먹고 청일전쟁(1894.7)을 일으켰다. 청일전쟁은 이듬해 4월까지 이어졌지만, 개전 직후부터 승기를 잡은 일본은 조선에 대한 내정 간섭을 본격화하기 시작했다. 이에 항거하기 위해 동학농민군은 제2차 봉기를 일으켰으나 공주 우금치 전투(1894.11)에서 패배하면서 결국 실패로 끝이 났다.

동학농민운동은 민란으로 시작되었으나 반봉건적 사회 개혁, 반외세 자주의 요구로까지 확산된 민중, 민족 운동이었다. 비록 운동은 실패로 끝났고 외세 침략의 계기를 제공하기까지 하였으나, 동학농민운동을 통해 발현된 사회 개혁에 대한 요구는 중앙 정부가 추진한 일련의 개혁(갑오개혁)에 반영되는 결과를 가져왔다.

(2) 일본의 무력 침범과 강제 개화 정책 실시 : 청일전쟁~을미개혁

동학농민운동과 개혁 추진

동학농민운동의 제1차 봉기는 지방 관료들의 학정에 대한 항거였다. 조선 정부가 이를 진압하기 위해 청나라 군대를 요청하고, 이에 일본도 텐진조약을 구실로 병력을 보내오자 농민군은 전주화약(1984.5.8)을 맺고 자발적으로 해산하였다. 이후 농민군은 전라도 지역에 자치조직인 집강소를 설치하여 행정과 치안을 담당하고 개혁을 추진하였다.

정부 역시 이에 화답하여 국정 개혁을 실시하고자 하였다. 6월 11일 교정청을 설치하여 자주적인 개혁을 시도한 것이다. 정부와 농민군의 화약으로 군대를 주둔시킬 명분이 사라지자 일본은 노골적으로 조선을 장악하려는 움직임을 시작했다. 일본군은 경복궁을 포위하고 고종 가족을 인질로 삼아 정부군을 무장해제시키는 폭거(경복궁 쿠데타, 1894.6.21)를 저지르고 내정 간섭을 시작했다. 청이 이에 항의하자 일본은 청일전쟁을 일으켰다. 청일전쟁은 이후 8개월을 끌었지만, 승기를 잡은 일본은 청일전쟁 도중에도 내정 간섭을 멈추지 않았다.

일본이 왕실을 볼모로 잡고 청일전쟁을 일으키자 동학농민군은 항일을 기치로 9월에 제2차 봉기를 일으켰지만 우금치에서의 패배로 일본을 막지 못하게 되었다.

갑오개혁

경복궁 쿠데타를 일으킨 일본의 강요로 내정 개혁이 추진되었는데, 이를 갑오개혁이라고 한다. 갑오개혁은 두 차례에 걸쳐서 이루어졌다.

제1차 갑오개혁(1894.6~11월)을 추진한 중심 기관은 초정부적 회의기관인 군국기무처였다. 개화파인 김홍집이 중심이 되었다. 왕실 사무와 정부 사무를 분리시켜 왕권을 약화시켰고, 청과의 사대 관계를 단절하기 위해 개국 연호를 사용하였다. 신분제도와 노비제도를 철폐하고 고문, 연좌제, 조혼, 청상과부의 개가 금지 등 봉건적인 악습도 폐지되었다. 경제적인 조치로는 조세의 금납화, 재정 일원화(탁지아문), 은본위 화폐 제도 채택 등이 있었으나, 방곡령의 반포를 금지하고 일본 화폐의 유통을 허용하는 등 일본에 의한 경제 침탈의 길을 열어 주는 조치도 포함되었다. 이러한 일부 독소조항이 있기는 했지만, 제1차 갑오개혁은 청일전쟁에 집중하고 있던 일본이 크게 간섭하지 않았기에 자주적인 측면이 강했다.

청일전쟁에서 승기를 잡자 일본은 본격적으로 내정에 간섭하기 시작했다. 이것이 제2차 갑오개혁(1894.11~1895.6)이다. 고종이 국가 개혁의 대원칙인 홍범 14조를 반포한 것도 제2차 갑오개혁 때다. 일본은 우선 갑신정변의 주역이었던 박영효를 불러들여 연립내각을 구성하도록 하였다. 이 연립내각은 제1차 개혁에 이어 중앙과 지방의 행정 조직을 개편하였다(내각제 도입, 중앙 정부의 8아문을 7부로, 지방의 8도 행정구역을 23부로 개편). 이때 처음으로 근대적인 재판소가 설치되어 행정권과 사법권의 분리가 이루어지고 지방관의 권한이 축소되었다. 일본은 각 부처에 일본인 고문관을 배치함으로써 실질적인 내정 간섭을 시작하였다.

삼국간섭과 을미사변

청일전쟁에서 승리한 일본은 시모노세키조약을 통해 엄청난 이익을 챙겼다. 2억 냥의 배상금과 함께 요동(랴오둥) 반도, 타이오나, 펑후 제도의 할양을 약속받았다. 그러자 만주와 중국 동북부로의 진출을 꾀하던 러시아가 위기감을 느꼈다. 러시아는 함께 중국의 이권을 노리던 경쟁국 프랑스와 독일을 설득해 일본에게 압박을 가했다. 이 삼국의 강요로 인해 일본은 요동 반도를 청에게 반환할 수밖에 없었는데 이를 삼국간섭이라고 한다.

일본이 서구 열강에 굴복하는 모습을 보이자 조선 왕실은 러시아의 힘을 빌려 일본의 간섭으로부터 벗어나려고 시도하였다. 제2차 갑오개혁으로 중앙 정치를 주도하던 박영효를 내란음모 사건으로 쫓아낸 뒤 김홍집을 중심으로 한 내각에 친러파 인사들을 대거 기용하였다. 그러자 위기감을 느낀 일본은 일본 군인과 낭인들을 동원해 궁궐을 습격하고 민씨왕후를 살해하는 만행을 저질렀다(을미사변, 1895. 8.20).

을미개혁과 아관파천

일본은 을미사변 이후 친러파 내각을 붕괴시키고 친일파 관료를 중심으로 새로운 내각을 수립했다. 이 내각이 수행한 친일적인 개혁을 을미개혁이라고 한다. 기존의 개국 연호 대신 '건양'이라는 새로운 연호를 사용하였고, 기존의 음력 대신 태양력을 채택하였다. 단발령과 종두법을 시행한 것도 이때의 일이다. 국모 시해와 단발령

에 항거하여 최초의 의병(을미의병)이 일어났고, 일본은 의병을 무자비하게 진압하
였다.

일본이 의병 진압에 나선 틈을 타 고종이 러시아 공사관으로 거처를 옮기는 일이 벌
어졌다(아관파천, 1896.2). 그 혼란 속에서 일본이 내세운 친일 김홍집 내각이 붕괴
되고 일부 각료가 살해되는 사건이 벌어졌다. 이로 인해 을미개혁은 중단되었고 고
종이 몸을 의탁하고 있던 러시아 공사관을 중심으로 러시아의 이권 침탈이 시작되
었다.

(3) 대한제국의 성립과 자주 독립의 노력

아관파천과 이권 침탈

조선에 대한 종주국의 지위를 잃지 않으려고 한 청과의 경쟁에서 승리한 일본에게 새롭게 등장한 경쟁자는 러시아였다. 삼국간섭 사건으로 충돌을 예고한 뒤, 아관파천을 계기로 러시아는 일본을 압박하며 조선에 깊이 간섭하기 시작했다. 고종은 약 1년간(1896.2~1897.2) 러시아 공사관에 머물렀다. 이 시기 뿐만 아니라 고종이 환궁한 이후에도 러시아는 삼림, 채굴·채광, 철도 부설 등 각종 이권을 챙겼고 다른 서구 열강도 이에 뛰어들었다.

독립협회(1896-1898)

서재필은 갑신정변에 가담하였다가 일본을 거쳐 미국으로 망명한 인물이다. 그는 조지워싱턴 대학에서 의학을 공부해 개업의가 되었다. 비록 역모 혐의를 받아 천민으로 격하되고 이젠 조선인이 아니라 미국인이 되어 있었지만, 조선 출신 최초의 서양 의사라는 사실 때문에 조선 정부는 서재필과 접촉을 시도하였다. 서재필은 미국에 체류하면서 조선 정부로부터 명예직과 함께 재정적 지원을 받았는데, 1895년 귀국해 국왕 자문 기구인 중추원의 고문역을 맡았다.

서재필은 중앙 정치에 힘을 쏟는 대신 대중 계몽이 급선무라고 생각해「독립신문」을 만들고 개혁파 관료들과 함께 독립협회를 창립하였다. 독립협회는 우선 청에 대한 사대의 상징이었던 영은문을 허물고 독립문을 건립하자는 운동을 전개하면서 기금 모금과 함께 독립협회 회원을 늘렸다. 1897년 8월부터는 토론회와 강연회를 통해 서구적인 민권 의식과 자주 의식을 고취하려고 했다.

러시아의 이권 침탈이 심해지자 독립협회는 만민공동회라는 군중대회를 개최하여 반러시아 이권수호 운동을 효과적으로 전개하였다. 그리고 보수파 대신들의 퇴진을 촉구하며 개혁 내각의 수립을 지지하였다. 1898년 하반기에는 독립협회와 내각이 논의하여 국왕 자문 기구인 중추원을 근대적인 의회의 상원 제도로 개편하기로 합의가 이루어졌다. 이와 더불어 독립협회와 일부 대신들의 만남인 만민공동회(관민공동회)를 개최하여 '헌의 6조'라는 개혁 건의문을 채택하기도 했다.

처음에 고종은 독립협회의 개혁 요구를 수용하는 듯 보였으나 이들이 입헌군주제가 아니라 공화정을 꾀하고 있다는 모함에 넘어가 독립협회의 해산을 요구하고 주요 간부를 체포하였다. 독립협회는 만민공동회를 다시 열어 근대적인 시위를 벌였으나 정부는 어용단체인 황국협회를 시켜 만민공동회를 습격하고 군대와 경찰을 동원해 강제로 해산시켰다. 이로 인해 30개월에 걸친 독립협회의 활동은 끝이 나고 말았다.

광무개혁

환궁한 직후 고종은 국가의 위신을 새롭게 세우기 위해 황제를 칭하며 연호를 새롭게 정해야 한다는 요구를 받아들였다(칭제건원). 1897년 8월 고종은 연호를 '광무'로 바꾸었고 10월에는 스스로 황제를 칭하면서 대한제국을 선포하였다. 비록 독립협회를 강제로 해산시키고 개화인사들의 주장을 배척하는 것처럼 보이긴 했으나 고종에게 개혁의 의지가 없는 것은 아니었다. 다만 고종이 원한 것은 강력한 황권을 중심으로 한 근대 국가였다.

대한제국 초기에 이루어진 각종 개혁적 조치를 가리켜 광무개혁이라고 부른다. 러시아와 일본이 서로 팽팽하게 맞서고 있는 상황이었기에 대한제국은 비교적 자유롭게 자주적인 개혁을 실시할 수 있었다. 왕조 중심 국가를 포기할 수 없는 고종은 '구본신참(옛 법을 근본으로 하여 새로운 제도를 참조한다)'을 이념으로 내세워 복고적인 개혁을 시도하였다. 광무개혁은 모든 권력이 황제에게 집중된 전제적 국가를 의도한 것이었다. 그 결과 황실 제도와 군대, 경찰력의 강화를 제외하고는 큰 성과를 거두진 못하였다.

경제 분야에서 전국적으로 양전 사업을 실시하고 토지 소유 증명서인 지계(대한전토지계)를 발급함으로써 근대적인 토지 소유권이 확립되는 성과를 거두었다. 동시에 상공업 진흥 정책을 추진하여 많은 회사를 세웠고 근대적인 산업 기술을 적극적으로 받아들이기 위해 많은 유학생을 파견하고 기술 교육을 장려하였다. 청나라와 대등한 입장에서 통상 조약을 체결하는 한편, 청과 간도 귀속 문제로 충돌이 불거지자 간도에 대한 통치권을 행사하는 외교력을 보이기도 했다.

러일전쟁의 발발

대한제국의 이권을 놓고 경쟁을 벌이던 러시아와 일본의 갈등은 점점 더 격화되고 있었다. 여기에 끼어든 것이 영국이었다. 중국으로부터 멀리 있던 영국은 러시아가 가까운 지리적 이점을 이용해 중국을 손쉽게 집어 삼키도록 놔두고 싶지 않았다. 영국이 발견한 동맹국은 일본이었다. 영국과 일본은 1902년 영일동맹(제1차)을 맺고 러시아에 압박을 가했다. 미국도 일본을 공공연하게 후원하며 힘을 보탰다.

대한제국은 청일전쟁 때처럼 전쟁에 휘말려 불필요한 피해를 입지 않기 위해 1904년 1월 국외 중립을 선언했다. 그러나 바로 다음 달인 1904년 2월 일본은 선전포고도 없이 러시아 군이 주둔하고 있던 요동 반도의 뤼순(여순)을 공격하고 제물포(인천)의 러시아 함대를 격침시켰다. 러일전쟁의 발발이었다.

러일전쟁이 발발하자 일본은 서울에 군대를 주둔시키는 한편 대한제국 정부에 한일의정서 체결을 강요하였다. 한일의정서는 대한제국이 내정개혁을 위해 일본의 충고를 받아들이고, 군사전략상 필요한 지점을 일본에게 제공하는 대신 일본이 대한제국의 독립과 영토 안전을 보장한다는 것을 골자로 하는 것이었다.

러일전쟁의 종결

일본은 러일전쟁에서 우세를 점하자 1904년 8월 한일협약(제1차) 체결을 강요하였다. 한일협약의 내용은 일본이 지명하는 고문을 채용하라는 것이었다. 재정고문 메가타 다네타로는 대한제국의 재정권을 박탈하고 황실 재산을 해체하여 대한제국의 일본 종속을 더 심화시켰다. 외교고문으로 추천된 더럼 스티븐스는 대표적인 친일파 미국인으로 미국 내에서 일본의 조선 침탈을 정당화하는 홍보에 주력하였다(스티븐스는 1908년 재미동포 전명운과 장인환에게 암살당했다).

1905년 동해에서 러시아의 발틱함대를 격퇴하면서 일본은 결정적인 승기를 잡았다. 일본은 미국과 가쓰라-태프트밀약을 맺어 미국의 필리핀 지배와 일본의 한반도 지배를 서로 묵인하기로 하였다. 영국과는 제2차 영일동맹을 맺어 영국으로부터도 한반도에 대한 일본의 특수이익을 보장받았다. 결국 1905년 9월 미국의 중재로 러시아와 일본은 포츠머스조약을 체결하여 전쟁을 끝냈다. 이로써 일본은 러시아로부터도 한국에 대한 독점적 지배권을 인정받게 되었다.

한편 러일전쟁 중인 1905년 2월 일본은 일방적으로 시마네 현 고시 제40호를 통해 독도를 일본 영토에 편입시키는 만행을 저질렀다. 제2차 세계대전 종전과 더불어 독도는 한국의 영토로 회복되었지만 여전히 일본은 독도의 영유권을 주장하는 망발을 계속하고 있다.

을사조약과 한일합방

러일전쟁이 종결된 후 1905년 11월 일본은 이토 히로부미를 파견하여 을사조약(제2차 한일협약)을 체결하였다. 고종황제는 이 조약에 대한 서명을 끝까지 거부하였지만 1906년 2월 통감부가 설치되면서 대한제국의 외교권은 실질적으로 박탈당했다.

고종은 1907년 네덜란드의 헤이그에서 열린 만국평화회의에 밀사를 파견하여 을사조약의 부당성을 알리려고 하였다. 일본은 이를 빌미로 고종을 강제로 퇴위시키고 1907년 7월에 한일 신협약(정미조약)을 체결하였다. 이를 통해 통감의 권한이 확대되어 실질적으로 내정을 장악하게 되었으며 각 부처에 일본인 차관이 임명되었다. 그리고 1907년 8월에는 군대 해산 조칙을 통해 군을 해산시켰다. 1909년에는 기유각서를 통해 사법권과 감옥 사무권을 박탈당했고, 1910년 6월에는 경찰권이 일본으로 넘어갔다.

마침내 1910년 8월 한일병합조약이 체결됨으로써 대한제국은 사라지고 한반도는 일본의 식민지가 되었다.

의병

을사조약으로 인해 국권수호운동이 거세게 진행되었다. 항일 의병과 애국계몽운동이 그 큰 두 갈래였다.

항일 의병의 시작은 을미사변과 단발령에 항거한 을미의병부터였다. 보수적인 유생이 주를 이루었던 을미의병은 이념적으로는 위정척사운동의 후예였다. 이들은 아관파천 이후 고종이 친일파 관료를 처단하고 단발령을 철회함으로써 대부분 해산하였다. 그러나 1905년 을사조약이 체결되자 항일 운동에 다시 불이 붙었다. 민영환은 울분을 못 이겨 자결을 하였고, 장지연은 '시일야방성대곡'이라는 항일 논설을 발표하였으며, 윤기호는 5적 암살단을 조직하였다. 동시에 각 지역에서 항일 의병 투쟁이 전개되었는데, 양반뿐만 아니라 평민 의병장(신돌석)도 활약하였다. 그러나 정부의 진위대가 나서서 진압하자 '임금의 군대와 싸울 수 없다'며 투쟁을 포기하는 의병장(최익현)이 생겨나는 등 을미의병 투쟁은 동력을 잃고 잦아들었다. 최익현은 대마도로 유배를 갔으나 단식으로 자결함으로써 항일 의지를 끝까지 보여주었다.

다시 의병 투쟁에 불이 붙은 것은 1907년 고종이 강제로 퇴위당하고 군대가 해산된 때였다. 각 지방의 해산 군인들이 의병에 가담하면서 세 번째의 의병 운동인 정미의병이 시작되었다. 군인들의 참여로 조직적인 작전이 가능했던 정미의병은 서울 진공작전까지 벌였으나 결국 일본군의 대공세로 1909년 이후 거의 소멸되었다. 그러나 일부 의병들은 간도와 연해주로 이동하여 항일 독립군이 되었다. 아직 의병활동이 치열하게 전개되고 있던 1909년 10월, 만주의 하얼빈에서 안중근이 한국 침략의 원흉인 이토 히로부미를 사살하는 의거를 일으키기도 하였다.

애국계몽운동

을사조약이 체결될 무렵 지식인과 관료들 중에는 우리가 힘이 없어 이런 일을 겪게 되었다며 실력 양성을 통해 국권을 회복하자는 생각을 가진 이들이 생겨났다. 약육강식의 국제 질서를 현실로 받아들이고 중장기적인 실력 양성이 답이라고 보았기 때문이다.

처음에는 정치단체가 등장하였다. 1904년 보안회는 일본의 토지 약탈 계획에 반대하는 활동을 전개하였다. 1905년에는 헌정연구회가 조직되어 입헌정치를 추구하였으나 통감정치가 시작된 후 정치집회가 금지되면서 해체되었다. 헌정연구회를 계승하여 등장한 대한자강회는 월보를 발행하며 고종 퇴위 반대운동을 벌였으나 보안법에 의해 강제 해산당하였다. 정치단체가 활약하기 힘들게 되자 교육과 식산흥업(산업진흥)으로 힘을 쏟는 단체들이 생겨났다. 학회의 이름을 내걸었지만 실제로는 국권 회복을 목표로 한 정치사회 단체들이었다.

신민회

통감부의 탄압으로 합법적인 활동이 어려워지자 비밀결사 단체가 등장하였는데, 이승훈 등이 주도한 신민회가 대표적이다. 신민회는 대성학교(안창호), 오산학교(이승훈) 등 교육기관을 설립하여 인재를 양성하고 민족기업을 운영하여 경제적 실력 양성도 도모하였다.

1910년 국권을 상실하게 되자 신민회 일부 인사는 국내의 실력 양성으로는 답이 없다고 생각하고 만주로 이동하여 무장 투쟁을 준비하였다. 삼원보(서간도), 한흥동(밀산부)에 독립운동 기지를 개척하고 신흥무관학교를 세움으로써 훗날 독립군 부대를 양성할 기반을 마련하였다. 일부는 미국으로 건너가 훗날을 기약하기도 하였다. 그러나 국내에 남아있던 신민회 회원들은 일제가 조작한 데라우치 총독 암살 미수 사건에 연루되어 조직적인 탄압을 받아야만 했다(105인 사건).

이권수호운동과 국채보상운동

아관파천 이후 제국주의 열강의 이권 침탈이 본격화되었다. 경제적 침탈에 대항하여 일찍부터 이권수호운동도 함께 전개되었다. 1898년 서울 시전 상인들이 황국중앙총상회를 조직해 외국 상인들의 불법적 활동을 막기 위해 상권수호운동을 전개하였고, 독립협회와 보안회도 이권 침탈을 막기 위한 활동을 성공적으로 수행하였다.

제1차 한일협약으로 재정고문이 된 메가타는 화폐정리 사업 등을 통해 일본의 경제 침탈을 용이하게 하였으며 일본에 대한 대정부의 부채를 엄청나게 늘려 놓았다. 1907년 국채보상기성회의가 발족되어 일본의 차관을 갚고 국권을 회복하자는 국채보상운동이 전개되었다. 각계 각층의 사람들이 성금을 모으며 거국적으로 전개되었지만 일본의 교묘한 방해로 1908년 중단되고 말았다.

한편 일본은 식량과 토지의 침탈에도 열을 올렸는데, 황무지 개간이라는 구실로 토지를 약탈하려다가 보안회 등의 반대로 실패로 돌아가자 1908년 동양척식주식회사를 설립해 조직적으로 토지 약탈을 전개하였다.

개항과 개화의 명암 강화도조약~동학농민운동

1. 다음 중 조선을 개항시킨 강화도조약과 관련 있는 것끼리 묶은 것은 무엇인가?

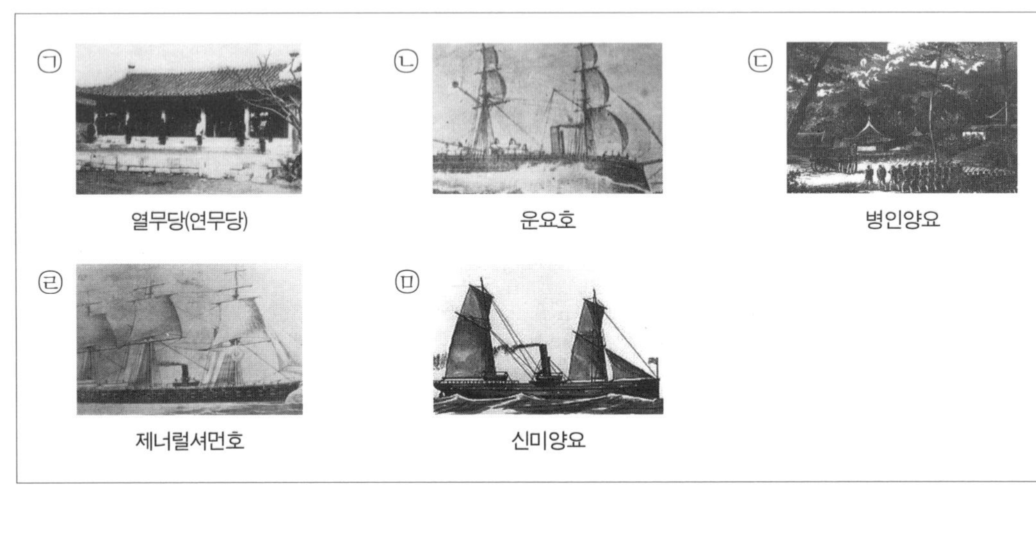

① ㉠ ㉡   ② ㉠ ㉢   ③ ㉡ ㉢   ④ ㉡ ㉣   ⑤ ㉣ ㉤

| 해 설 |

㉠ 열무당(연무당)은 강화유수부의 군사들을 훈련시키던 장소였고, 이곳에서 강화도조약(조일수호조규)이 체결되었다. 현재 이곳 인천 강화군 강화읍 국화리에는 '연무당 옛터'라고 새겨진 비석이 서 있다.

강화도조약을 체결한 현장. 연무당 옛터 ▶

㉡ 강화도조약을 체결하게 된 계기를 제공한 것은 운요호(운양호) 사건이다. 일본은 조선을 개항시키려고 의도적으로 운요호 사건을 일으켰다. 1875년 9월 일본 해병이 탄 운요호가 강화도 초지진에 접근하였다. 조선 수비대는 정체불명의 배의 접근을 막기 위해 대포를 쏘았고 운요호는 초지진을 향해 대대적인 포 사격을 실시하였다. 운요호는 이어 강화도 인근 영종도에 상륙하여 방화와 살인을 저질렀다. 하지만 일본은 운요호 사건을 빌미로 이듬해 군함을 이끌고 다시 강화도에 왔고 이때 조선을 굴복시켜 조일수호조규 즉 강화도조약을 체결하였다(1876년 2월).

㉢ 병인양요는 1866년 10월 프랑스군이 강화도를 침략했다가 40여 일 만에 물러간 사건이다. 프랑스군은 병인사옥(1866년 1~3월) 때 대원군이 프랑스 선교사들을 살해한 데 대한 책임을 묻는다는 구실로 강화도를 침략했다. 하지만 이들의 실제 목적은 조선의 문호를 여는 것이었다. 프랑스군은 강화읍성을 점령한 후 민가들을 약탈하고 의궤 등 외규장각

도서들도 훔쳐갔다. 프랑스군은 정족산성 전투에서 양헌수 장군이 이끄는 조선군에 패함으로써 강화도에서 퇴각하였다.

㉣ 제너럴셔먼호 사건은 1866년 미국 상선 제너럴셔먼호가 대동강에 올라와 통상을 요구하며 행패를 부리다 평양군민들에 의해 불에 태워진 사건이다. 1871년 신미양요의 발단이 되었다.

㉤ 1871년 6월, 미군이 강화도를 침략했다가 뜻을 이루지 못하고 돌아간 사건이다. 미군은 1866년 대동강에서 일어났던 제너럴셔먼호 사건의 책임을 묻고 조선을 개항시킬 목적으로 강화도에 온 것이다. 중국 베이징 주재 아시아 함대 사령관 로저스 제독은 콜로라도호 등 다섯 척의 군함과 1,230명의 미군을 이끌고 강화도 초지진, 광성보 등을 침공하여 포격전과 백병전을 벌였다. 어재연 장군이 이끄는 조선군은 광성보에서 목숨 걸고 저항하여 600여 명 중 350여 명이 전사하였다. 이때 미군은 세 명이 전사했을 뿐이지만 조선군의 격렬한 저항, 통상 여지가 없는 정부의 강경 태도(대원군의 쇄국정책) 등을 접하고는 48시간 만에 철수했다.

▲ 광성보 전투에서 희생당한 조선군(1871)

정답 : ①

2. 1876년 체결된 강화도조약(조일수호조규) 이후 조선은 쇄국정책을 버리고 개항, 개화의 길로 나아가게 되었다. 그러나 강화도조약은 일본의 강압에 의해 체결된 조약으로써 일제의 침탈을 본격화하는 계기가 되기도 했다. 강화도조약 내용 중에서 가장 독소적 요소는 무엇이었는가?

① 부산 이외에 두 개 항구를 20개월 내 추가로 개방한다.

② 개항장에서는 일본의 조차지를 설정할 수 있으며 그곳에서 일본 상인의 무역 활동과 주거의 편의를 제공할 수 있다.

③ 일본 정부는 개항장에 일본 상인을 관리하는 관원을 둘 수 있다.

④ 일본은 조선 연해를 자유로이 측정하고 해도를 작성할 수 있다.

⑤ 개항장 내에서의 일본인의 범죄는 일본 영사가 재판한다.

| 해 설 |

⑤ 제10조(일본인 범죄의 일본 영사 재판권)는 일본인에게만 일방적으로 유리한 편무적 치외법권(편무적 영사재판권)을 인정하는 것으로, 조선의 사법 주권을 침해한 가장 독소적 조항이다.

① 제5조 ② 제4조 ③ 제8조 ④ 제7조

* 기타 '조선은 자주 지방으로 일본과 평등한 권리를 보유한다(제1조)', '양국은 사신을 수시로 파견한다(제2조)' 등의 내용도 있다.

정답 : ⑤

3. 오늘날에도 미·일·중 주변 강대국들과의 외교 관계는 대한민국의 안보 문제에 커다란 영향을 미치고 있다. 개항기 조선의 생존을 위한 외교 전략으로 러시아의 남하를 막기 위해 친중국·결일본·연미방 해야 한다는 방책을 내놓은 책은 무엇인가?

① 황준헌의 『조선책략』

② 김기수의 『일동기유』

③ 유길준의 『서유견문』

④ 황현의 『매천야록』

⑤ 그리피스의 『은둔의 나라 한국』

김홍집은 1880년 제2차 수신사로 일본에 갔을 때 청나라의 외교관 황준헌으로부터 『조선책략』을 얻어와 고종에게 보고했다.

『조선책략』은 조선이 취해야 할 외교론, 부국강병책 등을 제시한 책이다. 외교론으로는 러시아의 남하를 막기 위해 친중국·결일본·연미방해야 한다는 방책을 제시하였다. 부국강병책으로는 서구 제국과 통상하여 산업과 무역을 진흥하는 한편 중국·일본에 유학생을 파견하고 서양인 교사를 초빙하는 방법 등으로 서양의 기술을 갖춘 인재를 양성할 것 등을 주장하였다. 이 책은 조선의 보수적인 유생들로부터 심각한 반발을 사 1881년 영남만인소 사건 등을 불러일으키기도 했다.

▲ 『조선책략』

그럼에도 조선 정부는 이 책이 제시하는 노선에 따라 개화 정책을 추진하여 통리기무아문 설치 등 정부 조직을 개편하는 한편 선진 문물을 습득하기 위해 일본에 신사유람단, 청나라에 영선사를 파견했다. 또 미국(1882.4), 영국(1882.4), 독일(1882.5) 등 서구 제국들과 차례로 수교를 맺었다.

① : 답

---

4. 『조선책략』은 김홍집이 일본에 제2차 수신사로 갔다가 가져온 책이다. 『조선책략』으로 인해 일어난 일이 아닌 것은 무엇인가?

① 조선 정부는 일본에 신사유람단을 파견하였다.

② 조선 정부는 김윤식을 영선사로 하여 유학생들과 함께 청나라 기기국에 파견하였다.

③ 홍재학은 고종에게 만언척사소(萬言斥邪訴)를 올렸다.

④ 이만손은 고종에게 영남만인소를 올렸다.

⑤ 조선은 러시아와 조러육로통상장정을 체결하였다.

| 해 설 |

⑤ 『조선책략』은 러시아의 남하를 막기 위해 중국·일본·미국과의 화친 외교론을 제시한 책이다. 따라서 조선의 조러육로통상장정은 『조선책략』의 정책과 반대되는 것이다. 조선이 러시아와 제1차(1885.4), 제2차(1886.7) 조러밀약을 맺고 조러육로통상장정(1888)을 맺은 것은 갑신정변(1884) 이후 청나라의 간섭이 심해진 후의 일이다. 이때 조선 조정 내 반청 감정이 확대되고 청나라를 견제하기 위한 방법의 하나로 러시아와의 접근을 시도한 것이다.

① 조선 정부는 『조선책략』에서 권고한 대로 1881년 1월 박정양·조준영·홍영식 등 68명의 대규모 시찰단 즉 신사유람단을 일본에 파견했다. 신사유람단은 조선의 개화 정책에 참고하기 위해 70여 일 동안 일본의 정부 기관 및 산업 시설 등 개화의 실상을 둘러보고 왔다.

② 조선 정부는 1881년 9월 김윤식을 영선사로 하는 학도와 공장(工匠) 38명을 중국 텐진 기기국으로 보내 무기 제조 기술을 유학토록 하였다.

③④ 『조선책략』에 공감한 고종은, 유생들이 척사론에서 벗어나도록 계몽하기 위해 이 책을 복사하여 대신들은 물론 재야 유생들에게도 배포하였다. 이러한 조치는 역작용을 낳았는데, 1881년 전국 유생들이 격렬히 반발하는 위정척사운동이 일어난 것이다. 이만손이 안동 등지의 유생들의 연서를 받아 이른바 영남만인소를 고종에게 올렸다. 또 강원도 유생 홍재학은 고종까지 비난하는 만언척사소를 올려 처형당하기도 했다.

⑨ : 답

5. 1882년 구식 군인들은, 별기군이라는 신식 군인들과의 차별 대우에 불만을 품고 폭동을 일으켰다. 이를 임오군란이라고 하는데, 이 사건에 대한 기술 중 사실과 다른 것은 무엇인가?

구식 군인의 모습

신식 군인인 별기군

① 이 사건으로 인해 민씨왕후가 권력에서 제거되고 대원군이 다시 권좌에 오르는 큰 정치파동이 일어났다.

② 임오군란 한 달여 뒤 청나라 군대가 국내로 들어와 민씨왕후를 중국으로 압송해가는 사건이 일어났다.

③ 일본의 경제 침탈로 고통을 받고 있던, 이태원·왕십리 등 서울 도성 내외의 빈민들도 정부 정책에 불만을 품고 군란에 동참하였다.

④ 정부는 일본과 제물포조약을 맺고 일본 공사관 경비병 주둔을 허용하게 되었다. 이로써 조선 역사상 최초로 외국군 주둔을 허용하는 선례를 남겼다.

⑤ 군란 세력들은 일본 공사관에 방화하고 별기군 교관 호리모토를 살해하였다.

| 해 설 |

임오군란은, 별기군 등 신식 군인들에 비해 차별 대우를 받은 데 불만을 품은 구식 군인들이 1882년 7월에 일으킨 난이다. 선혜청 관리들이 구식 군인들에게 13개월치나 밀린 급료 중 1개월치를 지급하는 과정에서 개인 이익을 취하기 위해 쌀에 겨·모래를 섞어 배분한 사건이 결정적 계기가 되었다. 구식 군인들은 선혜청 관리와 난투극을 벌였는데, 이 일로 선혜청 장관 민겸호가 주동자들을 극형에 처하려 하자 무위영 군인 김장손·유춘만 등이 주동이 되어 폭동을 일으킨 것이다.

① 군란 주동자들은 은밀히 대원군을 찾아가 진퇴의 의견을 물었다. 대원군은 겉으로는 달래는 척하면서도 은밀하게 심복들을 통해 군란 세력을 배후에서 조종하였다. 임오군란에는 민씨왕후를 중심으로 한 개화 정책에 불만을 가진 보수 세력의 저항도 한몫을 하였다.

▲ 대원군

② 임오군란 한 달여 뒤 장호원에 은거하던 민씨왕후가 청나라에 가 있던 영선사 김윤식을 통해 청나라에 군대를 보내달라고 요청하였다. 청나라 군대는 국내로 들어와 대원군을 실각시키고 청나라로 압송하였다. 이에 명성황후는 청나라 군대의 도움으로 다시 권력을 장악하였다. 이로부터 조선 정부는 청나라로부터 정치적 영향을 깊이 받게 되었고, 상대적으로 일본의 영향력은 약해졌다.

⑤ 군란 세력은 일본 공사관을 습격하여 불을 지르고 별기군 교관 호리모토를 살해하였다. 이때 일본 공사 하나부사(花房義質)는 공사관에서 빠져나와 본국으로 탈출하였다. 그는 군함 네 척과 300여 명의 군사를 이끌고 와서 책임자 처벌, 손해배상 등을 요구하며 항의하여 조선 정부와 제물포조약(1882.8) 체결을 이끌어냈다.

▲ 임오군란 때 피신하는
일본 공사관 직원들

⑦ : 月

6. 1884년 갑신정변으로 수립된 개화당 정부의 정강 정책 내용이 아닌 것은 무엇인가?

① 대원군 환국 등 청나라에 대한 종속 관계 청산

② 문벌 폐지와 능력에 의한 관리 선발

③ 지조법의 개혁과 국가 재정 확립

④ 토지 개혁 등 민심 수용

⑤ 혜상공국 혁파로 상업 자유화

| 해 설 |

④ 갑신정변 주도 세력은 지주층으로서 토지 개혁을 추구하지 않았다. 조선 후기부터 꾸준히 토지 개혁 요구가 있었지만 이것이 실제로 이루어진 것은 대한민국이 건국되고 나서다.

①②③⑤ 갑신정변 주동 세력은 쿠데타를 통해 권력을 장악하여 조선의 봉건 왕조 체제를 근대적 국민주권주의에 입각

한 입헌군주제로 바꾸려 하였다. 이들은 지주·상인 등 부르주아 중심의 근대 서구적 자본주의 사회로 발전을 지향하였다. 조선을 부국강병의 근대 국가로 바꾸려 한 것이다. 그러나 갑신정변이 실패로 끝나고 정부 내에서 젊고 적극적인 개혁파 관료층이 제거되면서 개혁 추진 동력이 크게 떨어졌다.

* 갑신정강 14개조 내용
① 대원군 즉각 환국, 청나라에 행하던 조공과 허례 폐지
② 문벌 폐지, 인민 평등권 제정(사민평등 확립) 관(官) 인사에서 능력 중심 등용
③ 지조법 개혁, 관리의 부정 방지
④ 내시부 혁파
⑤ 탐관오리 정죄
⑥ 각 도의 환상(환곡)은 영영 정지
⑦ 규장각 혁파
⑧ 순사를 두어 절도 방지
⑨ 혜상공국 혁파(특권적 상업 체제 폐지 및 상업 자유화)
⑩ 모든 재정 관리를 호조로 단일화
⑪ 대신과 참찬은 의정부에서 회의해 정령(정책)을 심의·시행(전제 왕권 약화, 고관회의가 실권을 갖는 정치 구조 지향, 입헌군주제 지향)
⑫ 정부 6조 이외 용관(불필요한 기관) 혁파
⑬ 4영을 1영으로 통합, 근위대 설치 등 군제 개혁
⑭ 유배·금고된 사람 정상 참작 감형

정답 : ④

7. 1884년 다음 건물에서 일어난 사건을 일으킨 주동자는 누구인가?

우정국

① 박규수   ② 이승만   ③ 서재필   ④ 김홍집   ⑤ 김옥균

우정국에서 일어난 사건은 갑신정변이며 주동자는 김옥균이다.
김옥균은 정변 실패 후 일본으로 망명했다가 정부에서 보낸 자객
홍종우에 의해 중국에서 암살당했다.

▲ 갑신정변 주역들(앞쪽 왼쪽에서
네 번째가 김옥균)

▲ 김옥균

답 : ⑤

8. 갑신정변의 영향으로 볼 수 없는 것은 무엇인가?

① 급진개화파가 제거되고 김홍집 등 동도서기파 체제로 정부가 재편되었다.

② 청나라의 위안스카이(袁世凱)가 '통리교섭통상사의'라는 직책으로 서울에 머물며 조선의 내정에 간
여하였다.

③ 청나라의 지원으로 쿠데타를 막을 수 있었기 때문에 정부에는 친청 감정이 널리 퍼졌다.

④ 조·일 간 한성조약을 체결하여 소실된 일본 공사관 재건, 일본인 희생자의 진휼금 등을 정하였다.

⑤ 청·일 간 텐진조약을 체결하여 양국군 철수 및 향후 조선에 파견할 때 사전 통고할 것을 합의하였다.

| 해 설 |

③ 민씨왕후를 중심으로 한 정부는 임오군란에 이어 갑신정변도 청나라 군대의 도움으로 위기를 넘겼다. 이로써 청나라
의 간섭이 점점 강화되었다. 청나라는 조선 정권에 기여한 것을 빌미로 정치 간섭을 강화하고 이를 배경으로 한 청나라
상인들의 조선 침투도 크게 늘어났다. 이 때문에 조선 정계에는 반청 감정이 팽배해졌고, 청나라를 견제하기 위해 러시
아와의 관계를 강화하려는 시도(친러정책)가 나타났다. 조선 정부는 1884년 12월 밀사를 통해 러시아 황제에게 고종의
친서를 보냈고, 1885년 4월과 1886년 7월 러시아 공사 베베르를 통해 조러밀약을 추진하다 실패하였다. 1888년에는 조
러육로통상장정을 맺어 경흥을 러시아에 개방하고 러시아인의 두만강 항행을 허용했다.

① 개화·개혁을 통해 국가 발전을 이루려는 급진개화파 인사들이 정부 관료 집단에서 대거 제거됨으로써 조선의 개화
정책을 추진하는 데 큰 타격을 주었다.

④ 청나라 군대의 공격으로 공사관이 불타고 일본인 희생자가 있었음을 들어 일본은 조선에게 손해배상을 내용으로 하
는 한성조약을 체결하도록 하였다.

⑤ 일본은 텐진조약을 통해 청나라와 대등하게 조선에 군대를 파견할 권리를 확보하였다. 일본은 동학농민운동이 일어
났을 때 청나라가 군대를 파견하자, 이 조약에 의거하여 즉각 군대를 보냄으로써 청일전쟁이 일어나게 되었다.

답 : ③

9. 1885년에는 조선을 둘러싼 국제 정세가 복잡하게 전개되었다. 1884년 갑신정변 이후 청나라의 간섭이 강화되고, 이에 대한 반발로 조선 정계에서는 청나라를 견제하기 위해 1884년 12월부터 러시아와 접촉을 강화해갔다. 1885년 4월 영국은 러시아의 조선 접근을 막기 위해 거문도를 점령하는 사건을 일으켰다. 영국군의 거문도 점령 직전인 1885년 2월 러·영·청·일 등 조선을 둘러싼 국제적 대립 상황을 인식하고, 조선을 스위스와 같은 영세중립국으로 만들자는 제안을 정부에 한 사람은 누구인가?

① 유길준　　　② 부들러　　　③ 데니　　　④ 묄렌도르프　　　⑤ 알렌

| 해 설 |

조선 정부는 갑신정변 이후 청의 간섭 강화로 반청 감정이 드높아져 러시아에 접근하였다. 1884년 12월에는 고종 황제가 러시아 황제에게 친서를 보낸 데 이어 조러밀약까지 체결(1885.4)하려다 비밀이 폭로되었다. 이에 분노한 청나라는 이를 주선한 묄렌도르프를 소환하고 고종·민씨 정부를 견제하기 위해 대원군을 서울로 데려다놓았다. 세계 각지에서 러시아와 경쟁하던 영국도 러시아의 조선 접근을 견제하기 위해 동양 함대를 보내 거문도를 불법 점령(1885.4.15)하여 해밀턴항이라 부르고 포대를 쌓아 요새화하였다. 이것이 거문도 사건이다. 조선 정부는 청나라를 통해 영국에 항의하였다. 영국군은 청나라의 중재로 러시아로부터 조선의 영토를 침략할 의사가 없음을 약속받은 후 1887년 거문도에서 철수하였다.

▲ 거문도 점령 당시(1885) 거문도 주민들과 자리를 함께 한 영국군.

② 독일 부영사 부들러

① 유길준도 유학 후 돌아와 청·러·미·일 등 강대국이 보장하는 중립론을 구상하기도 했다. 그러나 스위스 같은 영세중립국 안은 부들러의 주장이다.

⑦ : 딤

10. 강화도조약 이후 조선의 경제 유통 질서 변화에 대한 설명 중 옳지 않은 것은 무엇인가?

① 개항 직후 개항장이 상업의 중심지로 변하였다.

② 개항 초기 국내 상인들은 외국 상품으로 인해 별로 타격을 받지 않았다.

③ 임오군란 이후 외국 상인들은 직접 국내 시장으로 진출하기 시작하였다.

④ 외국 상인이 내지(內地)로 진출하면서 국내 상인들은 큰 타격을 받기 시작하였다.

⑤ 일본 상인들이 국내산 곡물과 면제품을 수입해감으로써 곡물과 면제품 값이 폭등하였다.

⑤ 일본 상인은 석유·성냥·솥·냄비 등을 외국으로부터 사서 조선에 파는 중계 무역을 하였다. 면제품의 경우, 일본 상인들은 처음에는 영국산 면제품(옥양목)을 사서 조선에 비싸게 파는 중계 무역을 하였다. 그러다 일본 상인들은 청일전쟁 이후 기계를 이용해 일본에서 생산한 자국산 면제품을 조선으로 들여와 내지 시장에 팔았는데, 이로써 국내 면제품 값이 폭락하였다. 일본 상인들은 조선 내 쌀 등 식량을 입도선매 방식으로 수입해감으로써 쌀 등 곡물 값이 폭등하였다.

① 개항 직후 석유·성냥·냄비 등 국내에서 볼 수 없는 외국 상품들이 속속 수입되어 큰 인기를 누렸다. 외국 상품을 수입하는 외국 상인들은 인천항 등 개항장에서만 활동할 수 있었으므로 외국 상품을 수입 판매하는 개항장이 상업의 중심지로 변해갔다.

② 개항 초기 외국 상품은 개항장에서만 판매 가능했다. 외국 상품은 개항장에서 활동하는 개항장 객주를 통해서만 국내 시장으로 들어올 수 있었다. 외국 상품은 개항장 객주의 중계를 거쳐 내지에서 활동하는 보부상·소매상들에게 전달되었고, 이들을 통해 소비자들에게 판매되었다. 이렇듯 외국 상품들은 개항장 객주 - 보부상·소매상으로 연결되는 국내 상인망을 거쳐서만 판매되었기 때문에, 국내 상인들은 외국 상품으로 인해 타격을 받지는 않았다.

③④ 임오군란(1882.6) 이후 조일수호조규속약, 조청상민수륙무역장정 등이 체결되면서, 외국 상인들도 개항장이라는 한계에서 벗어나 서울 상점 개설권, 내지 통상권 등 국내 시장에 진출하여 상업을 할 수 있는 권리를 갖게 되었다. 이 때문에 개항장 객주·보부상 등 국내 상인들이 큰 타격을 입게 되었다.

⑤ : 답

11. 조선 말기의 사건을 시대순으로 바르게 배열한 것은 무엇인가?

> (1) 임오군란　(2) 병자수호조규　(3) 텐진조약　(4) 한성조약　(5) 갑신정변　(6) 제물포조약

① (2) - (1) - (6) - (5) - (3) - (4)　　② (2) - (1) - (6) - (5) - (4) - (3)　　③ (2) - (1) - (4) - (5) - (6) - (3)

④ (2) - (5) - (6) - (1) - (4) - (3)　　⑤ (4) - (5) - (6) - (1) - (3) - (2)

병자수호조규 체결(1876) - 임오군란(1882.6) - 임오군란 때문에 조·일 간 제물포조약 체결(1882.7) - 갑신정변(1884.10) - 갑신정변 때문에 조·일 간 한성조약(1885.1)과 청·일 간 텐진조약(1885.4) 체결

② : 답

12. 조병갑의 부패로 인해 일어난 고부민란은 이후 많은 역사적 사건이 일어나는 단초 역할을 하였다. 이것이 발단이 되어 일어난 역사적 사건들이 아닌 것은 무엇인가?

① 청일전쟁 ② 갑오개혁 ③ 거문도 사건
④ 민씨 정권의 실각 ⑤ 동학농민운동

| 해 설 |

③ 거문도 사건(1885.4.15)은 동학농민운동이 일어나기 이전 사건이다. 조선 정부가 러시아와 밀약을 맺는 등 친러정책을 추진하자, 러시아와 경쟁하던 영국이 거문도를 불법 점령한 사건을 말한다.

答 : ③

13. 1893년 11월 전봉준 등 21명이 함께 작성한 사발통문은 어떤 사건과 관련이 있는가?

사발통문

① 우금치전투 ② 집강소 설치 ③ 고부민란
④ 백산봉기 ⑤ 제2차 동학농민운동

| 해 설 |

사발통문은 사발을 뒤집어 놓고 참가자들이 사발 외곽선을 따라 원을 그리며 서명을 한 것이다. 이는 어떤 모의의 주동자가 드러나지 않게 하는 방법이다. 전봉준 등 21명이 고부민란을 일으킬 당시 작성하여 각 마을 집강들에게 전파하여 동참을 호소한 사발통문이 1968년 발견되었는데, 그 내용은 이렇다. ① 고부성을 혁파하고 군수 조병갑을 효수하라. ② 군기창과 화약고를 점령하라. ③ 군수에게 아첨하여 인민을 침어한 관리를 격징하라. ④ 전주 감영을 함락하고 서울로 직접 향하라(고부민란 때 이미 동학농민운동을 염두에 두었음을 반증함).

전봉준의 봉기에 동조한 농민 1,000여 명은 전봉준의 지휘 아래 고부군청을 점령(1894.1)한 후 아전을 처단하고 무기고 탈취 후 불법 징수한 곡식을 빈민에게 나누어주고 만석보도 파괴하였다.

答 : ③

14. 다음 글은 언제 내걸었던 격문인가?

> 우리가 의(義)를 들어 여기에 이름은 그 본의(本義)가 결단코 다른 데 있는 것이 아니요 창생을 도탄에서 건지고 국가를 반석 위에 두고자 함이며, 안으로는 탐학한 관리의 머리를 베고 밖으로는 횡포한 강적(強敵)의 무리를 축멸코자 함이라. 양반과 부호 밑에서 고통받는 민중과 방백수령(方伯守令) 밑에서 굴욕당하는 소리(小吏)들은 우리와 같이 원한이 깊은 자라. 조금도 주저치 말고 이 시각으로 일어서라. 만일 이 기회를 잃으면 후회하여도 미치지 못하리라.

① 고부민란   ② 진주민란   ③ 보은집회

④ 제1차 동학농민운동   ⑤ 제2차 동학농민운동

| 해 설 |

④ 제1차 동학농민운동의 시발점이 된 백산봉기 때 전봉준이 내건 격문(白山檄文)이다. 전봉준은 이때 네 가지 행동 강령을 내세웠다. 첫째, 함부로 사람을 죽이지 말고 가축을 죽이지 말라! 둘째, 충과 효를 다하여 세상을 구하고 백성을 편안케 하라! 셋째, 왜놈을 몰아내고 나라를 깨끗이 하라! 넷째, 군사를 몰아 서울로 쳐들어가 권세 있는 자들을 모두 박멸한다.

⑨ : 답

15. 동학농민운동의 발생 및 전개 과정에 대한 설명으로 옳지 않은 것은 무엇인가?

① 일본군이 조선에 군대를 파견하자 정부와 동학농민운동 세력은 개입 명분을 주지 않기 위해 서둘러 전주화약을 체결하였다.

② 고부 군수 조병갑의 수탈에 반발해 전봉준이 주도해 일으킨 고부민란에서 발단이 되었다.

③ 안핵사 이용태가 고부민란 주동자를 가혹하게 처벌하자 대정부 투쟁으로 재봉기하여 동학농민운동으로 나타났다.

④ 전봉준의 지휘 아래 남접·북접이 합세한 동학농민운동 세력은 고부군 백산에서 봉기하여 관군과의 전투 없이 전주를 점령하였다.

⑤ 정부는 농민군의 위세에 놀라 청나라에 군사를 요청했고, 청군이 도착하자 일본군도 텐진조약을 핑계로 조선에 파병하였다.

| 해 설 |

④ 제1차 동학농민운동은 전봉준의 지휘 아래 남접 동학농민들이 참여하였다. 일본이 청일전쟁을 일으킨 후 일어난 제2차 동학농민운동에서는 전라도의 남접 동학교도와 함께 충청도의 북접 동학농민교도도 참여하였다. 동학농민군들이 백산에서 봉기하여 고부 황토현에서 관군(전라도 지방군)을 물리친 후 장성 황룡에서 홍계훈이 이끄는 정부군마저 물리치고 전주를 점령하였다.

답 : ④

16. 동학농민운동에서 전주화약 이후 일어난 일들에 대한 설명 중 사실과 다른 것은 무엇인가?

① 동학농민운동 세력은 정부와 전주화약을 체결한 후 폐정개혁 12개조를 확정했는데, 이는 다양한 자료에서 확인되고 있다.

② 전주화약 후 동학농민운동 참가 농민들은 해산하여 각자 자기 고향으로 돌아갔다.

③ 전봉준은 전라도 53개 군에 치안, 폐정개혁을 위한 민정기관인 집강소를 설치하고 자신은 전주감영 내 대도소에서 총지휘하였다.

④ 일본군은 조선의 철수 요청을 거부하고 대원군을 앞세워 경복궁을 침범하여 민씨 정권을 몰아내고 갑오개혁을 추진하였다.

⑤ 일본이 청일전쟁에서 우세를 보이자 동학농민운동 세력은 남접과 북접이 함께 제2차 동학농민운동을 일으켰으나 공주 우금치전투에서 대패했다.

| 해 설 |

① 유영익 교수(전 국사편찬위원장)는 '폐정개혁 12조는 출처가 불명확한 허구'로서 "고등학교 국사 교과서에 실려 있는 폐정개혁 12개조는 동학농민운동 관련 기록 어디에도 없다"고 주장했다. 다만 일제강점기인 1940년 아마추어 역사가인 오지영이 쓴 역사소설『소설 동학사』에 포함된 내용이라는 것이다. 사회주의자였던 오지영은『소설 동학사』에서 동학농민운동을 사회주의 혁명 또는 계급 투쟁으로 묘사하고, 이를 정당화하기 위해 "그 속에 횡포한 부호배(富豪輩)는 엄징"(제3조), "토지는 평균으로 분작(分作)"(제12조) 등을 포함한 '폐정개혁안 12개조'를 제시했다는 것이다. 특히 토지의 평균 분작은 사회주의적인 토지 개혁을 의미하는 것으로 해석했다. 오지영은 이러한 소설을 통해 동학농민운동을 사회주의적 민중사관으로 이해하려 했다는 것이다.

▲ 체포된 전봉준이 재판을 받기 위해 법무당국으로 압송되는 모습(1895.2)

유영익 교수는 "1894년 공포된 모든 동학농민운동 자료 중 이러한 내용을 담은 문건은 찾아볼 수 없다"고 지적하면서 '12개조 폐정개혁안'은 '오지영 개인의 가공안'이라고 주장했다.

그런데,『소설 동학사』를 해방 후 '소설'이란 용어를 삭제하고『동학사』로 재출간하면서 마치 오지영의『동학사』가 역사적 근거가 있는 역사책으로 오인받은 측면이 있다.

역사적 근거가 명확하지 않은 '폐정개혁 12개조'를 마치 역사적 사실인 것처럼 고등학교 교과서들이 모두 다 싣고 있다. 이것은 동학농민운동을 민중사관적 입장에서 인식토록 하려는 의도가 내재된 것으로 평가될 수 있다.

⑤ 동학농민운동 세력은 공주 우금치전투에서 일본군과 정부군에 대패함으로써 지리멸렬해지고 말았다.

정답 : ①

17. 동학농민운동으로 인한 역사적 영향으로 보기 힘든 것은 무엇인가?

① 청일전쟁 발발   ② 민씨 정권 실각   ③ 갑오개혁 실시

④ 의병 운동에 농민 참여   ⑤ 독립협회 성립

| 해 설 |

⑤ 독립협회는 서울 등 도시 중심으로 펼쳐진, 자유민주주의·자본주의 등 근대 국가를 지향하는 개화 노선에 의한 단체다. 동학농민운동은 농촌 중심으로 일어난 것으로, 봉건적 지배층에 대한 저항적 성격이 강했고 일본 등 외세에 대해서도 저항적이었다. 따라서 동학농민운동은 전근대적 성격을 가지고 있었고 근대화 의식이 부족하였다.

④ 동학농민운동 참여 세력은 대한제국 때 민중 운동(동학당운동, 영학당운동, 활빈당운동 등)으로 이어졌다가, 을사조약 이후 의병 운동에 참여하였다. 또 이들은 일제 병합 이후에는 독립군 활동에도 참여하였고 3·1운동 등 전국민적 항일 운동에 적극 동참하였다. 이들 중 일부는 일제강점기의 소작쟁의·노동쟁의 등 좌익 운동으로 이어지기도 했다. 따라서 좌파적 역사가들은 동학농민운동을, 지배 계급에 대한 계급 투쟁, 외세 저항적 성격을 강조하는 등의 사회주의적 관점에서 해석한다.

정답 : ⑤

18. 다음은 누구에 대한 설명인가?

그는 1886년 조선에 와서 5년간 육영공원에서 영어를 가르쳤으며, 그 후 한성사범학교 교사로 있으면서 세계의 역사와 지리 등을 소개한 순한글 교재 '사민필지'를 편찬하여 개화 인식 확산에 크게 기여하였다. 그는 을사조약 이후 고종 황제의 밀사로서 미국에 가서 루스벨트 대통령에게 친서를 전달하려 했고, 1907년 역시 고종 황제의 밀명을 받고 헤이그 만국평화회의에 가서 대한제국의 입장을 호소하는 등 독립운동에 큰 역할을 담당하였다. 그는 현재 양화진 외국인 묘역에 묻혀 있다. 그의 묘비에는 "나는 웨스트민스터 사원보다도 한국 땅에 묻히기를 원하노라"고 새겨져 있다.

① 언더우드   ② 헐버트   ③ 알렌   ④ 아펜젤러   ⑤ 스크랜튼

| 해 설 |

② 헐버트는 1949년 42년 만에 한국을 국빈 방문했다가 1주일 만에 노환으로 사망하였다. 헐버트는 샌프란시스코에서 대한민국으로 떠나며 언론에 "나는 웨스트민스터 사원보다도 한국땅에 묻히기를 원하노라"는 유언을 남겼다.

▲ 헐버트

▲ 헐버트의 묘비

① 언더우드는 미국 북장로교 선교사로 1885년 4월 조선에 들어왔다. 그는 성서 번역과 출판에 크게 기여하였고, 1887년 첫 개신교 교회인 정동교회(현 새문안교회)를 설립했다. 그는 1905년 경신학교를 설립했고, 1917년 연희전문학교(현 연세대)를 설립하였다. 그는 1916년 미국에서 병사한 후 양화진 외인 묘지에 안장되어 있다. 그의 가문은 3대에 걸쳐서 의료 선교와 교육 발전에 기여하고 있다.

③ 알렌은 미국 북장로교 선교사로 1884년에 조선에 들어왔다. 당시 공개적인 선교 활동이 금지되어 있어 미국 공사관 소속 의사로 행세했다. 그러던 중 갑신정변(1884) 때 중상을 입은 명성황후의 조카인 민영익을 수술하여 생명을 구한 것이 계기가 되어 고종의 주치의가 되었다.

▲ 언더우드

천주교 선교 역사에는 수많은 순교자가 있는데 반해 조선 말기 개신교 선교 과정에서는 순교자를 내지 않고 교육·의료 등을 수단으로 자유롭게 선교할 수 있었다. 이는 알렌이 고종 주치의로서 왕실과 친밀한 덕분이었다. 이후 우리나라에 들어오는 선교사들도 알렌으로부터 큰 도움을 받았다.

고종의 주치의가 된 알렌은 고종에게 서양식 병원 건립을 건의하여 1885년 최초의 서양식 병원인 광혜원을 설립하게 되었다. 광혜원은 이듬해 제중원으로 개칭되었다. 제중원 개원 첫해에만 1만여 명이 넘는 환자를 무료로 치료했다고 한다. 제중원은 나중에 우여곡절을 거친 끝에 세브란스 병원으로 개칭되었다. 알렌은 가쓰라-태프트 밀약에 반대하다가 을사조약 직후 미국 정부에 의해 강제 송환되었다고 한다.

▲ 알렌

④ 아펜젤러는 감리교 선교사로 1885년 조선에 들어왔다. 그는 정동제일교회를 설립하였고, 조선 최초의 서양식 학교인 배재학당(현 배재고)를 설립하였다. 그는 언더우드, 게일 선교사 등과 함께 성경의 번역에도 큰 역할을 하였다.

▲ 아펜젤러

▲ 배재학당

⑤ 스크랜튼은 미국 감리교 선교사로, 1885년 조선에 들어왔다. 그는 아펜젤러 선교사가 배재학당을 설립하자 이에 자극받아 1886년 정동에 여학교인 이화학당을 설립하였다. 이화학당은 현 이화여고 및 이화여대의 전신이다. 그는 세상을 떠날 때(1909)까지 한국 여성 교육에 크게 기여하였다.

▲ 스크랜튼

▲ 이화학당

答 : ②

19. 다음 기구에서 추진한 개혁은 무엇인가?

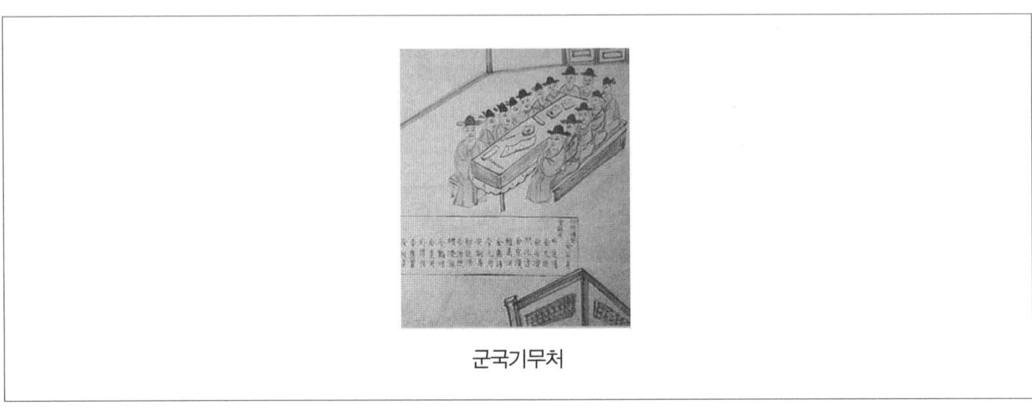

군국기무처

① 광무개혁   ② 제1차 갑오개혁   ③ 폐정개혁

④ 제2차 갑오개혁   ⑤ 을미개혁

| 해 설 |

② 동학농민운동을 계기로 조선에 들어온 일본군은 조선 정부의 반발에도 경복궁에 침입하여 친러 민씨 정부를 몰아내고 대원군 정부를 수립하였다. 일본군은 대원군 정부를 수립한 이틀 뒤 청일전쟁을 일으켰다. 이어 개혁에 비협조적인 대원군을 배제하고 개혁 추진 기관인 군국기무처를 설치(1894.6)하여 제1차 갑오개혁(갑오경장, 군국기무처 개혁)을 실시하였다. 일본군은 김홍집·박정양·유길준 등 중립·친일 인사로 제1차 김홍집 내각을 구성하고 개혁 정국을 이끌도록 한 것이다.

② : 冒

20. 동학농민운동의 발생 및 전개 과정에 대한 설명으로 옳지 않은 것은 무엇인가?

① 군국기무처는 일본과 내각 친일 인사들의 간섭을 많이 받았다.

② 신분제 혁파, 선거로 향회 구성 등 민주주의 성향을 보였다.

③ 청나라에 대한 자주 독립 주장, 한글 활용 등 민족주의적인 성향이 있었다.

④ 일본인 고문관 및 군사 교관 고용, 일본 화폐 통용 등 일본에 굴종성을 보였다.

⑤ 국왕의 권한을 약화시키는 방향의 정치 개혁을 통해 근대 국가를 지향하였다.

| 해 설 |

① 군국기무처는 국왕·대원군 등 어떤 정치 세력으로부터도 간섭받지 않았다. 일본도 청일전쟁 중이어서 군국기무처의 개혁에 적극 간섭하지 못했다. 군국기무처 개혁은 나름의 자율성과 독자성을 가지고 있었다. 군국기무처는 5개월간 존속(1894.6~11)하면서 208건의 개혁안을 의결하였다.

① : 답

21. 갑오개혁 내용과 관련 없는 것은 무엇인가?

① 청나라 연호 사용을 폐지하고 개국 기원 연호를 사용하였다.

② 과거제를 폐지하고 반상(班常)의 구별 없이 관리 임용을 하게 했다.

③ 신화폐발행장정(1894.7)을 발표해 금본위제를 채택하였다.

④ 조혼을 금지하고 과부의 재가를 허용하였다.

⑤ 조세의 금납화(금납제) 시행에 따라 조운이 소멸해갔다.

| 해 설 |

③ 갑오개혁에서는 은화(銀貨) 본위제(銅貨, 보조화폐)인 은본위제를 실시하였다. 그러나 실제 은본위 화폐는 발행하지 않고 백동화를 남발하여 화폐 제도의 문란을 초래했다. 금본위제는 1905년 재정 고문이었던 메가다(目賀田種太郎)가 화폐 개혁을 실시하면서 시행한 것이다.

① 청나라의 연호 사용을 폐기하고 1882년 이래 청나라와 맺은 불평등조약을 파기하였다. 이는 청나라의 종주권을 부정하기 위한 조치였다. 청나라의 연호 대신 개국 연호(개국 기원 연호)를 사용토록 하였다. 개국 연호는 조선을 개국한 1392

년을 원년으로 하여 기산(起算)하는 연호다. 1894년은 개국 503년, 1895년은 개국 504년 등으로 정하는 연호다.

⑤ 조세의 금납화(金納化, 金納制)란 곡물로 내던 조세를 화폐(현금)로 납부하도록 한 것을 말한다. 조세의 금납화(금납제)는 그간 조세를 쌀로 받아 이를 배로 이송하던 조운의 소멸을 가져왔다.

⑧ : 답

22. 제1차 갑오개혁의 내용이 아닌 것은 무엇인가?

① 일체의 재정 관리를 탁지아문으로 일원화하였다.

② 신화폐장정을 발표하여 금본위제를 채택하였다.

③ 길이·무게·넓이·부피 등 도량형을 통일하였다.

④ 문벌, 적서 차별, 공사 노비 제도 등 전근대적 신분 제도를 혁파하였다.

⑤ 고문을 금지시키고 범인의 가족까지 처벌하는 연좌제도 금지시켰다.

| 해 설 |

② 은본위제를 채택하였다. 금본위제는 1905년 화폐 개혁 때 처음 시행하였다. 갑오개혁 때 신화폐발행장정(1894.7)에서 은본위제 채택을 규정하면서도 신화폐 발행·주조 시까지 외국 화폐를 사용할 수 있도록 규정하여 일본 화폐의 조선 내 유통을 합법화하였다. 일본 화폐의 허용은 일본의 국내 경제 침투를 용이하게 하는 것이었다.

⑦ : 답

23. 갑오개혁에 대한 평가로 옳지 않은 것은 무엇인가?

① 갑신정변·동학농민운동 등에서 주장한 개혁안을 어느 정도 수용하였다.

② 봉건적 정치·행정·경제·사회 질서를 타파하고 근대 국가로 나아가는 계기가 되었다.

③ 조선을 근대 자본주의 사회로 변모시키는 위로부터의 변혁 운동이었다.

④ 갑오개혁에서 부국강병·독립을 강조했지만 정작 중요한 군사력 강화를 소홀히 했다.

⑤ 청나라로부터의 독립선언은 조선이 진정한 근대 독립 국가가 되도록 하자는 데 의의가 있었다.

| 해 설 |

⑤ 청나라로부터의 독립선언은 조선을 청나라의 종속적 상태에서 벗어나게 하고 일본의 배타적 간섭 아래 두기 위한 사

전 조치의 측면이 강했다. 도량형 통일, 신화폐 장정 등 각종 근대화 조치들도 일본의 침탈을 용이하게 하는 길을 닦는 역할을 하였다.

⑨ : 君

24. 일본은 1894년 9월경 청일전쟁에서 승리를 굳혀가고 있었고, 이에 조선 정치에 간여할 여력이 생겼다. 이로 인해 일본이 조선에 조치한 사항들에 대한 설명으로 옳지 않은 것은 무엇인가?

① 일본은 기존의 오오토리 공사를 적극적인 이노우에 공사로 교체하였다.

② 일본 공사는 개혁에 반발해온 대원군을 정계에서 은퇴시켰다.

③ 박영효·서광범 등 친일적 인사로 제2차 김홍집 내각을 구성하고 제2차 갑오개혁을 추진하였다.

④ 고종은 대원군, 왕세자, 문무백관을 거느리고 종묘에 가서 홍범14조를 반포하였다.

⑤ 홍범14조는 국가 통치 및 갑오개혁의 기본 강령을 규정한 최초의 헌법적 성격을 지녔고 조선의 근대 독립 국가 확립에 초점을 두었다.

| 해 설 |

⑤ 홍범14조는 1895년 1월 8일 제정·반포된 한국 최초의 근대적 헌법이다. 그러나 홍범14조는 이노우에 공사의 간섭에 따라 제정·반포된 것으로서, 조선의 자주 독립 국가에 필수적인 요소들이 결여되어 있다. 이는 일본의 의도에 따라 청나라와의 단절, 대원군·명성황후와의 단절 등에 초점을 두었다고 평가할 수 있다.

① 일본은 조선 정치에 보다 적극적으로 개입하기 위해 오오토리 공사를 본국으로 소환하고 적극적인 성향의 이노우에 공사를 조선으로 보냈다. 이노우에 공사는 국왕의 친정을 명분으로 내세워 대원군과 민씨왕후를 정치에서 배제시켰다. 이노우에 공사는 나아가 조선 정부에 압력을 넣어 각 정부 기관에 일본인 고문을 초빙토록 하였다. 따라서 조선의 정치·행정은 이노우에 공사와 일본인 고문에 의해 좌지우지되었다.

※ 홍범14조
제1조 : 청국에 의존하는 생각을 끊고 자주 독립의 기초를 세운다.
제2조 : 왕실 전범(王室典範)을 작성하여 대통(大統)의 계승과 종실(宗室)·척신(戚臣)의 구별을 밝힌다.
제3조 : 국왕(大君主)이 정전에 나아가 정사를 친히 각 대신에게 물어 처리하되, 왕후·비빈·종실 및 척신이 간여함을 용납치 아니한다.
제4조 : 왕실 사무와 국정 사무를 분리하여 서로 혼동하지 않는다.
제5조 : 의정부와 각 아문(衙門)의 직무 권한의 한계를 명백히 규정한다.
제6조 : 부세(賦稅, 세금의 부과)는 모두 법령으로 정하고 명목을 더하여 거두지 못한다.
제7조 : 조세 부과와 징수 및 경비 지출은 모두 탁지아문(度支衙門)에서 관장한다.
제8조 : 왕실은 솔선하여 경비를 절약해서 각 아문과 지방관의 모범이 되게 한다.
제9조 : 왕실과 각 관부(官府)에서 사용하는 경비는 1년간의 예산을 세워 재정의 기초를 확립한다.

제10조 : 지방관 제도를 속히 개정하여 지방관의 직권을 한정한다.
제11조 : 널리 자질이 있는 젊은이를 외국에 파견하여 학술과 기예(技藝)를 익히도록 한다.
제12조 : 장교(將校)를 교육하고 징병 제도를 정하여 군제(軍制)의 기초를 확립한다.
제13조 : 민법 및 형법을 엄정히 정하여 함부로 가두거나 벌하지 말며, 백성의 생명과 재산을 보호한다.
제14조 : 사람을 쓰는 데 문벌(門閥)을 가리지 않고 널리 인재를 등용한다.

⑨ : 답

25. 제2차 갑오개혁의 내용이 아닌 것은 무엇인가?

① 교육입국조서를 반포하여 전통식 교육과 근대식 교육을 융합하도록 하였다.

② 의정부를 내각으로 고치고 8아문을 7부로 개편하였다.

③ 지방 제도를 8도에서 23부로 개편하고 지방관에게서 군사권·사법권을 박탈하였다.

④ 1심, 2심 재판소를 설치하여 지방관에게서 빼앗은 사법권을 귀속시켰다.

⑤ 한성·인천 우체사 설치 등 갑신정변으로 중단된 우편 사업을 재개하였다.

| 해 설 |

① 고종은 1895년 1월 전 국민에게 교육입국조서를 반포하였다. 교육입국조서는 실용적 근대식 교육을 강조하고 과거 답습 교육의 부당성을 강조했다. 이로써 기존의 구식 교육(성균관·4학·향교 등)은 근대식 교육(소학교·중학교·사범학교·외국어학교 등)으로 획기적으로 변화되었다.

① : 답

26. 청일전쟁 발발 이후 친일적 개혁들이 추진되다가 갑자기 친러적 경향으로 급변하였으며, 이후 일본은 조선의 친러 경향을 반전시키기 위해 을미사변을 일으켰다. 조선 정계 내에서 친일 경향에서 친러 경향으로 돌변한 분기점은 무엇이었는가?

① 제2차 조러밀약   ② 제2차 동학농민운동   ③ 삼국간섭

④ 시모노세키조약   ⑤ 아관파천

| 해 설 |

③ 일본은 청일전쟁에서 승리하자 청나라와 시모노세키조약에 따라 랴오둥반도를 할양받았다. 일본의 대륙 진출 의도를 간파한 러시아·독일·프랑스 삼국은 공동으로 '동양 평화를 해친다'는 명분을 내세워 랴오둥반도를 청나라에 반환할 것을 강요하였다(1895.4). 일본은 결국 '삼국간섭'에 굴복하여 청나라에 랴오둥반도를 반납하였다. 일본이 삼국에 굴복했다

는 국제 정세를 파악한 고종과 민씨 세력은 러시아를 끌어들여 일본을 견제하려 하였다. 고종과 민씨 세력은 친일 세력을 몰아내고 친러·친미 세력으로 구성된 제3차 김홍집 내각을 구성하여 국정을 반일적으로 운영하였다. 일본은 조선이 친러적으로 기울자 이를 반전시키기 위해 친러·배일 정책의 핵심인 명성황후를 엽기적으로 시해하는 만행을 저질렀다. 이 것을 을미사변(1895.8.20)이라 한다. 을미사변 이후 일본은 고종에게 압박을 가하여 친러파를 퇴진시킨 후 친일파로 구성된 제4차 김홍집 내각을 구성케 하였다. 일본은 이 친일 내각을 통해 을미개혁을 단행하여 삼국간섭 이후 중단되었던 개혁 정책을 재개하였다.

① 갑신정변 이후 청나라의 정치 간섭이 심해지자 조선 정계 내에서 반청 감정이 높아졌고, 이에 따라 친러 노선이 나타났다. 이의 결과로 제1차 조러밀약(1885.4), 제2차 조러밀약(1886.7) 등이 추진되었으나 청나라의 간섭으로 모두 실패하였다.

정답 : ③

27. 단발령을 실시한 개혁 때 포함되지 않은 것은 무엇인가?

단발령

① 태양력 사용

② 조혼 금지 및 과부 재가 허용

③ 종두법 실시

④ 친위대·진위대 설치 등 군제 개편

⑤ 일세일원 연호 사용

| 해 설 |

② 조혼 금지 및 과부 재가 허용은 제2차 갑오개혁 내용이다.

⑤ 갑오개혁 때부터 사용하던 개국 연호를 폐지하고 한 왕에 하나의 연호를 사용하는 일세일원 연호를 사용하기로 했다. 이에 따라 1896년 1월부터 고종은 '건양' 연호를 쓰고(고종의 연호는 대한제국 수립 후 광무로 바뀌었다) 순종은 다른 연호인 '융희'를 사용하였다.

④ 을미사변 시 경복궁 침입에 동원된 훈련대와 경복궁을 방어했던 시위대를 합쳐 친위대를 조직하였고 평양·전주에 진위대 1개 대대씩을 만드는 등 군사 제도를 개편하였다

정답 : ②

28. 다음 건물과 직접 관련이 있는 사건은 무엇인가?

조선 말기 러시아 공사관 전경

① 춘생문사건

② 아관파천

③ 독립협회

④ 광무개혁

⑤ 거문도 사건

| 해 설 |

② 이범진·이완용 등 친러파는 러시아 공사 베베르와 공모하여 고종이 총애하는 엄상궁을 통해 을미사변 이후 불안에 떨고 있던 고종과 세자에게 궁궐 탈출을 종용하였다. 친러파는 궁궐 수비 친위대가 의병 진압에 동원된 틈을 이용하여 고종과 세자를 궁녀의 가마에 태우고 궁궐을 빠져나와 러시아 공사관으로 피신토록 한 것이다. 고종은 러시아 공사관에 성공적으로 피신한 후 즉시 김홍집·유길준·정병하 등 친일 5대신을 잡아 죽이라는 명령을 내리고 친러 내각을 구성하였다.

① 고종은 을미사변(1894) 이후 일본이 자신도 살해하지 않을까 불안에 떨고 있었다. 이에 이범진·이완용 등 친러파·친미파 관료 및 수백 명의 군인이 고종을 궁 밖으로 도피시킨 후 친일 정권을 타도하고 새 정권을 창출하려 쿠데타를 기도하였다. 이들은 궁궐에 진입하기 위해 작은 문인 춘생문에 이르렀다. 그러나 내부 고발자로부터 이 정보를 미리 탐지하고 있던 궁궐 친위대가 즉각 공격을 가함에 따라 친러파·친미파의 작전은 실패하고 말았다. 체포된 관련자 다수가 처형당하였고 이를 춘생문 사건이라고 한다(1895.10.12). 이범진·이완용 등 친러파는 다시 고종 도피 작전에 돌입하여 아관파천을 성공시켰다(1896.2.11).

⑦ : 目

29. 고종이 러시아 공사관에 피신한 동안 일어난 사건이 아닌 것은 무엇인가?

① 친일 내각이 몰락하고 친러 내각이 수립되었다.

② 열강이 광산 채굴권 등의 이권 침탈을 본격화하였다.

③ 러시아와 일본이 한반도 분할 협상을 했다.

④ 독립신문이 발행되고 독립협회가 결성되었다.

⑤ 정부 대신들과 독립협회 회원 등이 만민공동회를 열어 헌의6조를 채택하였다.

│ 해 설 │

⑤ 정부 대신과 독립협회 회원 등이 종로 네거리에서 만민공동회를 열어 헌의6조를 채택한 것은 고종이 러시아 공사관에서 나와 대한제국을 수립(1897.10)한 이후인 1898년 10월의 일이다.

② 러시아가 경원·종성 광산 채굴권 등을 획득하자, 서구 열강도 경쟁적으로 이권을 요구했다. 조선 정부는 왕이 러시아 공사관에 피신해 있는 상태이고 일본을 견제하기 위해 서구 열강의 환심을 살 필요가 있었기 때문에 광산 채굴권, 철도 부설권 등 많은 이권을 내놓게 되었다.

③ 1896년 6월 러시아 황제 대관식에 참석한 일본 외무대신(야마가다)이 러시아 외무대신(로바노프)에게 한반도 분할 점령안을 제시했으나 러시아가 거절함에 따라 양국 간 완충지대를 둔다는 조정안이 낙착되었다. 이와 반대로 일본이 제1차 영일동맹(1902)을 맺어 대항력을 키운 1903년에는 러시아가 북위 39도선을 기준으로 한 한반도 분할 점령안을 제안했으나 이때는 일본이 거절하였다.

▲ 독립신문

④ 갑신정변 실패 후 미국에 가 있던 서재필이 귀국(1896.1), 독립신문을 발행(1896.4)하여 개화·독립 의식을 고취하였다. 서재필은 독립신문을 통해 독립협회 창립을 주창하였다. 독립협회는 창립 후 고종의 러시아 공사관으로부터의 환궁을 이끌어냈다.

⑤ : 답

30. 개항 이후 열강의 이권 침탈에 관한 설명 중 옳지 않은 것은 무엇인가?

① 개항 이후 아관파천 전까지 이권 침탈을 주도한 국가는 일본이었다.

② 개항 이후 열강의 이권 침탈은 상품 판매, 원료 수입 등 주로 무역·상업 형태로 이루어졌다.

③ 아관파천 이후 러시아를 비롯, 미국·독일 등 열강의 광산 채굴권 같은 이권 침탈이 본격화하였다.

④ 이권 침탈은 산림 채벌권, 어업권, 전선 가설권, 광산 채굴권, 철도 부설권, 화폐 발행권 등 다양하였다.

⑤ 열강 간 경쟁이 가장 치열했던 이권은 철도 부설권이었다.

⑤ 열강이 가장 탐냈던 것은 금광 채굴권이었다. 미국은 평안도 운산 금광 채굴권(1896)을, 독일은 강원도 당현 금광 채굴권(1897)을, 영국은 평안도 은산 금광 채굴권(1900)을, 일본은 충청도 직산 금광 채굴권(1900) 등을 획득해갔다. 철도 부설권을 가장 탐냈던 나라는 일본이었다. 일본 상품 수송 및 대륙 침략을 위한 병력 수송 수단으로 활용하기 위해서였다. 일본은 경인선(서울-인천), 경부선(서울-부산), 경의선(서울-신의주) 부설권을 모두 획득하여 이들 구간의 철도를 건설하였다.

ⓐ : 月

31. 영은문을 헐고 독립문을 세운 당시 상황과 관련하여 잘못 설명한 것은 무엇인가?

① 독립문은 일본으로부터 독립을 상징했다.

② 이 시기 왕은 러시아 공사관에 있었다.

③ 독립협회가 창립, 독립 정신을 고취하였다.

④ 서재필이 독립신문을 창간하였다.

⑤ 모화관을 독립관으로 개칭하였다.

| 해 설 |

영은문은 청나라 사신을 맞이하기 위해 세웠던 문인데, 이를 헐고 독립문을 세운 것이다. 독립문에서 독립은 청나라로부터의 독립을 의미한다. 미국에서 돌아온 서재필은 정부의 도움을 받아 독립신문을 창간(1896.4.7)하고 창간 기념으로 청나라 사신을 맞이하던 영은문을 헐고 독립문을 세우자고 주창하여 여론의 큰 호응을 얻었다. 이를 추진하기 위한 독립문건립추진위원회는 독립협회로 발전하였다(1896.7). 독립신문과 독립협회는 독립문 건립 운동을 전개하여 1896년 11월 첫 삽을 뜨고 1년 만인 1897년 11월에 완공하였다. 독립문 현판은 정부 관료인 이완용이 썼고, 현판 아래에는 대한제국 황실을 상징하는 오얏꽃과 태극기도 새겨져 있다. 프랑스 개선문을 본뜬 석조문이다.

▲ 이완용이 쓴 독립문 현판.
위쪽 한자는 무악재 쪽, 아래쪽 한글은 시내 쪽에 붙은 현판이다.

⑤ 독립문의 완공과 함께 독립문 옆에 있던 모화관(청나라 사신을 접대하던 건물)을 독립
관으로 개칭하여 사용하였다.

독립문 옆에 있는 독립관(한옥 기와집) ▶

정답 : ①

32. 독립협회의 성립과 활동 전개 과정에 대한 설명 중 옳지 않은 것은 무엇인가?

① 미국에 망명해 있던 서재필이 귀국하여 독립협회를 만들고 시민에게 주권 재민, 자유권 등 자유민
주주의 개념을 인식시켰다.

② 독립협회는 조선 말기에 최초로 등장했던 정치사회 단체로서, 근대적 공화제를 계속 주장하다가
보수 정부의 반발로 해체되고 말았다.

③ 독립협회 회원은, 처음에는 관료의 비중이 컸으나 시민의 참여 급증으로 정부 비판 강도가 강해지
면서 보수적 관료층이 이탈해갔다.

④ 독립협회는 고종의 환궁을 지속적으로 요청하였는데, 이에 고종은 1897년 2월 경운궁으로 환궁한
후 독립 국가의 면모를 일신하기 위해 대한제국을 성립시켰다.

⑤ 독립협회는, 고종 암살 미수 사건(김홍륙 독차 사건)을 계기로 갑오개혁 때 폐지된 노륙법과 연좌법
을 정부가 부활하려 하자 생명과 자유권 침해라며 보수 정부 타도 투쟁을 전개하여 성공시켰다.

| 해 설 |

② 독립협회는 입헌군주제 실시를 주장했으며, 공식적으로 공화제를 주장한 것은 아니다. 독립협회를 밉게 본 보수 내각
이 독립협회가 군주제를 폐지하고 공화제를 추진한다고 황제에게 모함하여 독립협회 탄압을 유발했던 것이다.

① 미국에서 자유민주주의 체제를 경험했던 서재필의 노력으로 독립협회와 함께 비로소 이 땅에 자유민주주의 이념이
등장하였다. 서재필은 자유민주주의 체제를 정착시키기 위해 독립신문을 통해 서구 근대 사회에 대한 정보를 알리고 토
론회를 많이 개최하여 자유민주주의 시민 교육을 실시하였다. 이의 결과로 서울 시민이 대거 동참한 토론회인 만민공동
회도 열릴 수 있었다.

④ 고종은 독립협회의 지속적인 환궁 요구를 받아들여 아관파천 1년 만인 1897년 2월에 환궁하였다. 그런데 고종은 일
본이 두려워 경복궁이 아닌 러시아·영국·미국 등 서구 열강의 공관들에 둘러싸인 경운궁(현 덕수궁)으로 돌아왔다. 환
궁한 고종은 독립협회 등의 요구에 따라 독립 국가의 면모를 일신하기 위해 원구단에서 황제 즉위식을 거행하고 대한제
국을 성립시켰다(1897.10). 황제의 연호는 광무로 정했다.

⑤ 독립협회는 정부가 노륙법·연좌법 부활을 기도하자, 보수 정부 타도 투쟁을 전개하여 조병식 등 보수 내각을 실각시
키고 박정양 개화 내각을 성립시켰다(1898.9).

정답 : ②

33. 다음 연호와 사용 시기에 대한 연결이 잘못된 것은 무엇인가?

① 개국 : 갑신정변 때(1884)

② 건양 : 을미개혁 때(1895)

③ 광무 : 대한제국 성립 때(1897)

④ 융희 : 순종 즉위 때(1907)

⑤ 민국 : 대한민국 정부 수립 때(1948)

| 해 설 |

① 제1차 갑오개혁 때 청나라의 연호를 폐지하고 이성계의 개국년(1392년)을 원년으로 한 개국 연호(1894년이 개국 503년)를 사용했는데, 이는 청나라의 종주권을 부인하려는 의도였다.

정답 : ①

34. 다음 사건들을 시대순으로 바르게 나열한 것은 무엇인가?

(1) 독립협회 창설 (2) 대한제국 (3) 삼국간섭 (4) 아관파천 (5) 을미사변

① (1) (2) (5) (4) (3) ② (3) (5) (4) (1) (2) ③ (2) (3) (1) (4) (5)

④ (3) (5) (4) (1) (2) ⑤ (5) (4) (1) (2) (3)

| 해 설 |

(3) 삼국간섭(1895.4) - (5) 을미사변(1895.8) - (4) 아관파천(1896.2) - (1) 독립협회 창설(1896.7) - (2) 대한제국 성립(1897.10)

정답 : ④

35. 독립협회 주최로 1898년 10월 29일 종로에서 대신들을 참여시킨 가운데 열린 만민공동회에서는 헌의 6조를 결의하였다. 여기에 포함된 내용이 아닌 것은 무엇인가?

만민공동회

① 외국인에 의존하지 말고 관민(官民)이 협력해 전제 황권(專制皇權)을 공고히 할 것

② 외국과의 조약은 대신과 중추원 의장이 합동하여 날인한 것이 아니면 시행치 말 것

③ 중대 범인이 아니면 재판은 공개로 하고 피고가 자복한 뒤에 시행할 것

④ 모든 재정은 탁지부에서만 관할하고 예산·결산을 인민에게 공포할 것

⑤ 칙임관은 황제가 정부에 자문하여 과반수가 되면 임명할 것

| 해 설 |

③ 중대 범인의 재판은 공개하고 피고가 자복한 뒤에 시행할 것

정답 : ③

36. 독립협회의 활동 내용과 평가에 관한 설명으로 옳지 않은 것은 무엇인가?

① 천부인권론에 입각한 각종 자유권, 평등권과 사회계약론에 입각한 국민주권론을 주장하여 근대 국민 의식 계몽에 기여했다.

② 독립협회의 자주 독립, 자강 혁신, 민권 운동은 협회가 정부의 탄압으로 해산됨으로써 이후 역사에 큰 영향을 미치지 못했다.

③ 독립협회는 만민공동회 등을 통해 근대 입헌군주제를 주장하며 의회 설립 운동을 전개했는데, 고종의 승낙을 얻어 실행 직전까지 가기도 했다.

④ 러시아 공관에 있는 고종의 환궁을 지속적으로 요구하여 실현시켰고 대한제국 성립을 촉진하였다.

⑤ 국권수호 활동 차원에서 열강에 이권 할양 반대 운동을 전개하여 실현시켰다.

② 독립협회는 참여했던 많은 젊은이를 각성시켜 이후 민족 역사에 큰 영향을 끼쳤다. 독립협회 세력은 을사조약 이후 애국계몽운동 중심 세력으로, 일제 병합 이후 독립운동을 이끌어가는 중추 세력으로 역할을 하였다. 이승만도 독립협회에 적극 참여하면서 서구 자유민주주의와 근대 독립 국가에 대해 깨달았고, 이것이 이후 독립운동과 대한민국 건국 과정에도 영향을 미쳤다.

③ 독립협회는 보수 정권이 실각하고 대신 등장(1898.9)한 박정양 개화 내각과 협상하여 중추원을 의회로 개편하여 입헌군주제로 바꾸기로 하였다. 수천 년의 군주 체제에서 자유민주주의 체제로 개편하려는 획기적인 조치였다. 중추원을 의회로 개편하는 안은 고종의 승낙을 받아 실현 직전까지 가기도 했으나 보수 세력의 역공으로 무산되고 말았다. 보수 세력이 고종 황제에게 독립협회가 군주제를 폐지하고 공화제를 추진하려 한다고 모함했는데, 놀란 고종 황제가 독립협회 해산을 명령했기 때문이다.

⑤ 독립협회는 시민의 참여가 증가하고 보수적인 관료들의 참여가 줄어들면서 정부 정책에 대한 비판 활동이 강화되었다. 보수 내각은 대한제국 성립 후에도 친러 노선을 버리지 못하고 러시아에 절영도 저탄소 설치를 위한 조차(1898.1), 한로은행 설치(1898.2) 등을 허용하였다. 이에 독립협회는 1898년 3월 종로 네거리에서 만민공동회라는 노상 군중 집회를 개최하여 러시아인 재정 고문·군사 고문 철수, 러시아의 절영도 조차 철회, 한로은행 폐쇄 등을 관철시켰다.

▲ 1910년 미국서 간행된 『독립정신』 초판본(왼쪽)과 1949년 서울에서 발행된 『독립정신』 (이 책은 이승만이 한성감옥 수감 중 몰래 저술)

⑦ : ㋖

37. 광무개혁에 대한 내용이 아닌 것은 무엇인가?

① 광무개혁은 구본신참 원칙 아래 이루어진 동도서기적·보수적 성격을 보유하였다.

② 대한제국은 국가 재정을 늘리기 위해 양전 사업을 실시했고, 이를 기초로 지계(토지 소유권 증명서)를 발급했다.

③ 대한제국이 상공업진흥책을 추진함에 따라 전등·통신·철도·은행·광업·섬유 등 근대적 회사들이 다수 설립되었다.

④ 대한제국은 러시아·일본 등 열강의 세력 균형이 이루어진 상태에서 비교적 자주적으로 광무개혁을 추진할 수 있었다.

⑤ 기존의 군주제를 기본으로 하되 자유·민권·권력 분립 등 서구의 자유민주주의를 일부 수용하는 정치 체제를 지향하였다.

⑤ 입헌군주제를 주장하던 독립협회가 해산된 후 대한제국의 정치 체제는 자유민주적 입헌군주제가 아니라 왕권을 절대시한 절대왕정 체제로 변하였다. 그 특성은 대한국 국제9조에 잘 나타나 있다. 대한국 국제는 한국 최초의 헌법으로, 광

무개혁의 기본 정신을 잘 나타낸다. 여기에는 대한국이 세계 만국이 공인한 자주 독립 제국임을 선언(1조)함과 동시에 대한국이 황제의 통치권이 무한한 전제 정치 체제라는 것을 강조(2조)하면서 구체적으로 군권(육·해군통수권, 3조·4조·5조)을 비롯, 계엄권(5조), 입법권·사법권(6조), 행정권(7조), 인사권(8조), 외교권(9조) 등 모든 권한이 황제에게 귀속된다고 규정하였다.

① 구본신참이란 조선의 체제를 근본으로 하고 과학 기술 등은 서구적 문물을 참고한다는 점진적·보수적 개혁 방식이었다. 구본(舊本, 옛것을 기본으로 함)이란 황제의 권한을 약화하는 서구의 입헌군주제 방식이 아니라 황제의 절대 권한을 강화하는 방향(절대 왕정 체제)으로 회귀함을 의미한다. 구체적으로는 황제가 통치권·경제권·군권·행정권·인사권 등에 절대 권한을 가지도록 했다. 왕실이 재정권도 장악하고 광무개혁을 주도했다. 경제 체제도 자유 상업 정책을 철회하고 국가 재정을 확보하기 위한 특권 상인(보부상 단체인 상무사 등)에 특권을 부여하고 이들로부터 영업세 등 잡세를 수세하는 통제적 상공업 정책을 추진하였다. 황실이 주도하는 통제적 개혁 정책이었지만 서구의 기술·과학 등 기술적 부분을 적극 받아들인다는 전략이었다. 이러한 동도서기, 구본신참의 광무개혁은 당시 대한제국 상황에 비추어 볼 때 현실적 개혁 방안이라고 볼 수 있다.

② 정부는 은결·누락된 토지를 찾아 세금을 거두어 광무개혁 재정을 확보하는 한편 근대적 토지 소유권 제도를 확립하기 위해 양전 사업을 실시하고, 이를 토대로 지계(地契. 토지 소유 증명서)를 발급하였다. 지계 사업은 오늘날 토지 등기 제도와 비슷하다.

⑨ : 답

38. 광무개혁에 대한 설명 중 사실과 다른 것은 무엇인가?

① 상공업 진흥책에 따라 다수의 실업학교가 설립되었다.

② 황제가 군권을 장악하기 위해 군부와는 별도로 원수부를 신설하였다.

③ 황실이 개혁을 주도하기 위해 황실 재정 담당 내장원이 전국 광산·철도·홍삼 제조 등을 관할하였다.

④ 금본위제를 실시키로 하고 1901년 신식화폐조례를 공포했으나 재정 부족, 차관 실패 등으로 실패하고 백동화만 발행하였다.

⑤ 연해주나 북간도 지방으로 이민한 교민들에 대해서는 주변국과의 갈등을 고려, 통제권을 포기하였다.

| 해 설 |

⑤ 대한제국은 자주적 외교 활동을 전개하였는데, 연해주의 블라디보스토크(해삼위)과 북간도로 이주한 교민들을 보호하고 그곳을 영토로 편입하기 위해서 해삼위통상사무관, 북간도관리사를 파견하였다.

① 대한제국은 광무개혁 차원에서 사범학교·의학교·농림학교·상공학교·잠업학교·외국어학교 등 실업학교를 다수 설립하였고, 근대 과학 기술 습득을 위해 해외에 유학생을 보내기도 하였다.

⑨ : 답

39. 대한민국의 역사적 뿌리가 되는 대한제국에 대한 설명 중 옳지 않은 것은 무엇인가?

① 대한제국은 법적으로나 내용상으로나 근대 국가의 모습을 지니고 있었다.

② 대한민국 명칭에서 '민국'은 대한제국 때 표방되었던 용어이다.

③ 을미사변과 아관파천 이후 자주 독립 황제 국가를 촉구하는 국민적 요구에 따라 1897년 대한제국을 선포한 것이다.

④ 대한제국이 황제에게 강력한 절대 권한을 부여한 것은 수구적 성향 때문이다.

⑤ 3·1운동 때 '대한독립 만세'를 외친 것은 대한제국의 부활을 바라는 거족적 염원이 폭발한 것이다.

| 해 설 |

④ 대한제국이 황제에게 정치·외교·재정·군사 등 모든 권한을 부여한 것은 당시 긴박한 시대적 상황 때문으로 이해할 수 있다. 풍전등화와 같은 주권 위기 속에서 주권과 체제를 유지하기 위해 국민을 통합하고 국가의 근대화와 부국강병 조치들을 효율적으로 추진할 필요가 있었다. 이를 위해서는 강력한 통솔력이 필요했고 그래서 황제에게 절대 권한을 부여한 것이지 단순한 수구적 성향 때문은 아니다.

① 대한제국은 이미 봉건적 신분이 타파되었고 근대 문물을 적극 수용하며 국제법인 만국공법에 따라 완전한 자주 독립 국가를 선포하는 등 근대 국가적 특징을 가지고 있었다.

② 대한민국에서 '민국'이란 용어는 단순히 '민주공화국'의 약자가 아니라 대한제국 때 사용했던 정치적 용어이다. '민국'이란 양반이 아닌 모든 일반 백성을 중심으로 근대적 국가를 세우겠다는 의미를 내포하고 있다. 대한제국이 '민국'이라는 용어를 강조한 것은 근대 국가를 지향했다는 반증이다.

答 : ④

40. 일본의 대한제국 병합 과정에 대한 설명 중 사실과 다른 것은 무엇인가?

① 한일의정서 체결(1904.2)로 일본의 정치적, 군사적 간섭이 합리화되고 광무개혁도 중단되었다.

② 일본은 1905년 7월 미국과 가쓰라-태프트밀약을 맺어 미국에 필리핀 지배를 인정해주는 대신 한국의 보호국화를 승인받았다.

③ 일본은 제1차 한일협약 체결 후인 1905년 2월 한국 정부 몰래 일본 시마네 현 고시를 통해 독도를 시마네 현에 불법 편입시켰다.

④ 일본은 1905년 11월 대한제국을 강압해 제2차 한일협약(을사조약)을 체결함으로써 대한제국의 외교권을 완전히 박탈했는데, 고종 황제는 일본의 강압에 못 이겨 날인하였다.

⑤ 일본은 1907년 7월 한일신협약(정미7조약)을 체결, 일본인을 차관 이하 관리로 임명하여 내정을 직접 통치할 수 있도록 하였다.

| 해 설 |

④ 을사조약(1905.11.17) 체결로 설치된 통감부는 대한제국의 독자적인 조약 체결권을 가져갔다. 이로써 대한제국은 외교권을 완전히 상실하였다. 일본 특명전권대사 이토 히로부미는 일본 군대를 이끌고 고종 황제와 대신들을 위협하는 강압적 분위기를 만든 후 조약 체결을 회유·강제하였다. 고종 황제는 끝까지 날인을 거부하였다.

③ 일본은 러일전쟁 중인 1905년 2월 독도를 불법으로 일본 영토에 편입시켰다. 일본은 무주지를 선점했다는 논리로 불법 편입을 정당화하고 있다. 그러나 세종실록지리지 등 역사서에 독도는 울릉도의 부속 섬으로써 우산도·삼봉도로 불리면서 강원도 울진현에 소속되었음이 나타나 있다. 숙종 때는 동래 어부 안용복이 일본에 건너가 일본 어부들의 울릉도 주변의 불법 어로를 항의하여 울릉도와 주변 도서가 조선 영해임을 확인받았다. 특히 1900년 대한제국이 울릉도를 울릉군으로 승격시키고 독도의 두 개 섬인 죽도·석도를 울릉군에서 관할한다는 칙령을 관보에 게재하였다. 이런 점에서 볼 때 일본의 무주지 이론은 타당성이 없다.

答 : ④

41. 일본은 러일전쟁 중에 대한제국에 압력을 넣어 일본 정부가 추천하는 일본인 한 명을 재정 고문, 외국인 한 명을 외교 고문으로 초빙하여 일체의 재정·외교 문제를 협의하도록 하였다. 이들 고문들이 대한제국의 재정, 외교 문제를 간섭하였는데, 이를 고문 정치라 하였다. 외교 고문으로 초빙된 더럼 스티븐스는 중요 외교권을 장악함으로써 대한제국의 외교권을 사실상 상실케 하였다. 그는 일본의 대한제국 침략을 후원하고 정당화하는 발언을 하다가 1908년 3월 23일 미국에 갔을 때 재미교포 전명운, 장인환 의사의 저격을 받고 사망하였다. 그가 일본 외교 고문으로 초빙된 근거가 된 조약은 무엇인가?

더럼 스티븐스

① 제1차 한일협약   ② 제2차 한일협약   ③ 한일신협약

④ 가쓰라-태프트밀약   ⑤ 한일의정서

| 해 설 |

제1차 한일협약(한일협정서, 1904.8)으로 고문 정치가 시작되었다.

정답 : ①

42. 다음 인물들이 친일 인물로 낙인찍히게 된 것은 어떤 사건에 기인한 것인가?

이완용   이근택   이지용   권중현   박제순

① 한일의정서   ② 제1차 한일협약(한일협정서)   ③ 제2차 한일협약(을사조약)

④ 한일신협약(정미조약)   ⑤ 합방조약

| 해 설 |

③ 이완용(학부 대신), 이근택(군부 대신), 이지용(내부 대신), 권중현(농상공부 대신), 박제순(외부 대신)은 일본이 대한제국의 외교권을 박탈한 을사조약(제2차 한일협약) 체결에 대해 찬성 의사를 표시한 다섯 명의 대신(대신 수는 총 8명)으로서, 이들을 을사5적이라고 부른다. 일본 전권대사 이토 히로부미가 고종 황제에게 을사조약 체결을 압박했으나 황제는 거절했다. 그러자 일본군 수백 명으로 황제가 집무를 보던 경운궁(현 덕수궁) 중명전을 포위하고 강압적 분위기 아래 여덟 명의 대신에게 을사조약을 체결토록 회유,

▲ 경운궁 중명전

강제하였다. 어전회의가 다섯 시간이나 계속되었으나 을사조약 체결을 반대하는 것으로 결론이 나자, 이토 히로부미는 직접 어전회의에 들어가 반대하는 참정 대신 한규설 등을 끌어내고 이완용 등 다섯 명의 대신의 찬성을 받아 조약 체결을 선포하였다. 을사조약은 고종 황제가 날인하지 않았고 강압에 의해 이루어진 불법적이고 무효의 조약이었다.

① 한일의정서는 일본이 러일전쟁 개전 후 무력으로 위협하여 체결(1904.2)한 것으로, 러일전쟁에 대한제국을 이용하기 위한 공수동맹적 성격이 강했다. 일본이 대한제국의 정치적, 군사적 간섭을 합리화하는 최초의 조약이었다. 이 조약은 '한국 정부는 일본을 신임하고 일본의 시정 개선에 관한 충고를 받아들인다' '제3국이나 내란에 의해 한국 황제와 영토에 안녕이 위험해질 경우, 일본은 필요한 조치를 취하고 이를 위해 군사 전략상 필요한 요충지를 사용할 수 있다' '한국 정부와 일본 정부는 상호 승인 없이는 제3국과 자유로이 조약을 맺을 수 없다' 등의 내용을 포함했다. 이 조약의 체결로 인해 한러 간 맺은 조약이 파기되었고, 러일전쟁 발발 때 대한제국이 선언한 국외 중립 노선도 붕괴되고 말았다.

② 제1차 한일협약(한일협정서)은 일본이 러일전쟁에서 우세하게 되면서 1904년 8월 체결한 조약이다. 조약 내용은 '대한제국 정부는 일본이 추천하는 한 명의 일본인 재정 고문과 또 한 명의 외국인 외교 고문을 두어야 한다(1조, 2조)', '한국 정부는 외국과의 조약 체결, 기타 중요한 외교 안건 등 처리 시 일본 정부와 협의해야 한다(3조)'이다. 조약 체결의 핵심은 일본이 추천하는 고문을 통해 대한제국의 재정과 외교 업무를 간섭하겠다는 의도였다. 이른바 '고문 정치'이고, 고문을 통한 '간접 통치'를 기도한 것이다.

④ 일본은 헤이그 밀사 사건을 계기로 고종의 양위를 받아낸 후 이에 만족치 않고 내정을 직접 통치하기 위해 1907년 7월 한일신협약(정미7조약)을 체결하였다. 일본은 고문에 의한 간접 통치에 만족치 않고 통감이 추천하는 일본인을 행정 각 부의 차관 등 고위 관리의 자리에 앉혀 대한제국의 통치권을 직접 행사토록 한 것이다. 이를 차관 정치라고 한다.

주요 조약 내용은 다음과 같다.

(1) 한국 정부는 시정 개선에 관하여 통감의 지도를 받을 것
(2) 법령 제정 및 중요한 행정상의 처분은 미리 통감의 승인을 받을 것
(3) 한국의 사법 사무는 보통 행정 사무와 구분할 것
(4) 고등 관리의 임명은 통감의 동의를 받을 것
(5) 한국 정부는 통감이 추천하는 일본인을 한국 관리로 용빙할 것
(6) 한국 정부는 통감의 동의 없이 외국인을 한국 관리로 임명하지 말 것
(7) 1904년 8월 22일 조인한 한일 외국인 고문 용빙에 관한 협정서 제1항을 폐지할 것

⑤ 테라우치 통감은 사전에 만든 합병조약안을 내각 총리 대신 이완용과 조인한 후 순종으로 하여금 조약을 발표토록 하였다. 1910년 8월 29일이었다. 이로써 대한제국은 주권을 완전히 상실하였다.

⑧ : 昌

43. 대한제국이 멸망하는 과정에서 일본과 체결한 을사조약의 내용이 아닌 것은 무엇인가?

을사조약 체결 문건

① 일본 외무성이 이후 한국의 외교 사무를 일체 감독·지휘한다.

② 한국 정부는 금후 일본 정부의 중개 없이는 국제적 조약·약속을 체결하지 못한다.

③ 한국의 외교 사항을 관장하기 위해 황제 밑에 통감을 두고 개항장에는 이사관을 둔다.

④ 한·일 간의 현존하는 조약·약속은 지금부터 일체 효력이 중단되며, 새롭게 체결되어야 한다.

⑤ 일본 정부는 한국 황실의 안녕과 존엄을 유지함을 보증한다.

| 해 설 |

④ '한·일 간의 현존하는 조약·약속은 본 협약에 저촉하지 않는 한 효력을 지속한다'고 규정하였다.

① 대한제국은 을사조약 체결로 외교권을 완전히 박탈당했고, 주권을 사실상 상실하였다. 을사조약 체결로 대한제국이 여타 국가들과 맺은 기존의 조약들이 무효화되었고, 일본을 통하지 않고는 어떤 조약도 체결하지 못하게 되었다. 을사조약을 계기로 대한제국에 있던 모든 공사관이 철수하였다. 을사조약으로 통감부가 설치되고, 초대 통감에는 이토 히로부미가 임명되었다.

④ : 답

44. 시일야방성대곡(是日也放聲大哭)이라는 글을 써서 을사조약 체결을 비판한 사람과 신문으로 바른 것은 무엇인가?

> "그러하거늘 저 돼지와 개만도 못한 우리 정부의 소위 대신된 자들이 영리를 바라고 덧없는 위협에 겁을 먹어 놀랍게도 매국의 도적을 지어 4천 년 강토와 5백 년 사직을 다른 나라에 갖다 바치고 2천만 국민으로 타국인의 노예를 만드니 저들 개, 돼지만도 못한 외부 대신 박제순 및 각 대신은 족히 깊이 책망할 가치도 없는 자들이다.
>
> 아아, 분하도다! 우리 2천만, 타국인의 노예가 된 동포여! 살았는가! 죽었는가! 단군 기자 이래 4천 년 국민 정신이 하룻밤 사이에 졸연히 멸망하고 말 것인가! 원통하고 원통하다! 동포여! 동포여!"

① 신채호, 대한매일신보　　② 장지연, 황성신문　　③ 신채호, 황성신문

④ 박은식, 제국신문　　⑤ 양기탁, 대한매일신보

|해 설|

을사조약이 체결(1905.11.17)된 직후인 11월 20일자 황성신문은 장지연의 '시일야방성대곡'이라는 논설을 실었다. '시일야방성대곡'은 '오늘에 목 놓아 운다'는 뜻으로 을사조약 체결의 분통함을 잘 드러내고 있다.

▲ 장지연

②: 君

45. 풍전등화와 같은 대한제국의 주권을 수호하려는 고종 황제의 의지와 관계가 없는 것은 무엇인가?

① 을사늑약 날인 거부　　② 의병 거병 밀지　　③ 헤이그 밀사 사건

④ 친서외교활동　　⑤ 신민회

①②③④ 고종 황제는 을사조약 체결 때 날인을 거부하고, 을사조약 이후 궁궐에 갇힌 상태에서도 러시아·독일 황제, 미국 대통령 등에게 조선을 도와줄 것을 호소하는 친서를 보내는 친서 외교 활동을 전개하였다. 또한 영국 트리뷴 지 등에 을사조약이 무효임을 보도하는 기사를 싣도록 하였다. 고종 황제는 을사조약 체결 이후 전국 각 의병들에게 밀지를 전해주어 의병 운동을 전개토록 하였다. 고종 황제는 1907년에는 네덜란드 헤이그 만국평화회의에 이위종, 이상설, 이준을 밀사로 보내 조선의 독립을 호소토록 하였다. 고종 황제는 이 사건을 빌미로 일제의 강압에 의해 황제의 자리를 순종에게 양위하였다.

⑨ : 답

46. 고종 황제가 순종에게 양위하게 된 직접적 계기가 된 사건은 무엇인가?

순종

① 헤이그 밀사 사건

② 정미조약

③ 105인 사건

④ 안중근 의사의 이토 히로부미 저격 사건

⑤ 13도 창의군 거병 사건

고종 황제는 1907년 네덜란드 헤이그에서 열린 제2회 만국평화회의에 특사를 파견, 을사조약이 일제의 강압에 의해 이루어진 것을 폭로하여 파기하려 했다. 고종 황제는 1907년 4월 전 평리원 검사 이준에게 신임장을 주며 임무를 부여했다. 이에 이준은 블라디보스토크에 있던 전 의정부 참찬 이상설과 합류한 후 러시아 수도 상트페테르부르크에 가서 전 러시아 공사관 참서관 이위종을 데리고 헤이그에 도착하였다. 고종 황제는 헐버트에게 밀사들을 적극 돕도록 밀명을 내렸고, 이에 헐버트는 밀사들이 헤이그에 무사히 도착토록 돕고, 일본과 영국의 방해로 대한제국 대표들이 회의에 참석·발언하지 못할 것을 예감하고 서방 언론들과 접촉토록 지원하였다. 영어·프랑스어·러시아어가 유창했던 이위종은 만국 기자협회에서 세계 기자들을 대상으로 유창한 프랑스어로 '한국을 위한 호소(A Plea for Korea)'라는 제목으로 연설을 하였는데, 일본의 비인도적 침략을 통렬히 비판하여 큰 호응을 얻었다. 이준은 헤이그에서 특사 활동 중 머물던 호텔(드 용 호텔)에서 사망했는데, 정확한 사인은 밝혀지지 않았다.

◀ 1면 전면에 헤이그 밀사들을 보도한 1907년 7월 5일자 '만국평화회의보'. 중앙은 정사인 이상설, 왼쪽은 이준, 오른쪽은 이위종.

① : 답

---

47. 애국계몽운동은 1905년 을사조약 전후 일어났으며, 실력 양성을 통한 점진적 방법으로 자주 독립을 추구하였다. 애국계몽운동에 대한 기술 중 옳지 않은 것은 무엇인가?

① 정부가 일본에 진 1,300만 원의 외채를 국민의 힘으로 갚자는 국채보상운동은 평양에서 일어나 전국으로 확산되었다.

② 일본이 조선 식민지화 근거로 활용한 사회진화론을 수용하고 일본을 근대화 모델로 삼았다는 비판론이 있다.

③ 애국계몽운동가들은 의병운동가들을 향해 "돌아가 농사에 힘쓰라"고 비난하는 등 항일 운동 역량을 분산시켰다.

④ 러일전쟁에서 우세를 보인 일본이 토지 강탈을 위해 황무지 개간권을 요구하자 송수만, 원세성 등은 보안회를 만들어 무산시켰다.

⑤ 1907년 평양에서 조직된 비밀 단체인 신민회는 망국이 가까워 오자 독립 전쟁을 위해 서간도에 해외 독립운동 기지를 건설하였다.

| 해 설 |

① 정부가 일본에 진 1,300만 원의 외채를 국민의 힘으로 갚자는 국채보상운동은 대구에서 먼저 일어나 전국으로 퍼졌다.

① : 답

48. 애국계몽운동의 일환으로 일어난 국채보상운동을 적극적으로 지원했던 이 신문에 대한 설명으로 맞는 것은 무엇인가?

> "지금 국채 1,300만 원이 있으니 이것은 우리 대한의 존망이 달린 일이라 할 것입니다. 이를 갚으면 나라는 보존되고 갚지 못하면 나라가 망할 것은 필연적 추세일 것입니다. …… 2천만 동포가 석 달만 담배를 끊어 한 사람이 한 달에 20전씩만 대금을 모은다면 거의 1,300만 원이 될 것이니, 만약 모자란다면 1원, 10원, 100원, 1,000원씩 낼 수 있는 사람을 골라 출연시키면 될 것입니다. …… 우리가 감히 이를 발기하고 그 취지문을 부치면서 피눈물로 엎드려 호소합니다. ……" (1907년 2월 16일자 보도)

① 1898년 이종면 등 선각 유생들이 창간한 순한글 일간신문으로, 주로 부녀자들이 독자층이었다.

② 1904년 창간한 것으로 일제와 동맹을 맺은 영국 출신이 경영한 관계로 가장 강경한 항일 논조를 펼 수 있었다.

③ 1898년 창간한 것으로 왕조 체제 유지를 지지하는 보수적 성격을 가졌으며, 장지연의 시일야방성대곡을 실었다가 수개월 정간당했다.

④ 천도교 손병희의 제창으로 오세창이 1906년에 창간한 국한문 혼용의 일간지다.

⑤ 1896년 서재필이 창간한 최초의 근대적 신문으로 독립협회의 기관지 역할을 하였다.

| 해 설 |

② 국채보상운동을 전개한 신문은 대한매일신보였다. 국한문 혼용과 영문 겸용으로 창간하였다. 대한매일신보는 영국인 베델과 양기탁이 공동 발행하였다. 일제와 동맹을 맺은 영국 출신이 경영한 관계로 사전 검열 등 간섭이 적었으므로 가장 강경한 항일 논조를 유지할 수 있었다. 병합 이후 이 신문은 조선총독부 기관지인 매일신보로 바뀌었다.

▲ 대한매일신보

▲ 대한매일신보의 편집국

① 제국신문

③ 황성신문

④ 만세보

⑤ 독립신문

ⓐ : 답

49. 신민회의 특성에 대한 설명 중 옳지 않은 것은 무엇인가?

① 윤치호, 안창호, 양기탁 등이 서울에서 조직한 공개 단체이다.

② 국권 회복 후 국가의 정체로 군주의 존재를 부정하는 공화정체를 내세웠다.

③ 평양에 대성학교, 정주에 오산학교 등 민족 교육을 실시하였고, 경제 활동에도 참여하였다.

④ 가장 큰 업적은 망국이 가까워질 때 추진한 서간도 등 해외 독립운동 기지 건설이었다.

⑤ 일본 경찰이 안명근 사건을 빌미로 신민회 회원들을 대대적으로 검거, 구속한 105인 사건을 일으
킴으로써 해체되었다.

| 해 설 |

① 윤치호, 안창호, 양기탁 등이 평양에서 조직한 비밀 조직이었다.

② 신민회는 군주제를 부정하고 공화제를 처음으로 공식 주장한 단체였다.

③ 평양에 대성학교(안창호), 정주에 오산학교(이승훈) 등 학교를 설립하였고, 평양에 자기회사, 평양·서울·대구에 잡
지·서적을 출판하는 태극서관을 운영하는 등 경제 활동에 참여하기도 하였다.

정답 : ①

50. 위정척사사상을 가진 인물 중에서 을사조약이 체결되자 조약 무효와 5적 처단을 주장하였고, 실제로
의병을 일으켜 순창에 이르렀을 때 정부 진위대가 진압하러 오자 "왜적이 아닌 동족과 싸워 피를 흘릴
수 없다"며 의병을 해산하고 스스로 체포당한 후 쓰시마 섬에서 단식으로 굶어죽은 인사는 누구인가?

① 이항로   ② 최익현   ③ 이만손

④ 홍재학   ⑤ 유인석

| 해 설 |

① 이항로는 개항을 반대한 인사이다.

③ 이만손은『조선책략』배포 때 영남만인소를 올린 인사이다.

④ 홍재학은『조선책략』배포 때 고종까지 비난하다 처형을 당하였다.

⑤ 위정척사사상을 가졌고, 을미사변 직후 의병을 일으켰던 의병장이다.

정답 : ②

51. 조선 말기 의병 운동에 대한 설명 중 사실과 다른 것은 무엇인가?

① 을미의병이 일어난 더 큰 계기는 단발령이었다.

② 을사조약 이후 일어난 병오의병에서는 신돌석과 같은 평민 의병장도 나타났다.

③ 고종의 강제 퇴위와 군대 해산을 계기로 의병 운동이 폭발적으로 일어났다.

④ 을사조약에 반발하여 전국 의병이 양주에 모여 13도 창의군을 결성하였다.

⑤ 1909년 일제가 대대적인 남한 대토벌 작전을 전개함에 따라 의병 운동은 크게 위축되었다.

| 해 설 |

④ 1907년 고종의 강제 퇴위와 군대 해산을 계기로 전국적으로 의병 운동이 거세게 일어났다. 1907년 11월 전국의 의병 1만여 명이 양주에 집결하여 13도 창의군을 결성했다. 이인영이 총대장, 허위가 군사장이 되어 서울 진격 작전을 전개하였다. 허위가 이끄는 선발대가 동대문 30리 밖까지 진격하였으나 우수한 화력의 일본군에 패하여 퇴각하고 말았다.

▲ 서울 진공 작전 모형

① 을미의병이 일어난 계기는 국모인 명성황후가 일본 낭인들에 의해 무참히 시해당한 을미사변이었으나, 본격적으로 의병이 일어난 것은 을미사변 직후 을미개혁 때 단발령 실시 때문이었다.

② 병오의병에서는 여전히 유생들이 주도적이었고 일부 평민 의병장이 나타났다. 그러나 1907년 정미의병에서는 평민·군인 출신 의병장이 대세를 이루었다.

③ 1907년 고종의 강제 퇴위와 군대 해산 직후 의병 운동이 가장 폭발적으로 일어났는데, 이를 정미의병이라 한다.

答 : ④

52. 의병 운동에 대한 설명으로 옳지 않은 것은 무엇인가?

① 을미의병은 을미사변과 단발령을 계기로 일어났는데, 전통 고수보다는 항일적 국권수호 의식이 강했다.

② 을사조약을 계기로 일어난 병오의병에서 비로소 평민 의병장이 나타났으나 유생 의병장이 주류를 이루었다.

③ 정미의병은 전투 경험과 근대식 무기를 가진 해산 군인들이 대거 합류함으로써 전투력이 크게 강화되었다.

④ 13도 창의군의 편성은 의병들의 구국 운동이 규모와 성격 면에서 의병 전쟁으로 발전했음을 나타낸다.

⑤ 의병 운동 세력은 국권 상실 전후 간도 등 국외로 옮겨가 독립군 활동으로 전환하였다.

| 해 설 |

① 을미의병은 국권수호보다는 전통수호 측면이 강했다. 그래서 국모를 시해한 을미사변보다는 단발령 시행을 계기로 의병 운동이 더욱 거세게 일어났다.

① : 답

53. 다음 인물과 관련된 사실에 대한 설명 중 옳지 않은 것은 무엇인가?

① 1909년 하얼빈 역에서 이토 히로부미를 사살하고 뤼순 감옥에서 처형당했으며 지금까지 시신을 찾지 못하고 있다.

② 대한의용군 사령관 자격으로 총살한 것이므로 살인 피고가 아니라 전쟁 포로로 취급해달라고 주장했다.

③ 한국 군인 자격으로 정당한 행사를 했으므로 일본 법정이 아니라 만국공법에 따라 처리되어야 한다고 하였다.

④ 한국과 중국은 호전적인 일본과 무력 대결을 통해서만이 평화를 얻을 수 있다고 주장하였다.

⑤ 그는 이토를 대한의 독립 주권을 침탈한 원흉이며 동양 평화의 교란자라고 규정하였다.

| 해 설 |

④⑤ 안중근은 옥중에서 「동양평화론」을 집필하였는데, 완성하지 못한 채 사형당했다. 그는 「동양평화론」에서 한·중·일 삼국이 대동 협력하여 동양 평화를 이루어야 한다고 주장하였다. 이토를 처단한 것은 동양 평화를 파괴했기 때문이라고 했다.

▲ 하얼빈 역에서 안중근에게 저격당한 이토 히로부미

▲ 순국 직전의 안중근

④ : 답

54. 다음은 대한제국의 국권이 상실되어가는 과정에서 나타난 사건들이다. 시기 순서대로 놓았을 때 세 번째, 여섯 번째, 열 번째 사건의 짝으로 맞는 것은 무엇인가?

> (1) 한일신협약 (2) 한일의정서 (3) 독도 시마네 현 고시 (4) 영일동맹 (5) 러일전쟁
> (6) 국외 중립 선언 (7) 헤이그 밀사 사건 (8) 제2차 한일협약 (9) 고종 퇴위 (10) 제1차 한일협약

① (6) - (8) - (1)

② (5) - (3) - (9)

③ (6) - (8) - (9)

④ (2) - (3) - (1)

⑤ (5) - (3) - (1)

| 해 설 |

(4) 영일동맹(1902.1) - (6) 대한제국 국외 중립 선언(1904.1) - (5) 러일전쟁(1904.2) - (2) 한일의정서(1904.2) - (10) 제1차 한일협약(1904.8) - (3) 독도 시마네 현 고시(1905.2) - (8) 제2차 한일협약(을사조약, 1905.11) - (7) 헤이그 밀사 사건(1907.6) - (9) 고종 퇴위(1907.7) - (1) 한일신협약(1907.7)

⑨ : 답

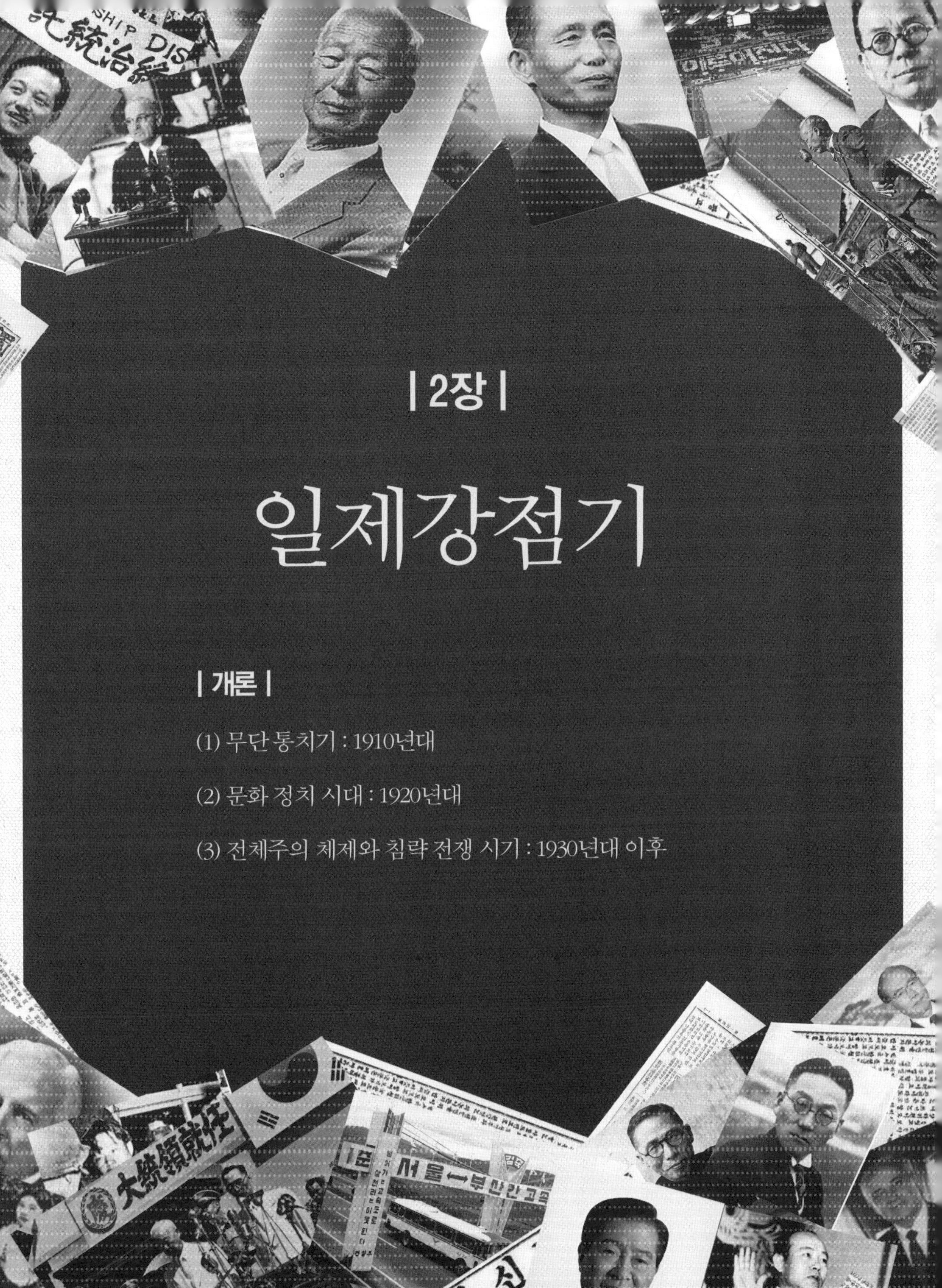

| 2장 |

일제강점기

| 개론 |

(1) 무단 통치기 : 1910년대

(2) 문화 정치 시대 : 1920년대

(3) 전체주의 체제와 침략 전쟁 시기 : 1930년대 이후

개론

헌병경찰 통치

한반도를 식민지로 삼은 일본은 군인을 파견해 강압적인 통치를 하였다. 식민지의 입법·사법·행정·군사의 모든 권력을 쥐고 있는 총독은 육군·해군 대장 중에서만 임명될 수 있었다. 총독 밑에는 두 명의 총감이 있었는데, 행정을 총괄하는 정무 총감과 치안을 담당하는 헌병 사령관인 경무 총감이었다. 일제에 협력하는 친일파들을 허울뿐인 중추원 참의에 임명하긴 했으나 중요한 자리에 임명된 조선인은 없었다.

헌병 사령관인 경무 총감이 경찰의 업무까지 관할하였다. 헌병경찰은 가벼운 범죄에 대해서는 재판 없이도 벌금과 구류 처분을 할 수 있는 권한을 가졌다. 심지어는 즉결 심판을 통해 태형을 가할 수도 있었다. 한편 총독부는 보안법·신문지법·출판법 등을 제정해 언론·집회·결사·출판의 자유를 극도로 제한하였다. 일반 관리뿐만 아니라 교사들조차도 제복을 입고 칼을 차게 한 공포정치의 시대였다.

토지조사 사업

일본은 일찍이 1908년 동양척식주식회사를 설립해 토지 침탈을 조직적으로 전개해왔다. 총독부는 1912년부터 토지조사 사업을 실시하였는데, 왕실과 국가의 토지를 총독부 소유로 돌리는 한편, 근대적인 토지 소유권 제도를 확립해 일본인에 의한 매매와 저당을 용이하게 만드는 것이 그 목표였다. 그리고 토지 가격을 조사하고 누락된 토지를 찾아내 지세 수입을 늘리기 위한 의도도 있었다. 토지 소유자가 토지 신고서를 직접 작성해 총독부가 정한 기한 내에 제출하도록 하였으나 절차가 복잡하고 기한이 짧아 미처 신고하지 못한 미신고 토지가 많았다. 이렇게 해서 상당한 토지가 총독부의 소유가 되었다. 이렇게 확보한 토지는 동양척식주식회사에 헐값으로 불하되었고, 자연스럽게 일본인 대지주가 늘어났다.

산업 침탈

조선총독부는 경제 전반에 걸쳐 일본의 지배력을 강화하고 침탈을 용이하게 하는 조치를 취하였다. 1910년에는 회사령을 공포하여 민족 자본의 성장을 막고 일본 자본의 진출을 도왔다. 1911년에는 어업령을 발표하였는데, 일본인들이 근대적 어업을 독점하고 조선인들은 영세 어민으로 전락하게 되었다. 같은 해 발표된 삼림령과 1918년의 임야 조사령을 통해 막대한 임야가 국유림이 되었고, 삼림을 개발하고 이용할 권리를 일본인들에게 불하했다. 1915년에는 광업령을 공포하여 결국 전체 광산의 80퍼센트가 일본인의 소유가 되었다.

일본은 조선을 상품시장 및 원료생산지로 활용하기 위해 철도·도로·항만시설 등의 기반 시설을 확충하였다. 이러한 조치를 통해 조선은 일본의 수탈 체제에 더욱 확실하게 편입되었다.

1910년대 저항운동

항일 의병장 출신의 임병찬은 고종의 밀지를 받고 독립의군부를 조직하였다 (1912). 이 단체는 국권을 회복하여 고종을 복위시키려는 목적을 갖고 있었으나 사전에 발각되어 해체되었다. 1915년에는 마지막 의병장 채응언이 체포되어 사형당하였다. 대한광복회(1915)는 독립의군부와는 달리 공화정체를 지향하는 비밀결사였다. 군대식 조직을 갖추어 효과적으로 활동하며 만주에 독립군 사관학교를 설립하려고 시도하였으나 이 역시 조직이 발각되어 주모자들이 사형당하였다.

국내의 비밀결사가 좌절된 것에 비해 국외의 독립기지 건설은 활발하게 이루어졌다. 신민회 출신들이 서간도의 삼원보에 경학사를 조직하고 자치조직으로 부민단을 출범시키고 교육기관으로 신흥강습소(신흥무관학교)를 세웠다. 북간도에는 용정촌과 명동촌 등에 간민회, 중광단 등의 조직이 결성되었고 서전서숙과 명동학교 등의 교육기관을 세웠다. 중국과 러시아의 접경지대인 밀산에는 한흥동이 건설되었다. 블라디보스토크에는 한인 집단 거주지 신한촌이 형성되었는데, 이곳에서 독립운동 단체인 권업회가 결성되었다(1911). 이 권업회가 중심이 되어 여러 무장 독립 단체를 모아 대한 광복군 정부를 수립하였다(1914). 이 지역의 독립운동은 러시아 정부의 탄압으로 어려움을 겪기도 했지만, 러시아 혁명(1917) 이후 다시 활기를 띠어 임시정부 형태의 대한국민의회를 세우기까지 하였다. 한편 중국의 상하이 지역에서는 동제사가 조직되었는데, 이 동제사 출신 일부가 신한청년당을 조직하였다(1918). 이 신한청년당은 3·1운동과 임시정부 수립을 주도하게 된다. 미주 지역에서는 대한인 국민회가 결성되어 해외 독립운동에 힘을 보태었다.

3·1운동

1918년 제1차 세계대전이 끝나면서 전후 처리의 원칙으로 민족자결주의가 제창되었다. 패전국의 식민지에 적용되는 원칙이었지만, 이 이념은 많은 식민지 국가의 국민에게 희망과 용기를 주었다. 신한청년당의 여운형은 파리에서 전후 처리를 위한 강화회의가 열린다는 소식을 듣고 대표를 파견하기로 하였다. 1919년 1월 김규식이 대표로 독립 청원서를 들고 파리로 향했는데, 신한청년당은 그의 발언에 힘을 실어주기 위해 독립선언 운동을 펼치기로 하였다.

만주 지역에서 독립운동가 39명이 무오독립선언을 발표하였고, 2월 8일에는 도쿄에서 200여 명의 유학생들이 독립선언서를 발표하였다(2·8 독립선언). 이 소식이 전해지자 다른 지역에서도 만세 운동을 위한 움직임이 시작되었다.

국내에서 천도교계의 손병희를 비롯한 민족 지도자들이 비밀리에 모여 독립선언을 준비하였고 3월 1일 오후 서울 태화관에서 독립선언식을 가졌다. 동시에 탑골 공원에 모인 시민도 독자적으로 독립을 선언하고 만세 시위를 벌였다. 서울 외에도 평양, 원산, 의주 등 주요 도시에서 동시에 독립선언과 만세 시위가 전개되었고, 4월까지 전국적으로 만세 시위가 계속 이어졌다. 국내의 독립선언과 만세 시위는 또 블라디보스토크, 필라델피아 등 해외 동포의 독립선언으로 이어졌다. 일본은 폭압적인 수단으로 만세 시위를 억누르고 주모자들을 체포하여 고문, 태형을 가하였다.

3·1운동은 한국인들이 국권 회복, 자주 독립에 대한 열망을 스스로 확인하는 계기가 되었다. 이로 인해 국내외 민족 운동이 활성화되고 해외 망명 정부의 탄생으로 이어졌다. 또한 일본은 무단 통치로는 더 이상 실효를 거둘 수 없다고 판단하여 유화적인 문화 통치로 전환하게 되었다.

(2) 문화 정치 시대 : 1920년대

일본의 지배정책 변화

한일합방 직후인 1910년대의 일본은 한반도를 군사 점령지처럼 다루었다. 그러나 3·1운동으로 한민족이 단결된 독립 의지를 보이고 국제 여론도 악화되자 일본의 식민지 정책은 변화하지 않을 수 없었다. 이렇게 변화된 1920년대의 식민지 통치를 이른바 '문화 통치'라고 부른다.

물론 문화 통치는 기만적인 것이었다. 대표적인 것으로 총독 임명 원칙을 언급할 수 있다. 일제는 육군과 해군의 현역 대장만을 총독으로 임명할 수 있도록 한 규정을 바꾸어 문관도 임명될 수 있도록 했다. 하지만 일본이 물러날 때까지 문관 총독은 한 번도 임명된 적이 없었다. 헌병경찰제도도 보통 경찰제로 바뀌었지만 실제 경찰의 수와 장비, 유지비용은 3·1운동 이전보다 크게 증가되었다. 특히 사상 관계를 다루는 고등경찰제도는 독립운동에 대한 감시와 탄압을 위한 것이었다.

문화 통치 시기에 신문 발행이 허용된 것은 큰 변화였다. 이로 인해 동아일보와 조선일보 등 민족지가 발간될 수 있었다. 그러나 치안유지법(1925)과 고등경찰제도로 독립운동, 민족 운동, 사회주의 운동에 대한 감시는 계속되었다. 언론 역시 검열을 피할 수 없었고 수시로 정간, 폐간 조치를 당했다.

경제적 수탈의 심화

제1차 세계대전에 참전해 승전국이 된 일본은 고도 성장을 위해 한반도를 전략적으로 이용했다. 특히 본토의 공업화 정책으로 식량 생산에 차질을 빚자 한반도에서 식량을 수급하기 위해 산미증식계획(1920-1933)을 시작하였다. 잡곡류 대신 쌀 중심의 단작형 농업을 강요하는 한편, 생산량을 늘리기 위해 수리조합 사업, 토지개량 사업을 강제로 실시하고 그 비용을 농민에게 전가하였다. 더불어 소작비를 올리는 한편, 증산량보다 더 많은 양을 수탈해갔기에 농민들의 부담은 더욱 커졌다. 그래서 소작쟁의가 빈번해지는 한편, 농촌을 떠나 만주의 유랑민이 되거나 산간 지역의 화전민이 되는 농민의 수가 늘었다.

한편 1920년에 회사령이 폐지되어 회사 설립 규정을 완화시켰지만 그 혜택을 본 것은 일본인들이었다. 경공업에서 시작된 일본의 자본 지배는 점차 중공업으로 확대되었다.

임시정부와 독립투쟁

3·1운동 직후 각 지역의 민족 지도자들이 독립 의지를 내보이기 위해 망명 정부를 선포했다. 국내에서는 이승만을 집정관 총재로 하고, 이동휘를 국무총리로 하는 한성 정부를 선포하였고, 연해주에서는 손병희를 대통령, 이승만을 국무총리로 하는 대한국민의회가 조직되기도 하였다. 이외에도 여러 곳에서 내각 수립을 선포하였는데, 이를 통합할 필요를 느낀 민족 지도자들이 한성 정부를 계승하면서 대한국민의회를 흡수하는 새로운 임시정부 수립을 결의하였다. 그 결과 상하이에서 이승만을 국무총리로 추대한 공화제 형태의 임시정부를 수립하였다.

상하이 임시정부는 '대한제국'의 정통을 잇는다는 취지에서 '대한민국'이라는 국호를 사용하였다. 임시정부는 비밀조직망인 연통제를 통해 각 지역의 독립운동을 지휘, 감독하는 동시에 군자금을 모집하였다. 이 군자금으로 육군무관학교(상하이)를 설립해 지휘관을 양성하는 한편 만주 지역의 무장 독립 세력과의 연대를 꾀하였다. 이와 더불어 한국의 독립 문제를 세계에 알리기 위한 외교 활동과 함께 독립신문 제작, 사료 편찬 등 문화적인 운동도 병행하였다.

임시정부는 설립 당시만 하더라도 한민족 전체의 뜻을 모은 거국적인 단체라고 할 수 있었지만 곧 노선 투쟁(외교 독립론, 무장 투쟁론, 실력 양성론)으로 내분에 휩싸였고, 일제의 탄압으로 국내와의 연결 고리가 약해지면서 자금과 인력이 부족해지기 시작했다. 그러자 1920년대 중반부터는 새로운 임시정부를 수립하자는 입장(창조파)과 개혁하며 존속하자는 입장(개조파), 그리고 현상유지파로 나뉘어 대립하는 일이 벌어졌다. 결국 임시정부는 이후 크게 위상이 축소된 상태로 힘겹게 존속하게 된다.

국외의 무장 독립운동

1910년대에 겪은 탄압을 통해 여러 민족 지도자들이 깨달은 것은 비폭력적인 항일 운동으로는 독립을 쟁취할 수 없다는 사실이었다. 그 결과 3·1운동을 계기로 만주 지역을 무장 독립 투쟁의 기지로 삼으려는 세력들이 다수 등장하였다. 산미증식 계획으로 인해 한반도를 떠나 만주, 연해주 지역으로 온 유민들이 가담하는 일도 많았다.

초기에는 무장 독립 세력이 크고 작은 성과를 거두었다. 홍범도가 이끄는 대한독립군은 봉오동에서 일본군을 크게 무찔렀다(1920.6). 훈춘의 일본 영사관 습격 사건을 조작한 일본이 만주 지역에 대병력을 투입하자 김좌진의 북로군정서군, 홍범도의 대한독립군 등이 연합한 부대가 백두산 지역으로 이동하면서 청산리 일대에서 대승을 거두기도 하였다(1920.10).

그러나 독립운동의 근거지를 없애기 위해 일본군은 만주 지역의 민간인 1만여 명을 학살하고 마을을 불태우는 만행을 저질렀다(간도참변, 1920). 이에 연해주 지역으로 피한 독립군은 도와주겠다는 소련의 약속에 속아 1917년의 혁명을 마무리하는 과정에 있던 소련의 내전에 참전하였으나 승리한 적색군이 약속을 어기고 독립군을 무장해제시켜버렸다(자유시 참변, 1921).

이러한 역경에도 독립군 세력은 만주 지역에서 통합 운동을 추진하여 참의부, 정의부, 신민부의 3부로 세력을 정비하였다(1924-25). 그러나 일본 총독부 경무국장 미쓰야가 만주 지역의 중국 군벌과 손을 잡고 공동으로 독립군을 소탕하기로 함으로써(미쓰야 협정, 1925) 항일 무장 투쟁은 계속 어려움을 겪어야 했다.

한편 1919년 만주에서는 일제 요인 암살과 식민 통치 기관 파괴를 목적으로 한 결사단체인 의열단이 만들어졌는데, 1920년대에 활발한 활동을 펼쳤다. 그중 김상옥의 종로 경찰서 폭탄 투척(1923)이나 나석주의 동양척식주식회사 폭탄 투척(1926) 등이 주목할 만한 의거였다. 그러나 개별적인 테러 활동의 한계를 인식하고 조직적인 군사 운동으로 흡수되었다.

국내의 항일 운동

1920년대에는 사회주의 사상이 빠르게 확산되었다. 반제국주의, 반봉건주의 사상으로 이해되었기 때문이다. 1925년 조선공산당이 조직되어 국제공산당(코민테른)의 승인을 얻었지만 치안유지법을 만들어 강경하게 대응한 일본의 탄압으로 몇 년 가지 못하고 해체되었다. 그러나 사회주의 운동은 한편으로는 독립운동의 주요한 흐름인 동시에 이념적 대립의 한 축으로 남아 갈등의 빌미가 되기도 하였다.

문화 통치 시기에 제한적으로나마 언론·집회·결사의 자유가 허용되자 다양한 단체가 설립되고 마찬가지로 다양한 방향의 운동이 전개되었다. 청년 운동(조선 청년 총동맹), 소년 운동(방정환), 노동·농민 운동, 여성 운동(근우회) 등을 비롯해 백정들의 형평 운동(조선 형평사)과 같은 사회 운동이나 한글 보급 운동(조선어 연구회)

과 같은 문화 운동이 활발하게 이루어졌다.

1926년 4월 순종이 세상을 떠나자 조선 공산당, 천도교, 학생 단체 등이 인산일에 맞추어 대규모 만세 시위를 조직하였다. 사전에 발각되어 대규모로 전개되지는 못했지만, 사회주의 계열과 민족주의 계열이 연대하여 기획함으로써 민족유일당운동을 가능하게 한 구심점을 만들 수 있었다.

1920년대 초반 실력양성운동 계열에서 행해진 물산장려운동, 민립대학 설립 운동은 모두 일본의 탄압으로 좌절되었다. 물산장려 운동은 자본가들의 이익을 추구하는 운동이라는 이유로 사회주의 계열이 반대하기도 하였다. 이후 타협적 민족주의 계열에서는 민족 개조론 및 자치론으로 순응적인 방향으로 돌아섰다. 비타협적 민족주의 계열에서는 중국의 국공합작의 영향을 받아 일제의 탄압을 받던 사회주의 세력과 힘을 합치자는 움직임이 일어났다. 이로 인해 민족 유일당 운동이 전개되어 결국 1927년 최대 규모의 독립운동 단체인 신간회가 설립되었다. 1929년에는 일본 학생이 조선 여학생을 희롱한 것이 계기가 되어 광주 지역에서 대규모 반일 시위가 이루어졌다(광주학생운동). 이 시위는 전국적으로 확산되어 수만 명의 학생이 참여하였는데, 신간회는 이를 민중 대회로 확대하려고 하였으나 일제가 이를 미리 알고 좌절시켰다. 광주 학생 운동 외에도 원산 총파업 등 과격하고 비타협적인 항일 운동을 지휘하고 후원하던 신간회는 일제의 대규모 검거 이후 온건한 방향으로 돌아섰으나 결국 동력을 잃고 해산하고 말았다(1931).

(3) 전체주의 체제와 침략 전쟁 시기 : 1930년대 이후

일본의 대륙 침략과 수탈

전 세계를 휩쓴 대공황의 여파 속에서 일본은 전체주의 체제로 이행하면서 대륙 진출을 꾀하였다. 그 과정에서 본토와 식민지를 하나로 묶은 경제 블록을 통해 대공황을 벗어나려는 동시에 침략 전쟁을 수행하기 위한 병참기지를 만들고자 하였다. 대륙 침략 및 전쟁이 본격화되면서 식민지를 완전히 동화시키기 위한 민족 말살 정책이 추진되었다.

일본의 관동군은 1931년 일본이 관리하던 만주철도 폭파 사건을 조작해 이를 핑계로 만주 지역을 본격적으로 침공하는 만주 사변을 일으켰다. 그리고 다음 해에는 괴뢰국인 만주국을 수립해(1932) 이른바 '15년 전쟁'을 시작했다. 15년 전쟁이란 중국 침공으로부터 제2차 세계대전까지 이어지는 일본의 침략 전쟁을 말한다.

한반도는 15년 전쟁 수행을 위한 병참기지였다. 남부 지방에는 목화(면화)를 기르고 북쪽 지방에는 면양을 기르도록 함으로써(남면 북양 정책) 방직업의 원료를 안정적으로 수급하는 등, 한반도 전체가 필요에 따라 일본 경제의 하부 단위로 개편되었다. 1937년 중일전쟁이 발발하자 군수 산업이 북부 지방을 중심으로 집중적으로 육성되었다. 1938년부터는 국가총동원법이 제정되어 인적, 물적 수탈이 전면화되는 동시에 지원병 제도를 통해 병력을 충원하였다. 1939년에는 국민징용령이, 그리고 1944년에는 여자 정신대 근로령과 징병제가 실시되어 강제적인 인력 동원이 이루어졌다. 각종 공출로 식량과 자원을 빼앗아갔으며 한국인들은 배급제로 근근이 연명해야 했다.

민족 말살 정치

1930년대 중반 이후 일본은 식민지에 대한 차별은 없애지 않으면서도 한민족의 정체성을 제거하려는 민족 말살 정치를 펼쳤다. 내선 일체론, 일선 동조론, 황국신민화와 같은 구호를 내세우면서 신사 참배(1937), 황국신민서사 암송, 궁성 요배 등 일본인 되기를 강요하였다. 이름을 일본식으로 바꾸도록 강제(창씨 개명, 1939)하였으며 학교에서 한국어 사용을 금지하였다. 또한 조선어 학회와 진단 학회를 강제 해산시킴으로써 언어와 역사 등 문화와 전통 연구를 실질적으로 금지하였다. 언론의 자유 역시 크게 제한되어 동아일보와 조선일보가 강제로 폐간되었다(1940).

해외의 항일 운동

1930년대 이후 국내의 항일 독립운동은 실질적으로 불가능해졌다. 1931년에 농촌 계몽 운동(브나로드 운동)이 활발하게 전개되고 1931년 조선어학회, 1934년 진단 학회가 설립되어 한국어와 한국사 연구의 문화 운동도 명맥을 이었지만, 이조차도 일제의 탄압으로 계속되지 못했다.

상하이의 임시정부 역시 1920년대 중반 이후 계속 쇠락해 겨우 명맥만 유지하고 있던 상황이었다. 그러나 1932년 이봉창 및 윤봉길의 의거로 임시정부와 항일 운동의 건재함을 드러내었다. 특히 윤봉길의 의거는 중국에서 항일 감정의 기폭제가 되었다. 이로 인해 임시정부는 중국 국민당의 후원을 받을 수 있었다. 일본의 영향 아래 있던 상하이에서 활동이 어려워지자 임시정부는 난징(남경)으로 본부를 옮겼는데, 중일전쟁이 벌어지자 국민당 정부를 따라 충칭(중경)까지 이동하였다. 이 과정에서 임시정부에 대한 김구의 지도력이 강화되었다. 임시정부는 중국 정부와 교섭하여 한국 광복군을 창설(1940)하였지만 이 부대는 중국 국민당 소속으로 그들의 지휘를 받아야 했다. 1941년 태평양 전쟁이 발발하자 임시정부는 대일 선전포고문을 발표 하였다.

만주 지역에서는 괴뢰국인 만주국이 세워진 이후 중국의 무장 항일 운동 세력과 독립군 세력이 연합하여 공동 작전을 펼쳤다. 그러나 일본의 강력한 진압 작전으로 점차 무장 항일 운동은 세력이 약화되었고, 상당수가 중국 관내로 이동하게 되었다. 1935년 중국과 만주에서 활동하는 조직들이 결집하여 민족 혁명당을 창건하고 중국 국민당 정부와 힘을 합쳐 싸우기 위해 조선 의용대(1938)를 조직하였다. 그러나 국민당이 항일 투쟁에 소극적인 태도를 보이자 일부는 화북 지방으로 이동해 중국 공산당에 참여해 항일 투쟁을 벌였고, 이에 가담하지 않은 세력은 1942년 임시정부 의 한국 광복군에 합류하였다.

한국 광복군은 미국에 있던 이승만의 도움을 받아 연합군의 작전에 참여하려 하였다. 임시정부가 망명 정부로 공식적인 인정을 받기 위한 것이기도 하였다. 멀리 미얀마와 인도에까지 파견되어 영국군과 연합 작전을 펼치기도 하였고, 미국과는 한반도 진입 작전을 공동으로 수행하려 하였다. 임시정부 승인을 부담스러워 한 미국 군부는 공식적으로 이 작전을 추진하지 않았지만, 광복군 일부가 중국에서 훈련 중이던 미군의 특수 부대원으로 훈련을 받았다. 그러나 국내 진공 작전이 8월 말로 기획되어 있던 상황에서 일본이 갑작스레 항복(1945. 8. 15)하는 일이 벌어져 무산되

고 말았다. 김구는 이로 인해 임시정부가 발언권을 얻지 못하게 된 것을 두고두고
안타깝게 생각했다.

1. 일제가 대한제국을 병합한 후 1910년대에 실시한 통치 내용 중 사실과 다른 것은 무엇인가?

① 헌병이 일반 경찰 기능을 담당하는 헌병경찰제를 실시했다.

② 총독부 관리나 교원도 제복을 입고 착검을 하였다.

③ 조선교육령을 제정했는데 조선인을 충량한 일본 신민으로 만들려는 동화 교육에 목적을 두었다.

④ 토지조사 사업을 실시하여 농촌에서 극심한 수탈을 자행하였다.

⑤ 대한매일신보, 황성신문 등 신문들을 회유 차원에서 유지시켰다.

| 해 설 |

일제는 대한제국 영토인 한반도를 일본 영토로 편입한 후 '조선'으로 개칭하였다. 일제는 조선총독부를 설치한 후 통감으로 있던 육군대장 데라우치 마사타케를 초대 조선총독으로 임명하였다. 그리고 헌병경찰제 등 억압적인 무단 통치를 실시했다.

▲ 조선총독부 전경

⑤ 대한매일신보, 황성신문 등 민족 신문들을 폐간시켰다.

⑨ : 답

2. 1910년대에 일제가 실시한 한민족 통치 방법이 아닌 것은 무엇인가?

① 산미증식 계획 시행　　② 회사령 제정　　③ 제1차 조선교육령 제정

④ 조선광업령 제정　　⑤ 토지조사 사업 실시

| 해 설 |

① 산미증식 계획은 1920년에서 1934년까지 실시한 쌀 수탈 정책이다.

② 회사령은 회사 설립에 대해 허가제로 규정한 법령으로, 한반도에 진출한 일본 기업들을 보호하기 위해 조선 기업들의 설립을 억제한 것이다.

③ 조선교육령 제정(1911.8)은 조선인을 '충량한' 일본 신민으로 만들려는 동화 교육에 목적을 두었다. 일본어·일본역사 등을 교육하고 조선어·조선역사 등을 왜곡·축소하였다. 조선인에 대해 고등·전문 교육을 억제하고 보통 교육·실업 교

육에 주력하도록 하였다.

④ 조선총독부는 조선어업령을 제정하여(1911) 일본인이 황금 어장을 장악토록 하고, 조선광업령을 제정하여(1915) 일본인이 광산을 독점토록 하였다.

⑤ 조선총독부는 1910년 토지조사국을 설치하고, 1912년 토지조사령 제정 등을 통해 전국의 토지를 대거 약탈하였다. 또 1918년에는 임야조사령 제정 등을 통해 전 임야의 50% 이상을 약탈하였다.

① : 답

3. 일제의 토지조사 사업에 관한 설명 중 옳지 않은 것은 무엇인가?

① 토지조사 사업은 근대적 지세 제도를 확립하여 식민지 통치의 재정적 기반을 확충하려는 목적으로 실시되었다.

② 토지 조사 사업으로 근대적 토지 소유권제가 확립되어 토지의 상품화, 거래가 촉진됨으로써 지주제가 완화되었다.

③ 국·공유지, 종중 땅, 미신고 토지 등 국토의 상당 부분이 총독부 소유로 넘어갔고, 일부를 일본 회사, 일본인 등에게 헐값으로 불하하였다.

④ 지세 수취를 전통의 결부제(수확량 기준)에서 지가(地價) 기준으로 전환했는데, 이로써 총독부의 재정 수입이 늘어났다.

⑤ 농민들이 갖던 관습상 영구 경작권, 도지권 등이 철저히 부정됨에 따라 농민들은 기한부 계약제 소작농으로 전락하였다.

| 해 설 |

② 토지조사 사업으로 근대적 토지 소유권제가 확립되어 토지의 상품화, 거래가 촉진됨으로써 일본인·친일파 등 부유층의 토지 소유 비율이 증대하였다. 즉 지주제가 한층 강화된 것이다. 지주제 강화로 지주 및 소작농 수는 증가하고 자작농 및 자소작농 수는 감소하였다.

③ 조선총독부 소유로 넘어간 가장 큰 이유는 당시 토지의 소유 개념 부족, 짧은 신고 기간, 복잡한 절차 등으로 토지 소유 신고를 소홀히 했기 때문이다. 또 반일 감정으로 신고를 하지 않거나 신고자가 없는 국·공유지, 신고자가 불분명한 종중·동중(洞中) 땅 등은 자연스럽게 총독부 소유로 넘어갔다.

④ 일제의 토지 조사 사업은 조세 수취 기준을 혁명적으로 바꾸었다. 우리 역사에서 수천 년간 토지 면적 측정과 조세 수취 기준으로 삼아왔던 결부제(수확량 기준)를 폐지하고 현재 우리나라에 적용되고 있는 지가 기준으로 전환토록 한 것이다. 이로써 총독부의 재정 수입이 늘어났다.

② : 답

4. 1910년대 민족 운동과 관련된 기술 중 사실이 아닌 것은 무엇인가?

① 일제의 무단 통치로 인해 민족 운동 세력은 모두 국외로 갔고 국내에서는 소멸되었다.

② 두만강 건너 북간도에서 연길·용정·화룡 등을 개척하였고, 대종교인들이 대거 망명하여 선교 활동과 무장 투쟁을 전개하였다.

③ 압록강 건너 서간도에서는 1910년 신민회 회원들이 삼원보로 와서 자치 단체인 경학사와 신흥강습소를 세워 독립군을 양성하였다.

④ 1917년 상하이 민족 운동가들은 대동 단결 선언을 발표하여 국민주권론에 입각한 공화주의 임시 정부 수립을 제창하였다.

⑤ 1913년 안창호는 미국 LA에서 실력 양성 청년 단체인 흥사단을 만들었고 1914년 박용만은 하와이에서 무장 투쟁 단체인 대조선국민군단을 설립했다.

| 해 설 |

① 1910년 국권 상실 전후 많은 민족 운동가가 국외로 이주해간 것은 맞다. 당시 해외 독립운동 근거지는 연해주, 북간도, 서간도 등 국경 인근 지역이었다. 그러나 국내 민족 운동 세력이 소멸된 것은 아니었다. 조선국권회복단, 대한광복회 등 공화주의와 강경 노선의 독립전쟁론을 추구하는 단체도 있었고, 자립단·송죽회 등 공화주의와 온건 노선의 실력양성론을 추구하는 단체도 있었다. 대한광복회는 일제로부터 해방, 공화국 건설을 목표로 했으며, 200여 명의 회원을 보유한 매우 규모가 큰 비밀조직이었다. 총사령은 박상진, 부사령은 김좌진이었다. 전국 각지 및 만주 등지에 설립한 곡물상과 잡화상 등을 거점으로 하여 군자금 모집, 독립군 양성, 친일 부호 처단 등의 활동을 전개하였다.

② 북간도 민족 운동가들은 1911년 연길에서 간민교육회를 설치하였고 각지에 명동학교·정동학교 등을 건립하였다. 1911년 대종교인 서일 등은 대종교인들을 중심으로 중광단이라는 무장 독립운동 단체를 만들었다. 중광단은 3·1운동 뒤 대한정의단으로 개편되었고 이어 김좌진의 북로군정서군으로 개편(1919.12)되었다. 대종교 본사가 1914년 북간도로 이전하면서 대종교인들의 활약은 매우 커졌다.

③ 서간도에서는 1910년 이회영·이시영·이상룡 등이 정착을 시작하였다. 서간도 민족 운동가들은 1911년 경학사와 신흥강습소를 설치했는데, 신흥강습소는 1919년 신흥무관학교로 개칭되었다. 이범석 등 이 학교 출신들이 청산리 전투에 참전한 서로군정서군을 형성하였다.

④ 1917년 신규식·박은식·신채호·박용만·조소앙 등 상하이 민족 운동가들은 대동 단결 선언을 발표했는데, 이는 종전의 대한제국 망명 정부 수립 계획을 포기하고 국민주권론에 입각한 공화주의 임시정부 수립을 제창한 것이다.

① : 답

5.

3·1운동의 발생 배경에 대한 설명으로 사실과 다른 것은 무엇인가?

① 고종의 독살설이 유포되어 민심이 크게 동요하였다.

② 1918년 1월 발표된 미국 윌슨 대통령의 민족자결주의가 자극제가 되었다.

③ 강압적인 일본의 무단 통치와 토지조사 사업 등 10년에 가까운 일제의 지배에 쌓인 울분이 터지고 민족 저항 의식이 고양되어 갔다.

④ 인도 간디의 비폭력 무저항주의, 중국의 5·4운동의 영향을 받았다.

⑤ 을사조약 전후부터 교육·언론 등 각 분야에서 국민 계몽을 위해 왕성하게 활동했던 애국계몽운동이 민족 의식과 자주 독립 의식을 고취해온 결과이다.

| 해 설 |

3·1운동의 배경으로는 '일본 유학생들의 2·8독립선언'도 있다. 2·8독립선언은 3·1운동 발생의 자극제가 되었다.

④ 인도 간디의 비폭력 무저항주의, 중국의 5·4운동은 3·1운동에 자극받아 일어난 것이다.

① 고종의 독살설은 민심을 크게 동요시켰고, 3·1운동 추진 세력은 고종의 인산일(3.3)을 앞두고 전국 각지에서 사람들이 서울로 몰려드는 것을 이용하여 3월 1일 시위를 일으켰다.

▲ 고종의 인산일
대한문 앞에 모인 군중

⑤ 주권을 상실하면서 그간 국민 계몽, 독립 의식 확립에 큰 역할을 하던 황성신문, 대한매일신보, 제국신문 등이 일제의 강압으로 폐쇄되고 말았으나 이들에 의해 각성됐던 국민에 의해 3·1운동이 일어날 수 있었다.

교육계의 계몽 운동의 역할은 더욱 컸다. 1885년 선교사가 서울에 세운 최초의 사립 학교 배재학당을 필두로 경신학교, 이화학당, 숭실학교 등 선교사가 세운 사립 학교들이 국민 계몽, 독립 의식, 근대 문물 등을 깨우쳤고, 을사조약 전후에는 본격적으로 애국계몽운동가(민족 운동가)들에 의해 사립 학교들이 우후죽순처럼 설립되어 민족 독립 정신, 근대 인식 등을 고취시켰다. 이러한 사립 학교 설립 운동은 날이 갈수록 폭발적이 되어서 1908년에는 전국에 사립 학교가 3,000여 개에 이르렀다. 주권 상실 후 1911년 일제가 사립학교령을 제정하여 강제로 대량 폐쇄했으나 그래도 690여 개나 남아 민족 의식을 내밀히 고취시켜 나갔다. 이러한 애국계몽운동에 의한 민족 의식과 독립 의식 고취 활동이 있었기에 3·1운동이 가능했다.

종교계가 각 종교 활동을 통해 민족 의식을 고취한 측면도 많았다. 천도교와 개신교의 활동이 특히 그러했다. 우리 민족은 일제의 억압 속에서 종교 활동을 통해 무지를 깨우치고(한글 교육 등 문맹 퇴치) 민족 의식 고취와 단결을 도모했다. 개신교는 3·1운동 때 일제로부터 잔인하게 탄압당하기도 했는데 대표적 사례 중 하나가 수원 제암리 교회이다. 3·1운동 진압 일본군은 제암리의 교인들을 교회로 모이게 유인한 후 총격을 가하고 불을 질러 잔인하게 불태워 죽였다. 또 제암리 마을을 돌아다니며 집집마다 불을 붙여 마을을 초토화하였다. 일본군이 제암리 마을을 초토화시킨 것은 제암리의 독립운동 열기가 드셌기 때문이다. 제암리의 독립운동 열기는 교세가 왕성했던 천도교가 주민들의 민족 정신을 고양시킨 데다 제암리 교회에서도 교인들을 상대로 문맹 퇴치 노력 등을 전개하여 교인들을 각성시켰던 덕이 크다. 향남면 제암리 만세 운동 주동자나 적극 가담자에는 천도교도, 기독교도가 많았다. 인근 장안면 수촌리에서도 교세가 왕성했던 천도교 지도자들이 만세 운동을 주도하였다.

정답 : ④

6. 3·1운동의 발발과 전개 과정에 대한 설명 중 사실과 다른 것은 무엇인가?

① 민족 대표 33인은 태화관에 모여 최남선이 작성한 독립선언서를 발표한 후 일본 경찰에 체포되었다.

② 민족 대표 33인 중에는 기독교도 16명, 천도교도 15명, 불교도 2명이 참여했으며 천주교도는 없었다.

③ 3·1운동은 비폭력 평화 운동을 처음부터 끝까지 유지했으나 일제는 강경 진압으로 대응하여 많은 희생자를 내었다.

④ 종교인 뿐 아니라 신지식인, 학생, 농민, 상인, 노동자, 유생에 이르기까지 신분·직업·지역·연령·성별·사상 등을 불문하고 거족적으로 참여하였다.

⑤ 3·1운동은 국내에 그치지 않고 국외로 확산되었는데, 간도·연해주·미국·일본 등에서도 일어났다.

| 해 설 |

③ 3월 초에는 평양 등 전국 주요 도시로 확산되었는데, 만세 운동·동맹 파업 등 평화적 방법으로 전개되었다. 3월 말~4월 초 반일 감정이 높았던 농촌으로 확산되면서 일제의 강경 진압과 맞물려 폭력적 시위로 변해갔다. 일제는 발포·살육·방화 등의 강경한 방법으로 진압했고, 이로 인해 많은 희생자를 냈다. 3·1운동 과정에서 피살자는 7,509명, 부상자는 1만 5,850명, 체포자는 4만 5,306명이었고, 불에 탄 건물은 교회가 49개소, 학교 2개소, 민가 715호였다.

① 민족 대표 33인은 3월 1일 음식점인 태화관에 모여 최남선이 작성한 독립선언서를 한용운이 낭독하는 방식으로 독립 선언식을 거행했다. 원래 탑골공원에서 발표할 예정이었으나 무력 시위를 우려하여 태화관으로 장소를 변경하였다. 탑골공원에서 민족 대표를 기다리던 학생·시민은 이들이 나타나지 않자 스스로 독립선언서를 낭독하고 시위를 벌었다.

② 이렇듯 3·1운동에서 종교 지도자들의 역할이 매우 컸다. 이승훈 등이 기독교계 대표이고, 손병희·오세창 등이 천도 교계 대표였으며, 한용운 등이 불교계 대표로 참여하였다.

④ 3·1운동 참가자는 총 200여만 명, 운동 회수는 1,500여 회, 전국 218개 군 중 211개 군에서 시위가 발생하였다. 신분·직업·지역·연령·성별·사상(봉건적 유생이냐 공화주의 신지식층이냐 등) 등에 관계없이 시위에 모두 참여함으로써 신분 차별, 남녀 차별, 지역 차별 등 전근대적 요소들을 일소하는 계기가 되었다.

정답 : ③

7. 3·1운동의 전개에 대한 설명으로 옳지 않은 것은 무엇인가?

① 평화적 비폭력 시위로 시작했으며, 일제의 무자비한 탄압에도 끝까지 비폭력 노선을 견지하였다.

② 그간 독립운동의 역량 분산을 깨닫고 임시정부 수립을 통해 역량을 결집하는 계기를 마련하였다.

③ 남녀노소·신분 귀천·지역·직업 등을 막론하고 동참함으로써 봉건 잔재를 없애고 장차 근대 독립 국가에 필요한 시민 의식을 고취하는 계기가 되었다.

④ 3·1운동 참여 젊은이들이 만주 등으로 건너가 1920년 봉오동 전투, 청산리 전투 등 독립군 투쟁을 전개하는 계기를 제공하였다.

⑤ 인도의 비폭력 무저항 운동과 중국의 5·4운동 등 아시아·아프리카 약소 민족 해방 운동에 자극제가 되었다.

| 해 설 |

① 3·1운동은 처음에는 서울·평양 등 도시를 중심으로 평화적 만세 시위, 동맹 파업, 철시 등 비폭력적 평화 시위의 방법으로 전개되었으나 전국 농촌으로 확산되면서 3월 말부터 시위가 격렬해지고 곳곳에서 유혈 충돌이 일어나는 등 폭력적 양상으로 변해갔다. 과격해지고 시위가 전국으로 확산되자 일제도 헌병 등 무장 병력을 동원하여 무자비한 탄압을 자행하였다. 이에 따라 우리 민족도 무력 저항으로 대응하였다.

① : 답

8. 3·1운동과 관련된 사항이 아닌 것은 무엇인가?

① 제암리 사건   ② 유관순   ③ 민족 대표 33인

④ 탑골공원   ⑤ 만세보

| 해 설 |

⑤ 만세보는 1906년 천도교 손병희의 제창으로 오세창이 창간한 국한문 혼용 일간지로 민족 의식을 고취하는 데 기여한 신문이다. 손병희는 동학의 일파였던 이용구가 일진회를 만들어 친일 행각을 자행하자 동학을 천도교로 개칭하였고, 오세창으로 하여금 만세보를 만들어 일진회의 기관지 국민신보와 대결하도록 하였다. 그러나 만세보는 곧 경영난에 직면하여 일제에 매수되어 친일 내각 기관지인 대한신문으로 개칭되었다.

▲ 불에 탄 제암리 마을

① 당시 수원군 향남면 제암리 등 인근 주민은 3월 31일 발안 장날을 기해 독립 만세 운동을 일으켰다. 주민은 이 과정에서 위협 사격을 가하는 일본 경찰과 투석전을 벌였고, 인근

일본인 집, 일본인 소학교에 불을 지르기도 했다. 일본 경찰은 칼을 휘둘러 주민 몇 명을 살해하였다. 이후 지역 주민은 일본 군경의 진압 작전에 맞서 경찰 주재소를 습격하는 등 적극 대응에 나섰다. 일본 군경도 더욱 공세적으로 나서 수촌리, 제암리 등 시위를 적극적으로 했던 마을을 집중적으로 수색하고 종교 시설, 가옥을 대부분 불태우며 주민을 학살하였다. 제암리 교회에서는 전 교인들을 모아 놓고 총격을 가한 후 불을 질러 태워 죽였다. 이것이 제암리 사건이다.

② 유관순은 3·1운동 당시 이화학당 고등부 학생으로서, 서울에서 3월 1일 일어난 만세 시위에도 참여하였다. 총독부에서 휴교령을 내리자, 유관순은 고향 천안 병천으로 내려가 만세 시위를 주도하다가 일본 경찰에 체포되었으며, 법원에서 3년형을 선고받았다. 그는 서울 서대문형무소 복역 중 고문으로 1920년 9월 사망하였다.

▲ 서대문형무소 복역 시
유관순 열사

유관순은 "내 손과 다리가 부러져도 그 고통은 이길 수 있사오나, 나라를 잃어버린 그 고통만은 견딜 수가 없습니다", "나라에 바칠 목숨이 오직 하나밖에 없는 것이 이 소녀의 유일한 슬픔입니다"라고 절규하며 죽어갔다. 유관순이 죽은 후 이화학당 교장 프라이는 일제에 유관순의 시신 인계를 요구했으나 거절당하였다. 이에 이화학당은 국제 여론에 알리겠다고 위협하여 겨우 시신을 인수하였는데, 시신은 석유 상자 속에 토막 난 채 들어 있었다고 한다.

③ 3·1운동을 추진한 민족 대표 33인은 3월 1일 태화관에 모여 최남선이 작성한 독립선언서를 낭독하면서 독립선언식을 거행하였다. 민족 대표 33인에는 민족 의식이 강했던 천도교와 기독교 인사가 대부분을 차지했다. 한용운 등 불교계 인사도 2명이 참가했지만 천주교 인사는 없었다. 그래서 임시정부에서는 천주교의 항일 운동 동참을 호소하기도 했다.

▲ 민족 대표 33인의
독립선언식(기록화)

④ 민족 대표가 태화관에서 독립선언식을 행하는 사이 학생들과 시민은 탑골공원에서 독립선언서를 낭독한 후 가두 시위를 벌였다.

⑨ : 呂

9. 3·1운동에 대한 평가로 적합하지 않은 것은 무엇인가?

① 국민의 전폭적인 참여에도 불구하고 운동을 지도하는 리더십·조직력·이념 등이 부족하여 역량의 한계를 보였다.

② 윌슨 대통령의 민족자결주의가 일본에는 적용되지 않았기 때문에 3·1운동은 실패한 운동으로 평가받기도 한다.

③ 인도 간디의 비폭력 무저항주의, 중국 5·4운동 등 아시아·아프리카 약소 민족 독립운동에 영향을 주었다.

④ 3·1운동 이전에는 왕정 체제를 복구하려는 복벽주의가 많았으나 3·1운동 거족적 참여와 임시정부 수립으로 민주공화주의가 대세로 구축되었다.

⑤ 3·1운동은 독립을 이루지 못하고 많은 희생자를 냈다는 측면에서 실패한 운동이다.

| 해 설 | 무단 통치기

⑤ 외형적으로 보면 그렇게 볼 수도 있지만 실질에 있어서는 많은 결실을 거두었다. 우리 민족은 3·1운동을 통해 민족 역량을 모으면 독립을 이룰 수도 있다는 자신감을 얻었다. 이를 계기로 민족 독립운동의 구심체로서 상하이 임시정부를 수립하는 결실을 거두었다. 또한 봉오동 전투, 청산리 전투 등 1920년대 초 활발한 항일 독립군 활동을 전개하는 촉진제가 되었다. 3·1운동은 일제에게 한민족의 저항 정신을 깨닫게 함으로써 무단 통치를 종식시키는 계기를 제공하였다.

⑨ : 답

10. 3·1운동 이후 일제는 문화 정치를 표방하였다. 문화 정치의 내용이 아닌 것은 무엇인가?

① 일제는 악랄했던 헌병경찰제를 보통경찰제로 변경하였으나 경찰 수를 대폭 늘리고 특별고등경찰과 밀정 제도를 두었다.

② 일제는 한국인 관리 임용도 공언하였으나 형식적인 조치에 그쳤다.

③ 일제는 총독부 관리 및 교원들의 제복, 착검을 폐지하였으며 태형은 벌금형으로 대체하였다.

④ 일제는 조선총독을 현역 육해공군 대장 중에서 임명하던 것을 문관 중에서 임명하도록 하였고, 이를 실행에 옮겼다.

⑤ 일제는 1922년 조선교육령을 개정하여 사범학교, 대학 설립이 가능하도록 했으나 민립대학 설립 운동을 방해했다.

| 해 설 |

④ 일제는 3·1운동 직후 조선총독을 문관 중에서도 임명할 수 있도록 규정했으나 해방 때까지 실제로 문관 중에서 조선 총독을 임명한 예는 없었다. 조선총독은 줄곧 현역 및 예비역 대장 중에서 임명되었다.

④ : 답

11. 전국 각지에는 일제강점기 수리조합에 의해 만들어진 대형 저수지가 산재하고 있다. 이들 저수지가 만들어진 시기의 정책에 대한 설명 중 사실과 다른 것은 무엇인가?

① 일본 내 쌀값 폭등 현상을 막기 위해 수립한 산미증식 계획은 지주들에게 큰 이득을 안겨주었다.

② 실제로 품종 개량, 저수지 축조, 밭을 논으로 개량 등으로 920만 석 증산, 500만 석 일본 수출 목표를 달성하였다.

③ 쌀 증산에도 불구하고 식량이 부족하여 만주로부터 조·수수·콩 등 잡곡을 수입하여 충당하였다.

④ 수리조합 구역 내 저수지 수혜를 내세운 과도한 수리조합비, 수세 징수 등으로 전국적으로 수리조합 반대 운동이 일어났다.

⑤ 밭을 논으로 개량하는 등 논농사에 집중함으로써 쌀 단작형 파행적인 농업 구조를 낳았다.

| 해 설 |

② 산미증식 계획(1920~1934)은 품종 개량, 저수지 축조, 밭을 논으로 개량하는 사업 등으로 920만 석 증산, 500만 석 일본 수출 목표를 달성한다는 목표 아래 시행되었다. 그러나 실제로 13개년간 증산한 양은 360만 석에 불과했으나 수출량은 목표량보다 많은 685만 석에 달했다. 결국 산미증식 계획은 허울 좋은 쌀 수탈 정책이 되고 말았다.

▲ 일본 수출을 위해 군산항 창고에 쌓아놓은 쌀가마니

① 일본에서는 1914년 제1차 세계대전 발발 이후 전쟁 특수(特需)로 도시에 있던 기업들의 이익이 급증하고 노동자 수요가 늘어나자 농촌 인구가 도시로 몰려들었는데, 이로써 1918년 쌀값 폭등이 일어났다. 일제는 이를 해소하기 위해 산미증식 계획을 수립, 시행한 것이다(1920). 산미증식 계획으로 인해 쌀을 대량 일본으로 수출함으로써 국내 쌀값이 폭등하였고 지주들에게 큰 이익을 안겨주었다. 자작농 등이 과중한 수리조합비 등으로 몰락하여 농촌을 이탈하는 등 농촌 분해 현상이 일어났다. 쌀값 폭등으로 이득을 얻은 대지주들이 토지를 더욱 매집함으로써 지주제가 더욱 강화되었다.

산미증식 계획이 중단된 것도 일본의 쌀값 안정을 위해서였다. 일제는 세계 대공황의 여파로 일본에서 쌀값이 폭락하자 1930년대 들어 계획을 축소하기 시작하여 1934년 일본에 쌀 수출을 중단하였다.

② : 答

12. 일제강점기 우리 민족에게 주입했던 식민사관 중 현대 정당 이론을 통해 반박할 수 있는 것은 무엇인가?

① 일선동조론   ② 정체성론   ③ 타율성론

④ 반도적 숙명론   ⑤ 당파성론

| 해 설 |

⑤ 일제는 조선의 정치사가 당쟁으로 점철되어 있다고 비난하면서 이는 조선 민족의 파당성에 기인한다는 당파성론을 주장하였다. 물론 극단적 당쟁이 여러 가지 정치적 문제점을 낳기도 했지만 붕당 정치 자체는 오늘날 정당 정치처럼 순기능도 많았다.

① 일선동조론은 일본족의 조상이 곧 조선족의 조상이라는 주장이다. 일선동조론은 임나일본부설 등을 근거로 일본이 오래전부터 조선을 다스렸다며 일본이 조선을 식민지로 다스리는 것을 정당화하는 논리이다.

② 정체성론은, 조선은 중세 봉건 사회가 존재하지 않은 정체된 사회이기 때문에 자력으로는 근대화할 수 없는 낙오자라는 이론이다. 따라서 외부의 힘에 의해 견인되어야 한다는 등 식민 지배를 정당화하는 교활한 논리이다.

③ 타율성론은 조선 역사 전체가 민족의 자주 역량이 아니라 중국·몽골·일본 등 주변 외세에 의해 침략, 지배되어 왔다는 주장이다.

④ 반도적 숙명론은, 조선은 중국과 일본 사이에 끼여 있는 반도 국가라는 지리적 조건 때문에 숙명적으로 중국과 일본에 침략당하고 지배당할 수밖에 없다는 식민 지배 정당화 논리이다.

⑤ : 答

13. 일제는 식민 지배를 정당화하기 위해 정체성론을 주장했다. 정체성론의 비조격인 후쿠다 도쿠조는 '일제 합방 전 한국 사회는 (1) 토지 사유 없이 토지 공유 단계에 머물러 있으며 (2) 교통의 발달이 저급하고 (3) 전국적 화폐 유통을 볼 수 없으며 (4) 촌락이 씨족적 통제하에 있어 상공업의 사회적 분화를 볼 수 없고 (5) 독립된 상인도 존재하지 않아 일본 헤이안 시대와 역사적 발전 단계가 비슷하므로 한국 사회가 일본에 비하여 약 1,000년이나 뒤떨어져 있다'고 하였다. 이 정체성론을 비판하는 근거를 조선 후기에서 찾을 때 그 근거로 볼 수 없는 것은 무엇인가?

① 담배·인삼 등 시장 판매 목적의 상업 작물 재배가 성행했다.

② 서울의 육의전 등 시전 상인들이 4대문 안에서 사상들의 난전을 직접 규제하는 금난전권(禁難廛權)을 획득하였다.

③ 도시의 난전 시장, 농촌의 장시 등 시장이 전국적으로 확대되고 화폐 경제도 발전해갔다.

④ 장인들이 정부에 장인세(匠人稅)만 바치면 자유롭게 제품을 만들어 시장에 판매할 수 있는 민영 수공업이 성장해갔다.

⑤ 상업 자본가인 물주(物主)는 광산 시설, 자금을 투자하고 광산 전문 경영인인 덕대(德代)가 전담 경영하는 기업 경영 방식이 나타났다.

| 해 설 |

② 숙종 때 서울 4대문 안에서 판매의 특권을 가진 시전 상인들은 난전 상인들이 자신들의 영역을 침범하자 정부에 요청해 금난전권(난전 활동을 금지, 단속하는 권한)을 부여받았다. 시전 상인은 특권 상인으로서 시장을 무대로 생존하는 난전 상인들보다 경쟁력이 떨어졌기 때문에 금난전권으로서 생존을 유지하려 했다. 금난전권은 조선의 시장 발전을 막는 저해 요소였다. 정조 때 육의전을 제외한 시전 상인들의 금난전권을 폐지함으로써 시장 발달, 상업 발달을 수용하였다.

① 조선 후기 농업 기술의 발달과 생산량의 급증, 시장 판매를 목적으로 한 상업적 농업 발달을 통해 정체성론을 비판할 수 있다.

③④⑤ 시장·화폐·상업·광업 등 모든 면에서 근대적 측면의 발전 모습을 보였다는 점을 통해 정체성론을 비판할 수 있다.

② : 答

14. 3·1운동 이후 일어난 현상에 대한 설명 중 옳지 않은 것은 무엇인가?

① 3·1운동의 폭발력을 실감한 일제는 무단 통치에서 문화 정치라는 유화책으로 변경했으나 친일화 정책도 병행해 민족을 분열시켰다.

② 조선일보, 동아일보, 시대일보 등 일간 신문들이 창간되어 문자 보급 운동 등 대중 계몽 운동이 전개되었다.

③ 손기정 선수가 베를린 올림픽 마라톤에서 우승했을 때 동아일보에는 선수 가슴의 일장기가 지워진 사진이 게재되어 동아일보가 정간당하기도 했다.

④ 일본 상품 배격, 국산품 애용, 금주·금연 등 물산장려운동은 좌익들까지도 동참했으나 일제의 방해 책동으로 실패했다.

⑤ 1926년 순종의 인산일을 기해 6·10만세 운동이, 1929년에는 광주 학생 운동이 일어나 일제에 항거하였다.

|해 설|

④ 물산장려 운동은 민족 자본 형성을 위해 추진한 국산품 애용 운동으로, 민족 운동의 일환이었다. 이 운동은 기업들을 도우려는 우익 운동으로, 좌익들의 방해 책동이 심했다.

① 3·1운동 이후 새로 부임한 사이토 마코토 총독은 친일파 양성 정책을 적극 추진하는 한편 한국인의 정신을 일본인화하는 동화 정책에 주력하였다. 친일파 육성 정책은 한국인을 분열시키는 이이제이 정책이었고, 상당한 효과를 거두었다.

③ 동아일보의 일장기 말소 보도

가슴에 일장기를 달고 침울한 표정으로 시상대에 서 있는 손기정 선수

정답: ④

 '내 살림 내 것으로'라는 슬로건 아래 '입자, 조선인이 짠 것을 - 먹자, 조선인이 만든 것을 - 쓰자, 조선인 손으로 된 것을'이라는 구호를 외친 운동에 대한 설명으로 옳지 않은 것은 무엇인가?

① 일제의 탄압에 시달리던 이 운동은 조직을 갖춘 지 1년 만인 1924년 초 좌절되었다.

② 사회주의 세력은 중산 계급의 이기주의라며 반대와 방해 책동을 하였다.

③ 1920년 평양에서 조만식 등이 조선물산장려회를 결성하면서 시작되었다.

④ 일본 상품에 대한 직접적 불매 운동을 벌임과 동시에 국산품 애용, 소비 절약, 금주 금연 운동을 벌 였다.

⑤ 1922년 동아일보가 참여하고 1923년 1월 서울에서 조선물산장려회가 조직되면서 전국의 도시와 농촌으로 확산되었다.

| 해 설 |

④ 외제품 배격을 하기는 했으나 직접 일본 상품 불매 운동까지 나아가 지는 못했다. 일제의 강력한 통치 체제 아래 있었기 때문이다. 많은 학 생·청년·여성 단체가 적극 참여하여 국산품 애용, 소비 절약, 금주 금 연 운동을 벌였다. 이를 통해 민족 자본을 육성하고자 한 것이다.

② 물산장려운동은 민족주의 우파인 조만식 등이 주창하였다. 민족 산 업의 육성과 민족 경제 자립 운동이었던 만큼 사회주의를 지향하는 좌 익들의 방해 책동을 많이 받았다.

▲ 평양 조선물산장려회 선전 표어와 포스터(1922)

▲ 고당 조만식

㉮ : 답

16. 1920년대 민족주의 운동에 해당하지 않는 것은 무엇인가?

① 물산장려 운동

② 민립대학 설립 운동

③ 국어 연구 및 한글 보급 운동

④ 어린이 운동

⑤ 조선학 운동

| 해 설 |

⑤ 민족문화 수호 운동을 내용으로 한 조선학 운동이 활발하게 일어난 것은 1930년대이다. 1932년 전 국민의 성금 모금을 통한 충무공 유적보존 운동도 일어났고, 1935년 정약용 서거 100주년을 맞아 『여유당 전서』를 『정다산 전서』라는 이름으로 간행하는 등 실학 연구에도 힘썼다. 1931년 기존의 조선어연구회를 조선어학회로 개명하고 일제의 방해에도 불구하고 한글맞춤법통일안 제정, 국어 강습회 개최 등 한글 연구 및 보급 운동에 노력하였다.

② 제2차 조선교육령 개정으로 대학 설립이 가능하게 되자, 성금으로 민립대학을 설립하려는 운동이 일어났다. 이상재, 이승훈, 송진우 등이 1922년 11월 민립대학기성회를 조직하면서 일어났다. 이에 당황한 일제는 운동을 조직적으로 방해하는 한편 1924년 관립대학인 경성제국대학을 설립함으로써 민립대학 운동을 무산시켰다.

③ 한글학자 주시경의 제자들인 임경재·최두선 등은 1921년 12월 조선어연구회를 창립하여 강습회·교재 발간 등 한글 보급에 힘썼다. 1926년 11월 훈민정음 반포 480주년을 기념해 제1회 가갸날을 정했고, 이듬해 한글날로 개칭하였다. 『조선어큰사전』 편찬을 위해 1929년 조선어사전 편찬회를 구성하였다.

④ 1922년 방정환 등은 어린이에게 민족 정신을 고취시키기 위해 서울 천도교 소년회를 중심으로 어린이 운동을 전개하였다. 5월 1일을 어린이날로 정하고 기념 행사를 했는데, 이것이 전국으로 확산된 것이다. 어린이날이 5월 5일로 바뀐 것은 1946년이다.

▲ 소파 방정환

⑨ : 답

---

17. 1920년대에 일어난 민족 운동이 아닌 것은 무엇인가?

① 경성방직 창립 등 경제 자립 운동　　② 동아일보의 브나로드 운동

③ 민립대학 설립 운동　　④ 조선어연구회의 국어 보급 운동

⑤ 어린이 운동

| 해 설 |

② 동아일보의 브나로드 운동(1931~1934)은 1930년대에 실시된 운동이다.

① 경성방직은 3·1운동 이후 전북의 대지주 김성수가 민족 기업을 기치로 창립한 기업으로, 이사진에는 영·호남 지주가 많이 참여하였다. 경성방직은 봉건적 지주들의 자금이 산업 자금으로 전환하는 시금석이 되었다. 한때 경성방직에서 생산한 광목이 일본 제품에 비해 질이 떨어진다 하여 극심한 판매 부진을 겪었으나 물산장려 운동이 일어나 국산품 애용 분위기가 번지면서 상황이 호전될 수 있었다. 1925년에는 면사 생산까지 하는 단계로 발전한 경성방직은 우리나라 면방직 공업 발전에 중요한 의미를 갖는 기업이다.

김성수는 1920년 4월 송진우 등 민족주의 우파 세력과 함께 동아일보를 창간하여 일제 치하에서 실력양성 운동을 전개하였다. 또한 김성수는, 천도교에서 운영하다 경영난을 겪던 보성전문학교를 1932년 인수하여 민족의 인재들을 양성하였다. 김성수는 해방 직후인 1946년 보성전문학교를 고려대학교로 발전시켰다.

⑦ : 답

18. 일제강점기 사회주의 세력의 활동에 대한 설명 중 사실과 다른 것은 무엇인가?

① 민족 최초의 사회주의 정당은 이동휘 등 재러 인사들이 10월 혁명(1917.10) 직후 하바롭스크에서 결성한 한인사회당이다.

② 이동휘 등 한인사회당 세력은 1919년 11월 임시정부에 참여하기 위해 상하이로 옮겨와 고려공산당을 결성하였다.

③ 1920년대 초 재일 조선 유학생들은 흑도회, 북성회 등 사회주의 단체들을 결성했고, 귀국 후 각종 사회주의 단체 결성에 주도적으로 참여하였다.

④ 국내에는 1920년대 초 일본·상하이 등으로부터 사회주의 사상이 전파된 후 급속히 확산되었다. 1920년대 중반 서울청년회·북풍회·화요회 등 300여 사회주의 단체가 난립하여 분파 투쟁을 벌였다.

⑤ 조선공산당은 1925년 4월 화요회를 중심으로 북풍회 등 4개 단체 주도로 결성되었는데, 몇 차례 변동을 거쳐 해방 때까지 존속하였다.

| 해 설 |

⑤ 제1차 조선공산당(1925.4~1925.11)은 1925년 4월 결성되었으나 곧 일제에 적발되어 중요 당원들이 대거 체포됨으로써 붕괴되었다. 제2차 조선공산당(1925.12~1926.6)은 검거를 피했던 강달영 등이 재건한 것인데, 6·10만세운동을 준비하다 발각, 대부분 당원이 체포됨으로써 해체되었다. 이후 제3차 조선공산당(1926.10~1928.2), 제4차 조선공산당(1928.3~1928.8)으로 재건과 해체를 반복했다. 제4차 조선공산당은 1928년 8월 조직 재건 4개월 만에 당원이 대거 체포되었고 이로써 당이 완전 해체되었다. 이후 조선공산당은 일제의 엄중한 감시로 해방 때까지 조직을 재건하지 못했다.

⑤ : 답

19. 다음의 강령을 가진 단체에 대한 설명으로 사실과 다른 것은 무엇인가?

> 1. 우리는 우리 민족의 정치적, 경제적 각성을 촉구함
> 2. 우리는 민족적 단결을 공고히 함
> 3. 우리는 기회주의를 배격함

① 6·10만세 운동은 이 조직이 주도해 일어난 것이었다.

② 이광수 등 일부 민족주의 세력의 자치론 주장 등에 자극받아 조직된 것이다.

③ 민족유일당 운동의 일환으로서 좌·우익 세력이 합작한 조직이다.

④ 비밀·지하 조직이 아닌, 일제로부터 합법적 허가를 받아 조직한 공개 조직이었다.

⑤ 중앙 조직은 민족주의 세력이 중심이 되고 지방 조직은 사회주의 세력이 주도하였는데, 지방 조직이 더 활발하였다.

| 해 설 |

제시문은 좌우합작으로 1927년 결성된 신간회의 강령이다.

① 6·10만세 운동은 순종 서거 후 인산일인 1926년 6월 10일 일어난 사건인데, 신간회는 1927년 2월 조직되었다. 사회주의 세력은 6·10만세 운동에 참여하려다 일제에 의해 큰 타격을 받았는데, 이에 민족주의 세력과의 연대로 활로를 찾으려 했다. 이것이 신간회 결성의 하나의 배경이 되었다.

▲ 동아일보에 실린 신간회 창립 기사(1927.2.14)

② 신간회의 창설 배경은 다양하지만 가장 직접적인 것은 이광수 등이 주장한 자치론이다. 이는 일제의 통치를 인정하면서 참정권을 획득하자는 운동이었다. 이러한 움직임이 일자 자치론, 일제와의 타협론에 반대하는 비타협적 민족주의 세력이 위기감을 느끼고 사회주의 세력과 연대하는 방향으로 나아간 것이다. 이렇게 만들어진 것이 신간회다.

그러나 민족주의 세력과 사회주의 세력의 연대는 기본적으로 지향점이 달랐기 때문에 오래갈 수 없는 것이었다. 두 세력의 연대는 사회주의 세력이 힘을 키우는 수단으로 이용되었고, 민족주의 세력이 사회주의 세력에 대한 경계심을 흐트리게 된다는 문제점도 발생하였다. 해방 직후 좌우합작도 그런 부작용을 낳았고, 중국에서도 일본과 싸우기 위해 장제스의 국민당 정부가 마오쩌둥의 공산당과 국공합작을 한 것도 그런 부작용을 낳았다.

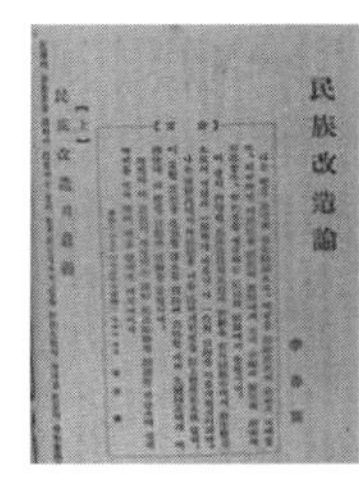

▲ 「개벽」 1922년 5월호에 실린 이광수의 민족개조론

① : 月

20. 신간회에 대한 설명으로 옳지 않은 것은 무엇인가?

① 일제 병합 후 가장 큰 민족 단체였다.

② 신간회의 강령과 활동은 일제에 대해 매우 비타협적이었다.

③ 신간회는 광주 학생 운동에 조사단을 파견하는 등 지원을 보냈다.

④ 사회주의 세력이 주도적으로 신간회를 해소했는데, 국제 공산주의 조직인 코민테른의 지침이 있었기 때문이다.

⑤ 신간회 지회는 사회주의 세력이 지배했고 중앙 조직은 민족주의 세력이 지배했기 때문에 노선 갈등이 심했다.

| 해 설 |

② 신간회는 일제에 비타협적 노선의 강령과는 달리 실제로는 비타협적 강경 투쟁을 전개하지 못했다. 합법적 조직이라는 한계 등에 부딪혔기 때문이다.

① 신간회는 전국 조직으로서 중앙 조직과 지방 조직으로 구성되었다. 신간회는 전국 220여개 군 중 143개 군에 지부를 두었고, 회원 수도 4만 명에 이를 정도로 규모가 컸다. 자매 조직으로는 여성 단체인 근우회가 있었다. 근우회도 좌우합작 단체였다.

④ 코민테른 제6차 대회(1928.12)에서 '12월 테제'를 발표했는데, 이들 사회주의 세력은 부르주아 민족주의 세력과의 통일 전선 운동 방침을 폐기하고 노동자·빈농 등 하층 대중과의 통일 전선 방침으로 노선을 바꾸었다. 1930년 9월 코민테른 산하 프로핀테른(적색노동조합인터네셔널)도 '9월 테제'(조선에서의 혁명적 노동조합 운동의 임무에 대한 결의)를 채택하여 신간회를 민족개량주의 전선으로 규정하고 혁명적 노동조합을 건설할 것을 제시하였다. 이에 사회주의 세력은 국제 공산주의 조직의 지침을 근거로 신간회를 해소했던 것이다. 실제로 사회주의 세력은 신간회 해소 후 적색농조운동, 적색노조운동 등 과격한 강경 투쟁 노선으로 나아갔다.

② : 目

21. 통학 열차에서 일본 학생이 한국 여학생을 희롱한 사건이 발단이 되어 한·일 학생 간 충돌이 전국적 항일 시위로 발전한 사건은 무엇인가?

① 광주 민주화 운동   ② 3·1운동   ③ 6·10만세 운동

④ 광주 학생 운동   ⑤ 6·10항쟁

| 해 설 |

광주 학생 운동은 1929년 11월 1일 광주에서 나주로 가는 통학 열차에서 시작되었다. 한 일본 학생이 한국 여학생을 희롱하자 여학생의 사촌동생 박준채가 희롱한 일본 학생에게 강하게 항의한 사건이 인근 조선 학생들과 일본 학생들의 패싸움으로 번졌다. 이것이 광주 전역으로, 나아가 전국적 시위로 확대된 것이다. 시위는 1929년 11월 초부터 시작하여 1930년 초반까지 5개월 동안 이어졌다. 이 운동은 전국 194개교에 5만 4천여 명이 참가한 3·1운동 이후 최대 민족 운동으로 발전하였다. 피검자는 1,462명에 달했고, 582명이 퇴학, 2,330명이 무기정학을 당했다.

◀ 일본 학생에게 희롱을 당했던 여학생과 그 사촌동생 박준채

정답 : ⑦

22. 대한민국 임시정부는 3·1운동 이후 민족 운동의 구심체로 수립된 것이다. 현재 대한민국 헌법에도 대한민국이 임시정부의 법통을 이은 것으로 규정하고 있다. 상하이 임시정부에 대한 설명으로 옳지 않은 것은 무엇인가?

① '대한민국'이라는 국호를 처음으로 사용하였다.

② 대한민국 임시정부는 국체를 공화제로 정하였다.

③ 종교·양심·언론의 자유 등 자유민주주의를 지향하였다.

④ 임시정부는 국가의 4대 요소인 영토·국민·주권·정부 중 영토·국민·주권을 가지지 못했다.

⑤ 임시정부는 중국 내에 있었으므로 한 번도 군대를 보유하지 못했다.

| 해 설 |

⑤ 대한민국 임시정부는 1940년 충칭에서 중국 국민당 정부의 지원 아래 광복군을 창설하였는데, 이로써 처음 군대를 보유하게 되었다.

② 공화제는 군주제와 대비되는 것으로, 국민을 주권자로 상정하는 주권 재민 원칙에 입각한 민주주의 체제다.

④ 임시정부는 국가의 4대 요소인 영토·국민·주권·정부 중 영토·국민·주권을 가지지 못했다. 그래서 임시정부는 국가가 아니고 망명 정부에 불과하다.

정답 : ⑤

23. 대한민국 임시정부에 대한 설명으로 옳지 않은 것은 무엇인가?

① 1919년 4월 상하이 프랑스 조계에서 신한청년당 등 독립운동 인사들이 대한민국 임시정부를 수립하였다.

② 상하이 임시정부는 국내 한성 정부, 연해주 대한국민의회, 상하이 임시정부 등 세 개의 임시정부를 통합한 것으로, 국내 한성 정부의 정통성을 계승하는 방식을 취했다.

③ 1919년 9월 이승만은 상하이 임시정부의 임시 대통령으로 추대되었는데, 임시정부 내 다양한 세력으로부터 공격을 받자 곧 하와이로 떠나고 말았다.

④ 대한민국 임시정부에 참여한 다양한 세력은 이승만을 중심으로 한 외교독립론을 제외하고는 모두 의견이 일치되고 단결하였다.

⑤ 임시정부는 1925년 오랫동안 자리를 비운 이승만을 국제연맹 위임 통치 건을 근거로 탄핵하고 박은식을 제2대 임시 대통령으로 추대했다.

| 해 설 |

④ 임시정부에는 이승만 등 외교론자, 신채호 등 독립전쟁론자, 안창호 등 실력양성론자, 이동휘 등 사회주의 세력 등 다양한 세력이 동참하였다. 임시정부 참여 세력들은 임정의 한계를 인식하고 국민대표회의를 소집(1923.1~5)했다. 그러나 임정을 해체하고 새 정부를 만들자는 창조파(신채호·김규식·이청천·노령파 공산주의자 등)와 임정을 그대로 두고 개혁하자는 개조파(임정파, 이동녕·김구·안창호·상하이파 공산주의자 등) 간 대립으로 결렬되고 말았다. 이렇듯 임시정부는 참여 세력 간 분열과 갈등으로 곧 유명무실한 존재로 전락하고 말았다.

정답 : ④

24. 임시정부와 대한민국에 관한 설명 중 바르게 기술된 것은 무엇인가?

① 현행 헌법에서 대한민국이 3·1운동과 임시정부의 법통을 계승한다고 규정한 것은 법적으로 계승했다는 얘기가 아닌, 역사적, 정신적으로 계승했다는 것이다.

② 3·1운동을 계기로 결성된 상하이 임시정부가 법적으로 대한민국 건국의 뿌리가 될 수 없다는 것은 헌법의 정신과 국가 구성 요소에 대한 이해 부족에 기인한 편협한 주장이다.

③ '임시정부의 법통을 계승한다'고 천명한 대한민국 헌법의 규정은 제헌헌법에서부터 존재한 것이다.

④ 대한제국의 황실이 임시정부에 참여해 망명 정부의 위상은 확실히 지니고 있었다.

⑤ 대한민국은 대한민국 임시정부를 법적으로 계승한 존재이기 때문에, 건국의 시점은 1919년으로 보는 것이 타당하다.

| 해 설 |

①②⑤ 대한민국 헌법에 '대한민국이 임시정부의 법통 계승'규정이 있는데, 이는 대한민국이 역사적, 정신적, 상징적 측면에서 임시정부(국호, 체제 등)를 계승했다는 뜻이지, 법적으로 계승했다는 것은 아니다. 이유는 임시정부가 법적으로 국가를 구성하는 4대 요소(영토, 국민, 주권, 정부)를 구비하지 못했기 때문이다. 구체적으로 말하면, 임시정부는 통치할 영토(한반도)와 국민을 보유하지 못했고, 주권(통치권)을 가지지 못했기 때문이다. 또한 일종의 정부 요소를 가지기는 했으나 국민이 참여한 보통선거를 통해 합법적으로 구성된 정부도 아니었다. 이렇듯 상하이 대한민국 임시정부는 국가 구성 요소를 가지지 못했으므로, 국가인 대한민국의 법적 뿌리가 될 수 없다. 따라서 대한민국의 건국 시점은 국가의 구성 요소를 모두 구비한 1948년 8월 15일이며, 국가의 구성 요소를 구비하지 못했던 임시정부 수립 시기인 1919년을 기점으로 할 수는 없는 것이다.

③ 제헌헌법 전문에서 "3·1운동으로 대한민국을 건립하여 세계에 선포한 위대한 독립정신을 계승하여 이제 민주 독립 국가를 재건함에 있어서……"라고 규정하여 임시정부의 존재를 인정하고 대한민국이 임시정부의 독립 정신을 계승했음을 밝혔다. 그러나 명시적으로 헌법 전문에 "3·1운동으로 건립된 대한민국 임시정부의 법통과 불의에 항거한 4·19민주 이념을 계승하고……"라는 규정을 삽입한 것은 1987년 10월 제9차 헌법 개정 때다.

④ 대한제국의 황실 인사는 임시정부에 참여하지 못했다. 따라서 임시정부는 대한제국의 체제(군주제)가 아닌 대한민국 (공화제, 자유민주주의 체제) 체제로 수립되었다.

① : 昌

25. 상하이 임시정부의 활동 내용 중 사실과 다른 것은 무엇인가?

① 임정은 독립신문을 발간, 지방 선전 대원들을 통해 국내로 반입, 배포하였다.

② 임정은 사료 편찬소를 두어 한일관계사료집을 간행하였다.

③ 임정은 국내 독립 운동을 지도하기 위해 지하 행정 조직망인 연통제를 설치, 운영하였다.

④ 임정은 국내와의 교통 통신을 위해 교통국을 설치하고 만주와 국내에 지부를 설치, 운영하였다.

⑤ 임정은 프랑스와 미국에 구미위원부를 설치했는데, 안창호가 주도적으로 운영하였다.

| 해 설 |

⑤ 구미위원부는 1919년 9월 이승만이 상하이 임시정부 임시 대통령으로 취임하면서 미국 워싱턴에 설치한 외교 담당 기관이다. 구미위원부는 미국·국제연맹 등에 수시로 독립 문제를 제기하는 등 외교 활동을 전개하였다. 또 미국 동포를 대상으로 한 인구세 징수, 애국 공채 발행 등으로 임시정부 재정을 뒷받침하는 활동도 전개하였다. 구미위원부는 임시정부 하위 기관이기는 하나 이승만의 통제하에서 움직였다.

① 임시정부는 1919년 8월 기관지 독립신문을 발행하기 시작하였다. 임시정부는 국내 각지와 해외로부터 비밀리에 수집한 정보를 토대로 기사를 작성하여 독립신문을 만들었고, 지방선전대 대원들을 통해 국내로 반입하고 비밀 점조직을 통해 국내 각지에 배포하였다. 임시정부는 독립신문을 통해 일제의 동향과 임시정부 등 민족의 독립 활동을 알림으로써 국

민에게 독립 의식을 고취하였다.

②『한일관계사료집』은 고대에서 3·1운동 직후까지의 한일관계사를 종합 정리한 것으로, 총 4권으로 구성되어 있다. 박은식의 『한국독립운동지혈사』는 박은식이 임시정부에서『한일관계사료집』을 발간하면서 수집한 자료를 토대로 저술한 것이다.

▲ 임시정부가 발행한 독립신문

⑤ : 답

26. 대한민국 임시정부가 대한제국의 정통성을 계승했다는 근거가 될 수 없는 것은 무엇인가?

① 대한민국 임시정부는 구 황실 인사들의 일부를 참여시키는 데 성공하였다.

② 대한민국 임시정부는 대한제국의 국명인 '대한'을 그대로 계승했다.

③ 대한민국 임시정부는 대한제국의 국기인 태극기를 그대로 이어받았다.

④ '민국'이라는 용어는 대한제국 시기에 표방한 것을 가져다 쓴 것이다.

⑤ 임시정부 헌법에서 '구 황실을 우대한다'고 선언하였다.

| 해 설 |

① 임시정부는 대한제국 황실 인사를 참여시키는 데 실패했다. 1919년 11월 임시정부는 고종 황제의 다섯째 아들인 의친왕(이강)을 상하이로 망명시켜 임시정부의 지도자로 추대하려다가 실패했는데 이 사건이 대동단 사건이다. 의친왕은 국내 비밀 조직 대동단 총재 김가진과 수시로 접촉하면서 독립운동을 지원하였고 상하이 임시정부로 망명 의사도 밝혔다. 대동단 총재 김가진은 상하이 임시정부와 연결, 임정의 공작 요원의 도움을 받아 자신이 먼저 상하이로 탈출에 성공하였고, 이때 의친왕도 상하이로 망명할 의사가 있음을 알렸다. 임시정부는 대동단 책임자 전협에게 의친왕의 탈출 임무를 부여했고, 전협은 의친왕과 접촉에 성공하여 상하이로의 탈출을 모의하였다. 의친왕은 대동단 요원의 안내에 따라 경의선 열차를 타고 신의주를 거쳐 국경을 탈출하였으나 신의주 건너편 안동역(현 단동역) 개찰구에서 일경에 체포되어 서울로 압송되고 말았다. 임시정부는 의친왕이 망명에 성공하면 그를 지도자로 추대한 후 '망명 정부'로서 일본의 명성황후 시해, 고종 황제 시해 등의 문제를 제기하면서 독립의 정당성을 세계에 공론화하려 했던 것이다.

▲ 황실 출신으로 유일하게 독립 운동을 했던 의친왕

② 대한민국 임시정부는 황제 국가(대한제국)가 아니라 민주공화국으로 정체를 변경하였지만 '대한국'이라는 국가의 상징성과 정통성은 그대로 이어받았다.

②③④⑤ 이런 측면에서 볼 때 임시정부는 정신적으로 대한제국의 정통성을 이어가고자 했다는 것을 알 수 있다. 따라서 대한제국과 대한민국 임시정부는 법적으로는 단절되었지만 정신적, 역사적으로는 뚜렷한 계승 관계에 있다.

① : 답

27. 1919년 9월 수립된 대한민국 임시정부의 헌법상 특징으로 옳지 않은 것은 무엇인가?

① 민주공화정 체제였다.

② 국무원, 의정원, 사법부의 삼권분립제를 규정하였다.

③ 귀족의 특권 폐지를 규정하였다.

④ 대통령 중심제와 내각책임제를 절충하였다.

⑤ 국민군을 해체하고 상비군을 둔다고 규정하였다.

| 해 설 |

⑤ 상비군을 국민군으로 대체한다고 규정하였다.

⑤ : 답

28. 1919년 3·1운동 이후 상하이에서 수립된 임시정부의 활동에 대한 설명으로 옳지 않은 것은 무엇인가?

① 임시정부는 다양한 세력이 참여한 탓에 곧 독립운동 노선을 둘러싸고 심각하게 분열하게 되었다.

② 위축된 임시정부를 유지하고 회생시킨 주역은 초대 경무국장 김구였다.

③ 김구가 주도한 한인애국단의 이봉창은 1932년 1월 일본 도쿄에서 일왕의 행렬에 폭탄을 던지는 의거를 일으켰다.

④ 한인애국단원 윤봉길이 1932년 4월 홍커우 공원에서 열린 일왕 생일 기념식장에 폭탄을 던졌고, 이를 계기로 임시정부는 중국 국민당 정부로부터 지원을 받았다.

⑤ 임시정부에는 다양한 민족주의 세력이 참여하였으나 공산주의 등 좌익 세력은 참여하지 않았다.

| 해 설 |

⑤ 임시정부는 이동휘 등 사회주의(공산주의) 세력도 참여시키는 등 좌우합작 노선을 취하였다. 이동휘 등 사회주의 세력은 대미 중심 외교 노선을 취하는 이승만 대통령에게 가장 비판적인 입장을 취했다. 그러나 이동휘는, 세계 공산화 확산 차원에서 약소 민족 출신 혁명가들을 지원했던 소련의 레닌으로부터 40만 루블을 지원받았으나 이 자금을 고려공산당 활동 자금으로 유용한 혐의가 드러나 임시정부에서 퇴출당하였다.

① 대한민국 임시정부에는 중국·만주·연해주·미국 등에서 활동하던 다양한 독립운동 세력이 동참하였다. 하지만 1920년 이후 독립운동 노선을 둘러싸고 이들 사이에서 심각한 분열이 일어났다. 이로 인해 많은 운동가가 임시정부를 떠났고, 1925년 경 임시정부는 불과 10여 명의 각료와 그들의 식솔로 구성된 독립운동가 단체로 추락하였다. 국내와 미국 등으로부

터의 지원도 끊어져 집세도 내지 못할 정도에 이르렀다. 이렇게 취약한 상태에 이른 임시정부를 존속할 수 있도록 한 사람은 김구였다. 그는 오히려 1932년 이봉창 의거, 윤봉길 의거 등을 일으켜 전 세계에 대한민국 임시정부의 존재감을 알리고 장제스 국민당 정부로부터 지원을 받는 계기를 마련하였다.

ⓖ : 吊

29. 일제강점기 일본군과 맞선 독립군의 전투 중 김좌진 장군의 북로군정서군 등이 활약했고 가장 많은 전과를 올렸던 전투는 무엇인가?

김좌진 장군과 북로군정서군(1920.10)

① 보천보 전투   ② 삼둔자 전투   ③ 봉오동 전투

④ 청산리 전투   ⑤ 자유시 사변

| 해 설 |

1920년은 3·1운동이 일어난 다음 해로서 두만강, 압록강 건너 북간도, 서간도 등지에서 결성된 독립군들이 가장 활발하게 활동했던 시기다. 이때 봉오동 전투와 청산리 전투가 일어났다.

④ 봉오동 전투에서 패배한 일제는 간도 지방의 독립군들을 괴멸시키기 위해 치밀하게 준비하였다. 먼저, 일제는 1920년 8월 '간도 지방 불령 선인 초토 계획'이라는 독립군 섬멸 계획을 수립하고 대규모 병력을 구성하였다. 그런데 대규모 병력이 중국 국경 내로 진입하면 국제 문제가 될 수 있기 때문에 이를 합리화하기 위해 훈춘 사건을 조작하였다. 일본군 간부가 중국 마적단 두목 장강호(長江好)에게 돈과 무기를 주면서 두만강 건너편 훈춘 일본 영사관을 공격해달라고 요청한 것이다. 이에 따라 40여 명의 마적떼가 일본 영사관을 습격해 방화하고 40여 명을 살해하였다. 일제는 이를 독립군의 소행으로 선전하여 독립군을 섬멸해야 할 명분을 확보하였다.

군 병력과 명분까지 확보한 일본군은 1920년 10월 약 2만여 명에 달하는 군단급 병력을 가지고 지린성 화룡현으로 들어왔다. 대규모 일본군 부대가 독립군 토벌을 위해 화룡현으로 들어왔다는 소식을 접한 독립군 연합부대는 백두산 지역으로 피하기 위해 이동하던 중 화룡현 이도구·삼도구 지역에서 일본군과 마주쳤고, 여기서 청산리 전투가 일어났다. 김좌진이 이끄는 북로군정서군 1,600여 명과 홍범도의 대한독립군을 중심으로 한 연합부대(대한북로독군부) 1,400여 명으로 구성된 3,000여 명의 독립군 연합부대가 1920년 10월 21일부터 약 5일간 10여 차례 치열한 교전을 벌여 일본군 1,000여 명을 사살하는 대전과를 올렸다. 이것이 청산리 전투다.

▲ 청산리 전투에 패배해 후퇴하는 일본군

① 보천보 전투는 동북항일연군 소속의 김일성 부대가 1937년 6월 식량 보급을 목적으로 압록강을 넘어 혜산진 인근 보천보의 경찰 주재소 등을 습격한 사건이다. 북한에서는 이 사건을 김일성의 신격화를 위해 널리 활용하고 있고, 이 사건으로 인해 민족 독립의 서광이 비치게 되었다고 과대 선전하고 있다.

② 두만강 건너 지린성 화룽현 봉오동에 근거지를 두고 있는 독립군 연합부대(홍범도의 대한독립군이 군무도독부군, 국민회군 등과 연합하여 결성한 대한북로독군부)가 1920년 6월 4일 두만강 넘어 국경 초소(종성군 강양동)를 습격하였다(강양동 전투). 이에 일본군 1개 중대는 6월 6일 이들을 추격하기 위해 지린성 화룽현 삼둔자로 들어왔다가 도리어 홍범도의 대한독립군 등 독립군 연합부대에게 유인을 당해 대패하였다. 이것이 삼둔자 전투다.

③ 일본군이 삼둔자 전투에서 독립군에 패배하자, 이튿날인 1920년 6월 7일 일본군 1개 대대가 독립군 부대에 보복하기 위해 두만강 넘어 화룽현 봉오동으로 진격해왔다. 홍범도의 대한독립군 등 독립군 연합부대는 봉오동 골짜기에 독립군을 매복시킨 후 일본군을 그리로 유인한 후 집중 공격을 가하여 일본군을 대파하였다. 이것이 봉오동 전투다.

⑦ : 답

30. 『한국통사』에서 "나라는 형(形)이요 역사는 신(神)이다"라면서 국가의 외형적·형체적 요소는 멸망될 수 있지만 정신 또는 국혼(국사, 국어 등)이 멸하지 않으면 반드시 국권을 회복할 수 있다고 주장한 민족사학자는 누구인가?

① 신채호　　② 안재홍　　③ 정인보　　④ 문일평　　⑤ 박은식

| 해 설 |

인용한 글은 박은식의 『한국통사』에 있는 내용이다. 『한국통사』는 박은식이 1915년 상하이에서 편찬한 우리 역사서로서, 1864년 고종 즉위 때부터 1911년 105인 사건까지의 역사적 사건들을 통해 국가 멸망 원인을 파악한 책이다. 박은식의 역사관은 역사의 원동력을 인의 정신에 두는 관념 사학이다. 그는 국가가 유지되는 데 있어 국교·국학·국어·국문·국사 등 내면적·정신적 혼(魂)이 필요한데, 혼이 따르지 아니하면 백(魄)은 살아 있어도 죽은 것이나 마찬가지라고 보았다. 박은식은, 고유의 종교·역사·언문·풍속 등 국혼이 멸하지 않으면 비록 한때 열강에 병합되었다 하더라도 반드시 독립할 수 있다고 주장하였다.

▲ 박은식

박은식의 『한국독립운동지혈사』는 『한국통사』의 속편에 해당하는 것으로 1884년 갑신정변에서 1920년까지의 근대사를 기록하였다. 박은식은 이 책에서, 한국과 일본은 동화될 수 없는 빙탄(氷炭)의 관계이고 3·1운동 전후의 계속되는 항일 독립투쟁에서 보듯이 한국의 국혼이 멸하지 않았으니 더욱 투쟁하면 반드시 국권이 회복될 것이라고 주장하였다.

⑤ : 답

31. 민족사학자 신채호와 관련된 기술이 아닌 것은 무엇인가?

단재 신채호

① 동아일보에 "오천 년간 조선의 얼"을 연재하는 등 '얼'이라는 정신적 요소를 강조하였다.

② 『조선상고사』에서 시간·공간·인간을 역사 3요소로 지적하고 이 중 정신적 요소를 강조하였다.

③ 『독사신론』에서 식민사관과 중화주의 사관을 동시에 비판하고 주체적인 한국사 연구 방향을 제시하였다.

④ 묘청의 난에 대해 '조선 역사 1천 년 내 일대사건'으로 높이 평가하면서 묘청의 몰락으로 자주적, 진취적 사관이 소멸되었다고 하였다.

⑤ 『조선상고사』에서 역사를 '아(我)와 비아(非我)의 투쟁'으로 규정하면서 폭력 혁명을 통해 독립을 이룰 것을 강조하였다.

| 해 설 |

① 1935년 동아일보에 "오천 년간 조선의 얼"을 연재한 사람은 정인보다. 그는 역사에서 정신적 요소를 강조하는 관념사관을 가지고 있었다. 그러나 그는 앞선 신채호·박은식 등 민족주의 사학과는 달리 엄밀한 사료에 입각한 사실 인식을 통해 민족주의적 의미를 부여하는 신민족주의 사학을 주도하였다. 그는 양명학의 대가이며, 안재홍과 함께 『정다산전서』를 간행하는 등 실학 연구를 통한 조선학 운동에도 적극 가담하였다.

▲ 위당 정인보

④ 신채호는 『조선사연구초』(1925)에서 묘청의 난을 높이 평가하면서 김부식 등 보수적 사관을 비판하였다.

②⑤ 신채호는 『조선상고사』(1931)에서 "역사는 시간에서부터 발전해 공간으로 확대되는 심적 활동 상태의 기록"이라고 하여 시간·공간·인간을 역사의 3요소로 지적하는 한편 역사를 "아(我 : 나, 우리)와 비아(非我 : 나 아닌 타자)의 투쟁"이라고 하였다. 그는 내부적으로는 계급 간, 여러 세력 간, 외부적으로는 민족 간에 일어나는 끊임없는 투쟁이 역사의 본질이라고 주장하여 자신의 비타협적, 폭력 혁명적, 저항적 민족주의 인식을 드러냈다.

답 : ①

32. 1929년 미국에서 시작된 대공황의 여파는 전 세계로 퍼졌다. 일본에서도 상품 수요의 급감으로 인해 물가는 폭락하고 수많은 기업이 도산했으며 이로 인해 실업자가 양산되었다. 일제는 이러한 경제 위기를 당해 사회 불만을 잠재우고 새로운 수출 시장을 확보하기 위해 대륙 침략에 나섰다. 이후 전개된 상황에 대한 기술로 옳지 않은 것은 무엇인가?

① 일제는 만주사변을 일으키고 일본의 괴뢰국인 만주국을 건설하였다.

② 일제는 국제연맹의 철수 권고를 거부한 후 국제연맹에서 탈퇴하였다.

③ 조선에 진출해 있던 일본 기업들은 경제 위기로 인해 속속 일본 본토로 철수하였다.

④ 일제는 만주사변을 계기로 조선을 대륙 침략의 전초기지로 삼기 위해 병참기지화 정책을 추진하였다.

⑤ 일제는 중국 본토 전체를 장악하기 위해 노구교 사건을 계기로 중일전쟁을 일으킨 후 국가 총동원 체제를 갖추었다.

| 해 설 |

③ 일본 내 기업들은 세계 대공황의 여파로 상품 가격 폭락, 도산 등 어려운 상황에 직면하였다. 이에 일본 기업들은 임금과 자원이 저렴하고 새롭게 확보한 상품 시장 만주와 가까운 한반도(특히 북한 지역)로 속속 진출하였다.

① 일제는 만보산 사건(1931.7)을 일으킨 데 이어 류타오거우 사건(1931.9)을 조작해 만주사변을 일으킨 후 만주국을 건설(1932.3)하였다.

▲ 만보산 사건의 원인이 된 이통하(伊通河) 관개수로.

만보산 사건은 중국 지린성 장춘현에 있는 만보산 지역에서 수로 문제를 둘러싸고 일어났던 조선과 중국 농민들 간의 충돌로부터 시작되었다. 일제는 농민들의 갈등에 개입하여 우리 농민들을 위하는 척하며 수로 개설을 강행하도록 부추김으로써 중국 농민들의 불만을 폭발시켜 양측 농민들 간 충돌이 일어나게 한 것이다. 이것이 만보산 사건이다. 이때 중국 농민 측에서만 약간 명의 부상자가 발생하였다.

▲ 만보산 사건 직후 평양 화교 거리가 파괴된 모습

그러나 일본 영사 소속의 경찰서가 만보산 사건에서 우리 농민들이 중국 농민들에 의해 다수 피살된 것처럼 조작된 정보를 퍼트리고, 일부 국내 신문들이 확인 없이 이를 보도(7.2)하자, 흥분한 조선인들이 중국 화교들을 집단 공격하는 큰 사건이 발생하였다. 조선인들은 서울·평양·인천·부산 등 전국 각지 화교들의 가게와 집단 거주지를 공격하여 화교 측에 많은 사상자(124명 사망, 400여 명 부상)를 내게 하였다. 당시 화교들은 가게를 지키기 위해 끓는 물을 뿌리고 불에 달군 꼬챙이를 휘두르며 싸웠다고 한다. 일제는 두 나라 사이의 폭동을 방치하거나 부추기기도 했다. 이러한 광풍은 동아일보 등을 통해 만보산 사건의 실체가 알려지면서 진정되어갔다. 이 사건으로 조선인과 중국인 간의 불신감이 생겨났고, 특히 한반도에 살던 화교들에게는 깊은 상처를 남기게 되었다.

만보산 사건을 둘러싼 일제의 행동은 대일본전에 공동 전선을 펴던 조선인과 중국인들 사이를 이간시키려는 교묘한 술책이자, 일제가 만주를 침공하는 명분을 만들기 위한 것이었다.

류타오거우 사건(유조구 사건 : 柳条沟事件)은 1931년 9월 일제 관동군이 중국 만주를 침공하기 위해 벌였던 자작극이다. 만주 주재 일제 관동군은 1931년 9월 18일 류타오거우에서 만철 선로를 스스로 폭파하고 이를 중국 지휘하에 있는 동북군의 소행으로 발표한 후 관동군은 만주 침략을 개시하였다.

② 일제는 국제연맹의 철수 권고를 거부한 후 국제연맹에서 탈퇴(1933.3)함으로써 군국주의(파시즘) 체제로 전환하였다.

④ 일제는 대륙에 가까운 북한 지역에 비료·화학·시멘트 등 중화학공업을 주축으로 하는 설비를 구축하는 등 군수 공업 체제를 시행하였다.

⑤ 노구교는 베이징 남쪽 30km 지점에 있는 다리로, 한쪽에는 일본군 부대가, 다른 쪽에는 중국 국민당군 부대가 주둔하고 있었다. 1937년 7월 7일 야간 훈련 중 중국군 측으로부터 몇 발의 총소리가 들리면서 일본군 한 명이 실종되자, 일본군은 중국군 측 지역을 수색하겠다고 나섰는데 중국 측이 이를 거절하였다. 이에 일본군은 다음 날 새벽 불시에 중국군 부대를 공격하여 노구교를 점령하였고, 이어서 8월 말에는 베이징, 텐진을 총공격하였다. 이로써 일본군과 중국군 사이에 전면전, 즉 중일전쟁이 일어났다.

目 : ③

33. 일제가 일제강점기 우리 민족에게 가했던 정책과 관련 없는 것은 무엇인가?

① 신사 참배   ② 창씨 개명   ③ 위안부

④ 징용   ⑤ 731부대

| 해 설 |

⑤ 731부대는 일본 육군 관동군 소속 비밀 부대로, 생물학전, 화학전 등을 연구하면서 수많은 생체 실험 자행하는, 악명 높은 전쟁 범죄를 저질렀다. 중국은 731부대가 중국인들에게 행한 악행을 잊지 않으려고 하얼빈에 위치한 731부대 주둔 건물에 기념관을 만들었다.

① 일제는 1936년부터 일본 개국신과 메이지 왕을 숭배하는 각종 신사를 만들기 시작했는데, 1937년부터 신사 참배를 강요하였다.

신사 참배 ▶

目 : ⑤

34. 일본군 위안부 문제는 한일 간 갈등의 핵심일 뿐 아니라 인권 문제에 관심이 많은 미국, 유엔 등 전 세계의 관심사로 확대되고 있다. 일본군 위안부와 관련된 설명으로 사실과 다른 것은 무엇인가?

위안소

① 일본군은 만주사변·중일전쟁으로부터 태평양전쟁에 이르기까지 군인들의 성욕을 풀도록 하기 위해 위안부 제도를 설치, 운영하였다.

② 현재 일본 정부는 개인 모집인이 신문·방송 등을 통해 공식적으로 모집하거나 돈을 지불했다는 등의 이유를 들어 정부의 위안부에 대한 책임을 인정하지 않으며, 정부에 의한 보상도 거부하고 있다.

③ 일제 말기에 운용했던 여자 정신대란 여성들을 일본군의 성 노예로 활용한 '위안부' '종군위안부'를 지칭하는 말이다.

④ 위안부 모집은 신문 등 언론의 광고를 통한 모집·강제 연행·납치·인신 매매·직업소개소의 알선 등 다양한 방법으로 시행되었다.

⑤ 1993년 고노 담화에서는 일본군 당국이 위안소 설치와 위안부 관리, 이송에 직·간접적으로 간여했음을 공식 인정했다.

| 해 설 |

'일본군 위안부' 문제로 인해 한일 간 갈등이 심화되고 있으며, 미국 등 선진국과 유엔에서도 일본 제국주의 시대의 위안부 문제를 비판하고 있다. 특히 미국은 이 문제에 대해 강하게 비판했는데, 2012년 7월, 당시 힐러리 클린턴 미 국무장관은 '일본군 위안부(comfort women)'라는 표현 대신 '강제적인 일본군 성노예(enforced sex slaves)'라는 명칭을 써야 한다고 말했다. 2007년 7월 미국 연방하원은 본회의에서 일본 정부에게 위안부의 존재를 인정하고 책임질 것을 요구하는 일본군 위안부 결의안을 만장일치로 통과시켰다. 유엔 인권이사회도 2008년 10월 보고서를 발표하여 '일본이 위안부 동원 책임을 인정하고 사죄, 보상하여 피해자의 존엄성을 회복시켜야 하며, 이를 학생과 대중에게 알리고 부인하지 말 것'을 촉구하였다.

③ 1980~1990년대에는 '정신대'와 '일본군 위안부' 용어를 구분하지 않고 섞어서 사용하였다. 그러나 현재는 엄연히 다르게 구분하고 있다. 여자 정신대는 국가를 위해 솔선수범한다는 명분으로 동원되어 군수 공장 등에서 일한 여성들을 말한다. 위안부였던 심미자도 정신대와 위안부는 다르다며 "정신대는 여성 근로자들을 말하는 것이고, 위안부는 일본군에게 강제로 성을 제공한(빼앗긴) 여성들을 말하는 것이다"라고 언급하였다.

④ 일본군 위안부는 1930년대까지만 해도 주로 자발적 응모자로 구성되었다. 그러나 1941년대 이후 수요가 급증하면서 위안부 공급이 절대적으로 부족하자 공권력이 직·간접적으로 개입하여 강제 연행·납치·사기 모집 등으로 그 수를 충당하였다.

① 태평양전쟁이 전개되면서 위안부 제도 운영이 변화하는데, 위안부 모집이 자발적이 아닌 강제적이 되고, 위안부 구성원도 다양해진 것이다. 이때 조선인·중국인 뿐 아니라 필리핀·태국·베트남·말레이시아·인도네시아 등 일제가 점령한 국가 출신 여성들도 일본군에게 징발되었다.

② 일본군 사령부 혹은 군납업체는 위안부를 모집하기 위해 신문·잡지·방송에 광고를 냈다(대부분의 신문·방송·잡지사가 위안부 모집 광고를 냈지만 조선일보·동아일보만 이 광고를 거부했다).

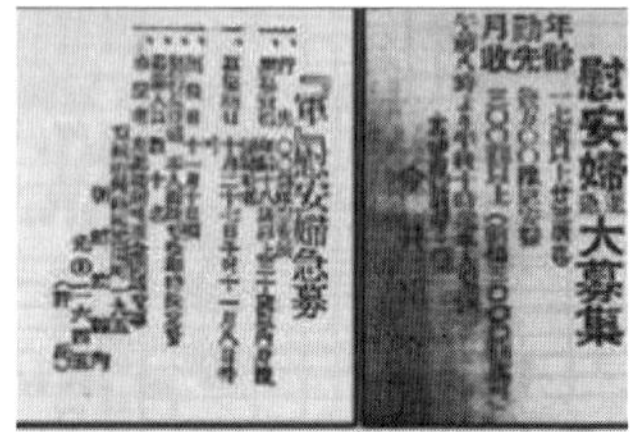

▲ 위안부 모집 광고. 300~3,000원의 월급을 준다는 내용이 담겨 있다.

물론 위안부 중에는 일본 여성도 있고 광고를 통해 착수금을 받고 응모한 계약제 위안부도 있었기 때문에 위안부 전체가 성노예였다고 단언하기는 곤란하다. 그러나 증언자들을 구분해보면 공장 등에 취업시켜준다는 말에 속아온 경우가 가장 많았고 집에 있다가 잡혀온 강제 연행, 납치 등 강제 동원된 경우도 상당수 있었다.

일본의 주장과 달리 위안부가 강요된 것이라는 증거는 다양한 측면에서 찾을 수 있다. 위안부 중에 기혼자가 여러 명이었던 것도 강요된 모집이었음을 말해준다. 또한 일본인 위안부들의 평균 연령은 20대 초반에서 20대 중반이었는데 반해 조선인 위안부들의 연령은 대부분 20대 이하였고, 12~15세 어린이도 상당수 있었는데, 이것이 강제 동원의 결정적 근거가 될 수 있다. 뿐만 아니라 신문 광고 등을 통해 자발적으로 응모한 여성이라 하더라도 약속한 월급을 주지 않고 인간으로서 참을 수 없는 반인권적 행위를 강요받았다면 성노예의 상태에 이르렀다고 할 수 있다. 증언자에 따르면, 한 여성이 하루에 30회씩 성행위를 강요당했다고 한다.

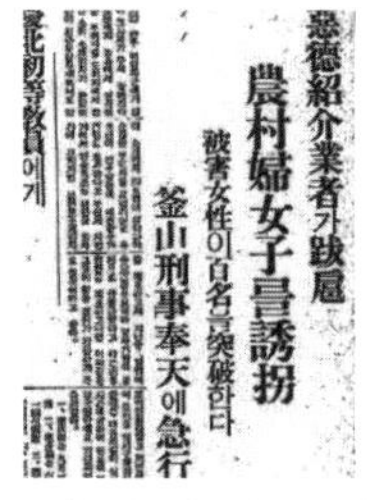

▲ "악덕 소개업자가 발호", "농촌 부녀자를 유괴", "피해 여성 100명을 돌파한다" (동아일보 1939년 8월 31일자 기사)

⑤ 1993년 8월 고노 요헤이 관방장관은 군대 위안부 관련 관방 장관 담화에서 "위안소는 군 당국의 요청으로 설치됐고, 군이 위안소 설치 관리와 위안부 이송에 직·간접적으로 관여했다"라고 밝혔다. 또한 모집과 이송 관리가 총체적으로 위안부 본인들의 의사에 반해 감언이나 강압 등에 의해 이루어졌음을 인정하고 사과문을 발표했다. 이를 고노 담화라 부른다.

▲ 임신하여 절망하고 있는 위안부

③ : 吕

35. 일제의 조선에 대한 통치 정책은 몇 차례 변화를 겪었다. 다음 예시문이 만들어진 시기에 있었던 일제 통치 방식과 다른 것은 어느 것인가?

> 1〉 아동용 : ① 나는 대일본제국의 신민이다.
>
> ② 나는 마음을 합해 천황 폐하께 충의를 다한다.
>
> ③ 나는 인고단련(忍苦鍛鍊)하여 훌륭하고 강한 국민이 된다.
>
> 2〉 어른용 : ① 우리는 황국신민이며 충성으로써 군국에 보답한다.
>
> ② 우리 황국신민은 서로 신애 협력(信愛協力)하여 단결을 굳게 한다.
>
> ③ 우리 황국신민은 인고단련하여 힘을 키워 황도(皇道)를 선양한다.

① 신사 참배 ② 친일파 양성 정책 ③ 제3차 조선교육령

④ 창씨 개명 ⑤ 조선일보 폐간

| 해 설 |

앞의 예시문은 1937년부터 시행한 「황국신민서사」다.

② 친일파 양성 정책은 일제가 3 · 1운동 직후인 1920년대에 추진한 정책이다.

③ 제3차 조선교육령은 중일전쟁 발발 후인 1938년 8월 전시 체제 강화 차원에서 개정한 일본의 식민지 교육 정책이다. 제3차 조선교육령의 주요 내용은, 황민화 정책(황국신민화 정책)에 따라 「황국신민서사」 암송을 강요하고 조선어 · 조선 역사 교육을 일체 중단시키며 일본어 전용을 강요하는 것이다.

㉮ : 昌

36. 일제는 중일전쟁 발발 이후 황국신민화 정책을 추진하였다. 다음 중 황국신민화 정책의 일환이 아닌 것은 무엇인가?

① 「황국신민서사」 제창

② 조선일보 · 동아일보 폐간

③ 창씨 개명

④ 신사 참배

⑤ 농촌 진흥 운동

⑤ 1929년 세계 대공황 여파로 농산물 가격이 폭락하고 자·소작농이 몰락하는 등 농촌 경제가 파탄 상태에 이르자 1930년대 초부터 소작쟁의 등 농민 운동이 급격하게 일어났다. 또 사회주의 세력의 적색 농조 운동(혁명농조운동)도 일어나 사회를 혼란시켰다. 이에 일제는 1932년 농민을 회유하기 위해 관제 운동인 농촌 진흥 운동을 일으켰다. 주요 내용은 궁민 보호 사업(각종 토목 사업 등), 자작농 육성 정책(자작 농지 구입을 위해 저리 자금 대출 등), 소작농 보호 정책(조선소작조정령, 조선농지령 제정 등) 등이다. 농촌 진흥 운동은 형식적이어서 실효성이 없었으며, 중일전쟁 이후부터는 농촌 지역에 황국신민화 정책, 전시 동원 체제를 구현하는 수단으로 변질되었다. 농촌 진흥 운동의 성격이 변질되었다 하더라도 시발은 1930년대 초 농촌 경제 위기 및 사회주의 확산을 막기 위한 데서 출발한 것이다.

① 일제는 1937년부터 조선인에게 황국신민임을 각인시키기 위해 「황국신민서사」라는 구호를 제창하도록 하였다.

② 역사 연구 단체인 진단학회 해산, 조선어학회 해산 등도 있다.

③ 1939년 창씨 개명을 위한 조선민사령을 개정한 후 1940년 2월 조선인들의 이름을 일본식 이름으로 바꾸는 창씨 개명을 실시하였다. 거부자는 비국민·불령선인 등으로 낙인찍어 미행·사찰하는 한편 공문서 발급, 물자 배급, 자녀 입학을 거부하는 등 행정상 불이익을 주었다.

④ 일제는 1936년부터 각종 신사를 만들고, 1937년부터 신사 참배를 강요하였다.

⑤ : 답

---

37. 일제강점기 민족 자본 실태에 대한 설명으로 옳지 않은 것은 무엇인가?

① 일제가 1910년대 회사령을 제정, 회사 설립을 허가제로 하면서 민족 자본 성장이 억제되었다.

② 일제는 3·1운동 직후 문화 정치 차원에서 민족 기업들의 형성을 지원해주기 위해 1920년 회사령을 폐지하고, 허가제를 신고제로 바꾸었는데, 이로써 민족 기업들이 매우 활성화하였다.

③ 1930년대 일본의 기업들이 대공황의 여파를 피하기 위해 한반도로 대거 진출하면서 민족 기업들은 점차 몰락하거나 예속되어갔다.

④ 1936년 전시 동원 체제로 변화하면서 민족의 중소기업들은 크게 침탈당하거나 군수 공업의 하청 공장으로 예속되어갔다.

⑤ 일제의 억압 정책에도, 김성수의 경성방직은 민족 자본임을 표방하였고, 안희제의 백산상회는 무역 회사로서 독립 운동 자금을 공급하기도 하였다.

② 일제가 1920년 허가제의 회사령을 폐지하고 신고만으로도 회사를 자유롭게 설립하도록 함으로써(신고제) 민족 기업 형성이 활발해진 것은 사실이다. 하지만 이것이 3·1운동의 영향으로 민족 기업들의 형성을 지원해주기 위한 것은 아니었다. 실제로는 제1차 세계대전(1914~1918) 과정에서 전쟁 특수를 누리면서 성장한 일본 기업들이 월등히 우월한 자본

력을 바탕으로 한반도에 속속 진출하는 데 회사령이 방해가 되었기 때문에 폐지한 것이다.

⑤ 김성수의 경상방직은 호남 지주들의 자금을 모아 설립한 것으로, 사원도 조선인에 국한한다고 밝히는 등 민족 기업적 성격을 분명히 하였다. 부산을 근거로 한 안희제의 백산상회도 영남 지방 지주들의 자본으로 창립한 것으로, 독립운동 자금을 내밀히 지원하는 등 민족 기업 성격을 가졌다

③ : 昏

38. 일제강점기 각종 사학에 대한 기술 중 사실과 다른 것은 무엇인가?

① 식민사관 중 정체성론을 극복한 데 가장 크게 기여한 것은 사회경제 사학이다.

② 이병도·조윤제·손진태 등은 진단학회를 만들어 실증주의 사학을 확립하였다.

③ 안재홍·손진태 등은 해방 이후 이념 대결이 극심한 상황에서 계급보다는 민족이 우선이라는 신민 족주의를 주창하였다.

④ 민족주의 사학은 1908년 대한매일신보에 「독사신론」을 연재한 신채호로부터 시작하여 박은식 등 으로 이어졌다.

⑤ 1930~1940년대에는 일제의 억압이 심하여 국내에는 민족주의 사학이 소멸되었다.

| 해 설 |

⑤ 지금까지 민족주의 사학의 주류는 신채호·박은식 등 해외에서 활동하던 사학자들이라 생각해왔다. 하지만 어려운 가운데 국내에서도 민족주의 사학자들이 활동하였다. 신채호·박은식 등의 민족주의 사학을 계승한 정인보·문일평·안재홍 등이 그들이다. 안재홍은 1934년 정인보와 함께『정다산전서』를 교열, 편찬(1938)하였다.

① 사회경제 사학은 일명 마르크스주의 사학이라고 불린다. 대표적인 사회경제 사학자로는 백남운·이청원 등을 꼽을 수 있다. 그들은, 마르크스의 이론인 사적유물론(사회의 변천을 원시 공산 사회-고대 노예제 사회-중세 봉건 사회-근대 자본주의 사회-공산 사회로 본 것)을 우리 역사에도 적용했다. 그래서 우리 역사에서 중세 봉건 사회가 존재하지 않아 정체될 수밖에 없었다는 식민사관의 정체성론에 대해 반박의 논리를 만들 수 있었다.

② 실증주의 사학은 일제의 식민사관 확산 노력에 대응하기 위해 이병도 등이 정립한 것이다. 경성제국대학 교수들과 일제의 조선사편수회 직원들이 식민사관 확립 및 확산을 위해 청구학회(1926)를 만들어 역사 연구를 시작하자, 이병도·조윤제·손진태 등이 이에 대응하기 위해 진단학회를 만들고(1934) 「진단학보」를 발행하는 등 우리 역사의 실증적 연구에 노력하였다. 이들은 민족주의 사학의 한계인 추상성, 비실증성을 비판하는 한편 선입견을 버리고 실증적·객관적·사실적 연구를 통한 우리 역사 정립을 추구하였다.

⑤ : 昏

39. 충칭 임시정부 소속 광복군에 대한 설명 중 옳지 않은 것은 무엇인가?

광복군의 모습

① 임시정부는 1940년 중국 충칭에 정착하면서 처음 광복군이라는 군대를 보유했고, 진주만 폭격 후 대일 선전포고도 하였다.

② 광복군은 장제스 중국 국민당 정부의 재정적 지원으로 창설됐음에도 국민당 정부의 통제 없이 독립적으로 활동했다.

③ 광복군은 시안에 총사령부를 두고 각지에 3개 지대를 배치하였고, 지청천이 사령관에 취임하였다.

④ 진주만 공격 이후 일본군에 강제 동원되었다가 탈출한 조선인들이 합류하면서 광복군의 규모가 커졌다.

⑤ 민족공산주의자인 김원봉이 이끄는 조선민족혁명당과 소속 부대인 조선의용대의 일부가 임시정부와 광복군에 귀속되었다.

| 해 설 |

② 임시정부는 1941년 10월 중국 국민당 정부와 협약(광복군 9개항 행동 준승)을 체결하여 국민당 정부로부터 재정적 지원을 받는 대신 광복군을 국민당 군대의 통제 아래 두었다. 이 협약은 1944년 8월에 폐지되었다.

①④⑤ 임시정부는 1940년 충칭으로 옮긴 후 일제 패망에 대비하여 세력 확장에 나섰다. 우선 임정에 참여하고 있던 한국국민당(김구), 한국독립당(조소앙), 조선혁명당(이청천) 등 민족주의 3정당(임정 내 우익 3당)을 합당하여 한국독립당을 결성하였다(1940.4). 그리고 장제스 국민당 정부의 지원을 받아 광복군도 창설하였다(1940.9). 이후 임정은 지도력을 강화하기 위해 헌법 개정(제4차 개헌, 1940.10)을 통해 국무위원제를 주석제로 바꾸었다.

태평양전쟁의 발단인 일본의 미국 진주만 폭격(1941.12) 직전 임시정부는 일본의 패망에 대비하여 대한민국 건국 강령을 발표했다. 건국 강령은 조소앙의 삼균주의를 토대로 하는 사회민주주의(자유민주주의·자본주의와 공존이 가능한 사회주의) 성격을 띠고 있었다.

일제가 미국 진주만을 기습(1941.12.8)함으로써 미국과 일본이 싸우는 태평양전쟁이 일어났다. 이에 임시정부는 이틀 뒤인 12월 10일, 일본과 독일에 선전포고를 하였다. 그러나 광복군이 중국군의 경제적 지원과 통제를 받고 있었으므로 독자적 행동은 어려웠다. 다만 한영군사협정에 따라 10여 명의 비전투 부대원(암호 분석·포로 심문·통역 담당)을 인도·미얀마 전선에 파견하여 영국군과 연합 전선을 펴기도 했다.

임시정부는 태평양전쟁이 급변하면서 임시정부와 광복군을 확장하는 조치를 취했다. 즉 좌우합작 노선에 입각하여 김원봉 등 민족공산주의 세력, 김규식 등 기타 사회주의 세력을 끌어들임으로서 세력을 확장하였다. 특히 민족공산주의자 김원봉이 이끌던 조선민족혁명당과 소속 조선의용대 일부를 임시정부 및 소속 광복군으로 귀속시켰는데, 이로써 규모가 커진 광복군을 3개 지대로 편성하였다.

⑦ : 답

40. 다음은 『백범일지』에 실린 내용이다. 김구가 일본의 항복을 안타까워한 직접적 이유는 무엇인가?

> 아! 왜적이 항복! 이것은 내게는 기쁜 소식이라기보다는 하늘이 무너지는 듯한 일이었다. 천신만고로 수년간 애를 써서 참전할 준비를 한 것도 다 허사다. …… 그보다도 걱정이 되는 것은 우리가 이번 전쟁에 한 일이 없기 때문에 장래에 국제 간에 발언권이 박약하리라는 것이다.

① 광복군이 연합군의 일원으로서 인도·미얀마 전선에 소수만 참전하여 큰 성과를 거두지 못한 점.

② 광복군이 미 전략정보국(OSS)와 합작하여 국내 진공 작전을 추진하다 무산된 점.

③ 광복군이 중국군과 유기적 관계를 통해 대일전을 적극적으로 추진하지 못한 점.

④ 김원봉의 조선의용대 등 좌우합작이 늦어져 독자적인 대일전을 적극적으로 추진하지 못한 점.

⑤ 임정이 미국 등 연합군에 외교전을 적극 전개하지 못하여 해방 후 외교적 고립이 우려된 점.

| 해 설 |

② 임시정부(김구 주석)는 1941년 12월 일본의 진주만 폭격 이후 일본에 선전포고를 하고 태평양전쟁에 어떻게든 참전하여 일본 패망 후 임시정부의 기여를 인정받으려 했다. 그러나 광복군의 재정 지원과 통제권이 중국군에 있었으므로 참전의 효과적 수행이 어려웠다. 그러다 1945년 4월 광복군에 대한 통솔권이 임시정부에 귀속되면서 임시정부는 미국 전략정보국(OSS, 미국 정보기관 CIA 전신)과 협약을 맺었다. 즉 일본을 패망시키기 위해 한반도 진공이 필요하다고 보고 광복군을 특수 훈련시킨 후 정진대를 구성하여 '국내 진공 작전'을 전개키로 한 것이다. 이에 따라 광복군 일부가 중국 시안에서 미 OSS 지원 아래 3개월간의 특수 훈련을 받고 국내 진공 작전을 옮기기 직전 일본이 항복을 한 것이다.

▲ OSS훈련을 마친 광복군 대원(소능서·김준엽·장준하)

김구가 『백범일지』에서 안타까워한 것은 국내 진공 작전에 참전했을 경우, 연합군으로부터 임시정부의 역할을 인정받을 수 있는 것인데, 이것이 무산되어 일제 패망에 아무런 역할을 하지 못한 것이 되어 국제적으로 발언권이 약화될 것을 우려했기 때문이다. 실제로 해방 후 임시정부는 미군정으로부터 인정받지 못했고, 임시정부 요인들이 귀국할 때 임시정부 요인 자격으로서가 아니라 개인 자격으로 귀국이 허용되었다.

⑦ : 답

41. 대한민국 임시정부는 1940년 중국 충칭에 정착한 이후 조직이 확대되고 활동이 크게 활성화되었는데,
충칭 임시정부 활동에 대한 기술 중 옳지 않은 것은 무엇인가?

① 대한민국 임정은 충칭에 정착하면서 자력으로 광복군을 창설했는데, 초기 임정에 있었던 군대를
회복한 것이다.

② 임정은 일본 패망에 대비하여 1941년 11월 조소앙의 삼균주의에 입각한 대한민국 건국 강령을 발
표하였다.

③ 광복군은 태평양전쟁이 일어난 후 대일·대독 선전포고를 하고 연합군의 일원으로 대일전쟁에 참
전하였다.

④ 일부 광복군 대원은 인도·미얀마 전선까지 가서 영국군과 연합 전선을 펴기도 하였다.

⑤ 광복군은 미 전략정보국(OSS)과 협약을 맺고 국내 진공 작전을 위한 특수 훈련까지 받았으나 실행
전 일제 항복으로 참전이 무산되었다.

| 해 설 |

① 임시정부는 1940년 충칭에 정착한 후 장제스 정부의 도움을 받아 처음으로 광복군을 창설하였다. 그러므로 광복군은
자력으로 창설된 것이 아니며, 초기 임시정부 때 있었던 군대를 복원한 것도 아니다.

② 대한민국 건국 강령은 정치·경제·교육의 균등을 내포하는 삼균주의를 기본 이념으로 했다. 삼균주의는 사회민주주
의적 노선이었다. 이는 임시정부가 좌우합작 노선으로 돌아섰음을 의미하였다.

④ 인도, 미얀마 전선에 참전, 영국군과 합동으로 작전을 펼쳤던 광복군 별동대.

⑤ 김구 주석은 미국 OSS의 지원 아래 국내 진공 작전을 준비하다 일제가 갑작스럽게 항복하자, 크게 낙담하며 "아! 왜적
이 …… "라고 탄식했다.

①：답

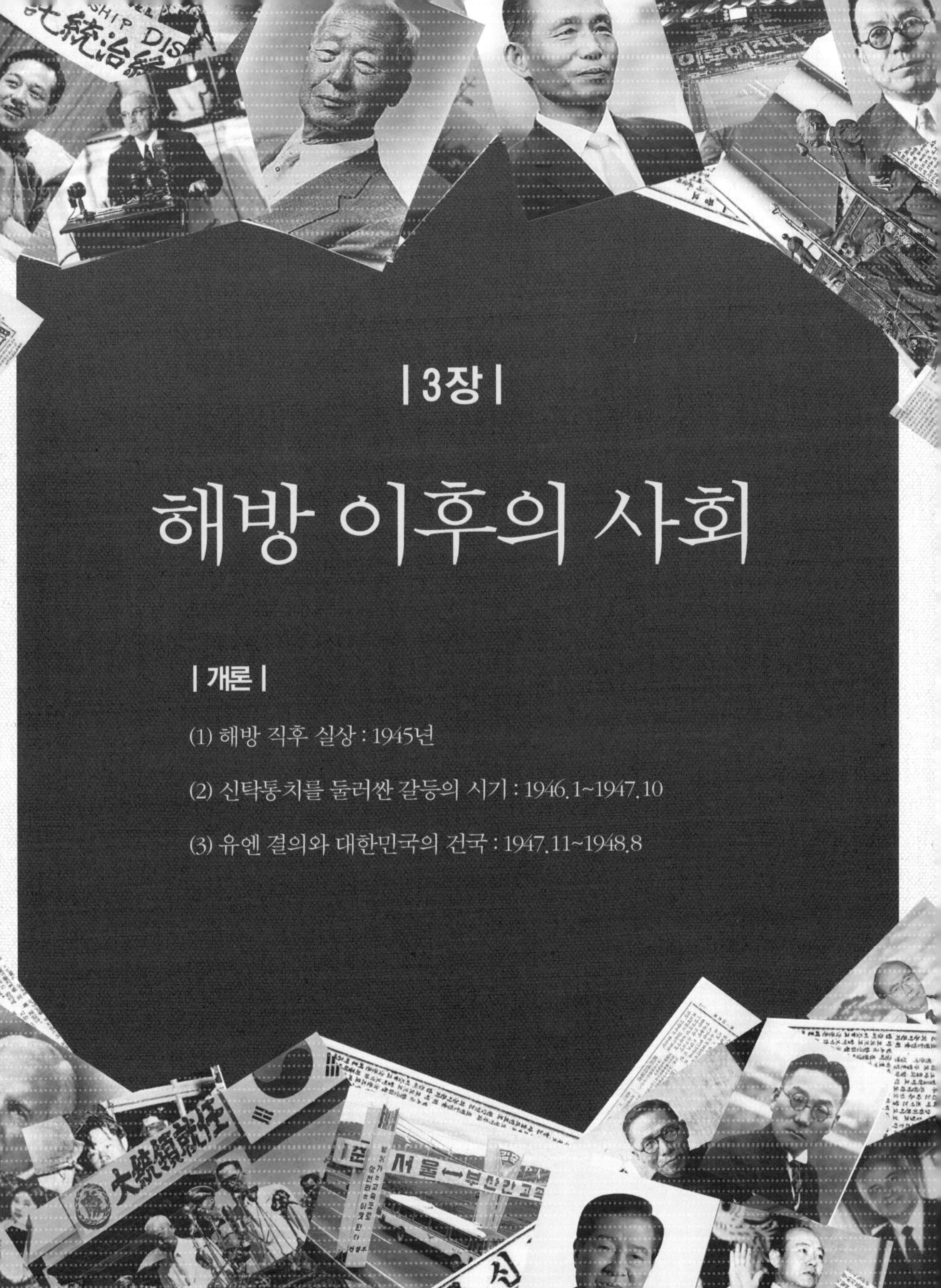

|3장|

해방 이후의 사회

|개론|

(1) 해방 직후 실상 : 1945년

(2) 신탁통치를 둘러싼 갈등의 시기 : 1946.1~1947.10

(3) 유엔 결의와 대한민국의 건국 : 1947.11~1948.8

(1) 해방 직후 실상 : 1945년

한반도의 해방에 이르기까지

미·영·중·소 연합군은 독일과의 전쟁에서 승기를 잡자 대일전쟁의 마무리에 대한 구상을 시작했다. 루스벨트가 처음으로 한반도 신탁통치를 언급했고, 영국과 소련, 중국도 이에 동의했다. 처음으로 카이로선언(1943.11)에서 한국의 독립을 약속하고 신탁통치 가능성을 언급했다. 얄타회담(1945.2)에서 소련이 대일전쟁 참전을 약속하고 신탁통치 및 38도선 경계 등에 대한 논의가 이루어졌다. 포츠담선언(1945.7)에서는 카이로선언을 재확인하고 일본의 항복을 촉구했다.

소련은 미군의 원폭 투하로 일본이 항복하기 직전 한반도에 대한 발언권을 확보하기 위해 대일본전에 참전, 서둘러 한반도에 진군함으로써 남북분단의 단초를 제공하였다. 즉 소련은 미군이 히로시마에 원자폭탄을 투하(8.6)하여 일본의 항복이 가시화되자, 8.8 서둘러 대일선전포고를 하고 8.9 소련군을 한반도에 진군시켜 일본군을 무장해제하였다. 한반도에 들어온 소련군이 급속히 남하하자, 미국은 우려감을 가지고 38도선을 기준으로 북쪽은 소련군이, 남쪽은 미군이 일본군을 무장해제토록 하자는 조건을 제시하였다. 소련 스탈린은 이에 동의하였다. 미국이 제시한 38도선은 일본군을 무장해제하는 데 필요한 군사분계선이었지 민족분단선이 아니었다. 그런데 소련군은 미군이 들어오지 않은 상태에서 38도선 이북을 점령한 후 38선 이남과의 도로망, 통신망 등을 차단하는 등 남북 간 분단화를 실행시켜갔다.

군정 초기의 남북한

소련 군정은 인민위원회에 모든 권력을 넘겨주는 듯 보였지만, 실상은 그렇지 않았다. 인민위원회는 좌우익 동수로 구성되어야 했고 소군정에게 자문을 구해야 했다. 북한 점령 당시부터 남한과의 모든 교류를 단절시킨 소 군정은 한반도에 괴뢰 정권을 세울 준비를 차곡차곡 해나갔다. 소련 본토에서 훈련받은 공산주의자 김일성이 북한 지역을 장악할 임무를 받아 곧 파견되었고, 그가 중심이 되어 소련이 원하는 대로 북한 지역을 재편해나갔다.

가장 먼저 움직인 것은 조선총독부로부터 치안을 위탁받은 사회주의자 여운형이었다. 민족주의 계열의 인사를 포섭해 건국준비위원회(건준)을 만들었으나, 곧 공산주의자 박헌영이 건준을 장악하면서 우익들이 빠져나갔고 여운형은 실권을 잃었다. 박헌영은 미군이 진주한다는 소식에 서둘러 기득권을 인정받고자 조선인민공화국(인공)을 선포했지만 미군정은 이를 인정하지 않았다.

한민당의 결집과 이승만의 귀국

좌익 계열의 인공 선포에 대항해 우익 계열이 결집한 정당이 한국민주당(한민당)이었다. 이들은 김성수를 중심으로 민주주의와 시장경제 체제를 지지했다. 교육받은 엘리트가 많았던 이들은 미군정에 협조하며 우익 세력의 중심이 되었다.

독립운동에 평생 몸바친 이승만이 귀국하자 그는 정국의 핵이 되었다. 인민공화국은 그를 주석으로 내세움으로써 연합국으로부터 쉽게 인정받으려 했으나, 이승만은 좌익이 중심이 된 인공의 제안을 거부했다. 그는 한민당의 추대도 거절하였는데, 좌우를 망라하는 독립촉성국민회라는 조직을 만들어 남한 지역의 대표 단체를 만들고자 하였다. 그러나 곧 좌우가 정국 주도권을 잡고 이념 대립을 벌이면서 좌익 세력이 독촉에서 빠져나갔다.

소련의 단독 정권 수립 지시

스탈린은 소군정 책임자 치스차코프에게 9월 30일자로 비밀 전문을 보내어 북한 지역에 단독 정권을 수립하라는 지시를 내렸다. 치스차코프는 북한 지역을 정치경제적으로 독립적인 단위로 간주한다고 선언하고 독자적인 은행 설립 등 실질적인 단독 정권 수립을 위한 준비를 진행했다.

남한 지역의 공산당 총책은 박헌영이었고 북한 지역의 총책은 김일성이었다. 소련은 1국 1당 원칙을 깨고 북한 지역과 남한 지역을 분리시킴으로써 김일성의 북한 지역을 한반도 공산주의 운동의 중심지로 인정해주었다.

인민에게 권력을 돌려준다는 미명 아래 소군정이 북한 지역을 완전하게 장악해들어가는 상황이었던 반면, 남쪽의 미군정은 처음부터 실수의 연발이었다. 남한 지역의 혼란을 과장한 조선총독부의 정보를 믿고 점령군의 고압적인 자세로 출발한 미군정은 조선총독부의 일본 관료를 그대로 군정에 활용하겠다는 어처구니 없는 정책을 취하기도 했다. 뒤늦게 실수를 알아차리고 한민당을 중심으로 한국인과 협력하는 방법을 채택했지만, 남한 지역의 정치적 혼란은 미군정으로서도 감당하기 힘든 과제였다. 미군정은 이승만과 김구를 중심으로 이 혼란을 극복하기를 희망하였지만 뜻대로 되지는 않았다.

임시정부의 귀국

충칭에서 망명 중이던 임시정부는 김구의 한독당 계열과 김원봉의 조선민족혁명당 계열이 서로 경쟁 관계에 있었다. 망명 정부로 인정받아 귀국하고자 했지만 여의치 않자, 김구 계열이 먼저 귀국하였다. 임정은 곧 우익 계열의 주도권을 놓고 한민당과 불편한 경쟁 관계에 놓이게 된다. 임정은 좌익들이 내세우는 친일행위자 청산이란 논리를 가져와 국내파 우익들을 견제하고자 하였지만, 명분이 부족함을 알고 곧 이 주장을 거둬들였다.

당시 우익의 상황은 미묘했다. 이승만은 자신이 임정의 일원이라고 생각하면서도 임정이 자신을 따라야 할 것이라고 믿었다. 김구는 이승만을 우대하면서도 그를 임정의 일원이라기보다는 협력자로 보았다. 한민당은 임정을 떠받든다는 원칙을 내세웠지만 실제로는 경쟁 관계에 있었다. 다만 한민당 계열은 우익의 지도자로 이승만과 김구 모두를 존중했다.

(2) 신탁통치를 둘러싼 갈등의 시기 : 1946.1~1947.10

모스크바 삼상회의

미·영·소의 3국은 1945년 12월 모스크바에서 전후 처리에 관해 협의하기 위해 외상 회의를 열었다. 여기서 미국의 대표는 한반도 문제를 소련에 양보하는 대신 동유럽에서 유리한 지위를 차지하고 싶어했다. 그래서 졸속으로 처리된 한반도는 소련의 제안대로 '미소 공동위원회'를 통해 임시정부를 수립하고 신탁통치를 실시하기로 합의가 되었다.

찬탁과 반탁

이 사실은 속보로 한반도에도 알려졌는데, 외신의 오보로 인해 '미국은 즉시 독립 주장, 소련은 신탁통치 주장'이라고 잘못 알려졌다. 좌익 계열은 이 뉴스를 믿지 못했지만 원칙적으로 신탁통치에 반대한다는 입장을 표명했고 우익 계열은 격렬하게 반대했다.

소련의 정확한 지시를 듣기 위해 박헌영이 평양을 다녀온 후, 좌익 계열은 '후견 정치'란 이름으로 신탁통치에 찬성하는 입장으로 돌아섰다. 차후 미소 공동위원회에서 임시정부 구성을 위해 정당 및 사회단체와 협의할 때 모스크바 삼상회의에 찬성하는 입장과 그렇지 않은 입장을 가르기 위한 소련의 포석이었다.

소련의 의도와는 달리 찬탁이냐 반탁이냐 하는 문제는 남한 전 지역을 이념으로 가르는 시금석이 되었다. 1946년 내내 좌익과 우익, 찬탁과 반탁으로 나뉘어 갈등을 빚었기 때문이다.

반소 반공 운동

남한 지역이 찬탁 반탁으로 나뉘어 논쟁을 벌일 때 북한 지역은 조용했다. 이미 반년에 걸친 소군정 지배를 통해 반대파가 탄압받고 있었기 때문이다. 1945년 말 소군정과 공산당에 반대하는 항의 시위(신의주 학생 의거)가 일어났지만 소군정은 이를 무참하게 진압했다. 이에 뒤이어 북한 지역에서 우파를 대표하는 조만식을 감금하고 정치적으로 무력화시키기까지 했다. 이러한 상황에서 이미 많은 이가 북한 지역을 탈출해 남한으로 넘어오고 있었다. 소군정을 경험한 이들은 격렬한 반공주의로 남한 지역의 좌익들과 심한 갈등을 빚었다.

제1차 미소 공동위원회

제1차 미소 공동위원회가 1946년 3월 20일부터 열렸지만 개회 초기부터 협의 대상
에 대한 이견으로 회의가 진행되지 못했다. 소련은 모스크바 삼상회의에 반대하는
단체는 협의 대상이 아니라고 못박았고, 미국은 그렇다고 하더라도 인민을 대표하
는 집단을 배제할 수 없다고 주장했던 것이다. 결국 미소공동위원회에 협력하면 반
탁 운동을 했더라도 협의 대상에 포함시키겠다는 합의에는 이르렀지만, 실은 어떤
합의도 도달할 생각이 없던 소련에 의해 또 회의가 무기한 연기되고 말았다.

정읍발언

이 무렵 이승만은 미군정의 골칫덩어리였다. 남한 지역의 정치적 영도자가 되기를
희망하며 불러들였지만, 이승만은 곧 강력한 반공주의를 내세우며 좌익과 결별하
였다. 소련에 대해서도 강경한 자세를 취했기 때문이 소련과 협력해야 할 미국으로
서는 난감한 상대였다. 그래서 미소 공동위원회가 진행될 때 미 군정의 하지 중장은
이승만으로 하여금 서울을 떠나 지방 순회를 다니게 하였다. 이승만이 일으킬 사단
을 방지하는 동시에, 이승만이 받고 있는 국민적 지지를 소련 대표단에 보여줌으로
써 반탁 경력이 있더라도 저런 국민적 지지를 받는 사람을 배제할 수 없다는 근거로
삼으려 했던 것이다.

그런데 미소 공위가 휴회 중일 때 이승만이 폭탄 발언을 하였다. 6월 3일 정읍 지역
에서 순회 연설을 할 때 공위가 재개될 기색도 없고 (남북한) 통일 정부도 여의치 않
아 보이니 남한 지역에서라도 단독 정부를 세운 뒤, 세계 여론에 호소해 소련을 물
리쳐야 한다고 주장한 것이다.

이에 대해서 좌익은 분단 획책이라며 강력하게 반발했고, 임정 계열도 비판적인 태
도를 보였다. 다만 한민당만이 일리가 있는 주장이라며 긍정적인 태도를 보였다. 그
러나 이승만의 이 발언은 현실을 냉정하게 직시한 결론이었다. 이후로 한반도의 상
황은 이승만의 예언대로 흘러가게 된다.

정판사 위조지폐 사건과 공산당 불법화

1946년 5월 공산당 계열에서 위조지폐를 다량으로 만들어낸 정황이 발견되어 미군정이 관련자를 체포하고 기소하여 재판이 벌어졌다. 좌익은 이를 음모라고 말하며 강력하게 항의하였으나 결국 유죄판결이 나고 말았다. 이 사건을 계기로 미군정은 공산주의 계열을 불법화하고 강력하게 대응하기 시작했다.

이에 정상적인 활동이 어려워진 공산주의자들은 지하로 숨어들었고, 총책 박헌영은 북한과 남한을 넘나들며 활동을 해야 했다. 그는 이제 소요 사태와 테러, 폭력 혁명이라는 '신전술'을 사용해야 한다고 주장하였고 소련으로부터 이 '신전술'을 승인받으려 애썼다.

이 신전술이 가져온 사건이 1946년의 9월 총파업과 10월 대구 폭동이었다. 정치적인 목적의 총파업을 통해 소요 사태를 유발하는 동시에, 경제난과 식량난으로 미군정에 대한 불만이 가득 찬 시민을 선동해 시민 봉기를 유도하는 전술이었다. 대구 폭동 당시 공산주의자들은 일부의 극렬 분자들이 최초의 폭력을 휘두르면 군중 심리로 인해 더 큰 사태로 발화한다는 패턴을 활용하였는데, 이러한 전술은 반복해서 사용되었다.

좌우합작 운동

미소 공위가 무산되고 미군정은 공산당을 불법화한 뒤 극우와 극좌를 배제한 중도 좌우파를 중심으로 새로운 정치 세력을 육성하고자 하였다. 좌익 계열에서 박헌영에게 밀려난 여운형과 온건 우파로 평가받는 김규식이 미군정이 선택한 파트너였다. 이들은 좌우익 계열의 지도자들과 협의하며 좌우합작의 원칙을 수립하고자 하였다.

하지만 이승만, 김구, 한민당 계열이 빠진 우익은 대표성이 없었고 좌익 계열은 대부분이 박헌영의 지령을 받는 괴뢰 정당 출신들이었다. 결국 좌우합작 대원칙은 현실성이 없는 공허한 결론만 내고 유명무실해졌다. 대중적으로는 광범위한 지지를 받았지만, 이승만이 예측했던 것처럼 미군정은 좌우합작의 가능성이 없다는 것을 받아들이게 되었다.

미군정은 이때 협력했던 김규식, 여운형을 중심으로 유사 의회인 남조선과도입법의원 창설을 발표(8.24)하고 12월에 가서 남조선과도입법의원 90명(민선 45, 관선 45)을 선정했다. 미소 공위에 내세울 협력 단체를 미군정 주도로 구성하려고 한 것이었는데, 이승만과 김구를 배제하려는 꼼수의 결과였다. 이들은 1948년 5월까지 존속하긴 했으나 33건의 법률안만을 심의하고 18건만을 가결한, 유명무실한 단체였다.

이승만의 도미와 미국의 태도 변화

정치적 상황이 교착되자 이승만은 미국을 방문하여 외교적 도움을 얻고자 하였다. 이 방문은 별 성과를 얻지 못했지만, 시의적절하게 영국과 미국이 공산주의자(특히 소련)들과 대결하겠다는 자세를 표명하는 시기와 맞물려 이승만은 그 후광효과를 입게 되었다. 1947년 3월 12일 해리 트루먼이 터키와 그리스 등의 공산화를 방치할 수 없다며 지원 의사를 밝혔는데(트루먼 독트린), 이승만은 한반도에서의 상황도 이 독트린의 연장선상에 있다고 보았던 것이다.

이승만이 귀국한 뒤 1947년 6월 제2차 미소 공위가 열렸지만 이 역시 아무 성과를 얻지 못하고 무산되고 말았다. 미국은 한반도 문제가 스스로 해결할 수 있는 범위 밖의 것임을 인정하고 다른 방향의 해결책을 모색하고 있었다. 소련과 협력하는 것이 불가능하니 소련에게 한반도를 넘겨주지도 않으면서 비난받지 않고 발을 빼는 방법이었다. 결국 1947년 9월 미국은 소련의 비난에도 한반도 문제를 유엔으로 이관하겠다는 의사를 밝혔다. 그리고 11월 14일 유엔총회에서 유엔 감시하에 한반도 자유선거를 가결했다. 이렇게 모든 것이 이승만의 예측과 기대대로 되었지만, 정작 문제는 이제부터 시작이었다. 유엔 한국임시위원단이 한반도 자유선거에 대한 모든 판단 권한을 갖고 들어오게 되어 있었다. 그들이 어떤 판단을 내리는가가 중요했다.

(3) 유엔 결의와 대한민국의 건국 : 1947.11~1948.8

김구와 이승만의 결별

유엔 한국임시위원단이 방한하기 전인 1947년 12월 2일, 한민당의 두뇌 격인 장덕수가 암살당했다. 한민당과 한독당 통합에 반대하는 한독당 계열의 암살이었다. 문제는 그 배후에 김구가 관여했는가 아닌가였다. 재판정에 서는 것에 곤혹감을 느낀 김구는 이승만에게 도움을 요청했지만, 한독당 계열의 암살 사건에 질렸던 이승만은 그 도움을 거절했다. 그러자 김구는 배신감을 느꼈다. 그동안 의견이 달라도 '크게 보면 같은 입장'이라고 이승만을 지지했던 김구는 이때부터 이승만을 무조건 반대하는 입장에 서게 되었다.

유엔 한국임시위원단의 활동

9개국 대표로 구성된 유엔 한국임시위원단이 방한했지만 소련의 거부로 북한 지역에는 들어가지 못했다. 하지만 9개국 대표 중 상당수가 사회주의자이기도 했고, 남북 합작이라는 원칙을 주장하는 이도 많았다. 대표들의 면면을 보고 난 뒤 이승만은 앞으로의 상황이 크게 우려가 되었다. 남북 인구 비례 대신 1:1의 연립정부를 구성한다든가 하는 식으로 소련의 입장에 기운 판단을 하게 되면 한반도의 미래가 암울했기 때문이다. 좌우익의 지도자들과 만나 면담을 한 유엔 한국임시위원단은 내부에서 결론을 내리지 못하고 의장인 인도 대표 메논이 유엔에 가서 보고를 한 뒤 판단을 유엔에 맡기기로 하였다. 이승만은 다급해졌고 자신을 피하던 메논을 모윤숙을 통하여 만나는 데 성공하였다. 메논은 유엔을 방문해 상황을 객관적으로 설명한 뒤 자신의 판단을 덧붙이는 부분에서 이승만에게 우호적인 진술을 하였다. 유엔은 남한 지역에서만이라도 총선거를 실시한다는 결론에 이르렀고 이는 이승만이 바라던 바였다.

5·10총선거와 남북 협상

유엔의 결정이 내려지자 미군정은 5·10총선거 준비에 총력을 기울였다. 하자가 있는 선거가 되지 않도록 민주적이고 자유로운 선거가 치러져야 했다. 좌익 계열은 거의 입후보하지 않았고, 김구의 한독당 계열과 김규식도 총선 참가를 거부하였다. 이들은 남한 총선거가 분단을 영구화할 것이라고 반대했다. 그러나 김구를 따르던 임정 요인들 중의 상당수가 생각을 바꾸어 새 정부 건설에 참여하기로 전향하였다.

북한과 소련은 남한과 미국을 비난하면서 명분 쌓기를 하고 있었다. 김구와 김규식은 그들의 좋은 패가 되었다. 김구와 김규식은 무지와 선의로 북한의 초청을 받아 마지막 남북 협상을 위해 북으로 향했다. 하지만 그들은 이미 소련의 각본대로 진행된 회의에서 들러리가 되었다. 어떤 실질적인 결론도 얻지 못하고 허탈하게 돌아와야 했다.

김구의 이중적인 태도

위대한 독립투사였던 김구는 해방 정국에서 선택을 잘못한 정치가 중 한 명이 되었다. 남북 협상의 들러리가 된 그는 김일성에게 송전 및 물 공급이나마 약속받고자 하였으나 김일성은 곧 단전과 단수로 약속을 배신했다. 김구는 또한 북한의 군대가 잘 조직되어 있음을 보았지만 전쟁을 일으킬 생각이 없다는 김일성의 약속을 믿는다고 했다. 그러나 유엔 한국임시위원단의 대표이자 김구의 오랜 지인 장제스의 부하인 유어만과의 대화에서 김구는 그 말이 모두 진실은 아니란 것을 드러내었다. 김구는 이 대화에서 어차피 곧 북한의 인민군이 내려와 인민 해방이 될 것이라면서 새 정부 출범에 대해 냉소적인 태도를 보였다. 그는 좌절한 정치가로서 훼방꾼이 되고 있었다.

남로당의 반대 책동

남한의 사회주의 지하 정당인 남조선로동당(남로당)은 북한에 머무는 박헌영의 지시를 받고 있었다. 박헌영은 2.8 구국 투쟁이라는 이름으로 5·10총선거 반대에 총력을 기울였다. 방화 및 테러가 이어졌지만 총선거를 지켜내려 한 우익 단체들의 힘겨운 노력과 미군정 그리고 경찰의 노력으로 선거 준비는 큰 차질을 빚지 않았다. 유일한 예외는 제주도였다. 제주도에 있던 남로당 300여 명은 무장대를 조직해 4월 3일 파출소와 우익 인사 집을 습격하고 경찰과 우익 인사, 그들의 가족을 잔인하게 살해하는 만행을 저질렀다. 명분은 5·10총선거 및 분단 반대라는 것이었지만, 전형적인 좌익 테러 및 폭동이었다. 이들은 반미군정 정서가 팽배한 제주도의 인심과 한라산이라는 천혜의 조건을 이용해 유격전을 펼쳤다. 이들을 진압하기 위해 파견된 군대에도 좌익들이 가득 들어 있어서 무기를 빼돌리거나 무장대를 풀어주는 일이 예사였다. 결국 제주도는 정상적인 선거가 진행되지 못했고, 이 소요 사태는 해결되지 못한 채로 건국 이후까지 이어졌다.

제헌의회 발족과 대한민국의 건국

5·10총선거로 제헌의회가 발족되었다. 제헌의회의 두 가지 큰 과제는 정부통령을 뽑는 것, 그리고 헌법을 기초하는 일이었다. 유진오 박사가 독일 헌법을 참고해 만든 초안을 수정해 제헌헌법을 만들었다. 민주주의와 사회적 시장 경제가 근간인 근대적인 헌법이었다. 특히 노동자 이익 균점권 등 당시로서는 '진보적인 강령'을 많이 포함시켰고, 반민족 행위 처벌법의 근거도 마련하였다. 건국 정부가 친일파 지주 출신들이 장악하고 있는 곳이었다면 이런 헌법은 결코 만들어질 수 없는 일이었다.

대통령으로는 이승만이 거의 만장일치로 추대되었고, 초대 부통령으로는 이시영이 뽑혔다. 의회에 참석하지 않았으나 김구를 추천하는 표도 나왔다. 그만큼 그가 새 정부 출범에 함께하기를 바라는 마음이 강했던 것이다. 하지만 김구는 '임시정부의 법통을 계승한다'는 제헌헌법의 내용을 듣고 임시정부와 현 정부는 아무 관련이 없다며 반발하였다. 정치에서 배제된 그의 분노가 드러나는 안타까운 대목이었다.

새 정부 출범을 위한 준비를 하는 동안 미군정 역시 모든 업무를 넘길 준비를 하였다. 그리고 역사적인 1948년 8월 15일, 광복의 날을 맞이하여 이승만 대통령은 세계를 향해 대한민국 정부의 수립을 발표하였다. 1948년 8월 15일 오전, 대한민국 정부가 수립되고 그날 자정을 기해 미군정으로부터 통치권(주권)을 이양받음으로써 대한민국은 명실공히 영토, 국민, 정부, 주권(국가구성의 4대 요소)을 가진 국가로 탄생(건국)한 것이다. 이것이 진정한 독립이요, 광복인 것이다. 그런데 광복절은 현재 1945년 8월 15일을 기념하는 행사로 인식, 시행되고 있다. 그러나 광복절은 당초 국경일로 제정될 때(1949. 10)는 1948년 8월 15일에 이루어진 대한민국의 독립(건국)을 경축하는 날로 정해진 것이다. 정부는 건국 1주년인 1949년 8월 15일 "제1회 대한민국 독립 1주년 기념식"을 거행하였고, 1950년 8월 15일에는 "해방 5주년, 광복절 2주년 기념식" 이름으로 행사를 거행하였다. 그러나 일부 신문이 착오로 "대한민국 독립 제2회 기념일 동시에 제5회 광복절 기념식"으로 잘못 보도하였고, 이것이 1951년 이후 전 언론사로, 전 사회로 확산되었다. 급기야는 정부까지도 무의식적으로 이를 따르면서 광복절=1945.8.15(해방일)을 기념하는 날로 굳어진 것이다. 따라서 1945년 8월 15일을 광복절로 기념하고, 일제로부터 해방된 1945년 8월 15일을 해방일로 구분하여 부수적으로 기념하는 것이 타당하다고 생각된다.

1. 일본의 대륙 침략부터 패망에 이르기까지의 사건 발생 순서가 바르게 된 것은 무엇인가?

> ㉠ 진주만 폭격 ㉡ 만주사변 ㉢ 일본의 항복 ㉣ 중일전쟁 ㉤ 미드웨이 해전

① ㉠㉡㉢㉣㉤

② ㉡㉣㉠㉤㉢

③ ㉣㉡㉢㉤㉠

④ ㉡㉤㉣㉠㉢

⑤ ㉣㉠㉤㉣㉢

| 해 설 |

㉡ 일본은 세계 대공황(1929)으로 경제 위기가 심화되는 1931년, 만주사변을 일으켜 만주국이라는 괴뢰국을 만들었다.

㉣ 일본은 1937년 중일전쟁을 일으켜 중국 각지를 점령했다. 미국은 1940년 철강, 항공유 등 전쟁 물자의 대일본 수출을 중단하여 일본의 전쟁 수행 능력에 큰 타격을 가하였다. 이에 일본은 1940년 석유 등의 자원을 확보하기 위해 동남아시아로 진출했는데, 1940년 7월 프랑스령 인도차이나(베트남)를 점령하였다. 미국은 일본의 팽창 정책에 맞서 미국 내 일본 자산을 동결하고 일본과의 모든 무역을 폐쇄했으며 일본이 중국 등에서 즉시 철수할 것을 강경하게 요구하였다.

㉠ 일본은 압박을 가하는 미국의 진주만을 폭격하여 전쟁을 일으켰다. 일본은 이후 동남아시아에 대한 대대적인 공세에 나섰는데, 1942년 2월까지 영국령 말레이시아, 버마, 싱가포르를 차례로 점령하였고 이어 3월에는 네덜란드의 식민지였던 인도네시아 자바를, 5월에는 필리핀에 이어 남태평양 솔로몬 제도까지 점령했다.

▲ 일본의 진주만 공습(1941.12)

㉤ 미국은 1942년 6월 하와이 북서쪽 미드웨이 해전에서 대승리를 거두어 전세를 역전시켰다. 미국군은 태평양의 전략적 요충지인 미드웨이 섬 미군 기지를 공격해오는 일본 항공모함 전단의 암호를 사전에 해독하여 미국 전투기들로 집중 공격하였다. 이로써 항공모함 네 척을 격침시키는 등 일본의 해군 주력함들을 궤멸시켰다. 이후 미군은 북태평양에서 제해권과 제공권을 장악하여 반격에 나설 수 있는 발판을 마련하였다.

㉢ 미드웨이 해전 승리 이후 미군은 남태평양 솔로몬 제도에서 시작하여 마리아나 제도와 필리핀을 거쳐 이오지마와 오키나와로 북상하였다. 미국은 일본 본토 점령을 검토하다가 많은 희생을 염려하여 원자폭탄을 사용하는 전략으로 바꾸었다. 미국은 1945년 7월

▲ 미드웨이 섬

실험에 성공한 원자폭탄을 1945년 8월 6일 히로시마에, 8월 9일 나가사키에 투하하였다. 이후 일본은 8월 15일 미국 등 연합군에 무조건 항복을 하였다.

▲ 일왕의 항복 선언 방송을 듣고
오열하는 일본인들(1945.8.15)

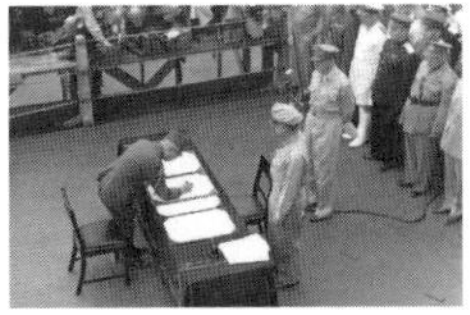

▲ 도쿄만에 정박한 미 해군 전함
미주리호 함상에서 일본이
항복 문서에 조인하는 모습
(1945년 9월 2일)

㉏ : 답

2. 제2차 세계대전 이후 한반도 문제와 관련이 있는 각종 회담들이 개최되었다. 시대순으로 바르게 나열한 것은 무엇인가?

> ㉠ 포츠담 회담 ㉡ 모스크바 삼상회의 ㉢ 카이로 회담 ㉣ 얄타 회담 ㉤ 미소 공동위원회

① ㉢ - ㉠ - ㉣ - ㉡ - ㉤

② ㉠ - ㉣ - ㉢ - ㉡ - ㉤

③ ㉠ - ㉢ - ㉣ - ㉡ - ㉤

④ ㉣ - ㉢ - ㉠ - ㉡ - ㉤

⑤ ㉢ - ㉣ - ㉠ - ㉡ - ㉤

| 해 설 |

카이로 회담(1943.11) - 얄타 회담(1945.2) - 포츠담 회담(1945.5) - 모스크바 삼상회의(1945.12) - 미소 공동위원회
(1946.3)

⑤ : 답

3. 카이로선언의 한국 관련 사항을 구체적으로 실행하는 조치를 강구하기 위해 열린 회의는 무엇인가?

① 포츠담 회담

② 얄타 회담

③ 테헤란 회담

④ 모스크바 삼상회의

⑤ 샌프란시스코 회담

| 해 설 |

모스크바 삼상회의는 카이로선언의 한국 관련 사항을 구체적으로 실행(신탁통치 실시)하기 위한 최초의 국제 회의였다.

답 : ④

4. "세 강대국은 한국 인민의 노예 상태에 유념하여 한국이 '적절한 과정을 거쳐서(in due course)' 자유롭고 독립적인 국가가 될 것임을 결정하였다"라고 함으로써 제2차 세계대전 기간 중 연합국이 처음으로 한국 독립 문제를 천명한 때는 언제인가?

① 테헤란 회담

② 카이로선언

③ 얄타 회담

④ 포츠담 회담

⑤ 모스크바 삼상회의

| 해 설 |

카이로 회담(1943.11.22~26, 미국의 루스벨트, 영국의 처칠, 중국의 장제스) - 테헤란 회담(1943.11.28, 루스벨트, 처칠, 소련의 스탈린) - 얄타 회담(1945.2, 루스벨트, 처칠, 스탈린) - 포츠담 회담(1945.7, 미국의 트루먼, 영국의 애틀리, 스탈린) - 모스크바 삼상회의(1945.12, 미국·영국·소련의 외무부 장관)

답 : ②

5. 다음 지문은 제2차 세계대전 기간 중 개최된 연합국 정상회담에서 채택된 선언의 일부이다. 이 선언이 채택된 회담 및 선언에 대한 설명으로 옳지 않은 것은 무엇인가?

> 연합국의 목적은, 1914년 제1차 세계대전 개시 이후에 일본이 탈취 또는 점령한 태평양의 일부 도서들을 일본으로부터 박탈할 것과, 아울러 만주·타이완·펑호도 등 일본이 청나라로부터 빼앗은 일체의 지역을 중화민국에 반환함에 있다. …… 3대국은 한국 인민의 노예 상태에 유의하여 적절한 과정을 거쳐서 한국이 자유롭고 독립적으로 될 것임을 결정한다. ……

① 이 회담에는 미국의 루스벨트, 소련의 스탈린, 영국의 처칠이 참석했다.

② 이 회담은 카이로에서 개최되었다.

③ 이 선언의 주된 내용은 일본에 대한 연합국의 군사 행동 계획의 전체적 윤곽을 제시하는 것이다

④ 이 선언의 한국 독립에 관한 문장 중 '적절한 과정을 거쳐서'의 실질적 의미는 '국제적 신탁통치를 거쳐서'였다.

⑤ 이 회담은 1943년 11월에 개최되었다.

| 해 설 |

① 이집트 카이로에서 개최된 회담에 참석한 연합국 지도자는 미국 루스벨트, 영국 처칠, 중국 장제스이다.

◀ 카이로 회담에 참석한 중국의 총통 장제스, 미국의 대통령 프랭클린 루스벨트, 영국의 총리 윈스턴 처칠(1943.11)

①：답

6. 1945년 2월 미국·영국·소련 정상들이 모인 회담에서는 소련의 대일본전 참전이 합의되었다. 이때 미국의 루스벨트는 소련의 스탈린에게 소련이 참전할 경우, 일본의 점령 통치에도 참여할 수 있다는 말을 함으로써 소련에 의한 한반도 분단의 빌미를 제공하였다. 이 회담은 무엇인가?

① 테헤란 회담 ② 카이로 회담 ③ 포츠담 회담

④ 얄타 회담 ⑤ 모스크바 삼상회의

| 해 설 |

미 · 영 · 소 정상들은 1945년 2월 흑해 연안 얄타에서 제2차 세계대전의 전후 처리 문제를 협의하면서 소련의 대일 참전 문제도 논의하였다. 소련은 대일본전 참전의 대가로 쿠릴 열도와 사할린 남부에 대한 점령을 약속받았다. "소련이 일본의 점령 통치에도 참여할 수 있는가"라는 스탈린의 질문에 루스벨트는 '그렇다'라고 대답했다. 이러한 합의는 일본이 식민지 통치하고 있는 한반도에 대한 분할 점령을 양해한 것으로 해석할 수 있다.

▲ 얄타 회담에 참석한 영국의 처칠, 미국의 루스벨트, 소련의 스탈린 (1945.2)

정답 : ④

7. 다음은 포츠담 회담에 관한 설명이다. 옳지 않은 것은 무엇인가?

① 이 회담의 목적은 독일에 대한 전후 처리와 일본에 대한 전쟁을 마무리 짓는 문제에 대한 연합국의 방침을 합의하는 것이었다.

② 회담에 참석한 연합국 지도자들은 4개 연합국이 독일을 분할 점령하여 독일을 비군사화, 비나치화, 민주화하기로 합의했다.

③ 회담에 참석한 연합국 지도자들은 일본의 무조건 항복을 촉구했다.

④ 이 회담에서 채택된 일본 관련 선언의 정신은 1951년 샌프란시스코에서 체결된 연합국과 일본 간의 평화 조약에 충실히 반영되었다.

⑤ 이 회담에서 채택된 선언은 한국을 독립시킬 것을 재확인했다.

| 해 설 |

④ 1951년의 샌프란시스코 조약은 포츠담선언의 정신을 제대로 반영하지 못했다. 그로 인해 한국과 일본 사이의 독도 영유권 문제, 중국과 일본 간의 댜오위다오(釣魚島) 영유권 문제 등이 유발되는 상황이 만들어졌다.

▲ 포츠담 회담에 참가한 영국의 애틀리, 미국의 트루먼, 소련의 스탈린 (1945.7)

정답 : ④

8. 1930~1940년대 미국 정계가 소련과 공산주의에 대해 경계심을 갖지 않은 이유와 그 내용에 대한 기술 중 사실과 다른 것은 무엇인가?

① 1929년 세계 대공황 이후 자본주의, 자유민주주의에 대한 불신이 생겼고, 대안으로 등장한 수정자본주의가 대세로 자리잡았다.

② 제2차 세계대전 동안 미국은 소련과 연합하여 독일을 상대로 전쟁을 수행하면서 소련을 우방국으로 간주하게 되었다.

③ 프랭클린 루스벨트 대통령은 소련과 스탈린에 대한 우호적 인식을 가져 대외 정책을 친소적으로 이끌었다.

④ 미 국무부 내에는 친소, 친공 세력이 다수 포진하였고, 이들이 반소·반공 노선에 대해 부정적 입장을 취했다.

⑤ 미국은 소련이 동유럽 국가들에게 시행했던 좌우합작의 연립 정부 구성 정책을 좋게 평가했으나 남한에는 실시하지 않았다.

| 해 설 |

⑤ 소련은 독일의 지배로부터 해방된 동유럽 국가들을 점령한 후 그들을 공산화시키기 위해 좌우합작의 연립 정부 구성 전술을 전개하였다. 공산주의 세력이 미약한 조건에서 좌우 연립 정부를 통해 좌익 세력을 키운 다음 공산화시키는 것이다.

당시 미국은 동유럽에서의 좌우 연립 정부 구성 전술의 위험성을 제대로 파악하지 못했다. 그로 인해 미국은 좌우합작 정책을 한반도에 도입하여 좌우합작 운동을 기획, 지원하게 되었다.

③ 1943년에서 1945년까지 전후 유럽 문제를 놓고 연합국 간 몇 차례 회담을 열었는데, 이때 소련이 일부 유럽 국가들을 병합할지 모른다는 경고가 나오자, 프랭클린 루스벨트 대통령은 "나는 스탈린이 그런 사람이 아니리라고 생각하였다. …… 나는 만약 내가 그에게 모든 것을 준다면, 나는 아마 그에게 아무것도 돌려달라고 청할 수 없을 것이다. 노블레스 오블리주에 따라 그는 아무것도 빼앗지 않고 나와 함께 세계의 민주주의와 평화를 위해 일할 것이다"라고 하여 소련과 스탈린에 대한 잘못된 인식을 드러냈다.

▲ 프랭클린 루스벨트 대통령

루스벨트 대통령의 희박한 반공 의식은 한반도 정책에도 그대로 드러났다. 대일본전을 속히 종결시켜야 한다는 판단에서 미국 내 반공 인사들의 반대에도 소련에게 참전을 요구하였다. 결국 소련의 참전은 현실화되었고 이는 우리 민족의 분단으로 이어졌다. 그리고 좌익들에게도 활동의 자유를 허용함으로써 남한 내에서 친소 공산주의 세력이 커지는 데 일조를 했다. 그는 대일본전에 소련을 참전시킨 것을 뒤늦게 후회했다. 루스벨트 대통령은 세계 대공황이 극심하던 1933년 대통령에 당선되어 자유방임적 자본주의 경제 체제의 문제점을 인식하고 계획 경제를 도입하여 수정자본주의 체제를 만들어냈다. 그는 경제 위기를 돌파한 공로로 4선에 당선되는 전무후무한 기록을 남겼다. 루스벨트 대통령은 독일의 항복을 눈앞에 둔 1945년 4월 12일 뇌출혈로 사

▲ 스탈린

망하였다.

루스벨트 대통령 급서로 부통령에서 대통령직을 승계한 해리 S. 트루먼 대통령은 반소 감
정이 매우 강해, 상원의원 시절에도 "독일군들과 소련군들이 피가 다 빠질 때까지 싸웠으
면 좋겠다"라는 독설을 퍼부었을 정도였다. 그는 루스벨트 대통령과 달리 공산주의로부
터 자유민주주의를 지키기 위해 노력했다. 6·25전쟁 때 신속한 참여도 그의 결정으로 이
루어졌다. 트루먼 대통령은 38선 전역에서 북한군이 남침했다는 전화 보고를 받고는 "우
리는 무슨 수를 써서라도 그 나쁜 놈들(the son of bitches)을 막아야 한다"라고 소리쳤다.
그의 주도로 유엔군의 참전이 이루어졌다.

▲ 제33대 미국 대통령 트루먼

⑨ : 답

9. 일본이 패망할 무렵 한반도 상황에 대한 설명으로 사실과 다른 것은 무엇인가?

① 루스벨트 사망 후 미국 대통령직을 승계한 트루먼은 전임 루스벨트 대통령의 친소 정책을 승계하
여 소련의 대일전 참전을 끝까지 요구하였다.

② 소련은 8월 8일 대일 선전포고하고 8월 9일부터 만주와 한반도로 진격하였다.

③ 소련군의 한반도 진격 당시 곧바로 한반도에 진입할 수 없었던 미군은 소련군 남하를 저지하기 위
해 38선을 군사 작전 분계선으로 제시하였다.

④ 트루먼이 38선을 군사 작전 분계선으로 하여 소련군과 미군이 한반도의 일본군을 무장해제하자고
제안하자 스탈린이 순순히 응했다.

⑤ 소련군은 8월 9일 함경북도 경흥을 점령한 이래 27일까지 신속히 38선 이북의 북한 전 지역을 점
령했다.

| 해 설 |

① 루스벨트 사망 후 미국 대통령직을 승계한 트루먼은 루스벨트의 친소 정책을 계승하지 않았고, 소련의 대일전 참전을
끝까지 요구하지 않았다. 트루먼은 소련의 참전 없이도 일본의 항복을 받을 수 있다고 판단했다.

① : 답

10. 제2차 세계대전 기간 중 연합국이 합의한, 일본 패망 시 한반도에 대한 조치에 관한 설명 중 옳지 않은 것은 무엇인가?

① 미국이 신탁통치안을 검토한 가장 큰 이유는 한반도가 소련이나 중국의 독점적 영향권으로 되는 것을 막기 위한 방편이었다.

② 카이로선언의 '적절한 과정을 거쳐서(in due course)' 독립시킨다는 문구는 신탁통치를 거쳐서 독립시킨다는 의미다.

③ 루스벨트는 테헤란 회담에서 스탈린으로부터 한국에서 꽤 긴 기간의 신탁통치를 실시할 것에 대한 동의를 얻었다.

④ 공산주의의 소련, 자본주의의 미국 등 체제가 다른 강대국들이 공동 참여하는 신탁통치 구상은 서로 다른 두 체제로 분단될 위험성을 내포하고 있었다.

⑤ 얄타 회담 시 스탈린은 루스벨트에게 신탁통치 기간이 짧으면 짧을수록 좋다고 말했는데, 이는 한반도의 민족 자주적 통일 정부 구성을 앞당기기 위한 것이었다.

| 해 설 |

⑤ 루스벨트 미국 대통령은 얄타 회담 후 스탈린과 가진 비공식 대화에서 한국에 대한 20~30년간의 신탁통치를 제안하였다. 이에 대해 스탈린은 신탁통치의 기간이 짧으면 짧을수록 좋다고 대답했다. 스탈린이 그런 대답을 한 이유는 미국이 한반도에서 하루빨리 손 떼기를 원했기 때문이다.

정답 : ⑤

11. 남북 분단 과정과 그 책임에 대한 설명 중 바른 것은 무엇인가?

① 소련군이 미군의 참전 요청에 따라 즉각 대일전에 참전하고 북한 지역에 진군한 것이다.

② 미국이 사전 계획에 따라 일방적으로 남북 분단선인 38선을 획정하였으므로 한반도의 분단 책임은 미국에 있다.

③ 이승만은 정읍발언을 통해 단독 정부 주장을 했는데, 이는 미군정의 호응을 받았다.

④ 김구가 분단을 막기 위해 북한에 가서 남북 협상을 실시하여 상당한 성과를 거두었다.

⑤ 유엔에 의한 남북 총선거를 통한 통일 정부 구성이 무산된 책임은 소련군과 북한에 있다.

⑤ 2차에 걸친 미소 공동위원회가 무산된 것은 남한의 우익 세력을 통일 정부 구성에서 전면 배제하려는 소련군의 주장 때문이었다. 소련과 북한 공산 세력은 미소 공동위원회 기간 중에도 북한 지역에 이미 북조선임시인민위원회(나중에 북조선인민위원회로 바뀜)라는 북한 지역 단독 정권을 수립하고 공산화를 위한 조치들을 실행하고 있었다.

미소 공동위원회가 무산되자 미국은 한반도 통일 정부 구성 문제를 유엔으로 넘겼다(1947.9). 유엔총회는 유엔 감시하에 남북 주민들의 총선거에 의해 통일 정부를 구성할 것을 결의하고 유엔 한국임시위원단을 파견하였다. 그러나 소련군과 북조선인민위원회는 유엔위원단의 38선 이북 지역 방문을 거부하여 유엔 결의 실천을 파탄시켰다. 이로써 남북 분단을 막고 민족 통일 정부를 구성할 수 있는 마지막 기회가 사라졌다. 이렇게 볼 때 한반도 분단의 주된 책임은 소련과 북한 정권에 있다고 보는 것이 타당하다.

① 진주만 폭격 이후 일본군과 전투하던 미국은 미군의 희생을 줄이기 위해 소련군을 대일전에 끌어들이려 했다. 그러나 소련은 미국의 거듭된 대일전 참전 요구를 외면했다. 그러다가 1945년 8월 6일 미국이 히로시마에 원자폭탄을 투하하여 일본의 패색이 완연해지자 소련은 8월 8일 갑자기 대일 선전포고를 하고 다음 날 바로 한반도로 진군하였다. 그러므로 소련의 대일전 참전은 미국의 요청으로 즉각적으로 이뤄진 것이 결코 아니었다.

② 미국과 소련이 합의한, 한반도에 대한 4대국 공동 신탁통치를 실시하려면 한반도가 미국이나 소련 중 어느 한쪽의 군대에 의해 독점적으로 점령되어서는 안 되었다. 그런데 소련군은 8월 9일 북한 지역에 진입한 후 급속도로 남하했고, 미국은 한반도에 즉각 투입할 병력을 확보하지 못했다. 그대로 두면 한반도 전체가 소련군에 점령될 처지에 놓였던 것이다. 이에 미국은 소련군이 한반도 전역을 점령하지 못하도록 하는 외교적 방안의 하나로 북위 38도선을 군사 작전 분계선으로 설정하여 미국과 소련이 한반도를 분할 점령할 것을 소련에 제의했다. 소련은 그것을 수용했고 따라서 38선 설정은 미국이 사전에 계획한 것이 아니고, 미국과 소련의 갑작스런 합의에 따른 것이다.

그런데 소련은 북한을 점령한 후 38선을 봉쇄(도로·철도의 차단, 전신·전화 차단, 남북 주민 간 상거래 차단)하여 당초 단순한 군사 작전 분계선이었던 38선을 생활의 분단선으로 변질시켰다. 이것은 장차 민족 분단의 단초가 되었다. 미국은 38선 봉쇄가 한반도 분단을 초래할 위험이 있으므로 38선 봉쇄의 해제를 거듭 요청했으나 소련은 이를 거절했다. 이렇게 볼 때 한반도 분단의 책임은 미국보다 소련에 더 많이 있다고 보는 것이 타당하다.

④ 김구의 남북 협상 참석은 분단을 막으려는 민족애에서 출발했으나 실제로는 소련의 대한정책을 지원하고 북한 김일성의 위상을 높여주는 데 이용당하는 결과만을 초래했다.

⑨ : 답

12. 미국이 38선 획정을 먼저 거론했다는 이유로 한반도 분단의 책임이 미국에 있다고 주장하는 사람들도 있다. 하지만 미국은 한반도 주둔 일본군의 무장 해제를 위한 군사 작전 분계선으로서 38선을 제안한 것이었을 뿐, 민족 분단선을 제안한 것은 결코 아니었다. 실제로 38선이 민족 분단선으로 변질된 것은 소련군에 의한 38선 봉쇄에서 비롯된 것이라는 주장에 대한 근거로 적당하지 않은 것은 무엇인가?

분단 초기 38선의 모습

① 소련군은 미군이 남한에 진주하기도 전에 일방적으로 남북 통행에 사용되는 경원선·경의선 등 철도와 도로를 모두 차단하여 남북 간의 통행을 불가능하게 만들었다.

② 소련군은 미군이 들어오기 전 38선 이남과의 전화·전신·우편 등 통신을 차단하였다.

③ 소련군은 38선 이남에 공급하던 전기와 저수지 물까지 차단하였다.

④ 9월 8일 남한에 진주한 미군정이 항의하자 소련군은 통신을 잠시 개통했다가 다시 단절하였다.

⑤ 미군정 하지 중장은 소련군 치스차코프 사령관에게 남북 상호 간 연락 체제 확립, 교통·운수·교역 등 남북 교류와 통일된 화폐·신용 제도 수립 등에 대해 협상하자고 요구했으나 거절당하였다.

| 해 설 |

③ 북한은 해방 직후부터 1948년 봄까지, 38선 이남 지역에 전기와 저수지 물을 요금을 받고 공급했으나, 수시로 차단과 재개를 반복했다.

답 : ③

 남북 분단의 책임이 소련에 있다는 증거로 적당하지 않은 것은 무엇인가?

① 1945년 8월 6일 미군이 일본 히로시마에 원자폭탄을 투하하여 일본의 항복이 임박해지자 소련군은 8월 9일 한반도에 진격

② 북한에 진격한 소련군은 일방적으로 38선 이남과 교통·통신을 차단하는 등 분단화 작업을 실시

③ 1946년 2월 사실상의 북한 단독 정권 수립을 위한 북조선임시인민위원회 수립

④ 1945년 9월 초 스탈린이 김일성을 모스크바로 불러 면접 후 북한 통치자로 잠정 낙점

⑤ 북한에 진격한 소련군은 군정청을 만들어 북한 지역을 직접 통치

| 해 설 |

⑤ 북한 지역을 점령한 소련군은 강압적인 행동을 하면서도 선전을 매우 우호적으로 하여 북한 주민을 기만했다. 하지만 직접 통치는 하지 않았다.

① 1945년 8월 6일 미군이 히로시마에 원자폭탄을 투하하자 소련군은 종전을 예견하고 전리품을 챙기기 위해 미국과 사전 협의 없이 일방적으로 8월 8일 대일 선전포고하였다. 8월 9일에는 한반도에 진군하였는데 이러한 소련군의 행동은 한반도 전체를 점령하려는 의도를 가진 것이었다. 만일 한반도 전체를 점령하지 못해도 자기들이 점령한 일정한 지역을 소련식 체제로 통치하려는 의도를 가졌던 것으로 보인다.

② 38선을 경계로 남북 간의 교통·통신·통상을 차단한 소련의 행동은 단순한 군사 작전 분계선인 38선을 남북한 주민 간의 생활의 분단선으로 변질시켰다. 이러한 38선의 생활 분단선으로의 변질은 38선이 장차 정치 분단선으로 악화되는 단초가 되었다.

③ 1946년 2월에 수립된 북조선임시인민위원회는 북한 지역의 공산화를 위한 단독 정권이다. 북한 지역에 단독 정권이 수립된 것은 남북한이 별개의 통치 체제를 가지는 분단이 되었음을 의미한다. 북조선임시인민위원회는 무상 몰수, 무상 분배 방식에 의한 사회주의 지향적 토지 개혁을 실시하는 등 공산화를 추진했다. 이로써 남북한은 이질적인 사회가 되었다.

④ 1945년 9월 초, 스탈린은 88여단에 있던 김일성을 모스크바로 불러 네 시간 면담을 한 후 향후 북한을 통치할 사람으로 선택하였다. 분단은 거기서부터 이미 시작된 셈이다.

⑤ : 답

14. 다음은 38선 및 미군과 소련군의 남북한 점령 상황에 관한 서술들이다. 사실과 다른 것은 무엇인가?

① 38선은, 한반도를 점령 중이었던 일본군의 무장을 해제하는 데 필요한 미군과 소련군 간의 군사 작전 분계선으로 획정되었다.

② 38선은 미국이 먼저 획정하여 소련에 제시했고 소련이 이를 수용함으로써 공식화되었다.

③ 북한(38선 이북 지역)을 점령하기로 한 소련군은 38선 지역부터 먼저 점령하여 38선을 봉쇄하고 이를 경계로 남북한 사이의 통행·통상·통신을 차단했다.

④ 남한(38선 이남 지역)을 점령하기로 한 미군은 뒤늦게 남한을 점령한 후 소련군에게 38선 봉쇄를 해제하도록 요청했으나 소련군은 이를 거부했다.

⑤ 미군과 소련군은 남북한을 점령한 후 남한과 북한에 군정청을 설치하여 통치했다.

| 해 설 |

⑤ 남한에 진주한 미군은 군정청을 설치하여 통치했으나 북한에 진주한 소련군은 군정청을 설치하지 않고 북한 인민으로 하여금 인민위원회를 구성토록 한 후 이를 통해 간접 통치를 하였다.

⑤ : 답

15. 다음 두 포고문과 관련된 기술 중 옳지 않은 것은 무엇인가?

「지문1」 "붉은 군대와 연합 군대들은 조선에 일본 약탈자들을 구축하였다. 조선은 자유국이 되었다. …… 조선 사람들이여, 기억하라! 행복은 당신들의 수중에 있다. 당신들은 자유와 독립을 찾았다. 이제는 모든 것이 죄다 당신들에게 달렸다. …… 붉은 군대는 조선 인민이 자유롭게 창작적 노력에 착수할 만한 모든 조건을 갖추었다. …… 해방된 조선 인민 만세! …… 소련 인민의 위대한 수령 스탈린 대원수는 '우리에게는 유럽의 인민들과 영토에 대하여서나 아시아 인민들과 영토에 대하여 남의 영토를 점령하려거나 또는 다른 나라 인민들을 정복하려는 그런 전쟁 목적이 없으며 또 있을 수도 없다'라고 하였다. …… 당신들의 위력(威力)한 인접국인 소련 인민들이 조선 인민들을 후원하려고 왔다. …… 조선 사람들이여, 기억하라! 당신에게 유력하고 정직한 친우인 소련이 있다. 당신들의 해방군인 붉은 군대에 백방으로 방조하라. …… 조선의 자유와 독립 만세! 조선의 발흥을 담보하는 조선과 소련 친선 만세!"

「지문2」 "미군은 근일 중에 귀국에 상륙한다. 귀국을 민주주의 제도하에 있게 하고 국민의 질서 유지를 도모함도 이번 우리 상륙의 목적이라고 할 수 있다. …… 각자 급(及) 국가 건설을 위하여 또한 민주주의하 생활의 유지를 도모하기에 각자는 최대한의 노력을 다하여야 할 것이다. …… 연합사령관으로부터의 명령은 제씨의 원조에 그 본의가 있는 것으로서 각위는 엄숙히 준수 이행하며 불행히도 위반한 자는 처벌당할 것이다.”

“조선 인민 제군이여! 여(余: 나)는 오늘 남조선 지역에 (있는) 일본군의 항복을 받았다. …… 여의 지휘하에 있는 제군은 연합군 총사령관의 명령에 의하여 장차 발할 여의 제종의 명령을 엄숙히 지켜라. 제군은 평화를 유지하며 정직한 행동을 하여라. …… 만약 명령을 아니 지킨다든지 또는 혼란 상태를 일으킨다면 즉시 적당하다고 생각하는 수단을 취하겠노라.”

① 「지문1」은 북한 주둔 소련군 사령관 치스차코프가 8월 26일 평양에 도착한 후 발표한 포고문이다.

② 「지문2」는 남한 주둔 미군 사령관 하지가 38선 이남 주민들에게 발표한 포고문이다.

③ 소련군은 해방군, 미군은 점령군이라는 사실을 잘 증명해준다.

④ 미군의 포고문은 겉보기에 고압적인 것 같으나 계엄사령관으로서 치안유지령에 지나지 않는다.

⑤ 소련군은 북한을 공산화하여 소련의 위성국으로 만들려는 의도를 감추고 겉으로는 해방군처럼 위장하고 있다.

| 해 설 |

③ 스탈린은 1945년 9월 20일 북한 주둔 소련군 사령부에게 북한 지역 단독 정권 수립을 지시했다. 그러나 스탈린은 소련군의 점령 의도를 북한 주민에게 노출시키지 말라고 당부하였다. 즉 "붉은 군대의 북조선 진주 목적은 일본 강점자의 섬멸에 있고 조선 영토를 탐내거나 소비에트식 질서를 부식시키는 데 있지 않음을 현지 주민에게 홍보할 것"을 강조한 것이다. 소련군은 처음부터 북한 지역을 소련의 위성국으로 만들려는 의도를 분명히 가졌고, 이를 이루기 위한 전략 전술도 철저히 준비했다. 소련군 사령부는 1945년 9월 '인민 정부 수립 요강'을 발표했는데, 거기에는 "소비에트 연방은 끝끝내 노동자, 농민 정권을 수립할 것"이라며 공산 정권을 수립하겠다는 의도를 분명히 밝혔다. 소련군은 계획한 대로 북한 지역을 공산화시켜 소련의 위성국가로 만든 후 1949년 북한 지역에서 철수하였다.

▲ 8월 26일 평양 근교에 도착한 소련군 제25군 사령관 치스차코프 대장과 환영 인파

① 북한 주둔 소련군 25군 사령관 치스차코프 대장은 8월 26일 평양에 도착한 후 환영 인파 속에서 지문과 같은 연설을 했다. 요지는 '소련군은 해방자로 온 것이다. 이제 기뻐하라. 모든 자유와 권력은 조선 인민들의 수중에 있다'라는 것이다. 그는 북한을 소련의 위성국가로 만들려는 의도를 철저히 감추고, 소련군을 북한 주민이 자유를 누리는 나라를 만들도록 돕는 존재로 포장하여 북한 주민의 환심을 사려했다.

② 미군 사령관 존 하지 중장이 남한에 도착한 후 발표한 포고문이다.

▲ 존 하지 중장

▲ 존 하지 중장의 연설

答 : ③

16. 일제의 패망을 앞두고 조선총독부가 한 일에 대한 설명으로 옳지 않은 것은 무엇인가?

① 조선 거주 일본인들의 무사 귀환을 위한 조선총독부의 노력은 엔도 총감을 중심으로 이루어졌다.

② 총독부는 치안권 인계협상안을 우익 지도자들과 좌익 지도자들에게 동시에 제안했다.

③ 송진우 등 우익들은 총독부의 일본인 무사 귀환 협상안을 거부했다.

④ 총독부는 좌익들과 치안권 인수 협상을 함으로써 통치권 공백기에 좌익 세력의 급격한 확산을 방조했다.

⑤ 총독부는 여운형 등 좌익들에게 치안권과 약간의 자금을 인계하는 것을 대가로 그들로부터 일본인의 안전 귀국을 보장받았다.

| 해 설 |

② 조선총독부는 먼저 좌익 진영의 여운형에게 치안권 인계를 제안하고, 그 후 우익 진영 인사들에게 치안권 인계에 관한 의사를 타진했다. 조선총독부가 여운형에게 먼저 제안한 이유는 엔도와 여운형이 친밀한 관계에 있었기 때문이다. 좌익 진영의 여운형 등은 조선총독부의 제안을 수락했고, 송진우 등 우익 진영 인사들은 조선총독부의 제안을 거부했다.

▲ 서울 필동에 위치한 '한국의 집'은 일제강점기 당시 조선총독부 정무 총감 엔도의 관저였다. 여운형은 1945년 8월 15일 아침 여기에서 엔도 총감으로부터 치안권과 행정권을 이양받았다.

答 : ②

17. 해방 직후 좌익 세력은, 재조선 일본인들의 무사 일본 귀환이 절실한 총독부로부터 인수한 치안유지권을 행정권인 것처럼 주장하면서 그것을 바탕으로 건국 작업의 기선을 장악하였다. 그것을 기반으로 좌익은 우익과는 달리 신속하게 대중 속으로 들어가 좌익 사상을 확산시킬 수 있었다. 다음 중 해방 전후 조선총독부와 협의해 치안유지권을 인수한 인물과 그가 주도해 만든 단체는 무엇인가?

박헌영과 여운형

① 여운형 - 인민공화국

② 박헌영 - 건국준비위원회

③ 박헌영 - 인민공화국

④ 여운형 - 건국준비위원회

⑤ 박헌영 - 조선공산당

| 해 설 |

건국준비위원회 조직의 초기 단계에는 여운형이 주도했고, 공산당원들 중에는 비박헌영계 공산당원들이 주로 참여했다. 그러나 박헌영계 공산당원들은 오래지 않아 건국준비위원회의 주도권을 장악했고, 건국준비위원회를 조선인민공화국(인공)으로 전환시켰다.

▲ YMCA 건물에서 개최한 건국준비위원회 발족식에서 강연하는 여운형

정답 : ④

18. 다음은 해방 직후 설립된 단체가 발표한 강령 3개항이다. 이 단체에 대한 설명 중 옳지 않은 것은 무엇인가?

> ① 우리는 완전한 독립 국가의 건설을 기함
>
> ② 우리는 전민족의 정치적·경제적·사회적 기본 요구를 실현할 수 있는 민주주의적 정권의 수립을 기함
>
> ③ 우리는 일시적 과도기에 있어서 국내 질서를 자주적으로 유지하며 대중 생활의 확보를 기함

① 해방 직후 여운형이 총독부와 협의 아래 설립한 것으로, 해방 후에 등장한 최초의 정치 단체였다.

② 뒤에 수립된 미군정도 중도파 중심으로 정계를 개편하기 위해 이 단체의 역할을 긍정하였다.

③ 처음에는 이 단체의 지방 조직에 일부 우익들도 참여했는데, 이는 좌익 주도 단체라는 것을 잘 몰랐기 때문이다.

④ 안재홍 등 중도파들은 참여했다가 곧 탈퇴했으나 송진우·김성수 등 우익은 아예 참여하지 않았다.

⑤ 이 단체는 지방 조직을 통해 전국적인 차원에서 치안·행정·식량 확보 등 준정부적 기능을 수행하였다.

| 해 설 |

이 단체는 건국준비위원회(건준)다.

② 건준은 미군정이 들어오기 전에 인민공화국으로 개편하였다.

③ 북한 지역 민족 지도자인 우익 진영의 조만식은 좌익 성향의 건준 성격을 잘 모르고 참여하였다. 남한 지역의 건준 지방 조직에는 각 지역의 우익 진영 인사들도 참여했다. 그들은 건준 중앙 조직에 우익 진영이 불참한 사실을 모르고 참여한 것이다. 당시는 우익 진영이 전국적 조직 체계를 갖추고 있지 못했다. 중도파의 안재홍이 방송을 통해 건준 발족 사실을 알리고 전국의 유지들에게 그에 참여하라고 촉구하는 바람에 지방의 우익 인사들은 건준이 중도 지향적인 단체인 것으로 오인하였다.

⑤ 건준은 조선총독부의 지원 아래 발 빠르게 대중 기반 확보에 나섰다. 건준은 읍·면 단위까지 지부 조직을 급속히 결성(8월 말 전국 145개 지부 결성)하여 대중적 기반을 확보해갔다. 건준은 '건국 준비'라는 용어에서 알 수 있듯이 대중적 기반을 확보한 다음 좌익 주도의 정부를 구성하는 것을 목표로 했다.

⑦ : 답

19. 다음은 조선 건국준비위원회에 관한 서술들이다. 사실과 다른 것은 무엇인가?

① 조선 건국준비위원회(건준)는 해방 다음 날인 1945년 8월16일 설립되었다.

② 건준은 여운형과 서울에서 활동하던 공산주의자들이 주도하여 조직했다.

③ 건준은 여운형이 일제의 조선총독부로부터 치안유지권을 위임받은 것을 근거로 조직되었다.

④ 건준에는 중앙 조직과 지방 조직에 좌·우·중도의 모든 정치 세력이 다 참여했다.

⑤ 건준은 조선인민공화국이 선포된 후 해산되었다.

| 해 설 |

④ 건준 중앙 조직에는 우익 성향의 인사들이 전혀 참여하지 않았고, 건준 지방 조직에만 우익 성향의 민족주의자들이 적지 않게 참여했다. 이는 지방의 우익 인사들이 서울의 우익 인사들과 접촉하지 못한 상태에서 정보 부족으로 건준이 좌익 세력 중심으로 만들어졌다는 사실을 몰랐기 때문이다.

정답 : ④

20. 다음은 해방 공간에서 정치 주도권을 장악하기 위해 노력했던 인물들이다. 이 중에서 오늘날 우리가 누리고 있는 자유민주주의 체제, 자본주의 체제(시장 경제 체제)의 국가와 다른 성격의 독립 국가를 지향했던 인물은 누구인가?

① 이승만

② 김구

③ 조만식

④ 여운형

⑤ 송진우

| 해 설 |

여운형은 해방 공간에서 사회주의 노선을 추구했다. 다만 사회주의 노선 추구 세력 내에서 주도권을 장악하지 못했을 뿐이다. 여운형은 자신이 만든 '조선인민당의 궁극 목적은 조선공산당과 같다'라고 천명한 바 있다. 여운형은 다른 계급과 타협적 자세를 취하면서 좌우합작 등 정치적 수단을 중심으로 사회주의를 실현하려 했다. 이러한 점이 비타협적 혁명을 통해 사회주의를 실현하려는 박헌영의 조선공산당의 노선과 다르다. 그런 측면에서 볼 때 여운형은 중도 좌파가 아니라 온건 좌익 인사라고 보는 것이 타당하다.

정답 : ④

21. 해방 직후 건국준비위원회(건준)를 이은 조선인민공화국(인공)의 활동에 대한 설명 중 옳지 않은 것은 무엇인가?

① 박헌영 등이 주도해 수립한 인민공화국은 건준 지부를 접수하지 않고 별도로 인민위원회를 구성하였다.

② 좌익들은 미군이 한반도에 도착(9.8)하기 직전인 9월 6일 급히 조선인민공화국을 선포하였다.

③ 좌익들이 급히 인공 수립을 선포한 것은 미군정 수립 전에 기존 정부로 인정받으려는 의도에서였다.

④ 미군정은 좌익들의 인공 구성과 정부 역할 활동에 대해 "정부라 칭하지 말라"고 경고하였다.

⑤ 당시 대중은 인공 산하 각 지역 인민위원회의 활동을 독립 국가의 합법적 정부 활동으로 착각하기도 했다.

| 해 설 |

① 인공의 실질적인 지도자는 박헌영이었지만 외형적으로는 여운형을 지도자로 내세웠다. 또 행정 조직의 주석으로는 이승만을 내세웠다. 인공은 건준의 중앙 및 지방 조직(지부)을 접수하였다. 건준의 지부(145개)는 인공의 인민위원회로 흡수되었다.

④ 미군정은 인공이 "정부라 칭하지 말라"는 지시에 불응하자 인공을 강제 해산했다. 북한을 점령한 소련군도 인공을 인정하지 않았다.

⑤ 미군정 실시에 관한 정보 접촉이 미흡하고 미군의 진주가 늦었던 농촌 지역에서 특히 그런 착각이 심했다.

①：답

22. 해방 직후 좌익들이 만든 조선인민공화국(인공)과 관련된 설명 중 옳지 않은 것은 무엇인가?

① 건준 주도 좌익 세력은 미군이 진주하기 직전인 9월 6일 급히 조선인민공화국의 수립을 선포했다.

② 좌익은 9월 11일 인공 내각을 발표했는데 이승만, 김구, 김성수 등 우익까지도 사전 협의 없이 포함시켰다.

③ 인공은 인민위원회를 통해 실질적인 통치권을 행사했고, 주민을 자연스럽게 좌익 사상에 물들게 했다.

④ 좌익은 인민공화국 수립 후 건준의 지방 지회들을 인공 산하의 지방 행정 조직망인 인민위원회로 전환하였다.

⑤ 미국에서 귀국한 이승만과 중국에서 귀국한 김구 등은 처음부터 인공을 전면적으로 부정했다.

⑤ 우익 세력 중 김성수 등 국내 인사들은 인공을 처음부터 부정했으나 이승만과 김구는 귀국 직후까지 독립 촉진을 위한 민족 역량의 단결을 위해서 인공에 대해서 다소간 유보적 태도를 취했다.

② 인공을 조직한 좌익 세력은 우익 인사들까지도 일방적으로 인공 내각에 포함시켰는데, 이승만을 주석에, 김구를 내무부장에, 김규식을 외무부장에, 조만식을 재정부장에, 김성수를 문교부장에 추대한 것이다. 그러나 인공의 핵심 기관은 내각이 아니고 중앙위원회였다. 중앙위원회는 3분의 2가량이 공산주의자들로 구성된 좌익 중심 기관이었다.

③ 인공은 미군정이 수립된 후에도 실질적 행정권을 행사하였는데, 농촌 지역에서는 미군이 진주하여 인민위원회를 강제 해산할 때까지 영향력을 유지하였다. 미군정은 설립 후 인공에게 "정부라 칭하지 말 것"을 경고하여 불법 조직임을 분명히 하는 한편 미군을 직접 각지로 보내 인민위원회를 해산시키고 이들이 행사하던 행정권을 회수하였다. 이러한 과정을 거치다보니 미군의 진주가 늦어진 제주 등 농촌 지역은 1946년 초반까지도 인민위원회의 영향력 아래 놓여 있었다. 당시 상당수의 농촌 주민은 해방 직후 생긴 인공 산하의 인민위원회를 해방된 나라의 합법적인 행정 조직으로 착각했고 이들의 실질적 통치를 받으면서 자연스럽게 좌익 사상에 물들었다. 이렇듯 좌익 세력은 해방 직후 통치 공백기를 통해 급속히 세력을 확산할 수 있었다.

⑨ : 呂

---

23. 다음은 조선인민공화국(인공)의 조직 및 활동에 관한 서술이다. 올바른 것은 무엇인가?

① 인공은 국내 각 지역에서 선출된 인민 대표들이 모여서 선포한 것이다.

② 인공에는 좌·우·중도 세력이 모두 참여했다.

③ 농촌 지역에서 조직된 인공 산하의 인민위원회는 지방 자치 단체처럼 활동했다.

④ 인공은 조선건국준비위원회의 사전 결의에 근거하여 선포되었다.

⑤ 인공 선포의 주역인 박헌영은 인공의 부주석을 맡았다.

③ 인공은 산하에 인민위원회를 설치했는데, 이는 건준 지부를 개편한 것이다. 지방에서 인민위원회는 마치 해방된 국가의 합법적인 지방 자치 단체처럼 지방 행정권 등을 행사하였다.

① 인공 선포에 참여한 인사들은 각지에서 선출된 인민 대표와는 거리가 먼 사람들로서, 박헌영계가 동원한 경인 지역의 노동자가 대부분이었다.

② 인공은 박헌영 등 좌익이 주도해 만든 단체이다. 우익은 물론 중도 세력조차도 인공을 만드는 데 참여하지 않았다. 인공이 발표한 내각 명단에 이승만, 김구, 김성수 등 우익이 포함되기는 했으나 이는 좌익 세력이 이들과 협의 없이 일방적으로 포함해 발표한 것이다. 인공의 간부 명단은 박헌영계 공산주의자들이 일방적으로 급조한 페이퍼 워크에 불과했다.

④ 건준은 인공 선포와 관련하여 아무런 사전 토의나 결의를 한 바 없다. 인공 선포는 전적으로 박헌영에 의해 주도되었

다. 건준 위원장 여운형마저도 인공 선포 공작 마지막 단계에서 박헌영으로부터 통고받았을 뿐이다.

⑤ 인공의 부주석은 여운형이었다. 박헌영은 건준과 인공의 주도권을 완전 장악했음에도 전술적인 이유에서 간부 명단에 자기의 이름을 일절 올리지 않았다.

답 : ⑧

24. 다음은 1945년 9월 6일 선포된 조선인민공화국(인공)에 관한 설명들이다. 사실과 다른 것은 무엇인가?

① 인공의 선포는 조선공산당 지도자 박헌영이 주도했다.

② 인공의 간부 명단에는 우익 진영 인사들의 이름이 들어 있는데 그것은 사전 허락 없이 포함된 것이다.

③ 인공의 주석에는 이승만이 추대되었다.

④ 남한 주둔 미군 사령부는 인공을 승인하지 않았다.

⑤ 북한 주둔 소련군 사령부는 인공을 승인했다.

| 해 설 |

⑤ 북한 주둔 소련군 사령부는 김일성만을 지원하였고, 남한에서 활동하는 박헌영 주도의 인공을 승인하지 않았다.

③ 인공은 이승만을 주석에 일방적으로 추대하였다. 이승만 등이 공산주의 단체인 인공에 들어오지 않을 것을 뻔히 알면서도 일방적으로 내각 명단에 넣은 것은 '좌익은 통합에 노력했는데, 우익이 거부함으로써 분열되었다'는 비판 논리를 만들고, 우익을 포함한 통합 정부라는 인식을 주기 위해서였다.

답 : ⑤

25. 다음은 해방 정국의 정당들에 대한 설명이다. 옳지 않은 것은 무엇인가?

① 조선공산당은 당시의 혁명 단계를 사회주의 혁명 단계로 설정했다.

② 여운형이 이끄는 조선인민당은 사회민주주의를 개량 노선이라고 거부했다.

③ 한국민주당은 의회민주주의와 수정자본주의 노선을 채택했다.

④ 안재홍이 이끄는 국민당은 우경 중도 노선을 추구했다.

⑤ 남조선노동당은 좌익 3당인 공산당·인민당·신민당이 합당하여 만든 정당이다.

① 박헌영이 이끄는 조선공산당은 당시의 한국 사회에서는 사회주의 혁명을 추진할 여건이 성숙되지 않았다고 보고, 당시의 혁명 단계를 사회주의 혁명 단계가 아닌 부르주아 민주주의 혁명 단계로 설정했다. 공산주의자들이 말하는 부르주아 민주주의 혁명이란 혁명을 통해 부르주아 세력을 배제하지 않은 채 사회주의 지향 정권을 수립하는 것을 의미한다. 이러한 노선에 따라, 이들은 인공 내각에 이승만·김구·김성수 등 우익 인사들도 일방적으로 포함시켰던 것이다.

② 여운형계의 정당들(인민당, 근민당)은 그들의 선언문에서 사회민주주의를 개량 노선이라고 비판했다. 이는 여운형 및 그 추종 집단이 중도파가 아닌 좌익임을 입증한다. 단 여운형 노선은 사회주의 노선을 취합해 혁명보다는 정치 공작을 우선하는 노선이다. 사회민주주의는 프롤레타리아 혁명을 포기하고 의회민주주의와 자본주의 체제를 긍정하는 가운데 노동 계급의 경제적 이익 증대와 정치적 헤게모니 장악을 추구하는 노선이다. 중도파는 사회민주주의를 올바른 노선으로 주장하고, 결코 개량 노선이라고 비판하지 않았다. 사회민주주의를 개량 노선 또는 수정주의 노선이라고 비판하는 것은 공산주의자들의 특징 중 하나다.

⑤ 남조선노동당이 공산당, 인민당, 신민당의 합당으로 이루어진 사실만으로도 인민당과 신민당이 중도파 정당이 아닌 좌익 정당이라는 것이 입증된다. 남로당은 좌익 3당의 합당으로 1946년 11월에 창당되었다.

답 : ①

---

26. 해방 직후 미군의 진주에 대한 설명 중 옳지 않은 것은 무엇인가?

① 한반도에 진주한 미군은 한반도에서 가장 가까운 미군 기지인 오키나와 주둔 제24군이었다.

② 미군은 9월 8일 인천에 상륙하였고 그다음 날 서울에 진입하여 일본군과 총독부로부터 항복을 받았다.

③ 미군은 10월초 도청 소재지에 대한 병력 진주를 마치고 그 달 하순에 남한 전역에 대한 군사적 점령을 완료하였다.

④ 미군은 일본의 항복 의사가 전해진 8월 11일부터 남한 진주를 준비하였다.

⑤ 미군의 한반도 진주가 소련군보다 늦기는 했지만 전역에 대한 군사적 점령을 완료한 시점은 비슷했다.

⑤ 소련군이 북한 지역에 진입을 개시한 것은 8월 9일이었고, 38선 이북 전 지역에 대한 점령을 완료한 것은 8월 말경이었다. 이에 반해 미군이 남한 지역에 진입을 개시한 것은 9월 8일이었고 38선 이남 전 지역에 대한 점령을 완료한 것은 10월 말경이었다. 미군이 소련군보다 두 달이나 늦었다.

▲ 서울에 진주하는 미군(9.9)

▲ 서울 시민들의 환영 인파에 둘러싸인 미군(9.9)

답 : ⑤

27. 1945년 9월 9일 서울에 도착한 미군은 3일 후 아놀드 소장을 군정장관으로 임명하고 군정을 시작하였다. 미군정에 대한 설명 중 옳지 않은 것은 무엇인가?

① 미군정은 우리의 역사, 정치 세력, 사상 성향 등에 대한 자세한 예비 지식을 갖지 못했다.

② 미군정은 공산주의의 위험성을 인식하고 좌익 세력을 철저히 통제하였다.

③ 미군정은 조선인민공화국을 정부로 인정하지 않았다.

④ 미군정은 미군정만이 38선 이남의 유일한 정부임을 선언하였다.

⑤ 미군정은 대한민국 임시정부를 정부로 인정하지 않았다.

| 해 설 |

① 미군정은 한국 상황에 대한 예비 지식을 갖지 못하였던 관계로 총독부 관료·경찰 등을 그대로 인수하여 행정 조직으로 이용했다.

② 미군정은 공산주의 세력의 위험성을 잘 인식하지 못했을 뿐 아니라 좌익에게도 사상과 정치 활동의 자유를 보장하여 좌익 세력의 확산을 방치하였다.

ⓐ : 答

28. 미군정의 군사 정책과 관련된 기술 중 사실과 다른 것은 무엇인가?

① 1946년 1월, 미군정은 북한의 도발을 대비하기 위해 남조선국방경비대를 창설했다.

② 1946년 4월, 개칭된 조선경비대와 새로 창설된 조선해안경비대는 건국 후 육군, 해군으로 개칭되었다.

③ 1946년 1월 국방경비대원 모집 시 장차 독립국의 군인이 된다는 포부로 수많은 청년이 지망하였다.

④ 미군정은 국방경비대에 과거 일본군이 남긴 무기를 제공할 정도로 군에 대한 지원이 미비하였다.

⑤ 군 충원 시 신원 조사를 하지 않은 탓으로 남로당원이 대거 군 내부로 침투하여 군의 사상적 이완이 심각했다.

① 미군정은 1946년 1월 남조선국방경비대를 창설하였다. 국방경비대는 북한의 군사적 도발을 막기 위한 군대가 아니고 치안 유지를 목적으로, 경찰을 보완하기 위해 창설한 것이었다. 미군정은 원래 정규군 창설을 계획했으나 본국 정부의 반대로 경찰 지원 부대를 창설한 것이다.

신설된 국방경비대 ▶

① : 답

29. 미군정에 대한 설명 중 옳지 않은 것은 무엇인가?

① 미군정은 초기에 조선총독부 행정 기구를 인수하면서 조선인 관리를 제거하였다.

② 미군정은 치안유지법 등 일제 때의 각종 정치 탄압·민족 차별 법령을 폐지해 정치적 자유를 허용하였다.

③ 군정장관은 1948년 8월 15일까지 미국인이 맡았으나 민정장관은 1947년 2월부터 한국인 안재홍으로 바뀌었다.

④ 미군정청 각 부서의 장은 처음에는 미국인이 단독으로 맡다가 1946년 10월부터 미국인과 한국인이 공동으로 맡았다.

⑤ 1947년 6월부터는 군정장관을 제외한 미군정의 모든 부서장을 한국인이 단독으로 맡았다.

② 미군정이 정치 활동의 자유를 허용함으로써 좌·우익 정치 단체가 우후죽순처럼 생성, 난립하였다.

③④⑤ 미군정은 미군정 정책에 대한 한국인의 참여를 확대하기 위한 한국인화(Koreanization) 방침을 정하고, 그에 따라 행정기관의 한국인 인력을 단계적으로 확대하였다.

▲ 민세 안재홍

① : 답

30. 해방 직후 미군정에 의한 남한 통치에 대한 기술 중 옳지 않은 것은 무엇인가?

① 미군정은 출범 초기에는 미 국무부와 한반도에 대한 상황 인식을 달리하기도 했지만 결국 미 국무부의 입장에 따라 통치를 하였다.

② 미군정은 짧은 기간만 통치할 생각이었기 때문에 일제하의 악법을 제외한 일반 법령과 행정 기구를 대부분 존속시켰다.

③ 남한 주민의 결사·언론·출판 등의 시민적 자유를 인정하고 정당 결성 등 정치적 자유도 허용하였다.

④ 정부를 칭하는 정치 단체나 남한에 단독 정부를 조직하려는 정치 활동은 일절 인정하지 않았다.

⑤ 미군정은 신탁통치를 반대하는 이승만·김구 등 우익들을 처음부터 배척하였다.

| 해 설 |

①⑤ 미군정은 출범 초기 한반도 상황 인식에 있어서 미 국무부와 견해가 완전히 일치하지 않았고, 한국인들의 치열한 신탁통치 반대 의지를 확인하고 미 국무부에 신탁통치 정책을 재고할 것을 건의하기도 했다. 미군정은 남한에 대한 소련의 영향력 행사를 저지하기 위해 미국에 우호적인 남한의 정치 세력으로서 이승만, 김구, 한민당 인사 등을 결속시켜 과도 정부를 만들고 이를 장차 한국에 들어설 통일 정부의 기반으로 삼고자 하였다. 그러나 미군정청은 미 국무부의 강력한 의지에 따라 신탁통치 추진과 이승만, 김구 등 반탁 세력을 배제하고 좌우합작 운동을 사주, 지원했다.

정답 : ⑤

31. 해방 즈음 조선총독부가 치안유지권 이양 협상을 하자는 제안에 대해 충칭 임시정부 봉대론을 들어 거부하고 건국준비위원회 참여에 반대한 우익 정치 지도자는 누구인가?

① 여운형　　② 송진우　　③ 박헌영　　④ 이승만　　⑤ 안재홍

| 해 설 |

송진우는 1919년 3·1운동에 가담한 혐의로 1년 반 동안 옥고를 치렀다. 그는 김성수 등과 동아일보를 창립하여 언론 활동에 종사하면서 물산장려 운동, 민립대학기성회 운동 등에 적극 가담하였다. 태평양전쟁 전후 병을 핑계로 창씨 개명과 임전(임전대책협의회) 협력을 거부하였다. 그는 해방 이후 한국민주당(韓國民主黨)의 초대 당수를 역임하였고, 1945년 12월 모스크바 삼상회의 신탁통치 찬반 문제를 놓고 신중론을 펴다가 찬탁론자로 오해받아 암살당하였다.

▲ 고하 송진우

정답 : ②

32. 건국준비위원회(건준)가 1945년 9월 6일 조선인민공화국(인공) 수립을 선포하자, 송진우·김성수 등 국내 우익은 인공이 공산주의 단체임을 인식하고 참여 요청을 거부했다. 한편 이 단체에 대처하기 위해 우익 정당을 조직하였다. 그 정당 이름은 무엇인가?

① 한국민주당　　　　② 한국독립당　　　　③ 독립촉성중앙협의회

④ 민족자주연맹　　　　⑤ 자유당

| 해 설 |

우익은 좌익이 인공을 만들어 세력을 확산하자, 한국민주당(한민당)을 결성하여 대응하였다. 한민당은 일제강점기 미국과 일본 등 선진국에 유학을 갔다 와서 교수·변호사·의사·언론인·작가 등 전문직에 종사하는 지식인들이 지도부를 형성하였다. 유력한 지주와 자본가들도 한민당의 한 축을 이루었다.

정답 : ①

33. 다음 설명은 어느 정당에 대한 것인가?

> ㉠ 좌익이 인공을 구성하자, 송진우 · 김성수 등 우익이 위기 의식을 느끼고 1945년 9월 우익 진영의 대동 단결을 위해 결성한 것이다.
>
> ㉡ 미군정의 여당 역할을 하면서 강력한 정치적 영향력을 행사하였다.
>
> ㉢ 모스크바 협정 발표 후 반탁 운동을 적극 전개하였다.
>
> ㉣ 이승만 귀국 후 이승만 지지에 앞장섰다.
>
> ㉤ 정부 수립 후 이승만과의 갈등으로 야당이 되었다.

① 남조선신민당　　　　② 독촉국민회　　　　③ 서북청년단

④ 한국독립당(한독당)　　　　⑤ 한국민주당(한민당)

정답 : ⑤

34. 해방 직후 활동한 우익 정치 지도자가 아닌 사람은 누구인가?

① 김성수　　　　② 송진우　　　　③ 김구

④ 명제세　　　　⑤ 여운형

|해 설|

여운형은 온건 좌익 지도자이고, 명제세는 확고한 우익 진영 인사였다.

⑤ : 답

35. 해방 후 해외 독립운동가들의 귀국에 대한 설명 중 맞는 것은 무엇인가?

① 이승만은 미국에서 귀국할 때 미국 정부의 지원과 미군정의 환영을 받았다.

② 이승만은 귀국 후 한민당을 결성하여 분열된 우익 정치 단체들을 잠정적으로 통합하였다.

③ 김구·김규식 등 충칭 임시정부 요인 1진은 미군정으로부터 환영을 받으며 임시정부 자격을 인정받고 귀국하였다.

④ 미군정은 좌익인 조선인민공화국이 정부로 칭하는 활동은 금지했지만 우익의 임시정부에 대해서는 정부로 인정했다.

⑤ 임정 요인들은 귀국 후 대의명분을 위해 한독당 명의가 아닌 임정 명의로 활동하였다.

|해 설|

① 이승만은 귀국 시 미국 정부로부터는 협조를 받지 못했다. 단, 주한 미군정은 남한 정국의 안정에 도움이 된다는 판단 아래 이승만의 귀국을 환영하였다.

② 한민당은 송진우, 김성수 등 국내파 우익이 만든 정당이다.

③ 김구·김규식 등 충칭 임시정부 요인 1진은 임시정부 자격을 인정받지 못하고 개인 자격으로 귀국했다. 다만 미군정은 김구 등 임시정부 요인들이 개인 자격으로 귀국하는 것을 환영하였으

▲ 1945년 12월 임정 개선 환영대회 시가 행진

▲ 귀국하는 김구 일행

며 1945년 11월 귀국할 때 상하이까지 군용기를 보내주는 등 호의를 베풀었다. 임정 요인의 귀국이 국내 정치 안정에 도움이 될 것으로 보았기 때문이다.

④ 미군정은 좌익 세력의 조선인민공화국은 물론 우익 세력의 임시정부에 대해서도 정부로 인정하지 않았다.

⑤ : 답

36. 다음은 중국에 있던 대한민국 임시정부의 귀국과 관련된 설명이다. 사실과 다른 것은 무엇인가?

① 남한을 점령한 미군은 대한민국 임시정부를 인정하지 않았다.

② 임시정부 구성원들은 임시정부의 구성원 자격으로 귀국하기를 원했으나, 미군정은 그들이 개인 자격으로 귀국할 경우에만 귀국을 허락하겠다는 입장을 취했다.

③ 임시정부 구성원들은 미군에게 귀국 후 정부 행세를 하지 않겠다고 약속했으며, 귀국 후 그 약속을 지키기 위해 임시정부라는 명칭도 사용하지 않고 임시정부 회의도 개최하지 않았다.

④ 이승만과 한민당은 임시정부의 귀국을 위해 적극적으로 노력했다.

⑤ 임시정부는 귀국 직후 조선인민공화국 측의 좌우합작 제의에 호응했으나 합작은 성사되지 않았다.

| 해 설 |

③ 임정 요인들은 귀국 시 정부 행세를 하지 않겠다는 약속과 달리 대한민국 임시정부 명칭을 사용했으며 임정법통론을 주장하고 임정 국무회의를 개최하며 포고령을 발표하는 등 정부와 유사한 행동을 했다.

③ : 답

37. 다음은 이승만이 주도하여 결성한 독립촉성중앙협의회에 관한 설명이다. 사실과 다른 것은 무엇인가?

① 1945년 10월 이승만이 귀국했을 때 우익 진영은 물론, 중도파와 좌익 진영 모두 이승만을 민족의 지도자로 찬양하며 환영했다.

② 모든 정치 세력이 사상의 차이를 초월하여 단합해서 조속히 독립을 이룩하자는 이승만의 호소에 따라 이 단체가 결성되었다.

③ 이 단체는 해방 정국에서 좌·우·중도의 모든 정치 세력이 참여한 최초이자 마지막 단체였다.

④ 중국에서 귀국한 대한민국 임시정부도 이 단체에 참여했다.

⑤ 공산당은 즉각적인 친일파 숙청과 중앙 집행 위원 배정에 대한 자기들의 주장이 관철되지 않자 좌익 세력을 이끌고 이 단체에서 탈퇴했으며 그로 인해 이 단체는 유명무실해졌다.

| 해 설 |

이승만이 주도한 독립촉성중앙협의회에는 한민당 등 우익 성향 단체는 물론 중도 성향 단체와 공산당 등 좌익 성향 단체들까지도 포함하는 약 200여 개의 다양한 노선의 정당·사회단체가 참여하였다. 그러나 얼마 지나지 않아 좌익 세력은

즉각적인 친일파 숙청과 중앙 집행 위원 배정에 대한 자기들의 주장이 관철되지 않자 조직을 이탈하였다. 이로써 이승만을 중심으로 한 우익들만의 조직으로 축소되었다.

④ 1945년 11월 귀국한 김구 등 임정 요인들은 독립촉성중앙협의회에 대한 참여를 거부하였다.

정답 : ④

38. 다음은 이승만과 미군정의 관계에 대한 설명이다. 옳지 않은 것은 무엇인가?

① 이승만의 귀국 초기에는 미군정이 이승만에 대해 호의적인 입장을 취했다.

② 이승만이 김구와 더불어 강경한 반탁 투쟁을 전개하자 미군정은 이승만과 김구를 미국의 한반도 정책 집행을 방해하는 세력으로 간주하여 거세하려 했다.

③ 미군정은 좌우합작 운동을 통해 이승만·김구 세력을 제압할 수 있는 미군정 지지 세력을 양성하려 했고, 남조선 과도 입법 의원 구성에 있어서 이승만·김구와 그들의 측근 인사들을 배제했다.

④ 이승만은 미군정과의 갈등을 해소하기 위해 1946년 말부터 미국을 방문하여 미국 정부의 중재를 요청했으며, 이때 미국 정부의 중재로 이승만과 미군정의 관계가 우호적으로 되었다.

⑤ 유엔총회가 1947년 11월 14일 남북한 전 지역에서 유엔 감시하의 자유 총선거를 통해 한반도 통일 정부를 구성할 것을 결의한 이후 이승만과 미군정은 상호 협력했다.

| 해 설 |

④ 이승만은 정읍발언(1946.6) 이후 미군정으로부터 배척당했다. 이승만은 1946년 여름 이후 북한 지역에서는 사회주의화가 강화되어가고 있고, 남한에서는 좌익의 폭동(9월 총파업, 10·1대구 폭동 사건 등)이 거세게 일어나고 있는데도 미군정이 불가능한 신탁통치안을 고수하면서 여러 가지 면에서 실정을 범하고 있는 것에 실망했다. 이에 이승만은 그해 12월 미국에 건너가 1947년 4월까지 대미 외교 활동을 전개하였다. 그는 당시 남한 상황의 위험성을 알리고 대안으로 한국 문제를 유엔으로 넘길 것을 주장하였다. 미국 정부는 이승만과 미군정 간의 갈등 관계를 중재하지 않았고, 이로 인해 이승만과 미군정 간의 관계는 계속 대립적이었다. 이승만과 미군정의 관계가 우호적으로 전환되기 시작한 것은 1947년 9월 한국 문제가 유엔으로 이관되면서부터였다.

① 미 국무부는 이승만의 귀국에 비협조적이었으나, 미군정 및 도쿄연합사령부의 맥아더 사령관은 반공 의식이 투철한 이승만의 효용성을 인식하여 그의 귀국을 적극 지원하였다. 미군정은 이승만의 귀국 직후, 약 반년 동안 이승만에 대해 호의적인 태도를 취했다.

▲ 이승만의 소개로 김구를 만나는 하지 중장(1945.11)

정답 : ④

39. 해방 이후 좌익과 우익은 신탁통치 문제를 두고 사상적으로 격렬히 대립하였다. 신탁통치 방침이 명시적으로 결정된 회의는 무엇인가?

① 모스크바 삼상회의   ② 얄타 회담   ③ 테헤란 회담

④ 유엔 소총회   ⑤ 포츠담 회담

| 해 설 |

1945년 12월 모스크바에서 미·영·소 외무부 장관들이 모여 한국 문제 처리를 논의하였는데, 이 모스크바 삼상회의에서 한반도의 신탁통치안이 결정되었다. 이 모스크바 협정 내용이 언론을 통해 국내에 보도되었는데, 일부 내용이 잘못 알려졌다. "미국은 즉시 독립안을 주장했는데 소련이 신탁통치안을 주장해 모스크바 협정이 체결되었다"라는 것이다. 신탁통치 방법에 있어서도 "임시정부를 구성한 후 그 임시정부의 협의를 거쳐 신탁통치 한다"라는 사실을 제외되었던 것이다.

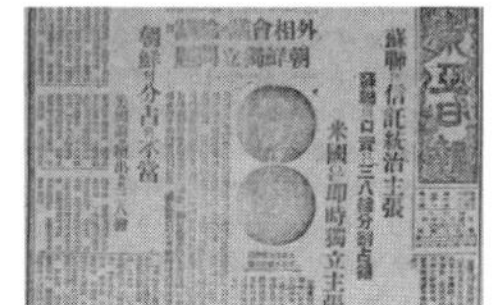

▲ 모스크바 삼상회의를 왜곡 보도한 동아일보 1945년 12월 27일자 기사.

한국민은 모스크바 협정의 신탁통치안을 식민지 연장선상의 것으로 이해하고 격렬한 반탁 운동을 일으켰다. 그런데 1946년 1월 2일 평양에서 소련군 사령부의 입장을 듣고 서울로 돌아온 좌익 박헌영은 모스크바 협정에 대한 소련군의 입장(모스크바 협정 지지 즉 찬탁)을 전파하였다. 이로부터 남한 좌익은 소련의 지령에 부응하여 모두 찬탁으로 태도를 바꾸었다. 반탁 운동의 우익은 찬탁으로 돌아선 좌익을 비난하였고, 이로부터 좌·우익은 완전히 분열하였다. 좌·우익은 1946년 3·1운동 기념식을 따로 개최할 정도였다. 신탁통치를 둘러싼 좌익의 급작스런 태도 변화는 남한에서 좌익이 국민의 지지를 상실하는 계기가 되었다.

① : 답

40. 다음은 한국에 관한 모스크바 협정의 내용과 그에 대한 지지·반대 운동에 관한 설명이다. 사실과 다른 것은 무엇인가?

① 모스크바 협정은 모스크바에서 개최된 미국·소련·영국 3개국 외무부 장관 회의에서 합의된 것이다.

② 모스크바 협정은 한반도에 대해 5년 이내의 3개국(미국·소련·영국) 공동 신탁통치를 실시할 것을 규정했다.

③ 모스크바 협정 전에는 좌우를 막론한 모든 정치 세력이 신탁통치에 대한 반대 입장을 천명했다.

④ 모스크바 협정이 발표되자 우익 세력은 신탁통치에 반대하는 투쟁을 격렬하게 전개했다.

⑤ 모스크바 협정이 발표된 후 좌익 세력은 소련의 지시에 따라 신탁통치 지지로 입장을 바꾸었다. 그런 입장 변경을 하면서 좌익 세력은 자기들이 지지하는 것은 신탁통치가 아니라 모스크바 협정이라고 주장했다.

| 해 설 |

② 3개국이 아니라 4개국(미국·소련·영국·중국)에 의한 공동 신탁통치 방식이다.

② : 답

41. 1945년 12월에 개최된 모스크바 삼상회의에 대한 설명으로 옳지 않은 것은 무엇인가?

① 모스크바 삼상회의 내용이 국내에 전파되자 남·북한의 우익 진영은 신탁통치를 식민지 통치의 연장으로 생각하고 적극적인 반탁 운동을 전개했다.

② 삼상회의에서 합의된 모스크바 협정에는 '최고 5년간 미국·영국·소련 3개국에 의한 신탁통치를 실시한다'라는 내용이 들어 있다.

③ 모스크바 협정 전에 반탁 입장을 천명하던 좌익 진영은 모스크바 협정 발표 후 소련의 지령을 받고 1946년 1월 2일부터 돌연 찬탁으로 입장을 바꾸었다.

④ 모스크바 협정에는 '모스크바 삼상회의의 결정을 실행하기 위해 미소공동위원회를 설치한다'라는 내용이 들어 있다.

⑤ 모스크바 협정에는 '미소 공동위원회는 한국의 민주적인 정당·사회 단체들과 협의하여 한국에서 주권을 행사할 민주적 임시정부를 수립한다'라는 내용이 들어 있다.

③ 모스크바 협정은 미·영·중·소 4개국 공동 신탁통치를 실시하기로 천명하였다.

정답 : ③

42. 미·영·소 3국 외무부 장관이 한국의 구체적인 독립 실현 방안을 논의한 모스크바 삼상회의에 대한 설명 중 옳지 않은 것은 무엇인가?

① 민주적 임시정부를 수립한 후 임시정부와의 협의를 거쳐 최고 5년간 미·영·중·소 4개국에 의한 신탁통치를 하기로 하였다.

② 임시정부 수립 등 모스크바 삼상회의 결정을 실행하기 위해 미소 공동위원회를 개최하기로 하였다.

③ 임시정부 수립(즉시 독립안)을 전제로 한 신탁통치안은 소련이 제안한 것인데, 한민족의 독립 열망을 고려한 것이다.

④ 미소 공동위원회는 남북한의 여러 정당·사회 단체와 협의하여 임시정부를 수립하기로 했다.

⑤ 소련은 미소 공동위원회에서 남한의 반탁 세력을 임시정부 구성에서 배제하려고 하였다.

①②④ 모스크바 삼상회의에서 결의한 것을 정리하면 다음과 같다. 첫째, 한국에 민주적 임시정부를 세운다. 둘째, 이를 지원하기 위해 남한 미국군과 북한 소련군의 대표로 구성되는 공동위원회를 세운다. 이 위원회는 민주적 임시정부의 수립을 위해 남북한의 민주적 정당 및 사회단체와 협의한다. 셋째, 공동위원회는 민주적 임시정부와 협의하여 5년간 미·소·영·중 4개국의 신탁통치에 관한 안을 만들어 4개국의 공동 심의에 부친다.

③ 이때 소련은 이미 북한을 점령했고 남한 내에도 좌익이 강력한 조직력을 가지고 있어 즉시 독립하고 미군이 철수하는 순간 전국을 공산화할 수 있을 것으로 판단했다. 그래서 미국은 한반도의 공산화를 막기 위해 4개국에 의한 신탁통치안을 강력히 주장했던 것이다.

정답 : ③

43. 다음 사진에서 보이는 것처럼 1946년 1월 이후 신탁통치 반대 시위와 신탁통치 찬성 시위로 극명하게 갈라진 직접적 계기는 무엇인가?

① 모스크바 삼상회의

② 소련의 지령으로 인한 좌익의 입장 전환

③ 동아일보의 보도

④ 김일성과 박헌영의 협의

⑤ 이승만·김구의 강경 주장

⑦ : 月

44. 모스크바 삼상회의 신탁통치 결정 이후 국내에서 일어난 반탁 운동에 대한 설명 중 옳지 않은 것은 무엇인가?

① 조선공산당과 인민당은 처음에는 반탁 입장을 천명했으나 소련군으로부터 신탁통치를 찬성하라는 지령을 받고 찬탁으로 돌변하였다.

② 김구 등 임정 세력과 이승만의 독립촉성중앙협의회 양 단체가 대한독립촉성국민회로 통합함으로써 반탁 운동에 우익 진영의 역량이 결집되었다.

③ '미국은 즉시 독립안을 주장했는데 소련이 신탁통치안을 주장했다'는 기사가 보도되자 소련에게 '적화 야욕' 비난 여론이 쏟아졌다.

④ 임시 민주 정부를 먼저 수립한다는 내용이 생략된 채 신탁통치 실시만 보도되면서 국민은 신탁통치를 식민지 연장선상으로 인식하였고 이에 거센 반탁 운동이 일어났다.

⑤ 좌익은 해방 직후 남한 주민으로부터 항일 투쟁 세력으로 긍정적으로 인식되었다. 그러나 찬탁으로 돌변한 직후부터 민족 독립 의식이 빈약한 세력으로 간주되어 대중의 지지를 급격히 상실하였다.

① 박헌영이 북한에 가서 모스크바 삼상회의의 실상을 전해 듣고 돌아온 후인 1946년 1월 2일 좌익 세력은 찬탁으로 돌아섰다.

③ 실제로는 모스크바 회의에서 소련이 즉시 독립안을 제안하고 미국이 신탁통치를 제안했다. 소련이 즉시 독립안을 낸 이유는 당시 한반도 내 좌익 세력이 사회 저변을 장악하고 있어 즉시 독립을 하면 사회주의 세력이 주도권을 장악할 것이라고 믿었기 때문이다.

답 : ③

45. 다음은 우익 세력의 신탁통치 반대 운동에 관한 설명이다. 사실과 다른 것은 무엇인가?

① 모스크바 협정이 한국에 대한 신탁통치 실시를 규정한 사실이 알려지자 민족적 자존심이 손상되었다고 느낀 압도적 다수의 민중이 분노하여 신탁통치 반대 운동에 참여했다.

② 신탁통치 반대 운동에는 우익 진영과 중도파의 모든 정당과 단체가 참여했다.

③ 김구는 신탁통치 계획을 무산시키기 위해 민중의 힘을 빌려 임정이 미군정으로부터 행정권을 접수하려고 기도했다가 미군정으로부터 강력한 제재를 받았다.

④ 반탁 운동 과정에서 이승만 추종 세력과 김구 추종 세력이 주도권 경쟁을 하면서 갈등을 빚었고, 이때의 갈등으로 인해 양측은 1948년에 완전히 갈라서게 되었다.

⑤ 미군정은 반탁 운동 세력이 반미 노선을 취하지 않도록 회유하기 위해 미군정의 최고 자문 기관으로 '남조선 대한민국 대표 민주의원'을 신설하고 이승만·김구·김규식 등 반탁 운동의 지도부를 그 의원으로 임명했다.

④ 이승만 추종 세력과 김구 추종 세력은 반탁 운동 과정에서 전폭적인 협조 체제를 구축했다. 그러나 1948년 유엔한국임시위원단의 북한 방문이 소련군과 북한 정권의 거부로 무산되자, 유엔 소총회는 선거가 가능한 남한만의 선거 실시를 결정하였고, 이로써 남북 분단이 가시화되었다. 이에 김구는 남한 단독 선거를 반대하며 남북 협상에 나섰다. 이로부터 남한만의 선거를 찬성하는 이승만 추종 세력과 그에 반대하는 김구 추종 세력 간 갈등이 표면화되었다.

⑤ 미군정은 1946년 2월 미군정의 최고 자문 기관인 '남조선 대표 민주의원'을 출범시켰다. 의장에는 이승만, 부의장에는 김구와 김규식이 임명되었다. 미군정이 남조선 대표 민주의원에 우익을 적극 활용한 것은 우익과 좋은 관계를 유지함으로써 앞으로 개최될 미소 공동위원회에서 소련에 맞설 협상 카드로 활용하려는 의도에서였다.

▲ 남조선 대표 민주의원

답 : ④

46. 다음은 좌익 세력의 신탁통치 지지(모스크바 협정 지지) 운동에 관한 설명이다. 사실과 다른 것은 무엇인가?

① 공산당은 처음에 모스크바 협정의 신탁통치를 수용하면 독립이 보장되고, 일제 잔재 청소와 파쇼 세력 대두 방지에 도움이 되며, 진정한 민주주의 발전에 도움이 된다고 선전했다.

② 신탁통치에 반대하던 좌익이 신탁통치 지지로 입장을 변경한 데 대해 대중이 냉담한 반응을 보이자 좌익은 자기들이 지지하는 것은 모스크바 협정이며, 모스크바 협정에 규정된 것은 신탁통치가 아니라 후견제라고 선전했다.

③ 공산당을 비롯한 좌익 진영의 정당과 단체들은 찬탁 운동을 효과적으로 전개하기 위해 민주주의 민족전선(민전)이라는 좌익 진영의 통일 전선 기구를 결성했다.

④ 민전의 의장에는 여운형이 선임되었고, 부의장에는 박헌영·허헌·김원봉·백남운 등이 선임되었다.

⑤ 이때부터 좌익 진영은 자기들을 민주주의 진영으로, 자기들에 반대하는 우익 진영을 반민주주의 진영으로 규정하는 민주 대 반민주의 도식을 선전했다.

|해 설|

④ 박헌영·허헌·김원봉·백남운 등은 부의장이 아니라 여운형과 함께 공동 의장으로 선임되었다. 대체로 좌익의 통일 전선기구는 공동 의장제를 채택한다.

⑤ 공산주의자들은 사회주의화의 여건이 성숙되지 않은 사회에서는 자신들을 사회주의 세력이라고 호칭하기보다는 민주주의 세력이라고 부르기를 선호한다. 공산주의자를 포함한 좌익 세력이 말하는 민주주의란 사회주의 사회의 통치 형태(프롤레타리아 민주주의) 및 사회주의 사회로 가기 위한 중간 단계의 통치 형태(혁명적 민주주의, 진보적 민주주의, 민중민주주의, 인민민주주의 등)를 뜻한다.

④ : 답

47. 남한 지역에서는 박헌영 등 좌익 세력이 대중의 지지를 상실하고, 북한 지역에서는 소련군의 탄압을 받아 조만식 등 우익 세력이 약화된 결정적 계기는 무엇인가?

① 좌우합작 운동 지지·반대　　　② 건국준비위원회 참여

③ 미소 공동위원회 구성　　　④ 인민공화국 조직

⑤ 신탁통치를 결정한 모스크바 협정

모스크바 삼상회의의 신탁통치 결정 이후 남한에서는 민족주의 정서가 강한 대중이 우익의 반탁 운동에 동조하였다. 그로 인해 좌익에 비해 열세였던 우익 진영이 강화되어 좌익에 대해 우세를 확보하게 되었다. 북한에서는 1946년 1월 반탁 입장을 견지한 조만식 등 우익 인사들이 소련군들에 의해 숙청되어 우익 세력이 약화하였다.

⑨ : 답

48. 다음은 해방 이후 일어난 중요한 정치적 사건들이다. 가장 마지막에 발생한 사건은 무엇인가?

① 제1차 미소 공동위원회 ② 충칭 임시정부 요인 귀국

③ 이승만의 귀국 ④ 한민당 결성

⑤ 좌익의 찬탁으로 급선회

한민당 결성(1945.9.16) - 이승만 귀국(1945.10.16) - 충칭 임시정부 요인 귀국(주석 김구·부주석 김규식 등 1진, 1945.11.23) - 좌익의 찬탁으로 급선회(1946.1.2) - 제1차 미소 공동위원회 개최(1946.3.20)

① : 답

49. 제1차 미소 공동위원회에 관한 설명 중 옳지 않은 것은 무엇인가?

① 미·소 대표단은 장차 세워질 임시정부 구성 문제를 협의할 정당·사회 단체 선정을 둘러싸고 이견을 좁히지 못했다.

② 모스크바 삼상회의에서 결정한 한국 임시정부 수립을 협의하기 위한 모임으로, 1946년 3월 20일 덕수궁에서 개막되었다.

③ 미국 측은 찬탁·반탁은 표현의 자유이므로 신탁통치에 대한 찬성·반대 입장과 관계없이 모든 정당·단체를 참여시킬 것을 주장하였다.

④ 미국 측은 찬탁을 주장하는 좌익 성향의 정당이나 단체들의 참여를 거부하였다.

⑤ 소련 측은 반탁을 주장하는 정당이나 단체를 제외시키자고 주장하였다.

| 해 설 |

④⑤ 미국은 좌익 성향 정당·단체의 참여를 반대하지 않았다. 그에 반해 소련군은 신탁통치를 반대하는 남한 내 우익 세력을 임시정부 구성을 위한 협의 대상에서 배제하자고 완강히 주장하였다.

② 모스크바 협정을 실천하기 위해 미소공동위원회가 결성된 후 제1차 미소 공동위원회가 1946년 3월 20일 덕수궁에서 개최되었다.

▲ 서울 덕수궁에서 열린 제1차 미소공동위원회.(1946. 3. 20)

㉐ : 답

---

50. 다음은 한반도 통일 임시정부를 구성하는 문제를 협의하기 위한 제1차 미소 공동위원회에 관한 설명이다. 옳지 않은 것은 무엇인가?

① 미소 공동위원회의 개최는 모스크바 협정에 들어 있는 사항이다.

② 미소 공동위원회의 양국 대표단 지도자는 미국 국무부와 소련 외무부의 관리들이었다.

③ 소련 대표단은 통일 임시정부 구성을 위한 협의 대상에서 신탁통치에 반대하는 세력을 제외해야 한다는 입장을 고집했다.

④ 미국 대표단은 신탁통치에 찬성하건 반대하건 상관없이 모든 한국 정치 세력을 협의 대상에 포함시켜야 한다는 입장을 고수했다.

⑤ 양측의 입장 대립으로 회담이 교착 상태에 빠지자, 미국은 양측 간에 합의를 도출하는 데 시간이 걸릴 임시정부 구성 문제를 뒤로 미루고 남북한 간의 통행·통신·통상을 차단하고 있는 38선을 철폐하기 위한 협상을 진행하자고 소련에 제안했다. 그러나 소련은 그 제안을 받아들이지 않았으며, 당장 협상할 주제가 없게 된 제1차 미소 공동위원회는 무기 휴회에 들어갔다.

| 해 설 |

미소 공동위원회의 미국과 소련 대표단의 지도자는 남·북한에 주둔하고 있는 미군 사령부와 소련군 사령부 소속 장성들이었다.

◀ 미소 공동위원회 수석 대표인 미군 하지 사령관(오른쪽)과 소련군 스티코프 사령관(왼쪽)

⑦ : 답

51. 다음은 미소 공동위원회 예비 회담 및 본 회담이 진행된 1946년 1월부터 5월까지의 기간에 북한에서 발생한 사건들에 관한 설명이다. 옳지 않은 것은 무엇인가?

① 1946년 2월 8일 평양에서 북조선임시인민위원회가 설립되었고, 그다음 날 김일성을 위원장으로 하는 임시인민위원회 위원들이 선임되었다.

② 북조선임시인민위원회는 인민 대표들의 임시적 중앙위원회로서 본질적으로 정부와는 다른 것이다.

③ 2월 10일부터 평양을 비롯한 북한 각지에서는 임시인민위원회 수립 경축 군중 대회와 시위가 진행되었다.

④ 임시인민위원회는 2월 9일 친일분자 및 반동분자 숙청과 토지 개혁을 포함한 '11개조 당면 과업'을 발표했고, 3월 23일에는 그것을 확대 보완한 '20개조 정강'을 발표했다.

⑤ 임시인민위원회는 설립 직후부터 '11개조 당면 과업'과 '20개조 정강'에 입각하여 토지 개혁 등 사회주의화를 위한 변혁 조치를 '민주 개혁'이란 명칭으로 집행했다.

| 해 설 |

② 정부란 법령을 제정·집행하고 법령 위반자를 처벌하는 권능을 행사하는 결사체다. 북조선임시인민위원회는 법령을 제정하는 권한과 이를 집행하는 권한을 보유하였으며, 법령 위반 시 처벌을 하는 권한까지 보유하였으므로 정부임이 분명하다.

⑤ '20개조 정강'에는 일제 통치의 온갖 잔재를 숙청할 것, 일제가 만든 법률과 재판 기관을 철폐할 것, 반동분자와 반민주주의분자와 무자비하게 투쟁할 것, 전체 인민의 자유와 재산을 보장할 것, 주요 산업과 대기업을 국유화할 것, 개인 수공업과 상업의 자유는 허락할 것, 지주들의 토지를 몰수하고 농민에게 무상 배분할 것 등이다.

　김일성이 주도한 북조선임시인민위원회는 성립 직후 무상몰수·무상분배의 토지 개혁 실시, 중요 산업 국유화 조치 등 북한 지역을 공산화하기 위한 사전 조치들을 충실히 진행해갔다. 소련군과 김일성은 '20개조 정강'에서 반동분자와 반민주주의분자와 투쟁할 것을 주장하였지만 실제로는 그것을 명분으로 사회주의에 반대하는 인사들을 제거하였다. 또한 '인민의 자유와 재산은 보장된다'고 하였지만 실제로는 개인의 자유와 재산을 보호하는 법령을 철폐했다. 즉 개인 재산을 보호하는 민법을 일제가 만들었다는 이유로 철폐했고, 사유재산의 핵심인 토지도 무상몰수했으며, 신체의 자유를 보장하는 사법 제도와 재판 기구도 그런 이유로 폐지하였다.

◀ 사실상의 북한 단독 정부인 '북조선임시인민위원회' 창립대회(1946.2). 김일성이 연설하고 있고 그 뒤에는 마르크스·엥겔스·스탈린 사진이 걸려 있다. 앞의 현수막에는 "김일성 장군의 20개 정강을 그 기초로 하여 조선임시정부를 수립하자"라고 쓰여 있다.

㉑ : 月

52. 1946년 2월 수립한 북조선임시인민위원회의 성격과 활동 내용에 대한 설명 중 사실과 다른 것은 무엇인가?

북조선임시인민위원회 창립대회 모습

① 1946년 7월 김일성대학을 세워 김일성을 우상화하는 작업에 착수하였다.

② 토지 개혁을 단행하여 지주들을 몰락시키고 농민들의 지지를 이끌어냈다.

③ 일제강점기에는 쌀만 강제 수매(공출제)했으나 북조선임시인민위원회는 보리·콩 등 밭작물까지 강제 수매(성출제)하였다.

④ 소규모 개인 영업은 그대로 인정했으나 중요한 공업 시설은 국유화하였는데, 1946년 말 북한 공업 시설의 90% 이상이 국유화되었다.

⑤ 북조선임시인민위원회는 법령을 제정하는 권한을 갖지 않고, 집행 권한만 가졌기 때문에 정부라 할 수 없다.

| 해 설 |

⑤ 정부란 법령을 제정, 집행하고 법령 위반자를 처벌하는 권한을 행사하는 기관이다. 북조선임시인민위원회는 법령을 제정, 집행하고 법령 위반자를 처벌하는 권한을 모두 가진 기관이었다. 따라서 북조선임시인민위원회는 정부임이 분명하다. 1946년 2월 당시 북한의 선전 매체들은 "북조선임시인민위원회는 우리의 정부이다"라고 선전했다.

⑤ : 답

53. 소련은 북한을 점령한 후 38선 이북을 공산화하려는 노력을 기울였는데 이에 대한 설명 중 사실과 다른 것은 무엇인가?

① 1945년 9월 14일 소련군 사령부가 발표한 '인민 정부 수립 요강'에서 북한 지역에 소련과 같은 체제의 국가를 세울 의도를 숨김없이 드러냈다.

② 소련군은 남한의 미군정과 마찬가지로 소련군정을 수립하여 북한 지역을 통치하였다.

③ 소련군은 38선 이남과의 인적 왕래, 물적 교류, 통신을 차단하여 분단으로 몰고 갔다.

④ 1945년 9월 20일 스탈린은 극동사령부에 7개항의 비밀 지령을 내렸는데, 북한에 공산주의 1단계 혁명인 부르주아민주주의 정권을 확립하라고 했다.

⑤ 소련군은 10월 14일 평양에서 군중대회를 열고 스탈린이 낙점한 김일성을 탁월한 독립운동의 지도자로 북한 주민에게 부각시켰다.

| 해 설 |

② 소련군은 소련군정청을 만들지 않았고 북한 사람들의 행정 기관을 조직하여 간접적으로 통치했다.

① 9월 14일 소련군 사령부가 발표한 '인민 정부 수립 요강' 제1조에는 "소비에트연방은 끝끝내 노동자·농민 정권의 수립을 소·미·영·중 4국에 제안할 것"이라고 하였다. 이는 소련이 적어도 북한 지역에만은 노동자·농민 정권(공산 정권)을 반드시 수립하려는 의도를 가졌음을 말해준다. 북한 지역에 노동자·농민 정권이 수립되면 남한에서 동일한 정권이 수립되지 않은 한 한반도는 불가피하게 분단될 수밖에 없었다.

③ 소련군은 8월 24일과 25일 남북을 연결하는 경원선과 경의선 철도를 차단했으며, 38선 지역에 경비부대를 배치하여 남북의 도로 통행을 차단했다. 9월 6일에는 38선 이남 지역과의 전화·전보 통신을 차단하고 우편물의 교환을 금지하였다. 당초 단순한 군사 분계선으로 설정된 38선은 점차 정치적 분단선으로 변질되었다.

④ 스탈린이 지시한 부르주아민주주의 정권 수립은 사회주의 정권 수립으로 가기 위한 중간 단계의 조치다. 공산주의 이론에 따르면 부르주아민주주의 정권의 수립은 사회주의화의 여건이 성숙되지 않은 지역에서 주민의 반발을 완화하면서 사회주의를 추진하기 위한 기만적인 조치다. 공산주의자들이 말하는 부르주아민주주의 정권이란 사회주의를 지향하면서도 부르주아의 정권 참여를 배제하지 않는 정권 형태. 북한에 부르주아민주주의 정권을 수립하라는 스탈린의 지시는 북한 지역의 사회주의화를 목표로 한 것으로서, 결국 남북 분단과 연결되는 지시이다.

⑤ 소련이 김일성을 북한 지역의 통치자로 낙점한 것은 북한의 단독 정권 수립을 염두에 둔 것으로서 결과적으로 한반도 분단을 초래하게 된 행위다.

◀ 소련군의 프로그램에 따라 평양공설운동장에서 열린 '소련군 및 김일성 환영 군중대회'에서 처음으로 얼굴을 드러낸 김일성(1945.10.14)

答 : ②

54. 다음은 북조선공산당이 북조선임시인민위원회 설립을 정당화하기 위해 내부적으로 정립한 북조선민주기지론에 관한 설명이다. 옳은 설명 두 개는 무엇인가?

> ㉠ 북조선민주기지론에서 말하는 민주주의는 사회주의 내지 사회주의를 지향하는 정치 형태를 뜻한다.
>
> ㉡ 북조선민주기지론에서 말하는 민주주의는 사회주의와는 무관한 반제·반봉건 개혁을 추진하는 정치 형태를 제한적으로 지칭하는 것이다.
>
> ㉢ 북조선민주기지론은 소련군의 점령으로 사회주의화가 용이한 북한 지역을 먼저 사회주의화하고 그것을 기지로 삼아 남한까지 사회주의화한다는 전략론이다.
>
> ㉣ 북조선민주기지론은 북한 지역을 사회주의화하자는 것이며, 그것을 남한까지 사회주의화하기 위한 전략론으로 보는 것은 냉전적 관점이다.
>
> ㉤ 북조선민주기지론을 북한의 6·25남침과 연관시키는 것은 무리한 해석이다.

① ㉡㉤

② ㉠㉣

③ ㉢㉣

④ ㉠㉢

⑤ ㉣㉤

|해 설|

④ 북한과 남한 좌익은 모스크바 삼상회의에서 정한 신탁통치 실시를 찬성하였다. 그렇다면 곧이어 신탁통치 문제를 협의할 남북한에 걸치는 민주적 임시정부가 수립될 예정임에도 그것을 기다리지 않고 북한 지역만을 통치하는 북조선임시인민위원회를 서둘러 수립한 이유가 무엇일까? 그 이유는 바로 북조선민주기지론에서 찾을 수 있다. '북조선민주기지론'이란 당장 한반도 전체를 '민주화(사회주의화)'하기 어렵기 때문에 '민주화(사회주의화)'가 용이한 북한 먼저 '민주화(사회주의화)'하고 이를 기지로 삼아 남한까지 '민주화(사회주의화)'하겠다는 전략론이다.

소련군과 김일성은, 한반도를 사회주의화(공산화)하기 위해서는 신탁통치를 위한 남북한을 아우르는 임시정부가 수립되기 전에 북한만의 중앙집권적 정권 기관(북조선임시인민위원회)을 만들어 북한 지역을 사회주의 기지로 만들어놓아야 한다고 주장했다. 그래야 통일적 임시정부가 수립될 경우 북한을 기지로 하여 전 한반도를 사회주의화할 수 있고, 이미 해놓은 사회주의적 개혁을 뒤집지 못한다는 것이다. 이런 사실에 비추어 볼 때 남북 분단은 1946년 2월 북조선임시인민위원회가 설립되면서부터 돌이킬 수 없는 현실이 되어버렸다.

㉮ : 昏

55. 다음은 1946년 3월 북한에서 실시된 토지 개혁의 구체적 내용에 관한 기술들이다. 실제와 다른 것은 무엇인가?

① 소련군과 김일성은 1946년 2월 북조선임시인민위원회를 수립한 후 최우선 조치로 토지 개혁을 실시했다.

② 북조선임시인민위원회는 1946년 3월 5일, 지주로부터 5정보를 초과하는 토지를 무상몰수한 후 토지가 없거나 적은 농민들에게 무상분배한다고 발표하였다.

③ 북한이 25일 만에 토지 개혁을 완결할 수 있었던 것은 농촌위원회가 지주로부터 토지를 무상몰수한 후 자기들끼리 나눠 갖는 인민재판식 토지 개혁이었기 때문이다.

④ 북한의 토지 개혁 결과, 명의만 농민 이름으로 해주었을 뿐 실질적으로는 분배된 토지의 소유권을 인정하지 않았고, 따라서 토지 개혁을 통해 획득한 토지는 매매, 상속, 담보 사용 등이 불가능했다.

⑤ 북한 농민들은 처음에는 무상으로 토지를 분배한다는 말에 현혹되었으나 소유권을 주지 않자 김일성에 대한 지지를 철회하였다.

| 해 설 |

⑤ 많은 농민이 토지를 공짜로 준다는 말에 현혹되어 김일성을 지지하였다. 그러나 북한의 토지 개혁은 농민들에게 토지 소유권을 준 것이 아니고 경작권만 준 것이었다. 이러한 사실은 6·25전쟁 후 협동농장화 작업이 진행되기 전까지는 북한 농민들에게 정확히 알려지지 않았다. 따라서 토지 소유권을 주지 않았다는 이유로 김일성에 대한 지지를 철회하는 일은 일어나지 않았다.

▲ 북한의 토지 개혁 실시(1946.2)

⑤ : 君

56. 다음은 북한의 토지 개혁에 대한 설명이다. 옳지 않은 것은 무엇인가?

① 5정보 이상의 토지를 가진 지주들로부터 토지의 대가를 지불하지 않고 빼앗아서 토지가 없거나 작은 규모의 토지만 가진 농민들에게 공짜로 분배했다.

② 개혁의 대상은 농지를 포함한 모든 토지였다.

③ 땅을 빼앗긴 지주는 다른 군으로 강제 이주시켰다.

④ 토지를 공짜로 분배받은 농민들에게는 '토지소유권증명서'를 만들어주었으며, 이 증명서를 근거로 토지를 사고팔 수 있게 했다.

⑤ 북한의 토지 개혁은 1946년 3월 5일부터 개시되어 3월 말에 완료되었다.

| 해 설 |

④ 북한 정권이 농민들에게 발급해준 것은 '토지 소유권 증명서'가 아니라 '토지증서'였다. 북한 농민들에게는 토지의 소유권을 준 것이 아니고 경작권만 준 것이다. 따라서 북한의 농민들은 분배받은 토지를 매매·상속할 수 없었다. 북한 농민의 대부분은 그러한 사실을 정확히 알지 못한 채 자기 토지를 소유하게 되었다고 기뻐했다. 그러나 6·25전쟁 후 협동농장화 작업이 진행되면서 북한 농민들은 자기들이 속았다는 것을 알게 되었다.

⑤ 북한은 사회주의 지향적인 무상몰수·무상분배 방식으로, 또 각 자연 부락 단위로 농촌위원회를 만들어 토지 개혁을 단행했기 때문에 25일이라는 단기간에 토지 개혁을 완료할 수 있었다.

答 : ④

57. 북한의 토지 개혁과 관련된 다음의 기술 중 사실과 다른 것은 무엇인가?

① 북한의 토지 개혁은 지역별로 빈농과 머슴(고농), 소작농 등 공산당에 우호적인 사람들로 구성된 농촌위원회가 주도하였다.

② 토지를 몰수당한 20여만 명의 지주는 고향에서 쫓겨나 타지로 가서 막노동을 하거나 38선 이남으로 탈출하였다.

③ 북한 정권은 토지의 소유권을 분배받은 농민들에게 소출의 25%를 징수하였고 여기에 부가세까지 합치면 40% 이상을 징수한 것이다.

④ 토지 국유화, 협동농장화는 농업 생산력을 약화시켜 1990년대 중반 300여만 명의 아사자를 발생하게 하는 근본 이유가 되었다.

⑤ 6·25전쟁이 종결되고 경쟁 세력을 제거한 1955년경, 김일성은 농민들에게 분배했던 모든 토지를 협동농장에 귀속시켜 사실상 국유화했다.

| 해 설 |

③ 북한에서의 토지 개혁은 분배된 토지의 소유권을 부여하지 않고 경작권만 부여한 것이다. 경작권을 가진 농민들로부터 소출의 25%를 징수하였고 여기에 부차적 세금까지 합치면 사실상 40% 이상을 징수했다.

① 공산당의 지도 아래 동리별로 5~9명의 빈농과 고농을 중심으로 하여 북한 전역에서 11,500개의 농촌위원회가 조직되었다. 농촌위원회는 동리의 토지 대장을 작성하여 몰수하고 분배할 토지를 선정하였다.

② 지주들은 자신이 살던 거주지로부터 다른 군으로 추방되었다. 또 상당수의 지주는 38선을 넘어 남한으로 왔다.

答 : ③

58. 다음은 고등학교 한국사 교과서에 실린 글이다. 이 글에 대한 설명으로 옳지 않은 것은 무엇인가?

> "저는 조상 대대로 소작을 부쳐온 농민입니다. 일제 치하에서는 이래저래 고생도 많이 했지요. 이제 광복도 되고 우리 정부도 세워졌으니 우리 같은 농민들도 살맛나게 살아봐야 되지 않겠습니까? 듣자하니 북에서는 농민들에게 땅을 나누어주었다고 합니다. 그런데 우리는 제값을 다 주고 사야 한다지요. 그렇게 비싼 돈을 주고 농토를 살 수 있으면 아직까지 소작농으로 살아왔겠느냐 이 말입니다."

① 북한의 토지 개혁이 매우 좋은 것이라는 인상을 준다.

② 남한 농지 개혁에서는 농지를 비싼 값으로 매수해야 하므로 농민들이 잘 살 수 없다는 것을 시사한다.

③ 북한의 토지 개혁 실상을 잘 알고 쓴 글이다.

④ 북한처럼 무상으로 토지를 나눠주기를 바라는 심정이 녹아 있다.

⑤ 남한은 농민보다는 지주 입장에 서 있는 것 같은 인상을 준다.

| 해 설 |

③ 북한은 농민들에게 토지증서를 발급하기는 했으나 이 증서는 소유권을 보장하는 것이 아니었다. 그래서 토지를 분배받은 북한 농민들은 그 실상을 알지 못했다. 남한 농민들은 그런 실상을 더욱 더 알기 어려웠다. 그래서 남한의 소작농들은 북한의 토지 개혁에 대한 좌익의 허위 선전에 넘어가 북한의 토지 개혁은 매우 좋은 것이고 소유권까지 보장하는 남한의 농지 개혁은 잘못된 것으로 오해하게 되었다. 그래서 예시문과 같은 글이 나온 것이다.

아래 사진과 같은 당시 북한의 토지 개혁 홍보물을 교과서에 그대로 싣는 것도 문제다. '토지는 농민의 것이다'라는 문구를 보면, '북한은 농민을 위해 토지 개혁을 했고, 남한은 농민을 위한 노력을 안 했구나'라는 인식을 줄 수 있기 때문이다.

◀ 북한의 토지 개혁 홍보물

⑧ : 답

59. 다음 지문은 이승만이 1946년 6월 3일 전북 정읍에서 행한 강연 중 말한 내용이다. 이 발언에 대한 설명으로 옳지 않은 것은 무엇인가?

> 무기 휴회된 공위가 재개될 기색도 보이지 않으며 통일 정부를 고대하나 여의케 되지 않으니 우리는 남방만이라도 임시정부 혹은 위원회 같은 것을 조직하여 38 이북에서 소련이 철퇴하도록 세계 공론에 호소하여야 될 것이니 여러분도 결심하여야 될 것이다. 그리고 민족 통일 기관 설치에 대하여 지금까지 노력하여 왔으나 이번에는 우리 민족의 대표적 통일 기관을 귀경한 후 즉시 설치하게 되었으니 각 지방에 있어서도 중앙의 지시에 순응하여 조직적으로 활동하여 주기를 바란다.

① 김구의 한독당은 이승만의 정읍발언을 비판했으나 미군정청은 이승만의 정읍발언을 지지했다.

② 제1차 미소 공동위원회를 무산시킨 소련의 야욕을 간파한 것이다.

③ 첫 '단독 정부' 발언이어서 논란이 거세게 일어났으나 이 발언을 전체적으로 보면, 민족 통일을 외면하고 분단만을 추구하는 남한 단독 정부 수립론이라고 비판하기 어렵다.

④ 이승만은 당시 전 세계 공산주의 확산에 위험을 느끼고 있었다.

⑤ 북조선임시인민위원회의 분단화 조치에 따른 위기감의 발로였다.

| 해 설 |

① 미군정 장관 러치는 이승만의 정읍발언에 대해 모스크바 협정을 실행해야 하는 미국의 정책 노선과 어긋난다고 비판하였다.

②④ 당시 이승만은 소련 주도의 세계 공산주의 확산 경향과 그 위험성을 간파하고 있었다. 그는 소련군이 북한을 점령한 것도 동유럽처럼 북한을 공산화하는 데 있다는 것을 꿰뚫어 봤고, 장차 북한도 소련군의 의도에 따라 공산화될 것이라고 예측하고 있었다. 이승만은 당시 우익 지도자들 가운데 국제 정세와 북한의 운명을 정확하게 파악하고 있던 거의 유일한 정치 지도자였다.

③ 당시 남한의 거의 모든 정치 세력과 언론은 이승만의 정읍발언에 대해 민족을 분단시키려는 '단정론(남한 단독 정부론)'이라며 강력히 비난했다. 그러나 이승만의 정읍발언은 남한만의 단독 정부를 구성하여 남북 분단 체제를 영구적으로 고착시키고자 하는 것이 아니었다. 정읍발언은 북한의 북조선임시인민위원회처럼 남한에서도 남한만의 '임시정부 혹은 위원회'를 만든 후 이를 근거로 세계에 공론화하여 38선 이북의 소련군을 몰아내 통일을 이루려는 목적을 가진 것이다.

⑤ 이승만이 정읍발언을 하기 전에 북한에서는 북조선임시인민위원회라는 실질적인 단독 정부가 설립되어 '민주 개혁'이라는 이름 아래 무상몰수·무상분배의 토지 개혁 등 사회주의화를 위한 변혁 조치들이 강도 높게 진행되고 있었다는 점을 고려해야 한다.

당시 남한의 대부분의 정치 지도자는 미소 공동위원회의 결과만을 바라보면서, 분단의 옹호자로 몰리는 것을 꺼려하여 누구도 감히 남한만의 단독 정부 구성을 주장하지 못했다. 그런 상황에서 이승만은 자칫 남한마저 공산화될 위험이 있다는 위기감에서 정읍발언을 하게 된 것이다. 그런 점에서 비추어 볼 때 당시 정치 세력과 언론들이 이승만의 정읍발언에 대해 정권욕 때문에 한반도 분단을 주장한 것이라 매도하는 것은 균형 감각을 상실한 것이다. 당시 많은 국내 정치 세력은 이승만의 정읍발언을 비판했지만 정작 민족 분단을 돌이킬 수 없도록 만든 북조선임시인민위원회의 설립과 그에 의한 토지 개혁 등 인민민주주의 개혁에 대해서는 침묵을 지키는 불균형한 자세를 취했다.

答 : ①

60. 이승만의 정읍발언과 가장 관련이 적은 것은 무엇인가?

① 제1차 미소 공동위원회 결렬

② 남한만의 단독 정부 구성 주장

③ 북조선임시인민위원회와 토지 개혁에 대한 대응

④ 소련군의 분단화 조치에 대한 대응

⑤ 미군정의 호의적 태도

| 해 설 |

⑤ 미군정 장관 러치는 이승만의 정읍발언이 보도되자 그것을 비판했다.

答 : ⑤

61. 해방 공간(1945.8~1948.8)에서는 좌익이 각종 사건을 일으켰다. 순서를 맞게 나열한 것은 무엇인가?

> ㉠ 제주 4·3사건 ㉡ 조선정판사 사건 ㉢ 대구 10·1폭동 ㉣ 9월 총파업 ㉤ 신전술 발표

① ㉡-㉤-㉣-㉢-㉠   ② ㉤-㉡-㉢-㉣-㉠

③ ㉤-㉡-㉣-㉢-㉠   ④ ㉡-㉤-㉠-㉣-㉢

⑤ ㉤-㉡-㉠-㉣-㉢

|해 설|

조선정판사 사건(1946.5) - 신전술 발표(1946.7) - 9월 총파업(1946.9) - 대구 10·1폭동(1946.10) - 제주 4·3사건 (1948.4)

①:답

62. 이 사건은 조선공산당이 당비를 조달할 목적으로 당시 1,200만 원이라는 거액의 위조지폐를 만들어 유통시키려다 적발된 사건이다. 공산주의자들은 이를 허위 날조된 것이라며 담당 판검사를 협박하고 공판정을 아수라장으로 만들었다. 미군정은 이 사건이 일어난 후 공산 세력의 위험성을 깨닫고 통제를 본격화했다. 이에 조선공산당은 미군정과의 유화 정책을 포기하고 지하로 잠입하여 테러·파업 등 강경 대중 투쟁 전술로 전환하였다. 이로 인해 남한은 파업·폭동 등 연이은 대형 좌익 사건으로 큰 혼란에 빠졌다. 이를 계기로 미군정은 물론 국민도 좌익 세력의 위험성을 한층 더 절감하게 되었다. 이는 어떤 사건을 일컫는 것인가?

해당 사건의 공판정 모습(1946년 11월 29일자 동아일보 기사)

① 9월 총파업   ② 2·7사건   ③ 신전술 발표

④ 조선정판사 사건   ⑤ 남민전 사건

박헌영이 이끄는 조선공산당은 미군정 초기에는 미군정에 대해 적대시하지 않았다. 그러나 미군정이 1946년 5월 조선정판사사건을 계기로 조선공산당에 대한 대대적인 수사에 나서자, 조선공산당은 지금까지의 대결 회피적 노선에서 공세적 대결 노선으로 전환했다. 박헌영은 그해 7월 "수세에서 공세로, 퇴거에서 진격으로 미군정을 노골적으로 치자"라는 비합법 폭력 노선, 이른바 '신전술'을 발표하였다. 그에 따라 공산당은 8월부터 농민 폭동, 노동자 파업 등을 적극적으로 전개하였다. 이에 미군정은 9월 박헌영 등 조선공산당 간부들에 대한 체포령을 내렸고, 공산당 기관지인 해방일보를 폐간시켰다.

④ 조선정판사는 서울 소공동에 위치하며 일제강점기에 조선은행의 지폐를 인쇄하던 인쇄소였다. 1945년 박헌영이 재건한 조선공산당은 조선정판사가 있던 건물에 입주하여 기관지「해방일보」를 발행하였다. 1946년 5월 경찰은 "조선공산당이 당비를 조달할 목적으로 조선정판사 지폐 원판을 확보, 1,200만 원의 위조지폐를 인쇄하여 유통시키려 했다"며 관련자들을 적발, 기소하였다. 조선공산당은 이를 허위 날조된 것이라며 격렬히 시위하였다. 조선공산당원들은 두 담당 검사를 협박하고 방청석은 물론 판·검사석과 서기석까지 점령하였으며, 테러단까지 동원하여 공판정을 아수라장으로 만들어버렸다. 결심 공판(10.21)에서는 조재천 검사가 실형을 구형하자, 피고인 전원이 대성통곡하고 적기가(赤旗歌)를 부르며 소란을 피웠다. 사건 관련자인「해방일보」 사장 권오직은 사건 직후 38선 이북으로 달아났고, 조선공산당 재정부장 이관술, 조선정판사 서무과장 송언필, 조선정판사 직원 김창선이 무기징역을 선고받는 등 대부분의 관련자가 중형을 선고받았다.

④ : 답

63. 다음의 글과 관련 없는 것은 무엇인가?

> "지금까지 우리가 미군정에 협력하여 왔으며 미군정을 비판함에 있어서는 미군정을 직접 치지 않고 …… 간접적으로 미군정을 비판하였으나 앞으로는 우리가 이런 태도를 버리고 미군정을 노골적으로 치자. …… 지금까지 미군정과 그 비호하의 반동들의 테러에 대하여 그저 맞고만 있었으나 지금부터는 맞고만 있을 것이 아니라 정당방위의 역공세로 나가자. 테러는 테러로, 피는 피로써 갚자."

① 박헌영

② 신전술

③ 조선정판사 사건

④ 미군정의 좌익 강경 대응

⑤ 1945년 12월

| 해 설 |

미군정은 조선정판사 사건(1946.5)을 계기로 좌익 세력의 위험성을 자각하였고, 통제를 강화하였다. 이에 좌익 박헌영은 미군정에 반발하여 위의 지문과 같은 신전술을 발표하였다(1946.7). 이 노선에 따라 좌익은 1946년 9월 총파업, 10월 대구 10·1폭동 등을 일으켰다.

▲ 박헌영

⑨ : 呂

64. 다음은 1946년 9월에 발생한 노동자 총파업과 10월에 발생한 대구 10·1폭동에 관한 설명이다. 사실과 다른 것은 무엇인가?

① 9월 총파업은 노동조합전국평의회(전평) 산하의 철도 노동자 파업에서부터 시작되어 10월 초까지 전국적으로 여러 산업 분야에서 전개되었다.

② 노동자 총파업에 동조하여 좌익 학생들은 대학교에서 중학교에 이르기까지 동맹 휴학을 전개했다. 심지어는 미군정 산하의 일부 관공서 직원들과 경비대의 병사들까지 그에 동조하였다.

③ 대구 10·1폭동은 대구 지역의 9월 총파업의 연장선상에서 일어난 폭동이며, 이 폭동으로 다수의 경찰관과 우익 진영 인사 및 그 가족이 살상당했다.

④ 대구 10·1폭동은 대구에 인접한 영남 지역의 농민 폭동으로, 뒤이어 11월 초순까지 남한 각지의 농민 폭동으로 확산되었다.

⑤ 9월 총파업과 대구 10·1폭동은 노동자와 농민들이 미군정의 실정에 항의하여 일으킨 자연발생적 민중 항쟁이며 그것을 공산당과 연결시키는 것은 무리한 해석이다.

| 해 설 |

⑤ 이 사건들은, 박헌영의 공산당과 이와 연계한 전평·전농(전국농민회총연맹) 등 좌익 단체들이 주도하고 기업 및 지역 내 좌익 세력이 동참하여 일으킨 파업 및 폭동 사건들이다. 결코 자연발생적인 민중 항쟁이 아니다. 1995년 발굴된 스티코프 비망록(1946~1947년 미소 공동위원회 소련 측 수석 대표의 1946.8~11월간의 일기)에 따르면, 9월 총파업 때는 200만 엔, 대구 10·1폭동 때는 300만 엔을 지원하는 등 조선공산당은 물론 북한 주재 소련군 사령부도 직접 사건에 개입한 것으로 밝혀졌다.

①② 9월 총파업은 1946년 9월 14일 서울 철도 노동자 3,600명이 파업한 것이 촉발제가 되었다. 이에 조선공산당은 철도 노동자들에게 총파업을 선동하였고, 9월 23일 부산 철도 노동자 7,000여 명이 파업 선언을 하면서 9월 총파업이 시작되었다. 이어 9월 24일에는 서울을 비롯한

▲ 조선공산당 산하 단체인 전평회관의 모습 (1947.5)

전국 철도 노동자 4만여 명이 동조 파업에 들어갔다. 이후 한 달 동안 전국 철도 운행이 전면 중단되었다. 철도 파업은 며칠 사이에 다른 부분으로 확대되었다. 즉 전신·전화·체신·전기·운수·섬유·금속·화학·출판·신문 등 40여 개의 노조 단체 노동자 25만여 명이 가담한, 해방 후 최대 규모의 노동자 총파업으로 확산된 것이다.

③④ 대구 10·1폭동은 전평 등 좌익이 연합하여 일으킨 사건이다. 1946년 10월 1일 오전, 좌익이 "대구 시청에 가면 쌀을 배급해준다"라고 선동하자, 그 말을 믿고 주부 등 1,000여 명이 시청으로 몰려들어 쌀 배급을 요구하였다. 오후 6시경 대구역 부근 조선노동조합대구지역평의회 산하 시투(市鬪) 사무실 부근에서 수천 명의 노동자가 "박헌영 선생 체포령 취소하라"는 구호와 함께 적기가(赤旗歌)를 부르며 시위를 하고 있었다. 이때 경계를 하던 150여 명의 경찰에게 갑자기 집중적으로 돌을 던졌고, 이에 놀란 경찰이 발포를 하여 시위대 한 명(대팔연탄공장 황말용)이 사망하였다. 이에 시위대는 "경찰이 사람을 죽였다"고 소리치며 항의를 하였다.

10월 2일 오전 9시 대구의대(현 경북대의대) 좌익 학생들이 강당에 모인 학생들 앞에 콜레라로 죽은 해부용 시체를 들고 나타나 "어제 대구역 부근에서 경찰에 의해 죽은 시체"라며 거짓말로 학생들을 선동하였다. 이런 식으로 대학은 물론 중·고등학교의 좌익 학생들은 선전 선동을 통해 또는 강제적으로 각 학교의 학생들을 거리로 내몰았다.

오전 11시 30분 수천 명의 시위대가 경찰의 발포 책임을 추궁한다며 대구경찰서로 몰려가 경찰서장을 설득하고 협박하여 경찰 모두를 무장 해제시킨 후 무기고의 총기를 탈취하여 무장하고 시내로 나왔다. 이때부터 시위대의 일부는 무장 폭도로 변했다. 이들은 경찰들과 공무원, 우익 인사들을 찾아 학살하였다. 이에 미군정은 경찰 등을 동원해 진압 작전을 전개하였다.

▲ 시위대 수천 명이 경찰의 발포에 항의하여 중부경찰서로 향하고 있다.

대구에서 일어난 시위는 10월 2일부터 달성·칠곡·왜관·선산(구미)·영천·성주·의성·예천 등으로 퍼져갔다. 10월 3일 왜관에서는 좌익 폭도가 왜관경찰서를 습격하여 경찰서장을 눈을 파내고 혀를 자르는 등 잔인하게 경찰들을 학살하였다. 영천에서는 이틀 동안 좌익 세상이 되어 이태수 영천군수 등 19명의 관리와 경찰들, 주민 24명도 잔인하게 학살당하였다. 경북 전역에서 시위에 참여한 사람은 수십만 명에 이르렀다. 경북의 시위는 10월 내 경남과 충청도, 전라도 등 전국으로 퍼져나가는 등 여파가 컸다.

▲ 대구 10·1폭동 당시 좌익의 악행이 잇따르자 대응에 나선 우익 청년들의 의용경찰대 모습

대구 10·1폭동 때 대구·경북 지역에서 좌익은 경찰, 경찰 가족, 우익 인사들을 잔인한 방법으로 살해했다. 총살, 도검으로 찔러 죽이기, 생매장, 수장, 화형, 사지 절단 및 찢어 죽이기 등 별의별 방법이 동원되었다.

이때 대구 지역 의사·간호사들은 부상 경찰 진료를 거부하는 성명을 발표하고 실제로 병원으로 후송된 중상 입은 경찰을 병원 밖으로 밀어내 폭도에 의해 즉사하도록 하기도 했다. 대구 10·1폭동 때 대구 시내의 사망자는 경찰 38명, 공무원 163명, 민간인 73명이었고, 부상자는 1,000여 명에 이르렀다. 경상북도 내 경찰 인명 피해자는 사망 80여 명, 행방불명 및 납치 145명, 부상 69명이었다.

⑨ : 君

65. 해방 공간(1945.8~1948.8)에서 발생한 각종 좌익 사건에 대한 설명 중 옳지 않은 것은 무엇인가?

① 9월 총파업은 좌익 노동 단체인 전평(조선노동조합전국평의회)이 주도한 철도 노동자 총파업에서 출발한 대규모 좌익 노동자 파업 사건이다.

② 9월 총파업의 연장선상에서 대구 지역 좌익은 주민을 선동하여 대구 10·1폭동을 일으켰다.

③ 조선정판사 사건은 조선공산당이 조선정판사라는 인쇄소에서 거액의 위조지폐를 만들어 유통시키려다 적발된 사건이다.

④ 제주 4·3사건은 1948년 4월 3일 제주도 남로당 총책 김달삼이 5·10선거를 무산시킬 목적으로 일으킨 좌익 폭동이다.

⑤ 박헌영 등 조선공산당은 미군정에 대해 테러·파업 등 강경 대중 투쟁을 포기하고 유화적 투쟁으로 전환하는 '신전술'을 1946년 7월 채택하였다.

| 해 설 |

⑤ 박헌영이 이끄는 조선공산당은 1946년 7월 미군정에 대해 취해온 종전의 비대결적 노선을 폐기하고 테러·파업·폭동 등 공세적 대결 노선을 취하는 '신전술'을 채택하였다.

⑨ : 目

66. 다음은 해방 정국의 좌익 3당의 합당 과정에 관한 설명이다. 옳지 않은 것은 무엇인가?

① 남·북한의 공산당은 남·북한의 좌익 정당들과 통합하여 공산주의 대중 정당을 만들라는 소련의 지시에 따라 북한에서는 북조선노동당을, 남한에서는 남조선노동당을 결성했다.

② 남한의 좌익 3당 합당 과정에서 조선공산당, 조선인민당, 남조선신민당은 모두 분열의 진통을 겪었다. 공산당은 박헌영파와 반박헌영파, 인민당의 여운형파와 반여운형파, 신민당은 백남운파와 반백남운파로 분열되었다.

③ 공산당의 박헌영파, 인민당의 반여운형파, 신민당의 백남운파가 결합하여 남조선노동당(남로당)을 결성했다.

④ 남로당은 중앙위원회 위원장에 허헌, 부위원장에 박헌영과 이기석을 선출했다.

⑤ 여운형은 남로당에 참여하지 않은 좌익 진영의 나머지 분파들을 규합하여 사회노동당(사로당)을 결성했다가 북조선노동당의 질책을 받고 사로당 해산과 정계 은퇴를 선언했다.

③ 신민당의 백남운파는 남로당에 불참하고 인민당의 여운형파에 동조하여 사로당에 참여했으며, 사로당 해산 후 근로 인민당에 참여하였다. 해방 정국의 좌익 진영에서 여운형과 백남운은 시종일관 반박헌영 입장을 취했다.

① 북한에서는 1946년 8월 북조선노동당(북로당)을, 남한에서는 1946년 11월 남조선노동당(남로당)을 창건하였다.

답 : ③

67. 다음은 해방 정국의 좌익 3당의 합당 과정에 관한 설명이다. 옳지 않은 것은 무엇인가?

> 좌우합작 7원칙 : ① 삼상회의 결정에 따른 좌우합작의 임시정부 수립 ② 미소 공위 속개 ③ 토지 개혁, 중요 산업 국유화 ④ 친일파 · 민족반역자 처벌 조례 성안 ⑤ 정치범 석방과 테러 행위 중단 ⑥ 언론 · 집회 · 결사 등 자유 보장 ⑦ 합작위원회에 의한 입법 기구 구성

① 온건 좌익 여운형 등과 중도파 김규식 등이 중심이 되어 좌우합작위원회를 구성, 좌우합작 7원칙을 발표하였다.

② 좌우합작 7원칙이 발표되자 이승만과 김구, 한민당은 적극 반대했고, 조선공산당은 통일 전선 전술 차원에서 지지 의사를 밝혔다.

③ 미군정은 모스크바 삼상회의 결정안을 둘러싸고 좌우 대립이 계속되자 좌 · 우익의 주변부 세력을 중심으로 중도 성향의 제3세력을 형성하기 위해 좌우합작을 구상, 지원하였다.

④ 미군정은 좌우합작 운동을 지원하기 위해 민선 의원 45명과 관선 의원 45명으로 이루어진 남조선 과도입법의원을 설치하였다.

⑤ 좌우합작 운동은 이승만과 김구를 배제한 반면 박헌영 등 좌익 세력은 배제하지 않음으로써 우익 진영을 약화시키는 작용을 했다.

② 좌우합작 7원칙에 대해 한민당은 적극 반대했고, 이승만은 소극적으로 반대했으며, 김구는 지지했다. 공산당은 무상몰수 · 무상분배의 토지 개혁 원칙이 관철되지 않았다는 이유로 반대했다.

① 좌우합작 운동은 우익인 이승만, 김구는 배제되고 온건 좌익 여운형 등과 중도파 김규식 등이 미군정의 지원 아래 추진한 운동이다.

⑤ 미군정은 이승만, 김구와 박헌영을 모두 배제시키는 것을 원했으나 좌우합작위원회는 이승만과 김구를 대변하는 인물은 철저히 배제하고 박헌영을 대변하는 인물들은 참여시켰다.

▲ 우사 김규식

▲ 몽양 여운형

답 : ②

68. 다음은 해방 정국에 전개된 좌우합작 운동에 관한 설명이다. 옳지 않은 것은 무엇인가?

① 좌우합작 운동은, 민족 분단이라는 재난을 막기 위해서는 좌우로 분열된 민족을 통합시켜야 한다고 자각한 김규식과 여운형이 독자적으로 전개한 운동이다.

② 좌우합작 운동은 민족 자주 의식과 반탁 입장이 강경한 이승만과 김구의 세력을 거세하고 '미소 합의에 의한 한반도 문제 해결'이라는 미국의 정책에 협조할 정치 세력을 양성하려는 미군정의 공작과 지원으로 전개된 것이다.

③ 김규식과 여운형은 1946년 10월 좌우합작 7원칙을 마련하는 데 성공했다.

④ 공산당과 한민당이 좌우합작 7원칙에 반대하여 좌우합작은 물거품이 되었다.

⑤ 이승만과 김구는 좌우합작 초기에는 이를 지지했다.

| 해 설 |

① 1946년 5월부터 진행된 남한 정계의 좌우합작 운동은 미군정의 기획과 지원으로 이루어진 것이다. 좌우합작의 지도자로 김규식과 여운형을 선정한 것부터 좌우합작의 회합을 주선하고 이 운동을 지속적으로 지원한 것은 미군정이다. 미군정의 좌우합작 정책을 지시하고 조정한 것은 미 국무부였다.

⑤ 이승만과 김구는 1946년 5월 좌우합작 초기 단계에는 이를 지지했다. 1946년 11월 미군정이 이승만과 김구를 정치적으로 거세하기 위해 좌우합작 운동을 이용하고 있다는 점을 파악한 후 이승만과 김구는 좌우합작 운동을 비판하게 되었다.

① : 답

69. 미군정이 추진한 좌우합작 노선에 대한 설명 중 옳지 않은 것은 무엇인가?

① 미군정이 추진한 좌우합작 운동은 북한과 좌익의 위험성을 간과했다는 비판을 받았다.

② 미군정의 좌우합작 정책은 미소 공위 실패 등으로 잘못된 것임이 드러났다.

③ 이승만은 정읍발언을 통해 미소 공위 결렬의 난관을 좌우합작으로 돌파하려는 미군정의 정책을 비판하였다.

④ 미군정청은, 좌·우 진영의 주변부 세력을 중심으로 좌우합작 운동을 전개하여 중도적인 제3세력을 형성하고 이들을 새 정부의 핵심 세력으로 만들려는 의도를 가지고 있었다.

⑤ 미군정은 이승만 등 우익과 박헌영 등 좌익을 배제시키고 좌우합작파를 지원했으나 입법 기구에는 등용치 않았다.

| 해 설 |

⑤ 미군정은 좌우합작파를 입법 기구에 적극 참여시켰다.

정답 : ⑤

70. 다음은 1946년 12월 12일에 개원된 남조선과도입법의원에 관한 설명이다. 옳지 않은 것은 무엇인가?

① 남조선과도입법의원은 미군정의 입법 자문 기관으로 설치되었다.

② 우익 진영과 좌우합작위원회는 과도입법의원의 설치를 지지했으나, 좌익 진영은 민족 통일 및 완전한 자주 독립에 지장을 주는 것이라고 비난했다.

③ 미군정은 좌우합작위원회에 적극 참여한 인사들이 과도입법의원의 다수파를 구성하도록 다양한 노력을 전개했으나 성공하지 못했다.

④ 미군정은 과도입법의원 구성에 있어서 이승만·김구와 협의하고 그들의 의견을 수용했다.

⑤ 과도입법의원 의장에는 김규식이 선출되었다.

| 해 설 |

④ 미군정은 이승만·김구 등 우익이 반탁 운동을 적극 전개하자, 신탁통치를 실행해야 할 입장으로서 난감하지 않을 수 없었다. 특히 김구가 미군정에 대한 쿠데타까지 시도한 사실이 드러나자 미군정의 우익에 대한 반감은 더욱 커졌다. 이에 미군정은 이승만·김구 등 우익을 미국의 한반도 정책 집행을 방해하는 세력으로 간주하고 거세하려 했다. 미군정은 이들을 배척하는 한편 좌우합작 정책과 대안 세력 육성 정책으로 돌파하려 했다. 제1차 미소 공동위원회가 결렬(1946.5)되자, 미군정은 이승만·김구 등 강경 우익 세력과 박헌영 등 강경 좌익 세력을 배제하고 여운형·김규식 등 온건 좌·우익 세력과 접촉하여 미군정 정책에 지지토록 하는 좌우합작 운동을 전개하였다. 미군정은 온건 좌우합작 인사들을 미군정 정책의 지지 세력으로 만드는 한편 이들을 중요한 정치적 파트너로 육성하려 한 것이다. 이러한 미군정의 정책에 따라 과도입법의원이 설치되었다. 이때부터 미군정은 미국인 중심의 인사 편제에서 한국인 중심 인사 편제로 변화시키고 여기에 좌우합작파 인물들을 등용했다.

정답 : ④

71. 다음은 1947년 5월 20일부터 서울에서 개최된 제2차 미소 공동위원회의 진행 상황에 관한 설명이다. 옳지 않은 것은 무엇인가?

① 제2차 미소 공위에는 좌익 진영과 중도파는 물론 이승만 · 김구 세력을 비롯한 우익 진영의 정당 · 단체가 모두 참여했다.

② 제2차 미소 공위에서도 협상이 교착 상태에 빠졌다. 한반도 통일 임시정부 구성과 관련된 협의 대상이 될 정당 · 단체에 신탁통치를 반대한다는 이유로 우익 진영 정당 · 단체를 포함시키지 않으려는 소련의 입장과 그에 반대하는 미국의 입장이 대립되었기 때문이다.

③ 미소 공위가 교착 상태에 빠지자 남북한의 좌익 세력은 미소 공위의 진전을 촉구하고 소련의 입장을 지지하는 대규모 군중 집회를 전국적으로 개최했다.

④ 미국은 미소 공위에서는 한반도 문제 해결이 불가능하므로 미 · 소 · 영 · 중 4개국 외무부 장관 회의를 개최하여 한국 문제를 해결하자고 소련에 제안했으나 소련은 이를 거부했다.

⑤ 미국은 한국 문제를 4개국 외무부 장관 회의로 이관할 수도 없다면 모든 국제 문제를 다루는 유엔 총회에 상정할 수밖에 없다는 입장을 취했다. 미국은 한국 문제를 유엔총회에 상정했지만 소련은 이에 반대했다.

| 해 설 |

① 이승만 · 김구와 그들의 직계 세력만 제2차 미소 공위를 보이콧했을 뿐 한민당을 포함한 우익 진영 내의 상당수 정당 · 사회 단체는 제2차 미소 공동위원회에 참여했다.

▲ 제2차 미소 공동위원회

①: 답

72. 대한민국 건국 과정에 대한 설명 중 옳지 않은 것은 무엇인가?

① 참가 정당·사회 단체를 정하는 문제로 제2차 미소 공동위원회마저 실패로 돌아가자, 미국은 하는 수 없이 한국의 통일 정부 수립 및 독립 문제를 유엔으로 넘겼다.

② 유엔총회에서는 1947년 11월 인구 비례에 의한 남북한 총선거 실시를 통한 통일 정부 수립을 결의하였다.

③ 유엔은 1948년 1월 총선거를 감시하기 위해 8개국 대표로 구성된 유엔 한국임시위원단을 한국에 파견하였다.

④ 유엔 한국임시위원단이 38선 이북으로 가 김일성과 협의했으나, 김일성은 유엔이 간여할 문제가 아니라며 거부 의사를 밝혔다.

⑤ 유엔 소총회에서는 1948년 2월 유엔의 선거 감시 활동이 가능한 38도선 이남에서의 총선거 실시를 결의하였다.

| 해 설 |

④ 소련군과 김일성은 유엔 한국임시위원단이 38선 이북 지역을 방문하는 자체를 거부함으로써 유엔에 의한 남북한 통일의 마지막 기회를 무산시켰다.

◀ 유엔 한국임시위원단 환영대회(1948.1)

정답 : ④

73. 다음은 한국 문제가 유엔총회에 상정된 후 소련이 제안한 미·소 양군 조기 철수론에 대한 설명이다. 옳지 않은 것은 무엇인가?

① 1948년 초까지 남북한에 주둔한 미·소 양군을 철수시키고 한국인들에게 통일 정부 수립 문제를 맡기자는 것이다.

② 소련의 제안은 당시의 남북한 상황을 고려할 때 한반도 공산화 통일을 유도하기 위한 것이다. 당시 북한에서는 단독 정권이 설립되었고 공산주의에 반대하는 인구는 숙청되었으며 사회주의 사상으로 무장된 군대도 양성되어 있는 데 반해, 남한에서는 단독 정권도 존재하지 않고 정치 세력은 좌·우·중 3파로 분열되어 혼란을 조성하고 있었으며 반공 사상으로 무장된 군대도 양성되어 있지 않았다.

③ 소련의 제안에 대해 미국은 그 문제도 유엔총회에서 토론하자고 대응했다.

④ 소련의 제안에 대해 김구와 김규식은 우익 진영과 더불어 시종일관 반대했다.

⑤ 소련의 제안에 대해 좌익 진영은 시종일관 지지했다.

| 해 설 |

④ 김구와 김규식은 소련의 제안을 시종일관 반대한 것은 아니다. 처음에는 반대했다가 훗날 북한이 남북 협상을 제안하면서부터는 소련의 제안을 지지했다.

④ : 답

74. 다음은 한국 문제에 대한 유엔총회의 결의에 관한 설명이다. 옳지 않은 것은 무엇인가?

① 유엔총회는 1948년 11월 14일 찬성 43, 반대 0, 기권 6의 압도적 다수로 한국 문제에 대한 결의를 채택했다.

② 결의 내용은, 남북한 전 지역에서 유엔 감시하에 자유 총선거를 실시하여 통일 정부를 구성할 것과 그러한 결의 실행을 준비·감독하기 위해 유엔 한국임시위원단을 구성하여 한국에 파견한다는 것이다.

③ 유엔총회의 결의 내용은 미국이 제안한 초안을 토대로 한 것이다.

④ 유엔총회가 한국 문제를 심의하기 시작하자 소련은 유엔총회가 미국의 주장대로 결의할 것으로 체념하고 한국 문제에 대한 유엔총회의 심의 과정을 방관했으며, 그로 인해 유엔총회의 한국 문제 결의가 압도적 다수 지지로 통과되었다.

⑤ 유엔총회의 한국 문제 결의 채택 직후 이승만, 김구, 김규식 3인은 유엔 결의 환영 군중대회에 참석하여 유엔 결의를 전폭적으로 지지했다.

① 소련은, 미국의 초안이 유엔총회 결의로 채택되지 못하도록 다양한 노력을 적극적으로 전개했다. 그러나 소련의 주장은 타당성이 없었기 때문에 다수 회원국으로부터 외면받았다.

② 유엔총회 결의 중에는 "통일 정부가 구성되면 90일 이내에 남북한에서 미·소 양군이 완전 철수한다"라는 내용도 포함되어 있다.

답 : ④

75. 다음은 유엔총회 결의 실행 저지를 위한, 소련과 남북한 좌익 세력의 활동에 관한 설명이다. 사실과 다른 것은 무엇인가?

① 소련은 유엔총회의 한국 문제 결의를 비난하고 그 결의의 실행을 위해 유엔 한국임시위원단이 북한 지역을 방문하는 것을 거부했다.

② 남북한의 좌익 세력은 유엔총회의 한국 문제 결의를, 남한에 단독 정부를 구성하여 남한을 미국의 식민지화·군사 기지화 하려는 것이라고 비난하면서 그 실행을 저지하기 위해 전 민족적 투쟁을 전개하자고 촉구했다.

③ 남한의 좌익 세력은 남한에서 유엔 결의 실행을 위한 준비 활동을 전개하는 유엔 한국임시위원단에게 "제국주의 대변인 역할을 중단하고 남한에서 물러갈 것을 촉구"하는 시위와 항의서한 보내기 캠페인 등을 전개했고, 1948년 2월 7일부터는 노동자 파업·동맹 휴교·시설 파괴 등 폭력 투쟁을 전개했다.

④ 북한 정권과 남한 좌익 세력은 유엔 결의 반대 및 유엔위원단 축출 투쟁을 전개하면서 우익 진영 전체를 향해 우리 민족끼리 자주적으로 통일 독립 문제를 해결하기 위한 남북 협상을 전개하자고 촉구했다.

⑤ 좌익 세력의 유엔 결의 반대 및 유엔위원단 축출 투쟁이 사회를 혼란케는 했지만 대중의 지지를 받지는 못했다.

④ 북한 정권과 남한의 좌익 세력이 남북 협상에 참여하라고 촉구한 대상은 우익 진영의 전체가 아니고 우익 진영 내의 일부 세력(김구 세력) 뿐이었다.

③ 남한의 좌익은 1948년 2월 7일부터 유엔위원단의 활동을 저지하기 위해 격렬한 파업과 시위·폭동을 일으켰는데, 변전소 파괴 및 전선 절단, 기관차 파괴 및 열차 운행 중지, 전신 설비 미비, 경찰 지서 습격, 학생들의 동맹 휴학 등을 전개하였다. 이것을 좌익 세력은 '2·7구국 투쟁'이라고 한다. 그로 인해 수많은 사상자가 발생했다.

답 : ④

76. 다음은 유엔 소총회가 한반도의 유엔 감시 아래 선거가 가능한 지역에서 선거를 실시하여 정부를 구성할 것을 결의하게 된 과정에 관한 설명이다. 사실과 다른 것은 무엇인가?

① 유엔 결의 실행 준비를 위한 유엔 한국임시위원단의 북한 입경을 소련이 거부함으로써 북한에서는 유엔 감시하의 선거가 불가능해졌다.

② 북한에서 선거가 불가능해지자 유엔 한국임시위원단은 유엔 소총회에 유엔 한국임시위원단의 향후 활동 방침을 제시해줄 것을 요청했다.

③ 유엔 소총회에서 미국은 유엔 감시하의 선거가 가능한 지역에서 유엔총회의 결의를 이행하도록 유엔 한국임시위원단에 촉구하는 결의안을 제출했다.

④ 소련과 소련의 추종 국가들은 유엔 소총회에서 끈질기게 반대 토론을 전개하여 그런 결의안이 채택되는 것을 저지하려 했다.

⑤ 유엔 소총회는 토론 끝에 1948년 2월 26일 미국이 제출한 결의안을 채택했다.

| 해 설 |

④ 소련과 소련의 추종 국가들은 유엔 소총회 개최 자체에 반대하여 토론에 불참했다. 토론에 불참했으므로 토론과 표결을 통한 결의안 채택 저지는 없었다.

정답 : ④

77. 1947년 초~1948년 초, 한반도에서는 다음과 같은 일들이 일어났다. 이러한 일들은 국제 정세와 밀접하게 연결되어 있다. 당시 국제 정세에 대한 설명으로 옳지 않은 것은 무엇인가?

㉠ 1947년 초	미군정이 지원하던 좌우합작 운동 위축 시작	
㉡ 1947.7	여운형 암살 계기 좌우합작 운동 중단	
㉢ 1947.5~9	제2차 미소 공동위원회, 소련의 비타협적 태도로 실패	
㉣ 1947.9	미국, 한국 문제 유엔 이관	
㉤ 1948.1	유엔 한국임시위원단 한국 파견 및 소련의 입북 거부	
㉥ 1948.2	유엔 소총회, 선거 가능한 38선 이남 단독 선거 결의	
㉦ 1948.3	김일성, 단독 선거 반대, 남북 제정당 · 사회단체 연석회의 제안	
㉧ 1948.4	김구 · 김규식 등, 북한으로 올라가 남북 협상 참석	

① 제2차 세계대전 종전 후, 특히 1947년 이후 유럽과 아시아 지역에서 공산주의 세력이 급속히 확대되고 있었다.

② 자유 민주 진영이 공산주의 세력에 대한 위험성을 깨닫기 시작했다.

③ 소련을 중심으로 한 동유럽과 미국을 중심으로 한 서유럽 간 동서 냉전이 절정에 이르렀다.

④ 미국은 그리스·터키 공산화 방지하기 위해 트루먼 독트린을 발표했다.

⑤ 미국은 소련이 유럽 전역으로 세력을 확장하는 것을 방지하기 위해 마샬 유럽 부흥 계획을 발표하였다.

| 해 설 |

③ 동서 냉전은 1947년 트루먼 독트린에서부터 시작되기는 했으나, 곧장 절정에 이른 것은 아니다.

答 : ③

78. 김구는 1948년 2월 10일 '삼천만 동포에게 읍고함'이란 성명에서 남한 단정론자들을 가리켜 "햇볕을 두려워하는 박테리아 같은 존재"라고 비난했다. 한편 자신은 통일된 조국을 건설하려다 38선을 베고 쓰러질지언정 일신의 안녕을 위하여 단독 정부를 세우는 데 협력하는 일은 하지 않겠다고 선언하였다. 다음 중 김구의 그러한 선언과 관련된 사항이 아닌 것은 무엇인가?

① 김규식과 함께 남북 협상 제의

② 5·10선거 불참

③ 이승만과 결별

④ 안재홍과 함께 평양회의 참석

⑤ 소련의 미소 양군 조기 철수론 지지

| 해 설 |

④ 안재홍은 남북 협상을 지지했으나 평양회의에는 참가하지 않았다. 김규식 등과 함께 평양회의를 참석하였다.

答 : ④

79. 다음은 김구가 1948년 2월 10일 발표한 '삼천만 동포에게 읍고함'이라는 글이다. 이 글에서 보이는 김구의 노선과 관련이 없는 것은 무엇인가?

> 유엔은 전쟁의 위기를 방지하여 세계의 평화를 건설하기 위하여 조직된 것이다. 그러므로 유엔은 한국에 대하여도 그 사명을 수행하기 위하여 임시위원단을 파견하였다. 그 위원단은 신탁 없고 내정 간섭 없는 조건하에 그들의 공평한 감시로써 우리의 자유로운 선거에 의하여 우리에게 남북 통일의 완전 자주 독립을 줄 것과 미·소 양군을 철수시킬 것을 약속하였다.
>
> 이제 불행히 소련의 보이콧으로써 그 위원단의 사무 진행에 방해가 불무하나 그 위원단은 유엔의 위신을 가장하여 세계 평화 수립을 순리하게 진전시키기 위하여 또는 그 위원 제공들의 혁혁한 업적을 한국 독립운동 사상에 남김으로써 한인은 물론 일체 약소 민족 간에 있어서 영원한 은의를 맺기 위하여 최선의 노력을 다할 것이다. 만약 자기네의 노력이 그 목적을 관철하기에 부족할 때는 유엔 전체의 역량을 발동하여서라도 기어이 성공할 것은 삼척동자도 상상할 수 있는 것이다.
>
> 한국이 있고야 한국 사람이 있고 한국 사람이 있고야 민주주의도 공산주의도 또 무슨 단체도 있을 수 있는 것이다. …… 나는 통일된 조국을 건설하려다가 38선을 베고 쓰러질지언정 일신에 구차한 안일을 취하여 단독 정부를 세우는 데는 협력하지 아니하겠다. 나는 내 생전에 38 이북에 가고 싶다. ……

① 유엔 감시 아래 남북 총선거 반대

② 김일성과 남북 협상 추진

③ 공산주의에 대한 지지 입장

④ 민족 통일에 대한 간절한 열망

⑤ 5·10선거 불참 및 대한민국 건국 부정

| 해 설 |

③ 김구는 공산주의 세력과 협상하려는 수용적 태도는 가졌으나 공산주의 자체를 지지한 일은 없었다.

① 김구는 1947년 12월까지는 유엔 감시하의 남북 총선거를 지지했으나 1948년 1월 하순부터는 남북 협상을 주장하며 유엔 감시하의 남북한 총선거 실시를 반대했다.

③ : 답

80. 다음 두 개의 지문과 관련된 설명 가운데 옳은 것은 무엇인가?

> **(A)** 우리는 유엔 결의안을 지지하는 바다. 혹자는 소련의 보이콧으로 인하여 유엔안이 실시 못된다고 우려하나 유엔은 그 자신의 권위와 세계 평화의 건설과 또 장래에 강력의 횡포를 방지하기 위하여 기정 방침을 변하기가 만무하다. 그러면 우리의 통일 정부가 수립될 것은 문제도 없는 일이나 만일 일보를 퇴하여 불행히 소련의 방해로 인하여 북한의 선거만은 실시하지 못할지라도 추후 하시에든지 그 방해가 제거되는 대로 북한이 참가할 수 있게 하는 것을 조건으로 하고 의연히 총선거의 방식으로서 정부를 수립하여야 한다. 그것은 남한의 단독 정부와 같이 보일 것이나 좀 더 명백히 규정하자면 그것도 법리상으로나 국제관계상으로 보아 통일 정부일 것이요, 단독 정부는 아닐 것이다. 이 박사가 주장하는 정부는 상술한 제2의 경우에 치중할 뿐이지 결국에 내가 주장하는 정부와 같은 것인데 세인이 그것을 오해하고 단독 정부라고 하는 것은 유감이다(1947년 12월 1일 발표).

> **(B)** 미군 주둔 연장을 자기네의 생명 연장으로 인식하는 무지몰각한 도배들은 국가 민족의 이익을 염두에 두지도 아니하고 박테리아가 태양을 싫어함이나 다름없이 통일 정부 수립을 두려워하는 것이다. 그리하여 그들은 음으로 양으로 유언비어를 조출하여서 단선 단정의 노선으로 민중을 선동하여 유엔위원단을 미혹하기에 전심력을 경주하고 있다.…… 나는 통일된 조국을 건설하려다가 38선을 베고 쓰러질지언정 일신의 구차한 안일을 취하여 단독 정부를 세우는 데는 협력하지 아니 하겠다(1948년 2월 10일 발표).

① (A)지문은 조소앙의 성명이고 (B)지문은 김구의 성명이다.

② (A)지문은 김규식의 성명이고 (B)지문은 김구의 성명이다.

③ (A)지문은 김구의 성명이고 (B)지문은 김규식의 성명이다.

④ 두 지문의 발언자는 김구다.

⑤ 두 지문의 발언자는 김규식이다.

| 해 설 |

④ (A)지문은 김구가 이승만의 정부 수립 노선을 지지하기 위해 발표한 성명이고, (B)지문은 김구가 남북 협상을 추진하면서 발표한 성명이다.

㉮ : 답

81. 다음은 김구가 평양에서 개최되는 남북 협상(남북 조선 제정당 사회단체 대표자 연석회의)에 참석하기 위해 38도선을 넘어가면서 찍은 역사적 사진이다. 이에 관련된 사실에 대한 설명으로 옳지 않은 것은 무엇인가?

38도선을 통과하는 김구 일행
(왼쪽은 비서 선우진, 오른쪽은 김구의 아들 김신)

① 김구의 남북 협상 추진은 김일성의 공작에 말려든 것이라 볼 수 있다.

② 김구의 남북 협상 추진과 참가는 민족 분단을 막으려는 민족 의식이 작용한 것이다.

③ 김구 입북 며칠 뒤 민족자주연맹 김규식도 입북, 합류하였다.

④ 김구의 열정에 감복한 국민의 환영 속에 출발하였다.

⑤ 소련군과 김일성은 김구 일행을 철저히 이용하여 자신들의 목적을 이루는 데 성공하였다.

| 해 설 |

④ 많은 국민이 북한에 이용당할 것이라며 만류했지만 김구·김규식은 이를 뿌리치고 평양으로 갔다.

① 김구의 평양행은, 김일성이 남파한 공작원 성시백, 일찍부터 김일성에 포섭된 홍명희·백남운 등의 공작에 영향을 받은 것이다.

②⑤ 김구는, 평양 회의에 참석하는 것이 북한 측이 미리 준비한 각본에 따른 잔치에 참석하는 것이 아닐까 하는 의구심을 가지면서도 민족 분단을 막아야 한다는 명분 때문에 평양으로 갔다. 그러나 북한은 김구 일행을 정략적으로 철저히 이용하였다.

▲ 우사 김규식

소련과 김일성은 김구의 평양회의 참석으로 인해 많은 정치적 성과를 거두었다. 김일성은, 자신이 통일을 위해 적극적으로 노력한다는 이미지를 형성하는 데 성과를 거두었다. 김일성은 남한의 이승만과 미국이 분단의 원흉이라는 인식을 확산하는 데도 어느 정도 성과를 거두었다. 김구·김규식 등 임정 세력으로 하여금 대한민국 정부 수립에 불참토록 유도함으로써 대한민국 정통성에 흠집을 내는 데도 성공을 거두었다.

▲ 남북 정당·사회단체 연석회의에 참석하는 김구와 김일성

⑦ : 답

82. 다음은 1948년 4월 평양에서 개최된 남북 협상에 관한 설명이다. 옳지 않은 것은 무엇인가?

① 김구는 1947년 10월 무렵부터 남북 협상을 지지했다.

② 남북 협상이 성사되는 데는 북한의 대남 공작원 성시백의 공작이 상당한 기여를 했다.

③ 1948년 4월 평양에서 개최된 남북 협상은 북한 주둔 소련군 사령부의 지도 아래 북조선노동당이 작성한 각본에 따라 일방적으로 진행되었다.

④ 평양 남북 협상에서 채택된 문서들의 내용은 소련군 점령하에 북한에서 행해진 변화(공산화)를 찬양하고, 유엔 결의에 따른 남한에서의 선거를 저지할 것을 다짐하는 것이었다.

⑤ 공식 남북 협상이 끝나고 남측 참여자들이 남한으로 귀환하기 직전 김일성은 김구와 단독 면담을 가졌다.

| 해 설 |

① 1947년 10월 시점에서 김구는 남북 협상을 반대했다. 김구는 남북 협상에 동조하는 한독당 당원들을 징계했다. 김구가 남북 협상을 지지한 것은 1948년 1월 하순부터다.

② 미국이 한국 문제를 유엔으로 이관(1947.9)시키자, 김일성은 1947년 10월 남북 협상 필요성을 주장하였다. 김일성은 남북 협상을 성사시키기 위해 남한의 정당·사회단체 인사들을 포섭하는 공작을 벌였는데, 그 임무를 서울에서 암약하는 북로당 공작원 성시백에게 맡겼다. 성시백은 중도파 김규식의 비서를 포섭한 데 이어 김구의 측근에 자신의 사람을 심는 데 성공하였다.

북한의 공작은 효과를 거두기 시작했다. 유엔총회의 결의를 크게 환영했던 김구와 김규식은 갑자기 유엔총회 결의에 대해 부정적 태도를 보이기 시작했고, 점차 남북 협상을 수용하는 방향으로 선회하였다. 이들은 1948년 1월 말 유엔위원단에게 미소 양국군의 조기 철수와 남북 협상 필요성을 제기했을 뿐 아니라 소련이 반대하는 총선을 추진하지 말 것을 요청하기까지 했다. 김구와 김규식의 갑작스런 노선 변경은 임박한 민족 분단을 막아 보려는 충정도 있었지만 북로당 공작원 성시백에게 포섭된 측근들의 조언이 크게 작용했기 때문이다.

▲ 1948년 5월 평양 5·10선거 반대 시위

① : 답

83. 김구의 남북 협상에 대한 설명 중 옳지 않은 것은 무엇인가?

① 이승만은 남북 협상이 한반도 전체 공산화를 위해 시간을 끌려는 소련의 책략에 말려드는 것이라 며 반대했다.

② 남북 협상이 논의되는 시점에 소련과 김일성은, 미소 양국군이 즉각 철수한 뒤 한국인들이 자주적 으로 통일 정부를 구성하도록 하자고 주장했다.

③ 당시 북조선인민회의가 통일 정권의 헌법 초안을 작성, 심의함으로써 남한 인사들을 당혹케 했다.

④ 1948년 4월 19일 김구가 평양에 도착했을 때 열린 남북 조선 제정당·사회 단체 대표자 연석회의 는 남북한 대표 696명이 참가하는 회의였다.

⑤ 평양 연석회의에서 채택된 문서들은 김구와 김규식이 제안한 내용을 대폭 반영하였다.

| 해 설 |

⑤ 평양 연석회의는 김일성과 북한 공산당의 시나리오대로 진행되었고, 김일성의 각본에 따라 북한 공산화를 찬양하는 내용의 문서들을 채택했다. 회의의 진행에서 김구의 발언 은 아무 영향을 마치지 못했고, 김규식은 회의에 참석하지도 않았다.

② 소련과 북한 정권은, 미소 양국군이 철수한 후 남북한 정치 세력에게 한반도의 정치적 운명을 맡기면 공산화 통일이 될 것이라는 전망 아래 미소 양군 즉각 철수론을 주장했다. 당시 북한은 해방 직후부터 소련군의 비호 아래 토지 개혁, 반공 인사 숙청 등으로 인민민

▲ 평양 모란봉극장에서 개최된 남북 협상 회의에서 연설하는 김구

주주의 체제의 단독 정부가 확고해졌는데 반해, 남한의 경우는 좌·우·중도 세력이 각축하는 정치 혼란을 겪고 있었다. 그런 조건에서 미소 양군이 즉각 철수한 후 한국인들이 자율적으로 남북간 통일 정부를 구성하면 그 결과는 공산화 통일 이 될 것이었다.

③ 평양에 간 남측 대표단은 북한 측과의 협상을 마치고 인민회의 청사 견학을 갔다가 때마침 그곳에서 헌법 초안 축조 심의를 하고 있는 광경을 목격하고 크게 실망했다(1948.4.28). 북한 측은 남한에 단독 정권은 안된다고 비난하면서도 자 신들은 남한보다 훨씬 먼저 헌법 초안을 만들고 있었던 것이다. 당시 남한 측 대표단이 목격한 헌법 초안 심의과정은 이 미 스탈린의 최종 검토, 승인을 얻은 헌법 초안을 북조선인민회의 특별회의에서 공식적으로 채택하는 과정이었다. 북한 헌법 초안 작성 작업은 1947년 11월부터 시작되었다. 1936년 소련 헌법(인민민주의 혁명 규정)을 모델로 한 이 헌법 초안은 1948년 2월초에 완성되어 소련으로 보내졌고, 소련 공산당 중앙위원회의 정밀 검토와 스탈린의 최종 검토를 거 친 후 승인되었다(1948.4.24). 이 헌법 초안은 1948년 9월초 구성된 '조선최고인민회의'에서 1948년 9월 8일 만장일치 로 '조선민주주의인민공화국 헌법'으로 공식 채택되었다.

⑤ : 답

84. 해방 이후 김구의 정치 활동 양상에 대한 설명으로 바르지 못한 것은 무엇인가?

① 모스크바 삼상회의 이후 이승만과 함께 반탁 운동을 전개하여 남한의 공산화 저지에 큰 역할을 했다.

② 미국이 한국 문제를 유엔에 이관하자, 김구는 환영 입장을 표명했다.

③ 김구는 우익 세력으로서 미군정이 추진한 좌우합작이 좌익의 통일 전선 전술에 이용당할 수 있음을 감안하여 적극 반대했다.

④ 김구는 대한민국이 건국된 이후에도 지속적으로 대한민국의 정당성을 부정하고 주한 미군의 철수를 주장하였다.

⑤ 김구는 1947년 12월 초까지는 이승만의 정부 수립 노선을 지지했다.

| 해 설 |

③ 김구는 좌우합작에 대해 지지하는 입장을 천명했으며, 좌우합작 7원칙에 대해서도 찬성하는 성명을 발표했다.

④ 김구는 남북 협상에 그치지 않고, 대한민국 건국을 위한 유엔 활동을 비난했다. 대한민국 건국을 위한 5·10선거에도 불참하였으며, 대한민국 건국 후에도 대한민국을 인정하지 않았다. 김구의 이러한 행동은 대한민국의 정통성에 깊은 상처를 주었다. 아직까지도 대한민국을 부정하거나 흠집을 내려는 세력들은 김구를 앞세워 대한민국을 공격하고 있는 실정이다.

⑤ 김구는 1947년 12월 초 발표한 성명을 통해 이승만의 정부 수립 노선이 자신의 정부 수립 노선과 일치한다는 점을 천명했다.

답 : ③

85. 다음은 제주 4·3사건에 관한 설명이다. 사실과 다른 것은 무엇인가?

① 제주 4·3사건은 처음에는 우발적 민중 항쟁으로 시작되었다가 경찰과의 충돌 과정에서 무장 폭동으로 확대되었다.

② 제주 4·3사건의 목적은 대한민국 건국을 위한 5·10선거를 저지하는 것이었다.

③ 무장 폭동이 지속되어 제주도 3개 선거구 중 2개 선거구에서 선거가 실시되지 못했다.

④ 제주도의 폭동 세력은 1948년 8월 15일 대한민국이 건국된 후에도 한라산을 근거지 삼아 군사 행동을 계속했다.

⑤ 제주 4·3사건에서는 폭동과 그 진압 과정에서 많은 사람이 목숨을 잃었다.

| 해 설 |

① 제주 4·3사건은 처음부터 제주 남로당 간부들이 치밀하게 계획하여 일으킨 사건이다.

②④⑤ 제주 4·3사건은 1948년 4월 3일 새벽 두 시, 제주남로당 책임자 김달삼이 이끄는 350여 명의 좌익 폭도가 89개의 오름(기생화산)에서 봉화를 올리는 것을 신호로 일제히 경찰지서를 습격하고 우익 인사들을 학살한 사건에서 출발하였다. 이후 좌익 빨치산들은 몇 년간 한라산을 중심으로 투쟁 활동을 전개하였고, 군경도 이에 대응해 오랫동안 치열한 진압 작전을 전개하였다. 이러한 상호 공방 가운데 1만 4천여 명의 희생자(진압군에 의한 희생 10,955명, 무장대에 의한 희생자 1,764명 등)가 생겼다. 진압군에 의한 희생자 중에는 무고한 희생자도 많았지만 좌익 폭동 주동자 수도 상당했다.

▲ 남로당 제주도위원회 군사부 총책 김달삼 (본명 이승진, 전 대정중 교사)

무고한 희생자가 많아 안타깝지만 제주 4.3사건의 기본 성격은 발생 원인에서 찾아야 한다. 제주 4·3사건은, 5·10선거 방해를 통해 대한민국을 수립을 막으려는 남로당 세력이 주도한 공산 폭동에서 출발한 것이다. 김대중 대통령도 1998년 11월 23일 CNN과의 대담에서 "제주 4·3사건은 공산 폭동으로 일어났지만 억울하게 죽은 사람이 많으니 진실을 밝혀 누명을 벗겨주어야 한다"라며 이 사건의 기본 성격을 명쾌하게 정의하였다. 이에 따라 김대중 정부는 1999년 12월 국회에서 제주 4·3사건의 진상을 규명하고 희생자와 그 유족들의 명예를 회복시켜주기 위한 '제주 4·3사건 진상 규명 및 희생자 명예 회복을 위한 특별법'을 통과시켰고, 2000년 정부 차원의 진상 조사에 착수하여 2003년 조사위원회의 보고서를 확정하였다. 노무현 대통령은 2003년 10월 '국가 권력에 의해 대규모 희생'이 이뤄졌음을 인정하고 제주도민들에게 공식 사과하였다. 박근혜 정부는 2014년 3월 국무회의에서 '4·3 희생자 추념일'을 신규 지정하였다. 이는 '제주 4·3사건 진상 규명 및 희생자 명예 회복에 관한 특별법' 취지에 따라, 희생자를 추모하고 유족을 위로하며 화해와 상생을 통한 국민 대통합을 도모하기 위한 것이다.

① : 答

---

86. 제주 4·3사건에 대한 설명 중 잘못 기술한 것은 무엇인가?

① 제주 남로당 책임자 김달삼 등이 조직한 좌익 세력의 폭동에서 출발하였다.

② 5·10선거 반대, 단독 정부 수립 반대 등의 명분을 내걸었다.

③ 토벌대를 육지에서 파견했음에도 진압하는데 수년이나 걸렸다.

④ 김달삼, 강규찬 등 주동자들은 곧 월북하거나 일본 밀항 등으로 제주도를 빠져나갔다.

⑤ 토벌 과정에서 발생한 희생자들은 거의 모두 무고한 사람이었다.

⑤ 한라산을 중심으로 한 빨치산들의 공격과 이들을 토벌하는 국방군과의 치열한 교전으로 많은 희생자를 내었다.

2007년 3월 14일 제주 4·3사건 희생자 심사가 완료되었는데, 이때 발표된 총 희생자는 1만 4,033명이다. 이 중 진압군에 의한 사망자 10,955명, 무장대에 의한 사망자 1,764명이었다. 진압 작전 중 사망한 군인은 180여 명, 사망 경찰관은 140여 명이다. 사망자 중에는 무고한 민간인도 많았지만 좌익 폭도도 많았다. 좌익 폭도에 의한 경찰·군·우익 인사들의 희생도 상당했다.

① 제주남로당 책임자 김달삼이 이끄는 좌익 세력이 1948년 4월 3일 새벽 두 시 봉화를 들고 경찰지서들을 습격하면서 시작된 사건이다.

② 5·10 총선거일을 앞둔 4월 3일 폭동을 일으킨 것은 선거를 방해하기 위해서였다. 실제로 제주도의 3개 선거구 중 2개 선거구에서는 선거가 실시되지 못했다.

③ 좌익은 김달삼 도주 후 이덕구를 사령관으로 하여 더욱 치열하게 무장 투쟁을 전개하였는데, 한라산 산간 주민을 자발적 또는 강압적으로 끌어들여 수년간 빨치산 활동을 전개하였다. 워낙 제주 빨치산들의 세력이 커서 제주도 내 군경으로는 진압이 불가능했고 육지의 군 병력을 동원해야만 했다.

④ 김달삼, 강규찬 등 주동자들은 무책임하게 반란을 일으켜놓고는 월북 또는 일본 밀항으로 도피하였다. 특히 주동자 김달삼은 수사망이 좁혀오자 주동자 다섯 명과 함께 북한 해주에서 개최되는 남조선인민대표자회의(8.25) 참석을 명분으로 월북하였다. 그는 이 대회에서 제주 4·3사건의 전과를 보고하는 강연을 하여 큰 호응을 얻었다.

▲ 북한 해주에서 개최된 남조선인민대표자회의에서 투표를 하는 김달삼 (8.25)

박근혜 정부가 2014년 3월 국무회의에서 4월 3일을 '4·3희생자 추념일'로 지정한 것과 관련하여 여러 사회 단체에서 다양한 문제를 제기하였다. 하나는, 4·3사건 전 과정에서 많은 무고한 희생자가 있었던 것은 사실이지만 '4월 3일'이란 그야말로 남로당 제주도당 책임자 김달삼이 350여 명의 무장대를 이끌고 경찰지서를 습격한 폭동 사건 기념일인데, '4·3 희생자 추념일'로 하는 것은 마치 '4월 3일 김달삼이 주도해 12개의 경찰지서를 습격한 공산 폭동' 자체를 합리화시켜주는 것 아니냐는 우려이다. 4·3사건 전체에 대한 추념이지 '4월 3일의 폭동'을 추념하는 것이 아니라는 점을 분명히 해야 한다. 또 하나는, 진압군에 의한 사망자 10,955명 중에는 무고한 희생자가 많지만 남로당 핵심 간부들과 당시 무장대 수괴급조차도 희생자 명단에 포함되어 있어 재심사가 필요하다는 주장이다. 예를 들어 제3대 폭도 사령관 김의봉이 명단에 들어 있는가 하면, 박진경 연대장 암살범 신선우, 장자규, 국군 9연대 탈영병 강정호, 송원병 등의 이름도 제주 4·3 평화공원 안 위패에 모셔져 있다는 것이다. 희생자 명단 속에서 폭도로 확인된 인물만도 무려 1,540명이나 된다는 주장도 있다. 이러한 문제 제기에 대해 정부에서는 조속한 시일 내에 관련 법령에 따라 철저한 재조사 및 검증 조치를 취해야 할 것이다.

▲ 제주 4·3 평화기념관 전경

⑤ : 톱

87. 5·10선거에 대한 설명 중 옳지 않은 것은 무엇인가?

5·10선거의 모습

① 이승만 계열과 무소속이 많이 당선되었다.

② 김구·김규식 등 남북 협상파가 대거 불참하였다.

③ 선거권은 21세, 피선거권은 25세 이상에게 주어졌다.

④ 역사상 처음 보통·평등·직접·비밀선거로 치러졌다.

⑤ 유엔 감시 아래 200명의 국회의원이 선출되었다.

| 해 설 |

⑤ 5·10선거에서는, 제주 4·3사건으로 인해 무효로 선언된 북제주군 2개 선거구를 제외한 198개 선거구에서 198명의 국회의원이 선출되었다.

① 5·10선거에서 당선된 국회의원 198명의 소속을 살펴보면, 무소속 85명, 대한독립촉성국민회 54명, 한민당 29명, 대동청년단 12명, 조선민족청년단 6명, 한국독립단 1명, 조선민주당 1명, 기타 10명 등이었다. 대한독립촉성국민회와 대동청년단이 이승만계다.

⑤ : 답

88. 제헌의회에서 가장 많은 의석을 획득한 정파는 무엇인가?

① 한독당

② 한민당

③ 자유당

④ 신한당

⑤ 무소속

위 87번 문제에서 본 바와 같이, 무소속이 다수를 차지한 것은 아직 정당 정치가 정착하지 않았기 때문이다. 한민당은 5·10선거 결과 29석을 얻는 데 불과했으나 풍부한 자금력을 동원하여 무소속 의원을 끌어들여 국회 개원 즈음에는 80여 명의 동조자를 확보하였고 이로써 국회 내에서 가장 영향력이 있는 정치 세력이 되었다.

答 : ⑤

89. 5·10선거에 대한 설명 중 옳지 않은 것은 무엇인가?

① 유엔 한국임시위원단 참관 아래 미군정 주관으로 비교적 공정하게 실시되었다.

② 총유권자 중 선거 등록자는 79.7%로 참여율이 상당히 높았다.

③ 남로당 등 좌익의 총선 파탄 투쟁으로 수백 명의 사망자가 발생했다.

④ 5·10선거에 불참했던 남북 협상파는 제2대 총선 때도 참여하지 않았다.

⑤ 일정 직위 이상의 친일 행위자는 피선거권이 박탈되었다.

④ 대한민국 건국에 반대하여 5·10선거에 불참했던 남북 협상파(임정 계열)는 이후 소련군과 김일성에 속은 것을 깨닫고 제2대 총선 때는 전원 참여하였다. 이로써 대한민국은 건국 과정에 생겼던 정통성의 흠집이 해소되었다.

③ 남로당 등 좌익은 3월 말 이후 선거 준비 기간 및 선거 운동 기간 내내 선거 방해 활동을 적극 전개하였다. 이들은 선거 관련 시설, 관공서, 우익 인사 가옥 등에 대한 습격과 방화, 통신·운송 기관 등 공공 시설과 생산 시설 파괴, 경찰관, 선거 위원, 우익 인사, 유력 후보자 등에 대한 살상 등 각종 무장 테러 행위를 자행하였다. 이로 인해 '2·7투쟁'부터 5월 14일까지 남로당 등 좌익 세력에 의한 선거 관련 인명 피해는 사망 334명, 부상 330명에 달하였다. 5·10선거일 전후 며칠 동안에도 사건이 집중적으로 일어났는데, 5월 7일부터 5월 11일까지 전국에서 좌익 세력의 공격을 받아 사망한 경찰, 후보, 선거 위원, 우익 인사가 40여 명에 이르렀고, 습격당한 경찰지서는 25개, 투표소는 36개에 달했다.

▲ 5·10선거를 앞두고 경찰이 압수한 죽창들(5.8)

答 : ④

90. 김구 중심의 임시 정부 세력에 대한 설명 중 옳지 않은 것은 무엇인가?

① 미군정은 김구 등 임시정부 참여 인사들이 개인 자격으로 귀국하는 것도 방해하였다.

② 5·10선거에 불참함으로써 대한민국 건국 과정의 정당성에 흠결을 남겼다.

③ 남북 협상을 통해 남북 분단을 막으려 하였으나 김일성에 이용당하는 결과를 낳았다.

④ 제2대 총선에서는 임시정부 세력이 참여함으로써 대한민국 건국의 정당성을 인정하였다.

⑤ 김구 등 임시정부 세력은 모스크바 삼상회의 후 이승만과 함께 신탁통치 반대 운동을 주도하였다.

| 해 설 |

① 미군정은 김구 등 임시정부 인사들이 임시정부 구성원 자격으로 귀국하는 것을 허락하지 않고, 개인 자격으로 귀국하는 것은 환영했다. 미군정은 김구 등 임시정부 요인들이 1945년 11월 귀국할 때 이들의 귀국을 위해 상하이까지 군용기를 보내주는 등 호의를 보였다.

答 : ①

91. 5·10선거를 앞둔 3월 17일 국회의원 선거법과 그 부록이 발표되었는데, 그 내용에 대한 설명 중 옳지 않은 것은 무엇인가?

① 만 21세 이상의 모든 남녀가 선거권을 가진다.

② 만 25세 이상의 모든 남녀가 피선거권을 가진다.

③ 일정 기준의 친일 세력은 선거권도 박탈된다.

④ 선거구는 200개이고 1선거구당 1인의 의원을 선출한다.

⑤ 일제강점기 판임관 이상의 경찰관 및 헌병, 헌병보 등에게는 피선거권과 선거권이 인정되지 않았다.

| 해 설 |

⑤ 이들에게는 피선거권은 인정되지 않았으나 선거권은 인정되었다. 1948년 당시 선거법 중 가장 관심이 가는 부분은 친일 부역자의 선거권 및 피선거권 박탈 조항이다. 선거법 제2조(선거권)에서는 "일본 정부로부터 작위를 받은 자, 일본 제국의회 의원이 되었던 자 등은 선거권이 없다"라고 규정했다. 선거법 제3조(피선거권)에서는 "일제시대 판임관 이상의 경찰관 및 헌병, 헌병보 또는 고등경찰의 직에 있었던 자 및 밀정 행위를 한 자, 일제시대에 중추원 부의장 고문 또는 참의가 되었던 자, 일제시대 고등관으로서 3등급 이상의 지위에 있었던 자 또는 훈7등 이상을 받은 자 등은 피선거권이 없다"고 규정했다.

答 : ⑤

92. 5·10선거에 관한 기술 중 옳지 않은 것은 무엇인가?

① 우리 역사에서 1인 1표의 평등선거, 자유선거, 비밀선거라는 자유민주주의 선거를 최초로 실시한 역사적 선거였다.

② 김구 등 임시정부 세력은 5·10선거에 불참함으로써 대한민국 건국에 반대하였다.

③ 5·10선거는 김구 등 임정 세력을 비롯한 광범한 정치 세력이 참여하지 않은, 국민 대표성이 없는 '반쪽짜리 선거'였다.

④ 좌익은 5·10선거를 방해하여 대한민국 건국을 무산시키려 무장 투쟁 활동을 적극 전개하였다.

⑤ 총유권자의 79.7%의 선거인 등록률과 등록 유권자의 89.8%의 투표율은 국민이 적극적으로 참여하였음을 의미한다.

| 해 설 |

③⑤ 선거 불참 세력의 규모는 전체 국민 중의 극히 일부에 불과했다. 좌익의 집요한 선거 방해 행위와 불참 선전 선동, 임정 세력의 선거 불참, 선거에 대한 홍보 부족 및 국민의 선거에 대한 무지, 정치·경제적 혼란 상황 등 다양한 악조건에도 불구하고 총유권자 중 79.7%가 선거 등록을 하고 등록 유권자 중 89.8%가 선거에 참여했다는 것은 대한민국 건국에 대한 국민 지지가 매우 높았음을 의미한다.

정답 : ③

93. 다음은 1948년 5월 10일 실시된 5·10선거에 관한 설명이다. 옳지 않은 것은 무엇인가?

① 5·10선거는 대한민국 정부를 수립하는 작업을 할 국회의원들을 선출하기 위한 선거였다.

② 이 선거에는 다양한 정치인이 입후보하여 평균 경쟁률은 대한민국의 역대 국회의원 선거 평균 경쟁율보다 높았다.

③ 이 선거에서는 선거법에 친일 부역자들의 입후보를 금지하는 조문이 없어서 친일 인사도 많이 입후보했다.

④ 좌익 세력과 김구·김규식 세력이 선거를 보이콧하고 격렬한 선거 저지 투쟁을 전개했으나 국민의 선거 참여율은 매우 높았다.

⑤ 이 선거를 감시한 유엔 한국위원단은 유엔에 제출한 선거 감시 결과 보고서에서 5·10선거를 긍정적으로 평가했다.

| 해 설 |

③ 5·10선거법에는 친일 부역자들의 선거권 및 피선거권을 박탈하는 조항이 있어서 친일 인사들은 5·10선거에 입후보할 수 없었다.

⑤ 유엔 한국위원단의 보고서는 5·10선거에 대해 "언론, 출판, 결사의 민주적 권리가 보장된 합당한 수준의 자유로운 분위기에서 실시된 이번 선거는 전체 한국 인구의 약 3분의 2가 거주하며 유엔 한국위원단의 접근이 허용된 지역에서 유권자의 자유 의사가 정확히 표현된 것이다"라고 긍정적으로 평가하였다.

답 : ⑧

94. 제헌헌법에 대한 설명으로 올바른 것은 무엇인가?

① 대통령은 4년 임기에, 국민의 직접 선거로 선출되도록 하였다.

② 제헌헌법에는 친일파 처벌에 대한 규정을 두지 않았다.

③ 대통령제였기 때문에 의원내각제 요소인 국무총리직을 두지 않았다.

④ 단원제 국회였으며, 헌법 개정은 국민투표를 반드시 거치도록 하였다.

⑤ 제헌헌법은 대한민국이 현재의 자유민주 국가로 발전하는 토대가 되었다.

| 해 설 |

⑤ 우리나라는 현재 선진국 수준의 자유민주주의 국가로 평가받고 있다. 대한민국이 이러한 자유민주주의 발전을 이루게 된 토대는 법치주의, 삼권분립, 자유권, 평등권, 참정권 등 자유민주주의의 핵심적 가치를 담은 제헌헌법의 제정이다.

① 제헌헌법에서는 대통령 및 부통령을 국회에서 선출토록 하였다. 국민이 대통령을 직접선거로 선출토록 처음 규정한 것은 제1차 개헌 때다.

② 제헌헌법 101조에는 "이 헌법을 제정한 국회는 단기 4278년 8월 15일 이전의 악질적인 반민족 행위를 처벌하는 특별법을 제정할 수 있다"라고 규정함으로써 친일 행위자 청산에 대한 단호한 의지를 담았다.

③ 제헌헌법은 대통령제 요소인 대통령과 부통령에 내각책임제 요소인 국무총리도 함께 두었다. 제헌헌법은 일반 대통령제 국가에서처럼 대통령·부통령을 국민의 직선에 의해 선출토록 하지 않고 내각책임제 국가에서처럼 국회에서 선출토록 하였다. 그리고 제헌헌법은 국무총리가 내각책임제 요소임에도 불구하고 국회에서 선출하지 않고 대통령이 임명하도록 하였다. 이런 방식에 따라 초대 대통령에는 이승만, 부통령에는 이시영이 국회에서 선출되었고, 국무총리에는 이범석이 임명되었다.

④ 제헌국회는 단원제였고, 제1차 개헌 때 양원제로 바뀌었다. 제헌헌법에서는 헌법 개정이 국회 의결만으로 가능했다. 개헌을 함에 있어서 국민투표를 거치토록 한 것은 제5차 개헌 때다.

답 : ⑨

95. 제헌헌법에 대한 설명으로 옳지 않은 것은 무엇인가?

① 한민당계가 내각책임제로 하려고 했으나 이승만의 강력한 요구에 따라 대통령제로 낙착되었다.

② 대통령과 부통령을 두고, 이들을 국민의 대표기관인 국회에서 선출하도록 한 것은 대통령제에 해당하는 요소이다.

③ 정치 체제는 자유민주주의적 성격을 분명히 했으나 경제 체제는 혼합 경제 내지 사회민주주의 요소도 많이 내포했다.

④ 제헌헌법에는 기업의 국유화 등 자유주의적 경제 활동을 제약하는 조항이 많이 들어 있다. 이는 정부가 주도적으로 붕괴된 국가 경제를 살리고 국가 기반을 구축하기 위해서 국유 재산 확보가 절실했기 때문이다.

⑤ 미국·프랑스·독일 등 선진국 헌법도 참조하였다.

| 해 설 |

② 대통령과 부통령을 둔 것은 대통령제 요소고, 이들을 국회에서 선출토록 한 것은 내각책임제 요소다.

① 한민당은 내각책임제 정부 형태를 선호했는데, 이는 자신들이 정국 주도권을 장악하기 위해서였다. 이미 준비한 유진오의 헌법 초안도 내각책임제 정부 형태였다. 이승만은 이러한 국내 내각책임제 선호 경향에 반대, 대통령제를 강력히 주장하여 결국 관철시켰다.

이승만이 대통령제를 고수한 이유는 무엇이었을까? 이승만은 40여 년 간 미국 생활에서 대통령제의 효율성을 체험한데다 저발전과 분단국으로 출발하는 신생국 한국 앞에 놓인 수많은 문제를 효과적으로 처리하기 위해서는 강력한 리더십이 필요하다고 믿었기 때문이다. 더욱이 내각책임제로 운영할 경우, 고질적인 후진국형 정당 간 갈등으로 정치 불안정이 커지고, 이 틈을 비집고 공산주의 세력이 정치계로 침투하여 국가를 혼란에 빠트릴 가능성이 높다고 보았기 때문이다.

③ 제헌헌법에는 주요 지하 자원의 국유화, 대외 무역에 관한 국가 통제, 주요 산업의 국영 또는 공영, 공공의 필요에 의한 민간 기업의 국유 또는 공유로 이전을 규정하는 등 자유주의적 경제 활동을 강하게 제약하는 내용이 상당히 많이 들어 있다. 특히 과도했던 것은 '사기업의 근로자는 기업 이익을 균점할 권리가 있다'라는 조항이었다. 이는 사회민주주의적 요소로서 자유주의적 시장 경제의 본질을 크게 제약하는 것이었기 때문에 1962년 제5차 헌법 개정 때 폐지되었다.

⑤ 제헌헌법 제정 시 정치 관련 조항은 미국·프랑스 등의 헌법을, 경제 관련 조항은 독일 헌법을 참고하는 등 선진국들의 헌법을 많이 참조하였다.

答 : ②

96. 1948년 5월 10일 선거로 선출된 국회의원들은 제헌국회를 구성하여 제헌헌법을 제정하였다. 제헌헌법에는 대한제국 시기의 정치 계몽 운동 단체(독립협회, 신민회, 헌정연구회 등)의 주장이나 대한민국 임시정부 헌법에서 거론되던 핵심 가치들이 대폭 반영되어 있다. 독립협회나 임시정부 헌법에서 제기된 사항이 아닌 것은 무엇인가?

① 공화제   ② 자유민주주의   ③ 참정권

④ 헌법재판소   ⑤ 국민주권론

|해 설|

제헌헌법에 들어 있는 많은 내용은 대한제국 시기 때 활동했던 독립협회(만민공동회), 신민회, 헌정연구회, 그리고 임시정부 헌법에서부터 강조되던 것이다. 신체의 자유, 언론·출판·집회·결사의 자유 등 자유권, 평등권, 참정권, 국민주권, 공화제, 법치주의, 권력분립 등 자유민주주의의 핵심 가치들은 대한제국 시기 정치 계몽 운동 단체들에 의해 주장되기 시작하였고, 1919년 임시정부 헌법에 포함되었던 내용들이다. 특히 공화제(군주제 부정)가 본격적으로 주장된 것은 1907년 설립된 신민회이며, 이것이 현실적으로 헌법에 등장한 것은 1919년 대한민국 임시정부 헌법에서였다.

答 : ④

97. 제헌헌법에 대한 설명으로 옳지 않은 것은 무엇인가?

> ㉠ 헌법 초안 작성은 원내 최대 정파인 독립촉성국민회 소속 의원들이 주도했다.
>
> ㉡ 당초의 헌법 초안은 의원내각제 권력 구조를 선택했으나 이승만의 완강한 고집 때문에 대통령중심제로 변경되었다.
>
> ㉢ 최초의 헌법은 독일 바이마르공화국의 헌법을 많이 모방하여 자유민주주의 체제 방어에 필요한 조문들을 충실히 갖추었다.
>
> ㉣ '대한민국'이라는 국호는 제헌국회에서 표결을 통해 새로이 채택된 것이다.
>
> ㉤ 행정부 직제와 관련하여 대통령 밑에 국무총리를 둔 것은 이승만의 요구에 따른 것이다.

① ㉠㉣   ② ㉡㉢

③ ㉡㉣   ④ ㉢㉣

⑤ ㉠㉤

③ ㉡ 건국헌법의 대통령중심제 요소는 이승만의 주장으로 관철된 것이다. ㉣ 국호 대한민국은 제헌의회에서 여러 가지 명칭을 놓고 토론하던 중 비생산적인 토론을 중단하고 일단 대한민국으로 정하고 나중에 변경 여부를 검토하자는 이승만의 제안에 따라 표결을 통해 채택된 것이다.

答 : ③

98. 다음 중 제헌국회에 대해 바르게 설명된 것은 무엇인가?

제헌국회의 모습

① 5·10선거를 통해 선출된 200명의 국회의원으로 제헌국회를 구성하였다.

② 개원 후 제헌국회는 총 국회의원 중 188명의 찬성으로 이승만을 국회의장으로 선출했다.

③ 제헌국회는 사전 준비 없이 졸속으로 헌법안을 만들어 7월 17일 공포하였다.

④ 한민당은 내각책임제를 주장하고, 이승만은 내각책임제를 거부하고 대통령제를 강경 고수함에 따라 양측은 적대 관계를 갖게 되었다.

⑤ 제헌국회는 이승만을 압도적 지지로 대통령에 선출하고, 이시영을 국무총리로 선출하였다.

②⑤ 제헌국회는 개원 후 이승만을 압도적 지지로 국회의장으로 선출했을 뿐 아니라 이후 이승만 의장을 압도적 지지로 대통령으로 선출하고 이시영을 부통령으로 선출하였다. 국무총리 이범석은 대통령이 임명하고 국회가 승인하였다.

① 원래 5·10선거를 통해 선출하려 했던 국회의원 총수는 200명이었다. 당시 남한 인구를 2천만 명으로 보고 10만 명당 1명의 국회의원을 선출하기로 하고 200개로 선거구를 나누었던 것이다. 그러나 선거 직전 제주도에서 좌익이 제주 4·3사건을 일으키고 집요하게 5·10선거 방해 행위를 하였다. 이로 인해 제주도 3개 선거구 중 2개 선거구가 제대로 선거를 실시하지 못했고, 두 명의 국회의원 선출이 무산되었다. 이로서 제헌국회의 의원 수는 198명으로 줄어들었다.

③ 제헌헌법은 임시정부 시절부터 시작된 헌법에 관한 연구와 임시 헌법 제정 등의 오랜 경험에 더하여, 해방 직후부터 건국을 준비하는 헌정 연구 등을 토대로 했다. 일부 측면에서 부족한 점은 있지만 결코 졸속으로 이루어진 것은 아니다.

④ 한민당은 내각책임제를 주장했으나 강력한 대통령 후보인 이승만이 내각책임제를 거부하고 대통령제가 무산되면 일체의 공직에 나가지 않겠다는 등 단호한 입장을 보이자 이승만이 주장한 대통령제를 수용하였다. 그러나 이 문제로 인해 이승만과 한민당이 곧 바로 적대적 관계로 들어선 것은 아니다.

答 : ②

99. 대한민국 국호와 관련된 사실에 대한 설명으로 옳지 않은 것은 무엇인가?

① '대한민국'이라는 국호는 1948년 7월 헌법 제정 시 국회에서 표결에 의해 채택되었다.

② '대한민국'이라는 국호가 처음 사용된 것은 1919년 4월 11일 상하이에서 '대한민국 임시정부'가 수립될 때이다.

③ 대한(大韓)이라는 명칭이 국호의 일부로 처음 사용된 것은 1897년 성립된 '대한제국'에서이다.

④ '大韓'이라는 명칭은 마한·진한·변한의 삼한(三韓)에서 비롯된 것으로서, 韓민족을 총괄적으로 지칭하는 의미로 사용된 것이다.

⑤ 상하이 임시정부 수립 당시 신석우는 '조선' 명칭을 주장했으나, 여운형이 제기한 대한민국 명칭이 채택되었다.

| 해 설 |

⑤ 임시정부 수립 당시 여운형은 '조선' 명칭을 주장했으나 신석우가 제기한 '대한민국' 명칭이 채택되었다.

⑤ : 답

100. 태극기에 대한 역사적 기술 중 사실과 다른 것은 무엇인가?

① 북한은 해방 이후부터 태극기를 사용하였으며, 1948년 9월 9일 창건 이후에도 한동안 태극기를 국기로 사용하였다.

② 태극기는 1948년 7월 12일 제헌국회에서 국기로 공식 채택되었다.

③ 태극기를 최초로 국기로 사용한 것은 박영효가 1882년 8월 특명 전권 대사 겸 수신사 임무를 띠고 일본으로 갈 때였다고 하나, 그 이전부터 태극기에 대한 논의가 있었다.

④ 조선 정부는 1883년 1월 태극과 4괘가 그려진 기를 국기로 사용토록 왕명으로 공포하였다.

⑤ 태극기는 조선 말 '조선국기' 명칭으로 사용되었으나 3·1운동 때부터 '태극기'로 불리기 시작했고, 임시정부 때도 태극기로 불리며 임시정부의 상징으로 사용되었다.

① 북한은 1948년 7월 8일 제5차 북조선인민회의에서 그간 사용해온 태극기를 폐기하고 인공기를 국기로 채택하였다.

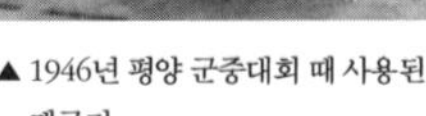

▲ 1946년 평양 군중대회 때 사용된 태극기

▲ 인민군 창건식의 태극기(1948.2)

①：답

101.

다음은 대한민국 건립 과정과 관련된 정치적 사건들을 열거한 것이다. 시대순으로 배열하였을 때 네 번째에 해당되는 사건은 무엇인가?

> ㉠ 제헌헌법 공포　　㉡ 이승만 대통령 선출　　㉢ 유엔 한국임시위원단 파견
>
> ㉣ 남북 협상　　㉤ 5 · 10선거

① ㉠

② ㉡

③ ㉣

④ ㉠

⑤ ㉡

| 해 설 |

시대순으로 배열하면 ㉢ 유엔 한국임시위원단 파견(1948.1.8) - ㉣ 남북 협상(1948.4.19~30) - ㉤ 5 · 10선거(1948.5.10) - ㉠ 제헌헌법 공포(1948.7.17) - ㉡ 이승만 대통령 선출(1948.7.20)

④：답

102. 다음은 대한민국 정부 수립 직전에 전개된 정파 간 갈등에 관한 서술이다. 사실과 다른 것은 무엇인가?

① 이승만은 대통령에 당선된 후 권한을 독선적으로 행사했다.

② 각료를 인선할 때 정부 수립 운동의 충실한 동지였던 한민당을 외면했다.

③ 한국민주당(한민당)은 다른 이승만 비판 세력과 연합하여 이승만을 견제하는 야당이 되었다.

④ 한민당이 야당으로 전환되어도 이승만을 지지하는 의원 수가 다수를 차지하여 이승만의 각종 제안
은 국회에서 쉽게 통과되었다.

⑤ 집권 초기 이승만은 스스로 정파를 초월하고자 자기의 정당을 만들지 않았다.

| 해 설 |

②④ 이승만은 대통령에 선출되자, 귀국에서 5·10선거까지 꾸준히 자신을 지지해왔던 한민당 세력을 내각 구성에서 배
제하였다. 한민당 세력은, 영수인 김성수가 국무총리로 지명될 것을 기대했다가 거부당한데다 내각 구성에서도 철저히
소외당하자, 이승만에 배신감을 느끼고 이승만과 결별, 야당의 길로 들어섰다. 한민당이 야당으로 전환되자, 국회 내에
이승만 지지 세력은 소수파로 전락하였다. 그 결과 이승만의 각종 제안은 국회에서 순탄하게 통과되지 못했다.

⑤ 이승만은 스스로 정파를 초월한 인물이 되고자 자기의 정당을 별도로 만들지 않았다. 그러나 과거 자신을 지지했던 한
민당이 야당으로 돌아서서 이승만의 대통령 직무 수행 및 대통령 재선을 방해하자, 자기가 이끄는 정당 결성을 추진했다.
이승만은 국회에서 대통령을 선출하는 현 제도 아래서는 대통령에 재선되는 것이 불가능하다고 판단했다. 그래서 이승
만은 국민이 직접 대통령을 선출하는 직선제로 가야 한다고 생각했고, 이를 위해서는 헌법을 개정해야 했다. 헌법을 개정
하기 위해서 이승만은 자기를 추종하는 여당을 만들어야 했고 이런 필요에 따라 1951년 12월 자유당을 창당한 것이다.

④ : 답

103. 이승만 초대 대통령에 대한 설명 중 옳지 않은 것은 무엇인가?

① 이승만은 독립협회 활동에 적극 참여하였으며 1899년부터 1904년까지 한성 감옥에서 옥고를 치렀다.

② 이승만이 미국 등을 상대로 한 외교적 독립운동은 연합국으로 하여금 한국의 독립에 긍정적 태도
를 취하도록 유도했다.

③ 일본의 미국 진주만 폭격 6개월 전『일본 내막기(JAPAN INSIDE OUT)』를 출판, 일본이 반드시 미
국을 공격할 것이라고 경고했다.

④ 이승만 대통령은 1952년 영해에 평화선을 그어 일본 선박 나포 등 반일 노선을 견지했고 친일파
청산을 철저히 했다.

⑤ 이승만은 독립운동 시절부터 공산주의의 위험성을 깨달은 철저한 반공주의자였다.

④ 이승만은 반일적이었으나 건국 초기 반공 투쟁에 매진하기 위해 친일파 청산 문제를 소홀히 했다.

① 이승만은 배재학당에 들어가 영어를 비롯한 신학문을 배우면서 서구의 자유 민권 사상을 받아들였다. 그는 배재학당 졸업 후 독립협회에 적극 참여하고 독립협회의 만민공동회에서 활발히 활동했다. 이승만은 고종 황제 폐위 음모에 가담했다는 혐의로 1899년 무기징역형을 선고받았다. 그는 1904년 8월까지 5년 7개월간 한성 감옥에서 옥고를 치렀다.

③ 이승만은 『일본 내막기』에서 조만간 일본이 미국을 공격할 것이라고 주장했다. 실제로 일본은 1941년 12월 미국 하와이 진주만을 기습 공격했다.

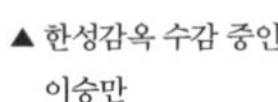

▲ 한성감옥 수감 중인 이승만

▲ 『일본 내막기』 표지

답 : ④

104. 광복절에 관한 설명 중 타당성이 적은 것은 무엇인가?

① 현재 광복절은 일제로부터 해방된 날인 1945년 8월 15일을 기념하는 것으로 알려져 있다.

② 광복이란 '광복 조국', '광복 독립'의 준말로서 광복절은 독립기념일인 1948년 8월 15일이어야 한다는 주장이 있다.

③ 1949년 9월, 국회에서 국경일에 관한 법률을 통과시키면서 당초 정부 초안에 들어 있는 '독립기념일'을 '광복절'로 바꾸었다.

④ 정부는 1950년 8월 15일 행사 때는 '제2회 광복절 기념식', 1951년 8월 15일 행사 때는 '제3회 광복절 기념식'이라고 규정했다.

⑤ 광복절 기념식은 2000년대에 들어와서부터 1945년 8월 15일을 기념하는 국경일로 바뀌었다.

⑤ 광복절은 당초 1948년 8월 15일 대한민국 독립(건국)을 기념하는 국경일로 제정되었으나, 1954년 이후 1945년 8월 15일 해방을 기념하는 국경일처럼 간주되었다.

답 : ⑤

105. 1948년 8월 15일이 단순히 정부수립일일 뿐이라는 입장과 정부수립일이자 건국일이라는 입장 간 논쟁이 있다. 1948년 8월 15일을 정부수립일이라고 보는 입장에서는 주로 건국일을 1919년 상하이 임시정부 수립일로 본다. 1948년 8월 15일이 건국일이라는 입장에서는 상하이 임시정부 수립이 건국이 될 수 없다고 반박한다. 다음 중 1948년 8월 15일을 정부수립일이자 건국일이라는 입장에서 주장하는 합당한 논거가 아닌 것은 무엇인가?

1948년 8월 15일 대한민국 정부 수립 기념식

① 국가 4대 구성 요소가 국민, 영토, 정부, 주권이라는 입장에서 볼 때 주권 상실 상태였던 1919년, 그것도 우리의 영토와 국민과 거리가 먼 중국 상하이에서 수립된 임시정부를 대한민국 건국의 기점으로 보는 것은 부당하다.

② 1948년 8월 15일 오전 거행된 대한민국 정부 수립식에서 정부 수립을 공포했으므로 정부 수립일이고, 그날 자정을 통해 미군정으로부터 주권(통치권)을 이양받음으로써 명실 공히 국민, 영토, 정부, 주권을 갖는 완전한 독립 국가를 건립했으므로 건국일이다.

③ 이승만 대통령도 1948년 정부 수립 당시 민국 30년이라 표기하여 1919년 임시정부 수립을 건국으로 표현하기도 했지만 1950년 8월 15일 개최한 제2회 광복절 기념사에서 민국 2년이라 표현함으로써 잘못을 수정하였다.

④ 우리 사회에서 대한민국 정부 수립과 함께 제정된 헌법이 대한민국의 최초의 정식 헌법이며 이 제헌헌법이 '건국 헌법'이다.

⑤ 1948년 8월 15일 당시부터 이미 정부 수립일이냐 건국일이냐, 그리고 건국일이 1948년 8월 15일이냐 1919년 대한민국 임시정부 수립일로 거슬러 올라가느냐를 두고 논쟁이 일기 시작했다.

| 해 설 |

⑤ 2008년 8월 15일, 대한민국 건국 60주년 기념 행사와 관련하여 사회 일각에서 1948년 8월 15일에 이루어진 것은 '건국'이 아니라 '정부 수립'이었고, '건국'은 1919년 상하이 대한민국 임시정부 수립 때 이미 이루어졌다고 주장하여 논란이 일어났다. 이후 1948년 8월 15일이 정부수립일이냐 건국일이냐는 논쟁이 지속되고 있다.

⑤ : 답

106. 다음은 대한민국의 건국일에 관한 서로 다른 주장들이다. 국가와 건국(국가 건립)의 정확한 의미를 고려할 때 옳은 것은 무엇인가?

① 대한민국 건국일은 대한민국의 국가 구성 요소가 모두 갖추어진 1948년 8월 15일이다.

② 1948년 8월 15일에는 정부수립 기념식만 거행되었으므로 그날은 정부 수립 기념일이지 건국일이 아니다.

③ 최초 헌법 전문(前文)에 "유구한 역사와 전통에 빛나는 우리 대한민국은 기미 3·1운동으로 대한민국을 건립하여 세계에 선포한 위대한 독립 정신을 계승하여 이제 민주 독립 국가를 재건함에 있어서"라고 밝혔으므로 1948년 8월 15일에 이루어진 행위는 3·1운동 직후에 건립된 대한민국, 즉 대한민국 임시정부의 재건이지 새로운 국가의 건국이 아니다.

④ 1919년 4월 11일 상하이에서 대한민국 임시정부를 수립한 날이 대한민국 건국일이다.

⑤ 우리 한민족의 시조 단군왕검은 우리 민족의 국가 조선을 건국했다. 그 후의 한민족 국가들은 모두 조선을 계승한 것일 뿐이지 새로운 국가를 건국한 것이 아니다.

| 해 설 |

① 1948년 8월 15일은 정부 수립일이자 건국일이다. 이날 오전 거행된 대한민국 정부 수립식에서 정부 수립을 공포했으므로 정부 수립일이고, 이날 자정을 통해 미군정으로부터 주권(통치권)을 이양받음으로써 국민, 영토, 정부, 주권 등 국가 구성 4대 요소를 완전히 갖춘 독립 국가를 건립했으므로 건국일이다.

④ 국민, 영토, 정부, 주권 등 국가 구성의 4대 요소로 볼 때 중국 상하이에서 수립된 임시정부는 국민, 영토, 주권을 갖지 못했기 때문에 그것의 수립을 대한민국 건국의 기점으로 보는 것은 부당하다.

①: 답

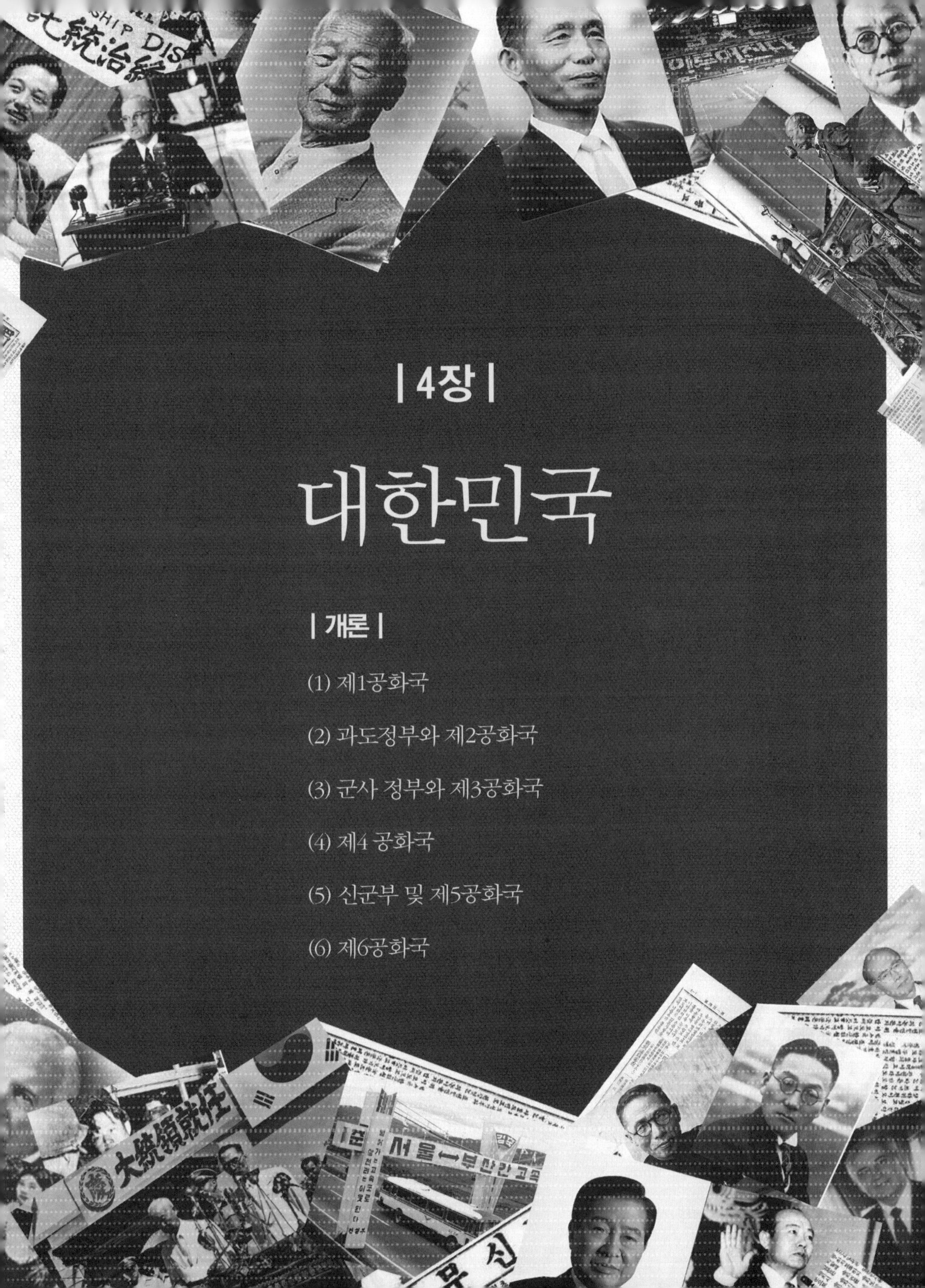

대한민국

| 개론 |

개론

건국 정부

이승만 대통령이 1948년 8월 15일 건국을 선포함으로써 대한민국이 건국되었다. 한반도에 처음으로 자유민주주의와 시장경제를 체제의 근간으로 하는 민주공화정체의 국가가 들어선 것이다.

건국 과정에 시련도 많았지만 건국 이후가 문제였다. 북쪽에는 언제고 새 나라를 무너뜨릴 수 있는 괴뢰집단과 그 배후의 소련이 버티고 있었고, 내부에는 그들을 추종하는 반체제 세력이 있었다. 심지어 같은 우파 노선 내부에서도 정부 반대파(김구, 김규식)가 새 나라의 정통성에 대해 시비를 걸었다.

정부의 첫 과제 중 하나가 유엔총회로부터 건국을 승인받는 것이었다. 1948년 12월 12일의 제3차 유엔총회는 압도적인 표차로 대한민국 건국을 승인하였다. 이는 합법적으로 설립된 정부의 정통성을 대외적으로 인정받은 것이었다.

내부의 갈등

5·10총선거를 반대한다는 명목으로 시작된 제주의 4·3반란은 건국 이후에도 지속되었다. 이제 이 반란은 일부 무장대의 선거 방해 공작이 아니라 국가에 대한 도전으로 바뀌었다. 10월에는 제주 진압을 명령받은 여수 지역의 군인들이 남조선 해방을 외치는 인민군으로 돌변해 반란을 일으켰다(여수 순천 반란 사건). 좌익들이 사상 검증을 피해 군으로 많이 스며들어 있었기에 일어난 일이었다.

새 정부는 이러한 혼란을 신속하게 극복하고 지속할 능력이 있음을 보여야 했다. 그래야 북의 위협을 억제하고 자유 우방의 원조를 기대할 수 있었다. 그 과정에서 무고한 민간인의 피해가 많이 생겼다. 이 무고한 희생자들은 건국의 초석이 된 분들로 기려야 하지만, 반란을 일으킨 주동자들 및 그 세력들은 철저히 역사의 죄인으로 분별해야 할 것이다.

숙군 작업과 농지 개혁

여순 반란을 진압한 후 국가보안법이 제정되고 숙군 작업이 본격화되었다. 군 내부의 좌익을 뿌리 뽑는 큰 사업이었다. 이 역시 무고한 피해자가 없을 수 없었지만, 대한민국을 지켜내는 데 크게 기여한 결단이었다. 김일성이 남침전쟁을 일으켰을 때 투항한 부대가 하나도 없었던 건 숙군 작업 때문에 가능한 일이었다.

농지 개혁 역시 국민에게 국가에 대한 소속감을 심어준 중요한 과업이었다. 남침전쟁이 발발하기 직전 시작되었으나 자기 땅을 갖게 된 농민들은 인민 해방이라는 구호에 혹하지 않고 대한민국 국민으로서 전쟁에 맞설 수 있었다.

반민특위와 국회 프락치 사건

해방 직후 좌익은 우익을 견제하기 위해 친일 청산을 요구했다. 아직 나라도 세워지기 전 타국의 지배를 받는 도중에 과거사 청산을 한다는 건 어불성설이었다. 그리고 건국 정부에는 친일파 인사는 참여하지 못했다. 정작 북한의 정권에는 친일행위자들이 다수 포진해 있었음에도, 북한은 친일파 청산을 정치적 선전의 도구로 사용해 남한을 압박했다. 결국 제헌헌법에 입각해 소급입법 금지의 원칙을 깨고 반민족행위자를 처벌하는 특별법이 만들어졌다. 그러나 반민특위에도 친일행위자가 있는가 하면, 상당수의 친일행위자는 건국 과정에서 공을 세운 인물들이기도 했다. 잡음이 많을 수밖에 없었다.

그 와중에 국회 프락치 사건이 터졌다. 친일행위자 처벌, 외국 군대 철수 등을 주장하던 소장파 의원들이 북한의 간첩과 연루된 정황이 발견된 것이다. 이 사건은 친일파 출신의 경찰을 비호하기 위해 이승만 정부가 저지른 조작 사건으로 오랫동안 간주되어 왔으나, 북한이 당시 남한 국회를 장악하기 위해 많은 노력을 기울였음이 훗날 차츰 밝혀졌다.

김일성 남침전쟁

제2회 국회의원 선거(1950.3)를 치르고 한창 농지개혁을 추진중이던 1950년 6월 25일 북의 김일성 집단이 전면적인 불법 남침을 해왔다. 소련의 스탈린이 승인하고 중국의 마오쩌둥이 원조를 약속한 상태에서 저지른 침략이었다. 남한 지역에서 미군이 고문단만 남기고 철수한 상황에서 미 국무부 장관 애치슨이 필리핀과 일본을 극동 방위선으로 언급하며 한반도를 제외한 것(애치슨 선언)이 빌미가 되었다. 그러나 애치슨 선언이 아니더라도 김일성은 정부 수립 직후부터 전쟁으로 한반도 공산화를 완성하기 위해 호시탐탐 기회를 노리고 있었다.

미국은 전쟁을 우려해 남한에 충분한 군사적 무기를 남겨놓지 않았다. 제대로 준비되지 않은 상황에서 우리 군은 속절없이 밀려나야 했다. 국가 소멸의 절체절명의 위기 속에서 참혹한 일이 벌어졌다. 이승만 정부는 건국 이후 1949년 국민보도연맹이란 조직을 만들어 좌익을 전향시키려 하였다. 하지만 전쟁이 벌어지자 이들이 남침한 북한군과 합세하여 북한군의 앞잡이 역할을 하였다. 이에 이적 행위를 할 수도 있다는 위기감에 경남 등 일부지역에서 보도연맹원들을 예비검속하여 집단 학살한 것이다. 참혹한 일이었지만 그만큼 다급한 상황이었다.

미국은 전쟁이 발발하자마자 그전까지 안일하게 대처하던 태도를 버리고 적극적으로 대응했다. 연쇄 공산화의 기폭제가 되려는 것을 막겠다는 의지였다. 그러나 미군이 주축이 된 유엔군이 투입되기까지는 시간이 필요했다. 우리 군은 필사적으로 적의 진군을 저지하며 후퇴하는 지연전을 펼쳤다.

낙동강 전선과 반격, 그리고 후퇴

유엔군이 도착했지만 여름 내내 낙동강에서 뜨거운 혈전이 벌어졌다. 미국 정부는 북한의 공세가 너무 강하여 한반도를 포기할 것까지 고려했지만 태평양 사령관 맥아더와 미8군 사령관 워커의 한국 수호의지는 확고했다. 백선엽이 이끄는 한국군 부대가 낙동강에서 가장 뜨거웠던 다부동 일대를 막아내었다.

북의 인민군은 이미 상당한 전력을 손실했고 아군은 크게 증원되어 있었다. 맥아더가 인천상륙작전을 성공시키며 적군의 허리를 끊었고, 낙동강을 건넌 아군이 빠르게 북으로 치고 올라갔다. 전투의지를 잃은 인민군은 내려올 때보다 더 빠르게 북으로 도망쳐야 했다.

38선에 도착했을 때 유엔군은 선택을 해야 했다. 원상복구인가 아니면 북한 지역 수복인가. 대한민국은 당연히 후자를 원했다. 유엔군은 전범 김일성을 체포한다는 명분으로 북진을 결정했다. 그러나 그 결정이 내려지기 전, 한국군은 이미 38선을 넘어 북에 대한 공격을 시작하고 있었다(10월 1일).

북한의 수뇌부가 압록강을 건너 중국 땅으로 도망치고 아군의 선봉대가 압록강가에 이르렀을 때, 이미 수십만 명의 중공군이 이 땅에 들어와 있었다. 이른바 '항미원조전쟁'에 중국이 뛰어든 것이었다. 겨울까지 한반도를 모두 회복하고 전쟁을 마칠 것으로 기대한 유엔군은 새로운 적이 나타나자 당황했다. 전쟁은 새로운 전기를 맞았다. 중공군의 무차별 투입에 우리 군은 다시 후퇴를 해야 했다.

휴전 협정과 전쟁 이후

우리 군은 서울을 다시 내주고 내려와야 했으나 새로 부임한 미8군 사령관 리지웨이의 결단으로 재반격에 나섰다. 결국 1951년 봄이 되자 다시 한반도의 허리 부근에서 양측 군대는 길고 소모적인 진지전을 벌이며 대치하게 되었다. 중국에 원자폭탄이라도 떨어뜨려야 한다는 강경파 맥아더가 해임되고 리지웨이가 그 후임이 되자 더 이상 확전은 하지 않는 상황에서 휴전 협정이 시작되었다. 이제 누구도 전쟁을 계속하길 원하지 않았다. 그러나 미군과 중공군을 소모시키는 것에 만족하던 스탈린만이 예외였다.

1951년부터 2년을 넘게 끌던 휴전 협상은 스탈린이 갑자기 사망하면서 급물살을 타기 시작했다. 이 과정에서 가장 문제가 된 것은 포로 송환문제였다. 강제로 징용당한 인민군 중에 북으로 송환되는 것을 거부하는 포로가 많았기 때문이다. 이승만은 이 '자유포로'를 석방함으로써 꼬여버린 문제를 단숨에 해결해버렸다. 북진을 외치던 이승만이 다시 전면에 나서자, 이를 불편해하는 공산군이 미군의 제안을 받아들였다.

이승만은 휴전에 대한 반대 의사를 강하게 내세우면서, 휴전에 합의하는 대가로 한미 상호 방위 조약을 맺길 원했다. 전쟁이 끝난 후 조약이 맺어졌는데, 한미동맹 관계로 인해 안보가 굳건해지고 미국의 원조로 대한민국의 경제가 발전할 수 있는 기틀이 마련되었다.

이승만 독재 체제

이미 김일성 남침전쟁 도중인 1952년 피난지인 부산에서부터 이승만의 장기집권과 독재를 향한 움직임이 시작되었다. 이승만은 제2대 대통령에 당선되기 위해 국회에서 뽑는 간선제를 직선제로 바꾸었다. 이 과정에서 국회의원들을 강제로 구금

하는 폭력적인 사태가 벌어졌다(부산 정치 파동, 발췌개헌). 비록 재집권을 위한 것
이라고는 하나 직선제를 통해 대표자를 직접 뽑는 경험을 한 국민은 정치적으로 다
시 간선제로 돌아갈 마음이 없었다.

이승만이 제3대 대통령이 되기 위해서는 다시 헌법을 개정해야 했다. 국회에서 개
헌을 위한 정족수가 모자라 부결되었지만 사사오입(반올림)하면 정족수가 채워진
다는 논리로 여당은 개헌을 선언해버렸다. 그리고 1956년 경쟁자였던 신익희가 유
세 도중 급서함으로써 이승만이 손쉽게 재집권에 성공했다.

노쇠한 이승만은 정치적 판단력이 흐려져 인의 장막에 갇혀버렸고, 여당인 자유당
은 부정부패로 모든 곳이 썩어 있었다. 미국의 원조에 의존해야 하는 상황에서도 전
후 복구 및 산업화가 진행되었으나 국민의 열망은 이에 만족할 수 없었다.

1960년 선거와 4·19
이승만의 4선을 위한 준비는 일찌감치 준비되었다. 제3대 대통령 선거에서 100만
표를 얻으며 선전한 조봉암이 간첩 혐의로 사형을 받았다. 북한이 조봉암과 연결되
어 있던 것은 사실이었으나 충분한 근거 없이 무리하게 진행한 재판과 사형 집행은
정적의 제거라는 오점을 남겼다.

1960년의 선거는 치르기도 전에 이미 결정되어 있었다. 광범위한 부정 선거가 자행
되었다. 1956년 선거에 이어 유력한 야당 후보인 조병옥이 급서하는 우연이 또 벌
어졌다. 경쟁자가 없는 상황에서 부통령 선거가 더 치열하게 전개되었다. 그러나 사
전 투표와 부정 투표로 당선자는 이미 결정되어 있었다.

부정 선거에 항의하는 시위는 선거 전부터 벌어지기 시작했다. 대구에서 2월 28일
고등학생들이 먼저 시위를 시작했다. 3월 15일 선거 당일에는 마산에서 항의 시위
가 일어났다. 마산의 시위는 거세게 전개되었는데, 시위 도중 고등학생 김주열 군이
최루탄에 머리를 맞아 사망했다. 선거의 책임을 물어 일부 장관을 경질했지만 그것
만으로는 사태가 진정될 수 없었다.

결국 4월 18일 서울의 고려대 학생들이 가두시위를 벌이면서 대학생이 시위의 중
심 세력이 되었다. 시위를 마치고 돌아가는 학생들을 정치 깡패들이 습격하는 사건

이 벌어지자, 다음 날인 4월 19일에는 시민이 대거 시위에 참여했다. 4월 19일부터 시작된 시위는 계속되었고, 결국 교수들의 시국 선언이 나온 이후 이승만도 하야 결심을 하고 있었다. 그는 평생을 독립운동에 헌신했고 대한민국 건국의 주역이었으며 김일성 남침전쟁에 맞서 대한민국을 지킨 대통령이었으나 장기 집권의 말로는 씁쓸했다.

이승만의 하야 이후

이승만의 하야는 평화로웠고 그가 경무대에서 이화장으로 가는 길에는 시민이 나와 환송의 뜻을 표했다. 허정이 직무대행으로 국정을 이끌었는데, 그의 주된 임무는 3·15부정선거 관련 책임자들을 처벌하고 새로운 정부 구성을 위해 헌법을 개정하는 것이었다. 국회에는 이승만을 추종하는 자유당과 이승만 처벌을 요구하는 강경 야당이 공존했다. 허정은 이승만이 잠시 몸을 피하는 게 좋다고 판단해 도미를 권했는데, 이승만은 결국 생전에 귀국하지 못하는 망명객이 되었다.

제2공화국

허정의 과도정부에서 의원내각제를 골자로 하는 개헌이 이루어졌고 그에 따라 총선이 실시되었다. 보수적인 야당이었던 민주당이 대거 당선되었고 혁신 세력은 의회에 진출하지 못했다. 민주당은 당에 참여한 시기와 노선이 달랐던 구파와 신파로 나뉘어 갈등을 빚고 있었는데, 구파의 대표 윤보선이 대통령이 되었고 신파의 대표 장면이 국무총리가 되었다. 장면은 내각을 구성하면서 구파를 배제함으로써 원내 갈등이 정국의 불안정으로 이어지게 되었다.

장면 내각은 기대를 많이 받았지만 정쟁에 휘말려 실질적인 개혁 조치를 거의 실행하지 못했다. 경제 발전을 최고의 과제로 내세웠지만 경제 발전을 위한 청사진을 마련하는 것도 지지부진했다. 미국이나 군부와의 협의가 전혀 없이 재원을 마련하기 위해 감군 및 방위비 감축이라는 정책을 내세웠다가 거센 비판을 받고 없었던 일로 하는 등 우왕좌왕하는 일이 많았다. 무엇보다 남침전쟁 이후 고질적인 문제가 된 군 인사적체 및 부정부패를 해결해달라는 군내 요구를 무시하고 군 문제에 무지한 문관 출신을 국방부 장관에 앉히는 등 적절한 대응을 하지 못했다.

데모 공화국

4·19 이후 시위(데모)의 힘을 알게 된 국민들은 지지부진한 개혁에 불만을 품고 다시 시위를 시작했다. 요구하는 바가 있으면 일단 시위부터 하는 문화가 정착되어서 사회적 혼란이 극심했다. '데모로 해가 뜨고 데모로 해가 지는 데모 공화국'이란 말이 나올 정도였다.

4·19 이후 1년이 지나자 선거를 통해 의회에 진출하는 데 실패한 혁신 세력이 학생들과 연대해 급진적인 주장을 내놓기 시작했다. 이들이 내세운 대의는 통일이었다. 학생들은 '가자 북으로, 오라 남으로'와 같은 낭만적인 주장을 내세우며 남북 대학생의 직접 대화를 요구했다. 북의 일방적인 도발로 시작되어 수백만이 죽어야 했던 전쟁이 끝난 지 10년도 되지 않았다. 이런 상황에서 대화를 통한 화해, 평화 통일의 모색이란 비현실적인 몽상에 불과한 것이었다.

장면 정부는 반공법을 비롯해 시위에 관한 법률 등을 제정해 사회 혼란을 잠재우려고 했다. 하지만 장면은 정부를 수립하자마자 제1공화국 시기의 책임을 묻는다며 경찰 간부들을 대거 전보발령한 바 있었다. 경찰 조직을 뒤흔들어놓고 장악하지 못한 상황에서 치안을 유지할 역량이 있을 수 없었다. 공공연하게 쿠데타 가능성이 제기되어도 아무런 조치도 취하지 않은 무능하기 짝이 없는 정부이기도 했다.

5·16군사 쿠데타

1961년 5월 16일, 박정희 소장과 그를 따르는 젊은 장교들이 쿠데타를 일으켰다. 그들이 쿠데타를 준비한다는 소문은 일찍부터 돌고 있었지만 아무도 그를 막기 위해 나서지 않았다. 피를 흘리지 않고 서울을 장악한 쿠데타 세력은 육군본부와 방송국을 장악하고 혁명을 선포했다. 육군참모총장인 장도영은 이들을 막으려다 결국 쿠데타의 지도자로 추대되었고, 국무총리 장면은 3일간 수도원으로 몸을 피신한 뒤 누구와도 연락하지 않았다. 대통령 윤보선은 쿠데타 주도 세력과 만난 후 '올 것이 오고야 말았다'고 내뱉었다. 그렇게 해서 제2공화국은 막을 내리고 '혁명 정부'가 들어섰다.

국가재건최고회의

박정희를 중심으로 하는 새로운 세력은 국가재건최고회의를 세우고 군정을 실시했다. 이들은 혁명 공약을 통해 반공을 국시로 내걸고 모든 분야에서의 사회 개혁을 약속했다. 군인들이 중심이었던 만큼 가시적인 사업이 신속하게 전개되었다. 그러나 이 '혁명 정부'가 부딪친 가장 큰 문제는 제2공화국이 해결하지 못한 과제, 즉 경제 발전이었다.

중국 화교가 은닉한 자금을 회수한다는 의도로 시행된 화폐개혁은 철저한 실패로 돌아갔다. 장도영을 축출하고 국가재건최고회의 의장이 된 박정희는 군부 세력만으로는 '혁명'의 과업을 제대로 수행할 수 없다는 사실을 깨닫고 재빨리 전문가들을 등용하기 시작했다.

이때 경제 발전 방향을 제시한 것은 기업인 이병철이었다. 혁명 직후 주요 기업인들이 부정축재 대상으로 지목되어 처벌받을 상황에 처했을 때, 일본에 가 있던 이병철은 안전을 약속받은 후 돌아오자마자 박정희와 만나 기업인들이 경제 발전의 주역임을 역설했다. 박정희는 이병철의 주장을 받아들여 억류했던 기업인들을 풀어주고 그들을 처벌하지도 않았다. 이병철은 그 후 신문 기고를 통해 한국 경제 발전의 모델을 제시했다. 선진국이 발전한 과정을 따라할 수 없으니 대기업을 중심으로 집중적인 발전을 꾀한 뒤 그것을 다른 분야로 확산시켜야 한다는 한국형 발전 모델이었다. 박정희의 생각도 이와 같았다. 그렇게 해서 시행착오를 거친 후 혁명 정부는 수출 공업화를 경제 발전의 방향으로 천명하게 되었다.

제3공화국의 출범과 경제개발 계획

군복을 벗은 박정희는 1963년 10월 15일 직선제 대통령 선거에 당선되어 제5대 대통령이 되었다. 그리고 헌정 체제는 제3공화국의 시대를 맞이했다. 그는 혁명 정부에서 시작한 일을 계속 추진해나갔다. 이미 혁명 정부는 제1차 경제개발 5개년 계획을 시작(1962-1966)해놓았다. 이승만 정부 말기에 미국의 권유로 3개년 계획을 수립했지만 시행하지 않았던 것을, 장면 정부가 5개년 계획으로 확장해놓았다. 그러나 장면 역시 이 계획을 실행에 옮기진 못했다. 혁명 정부는 이 계획을 발견하고 철저하게 처음부터 다시 짜서 빠르게 실행에 옮겼다. 이렇게 시작된 경제개발 5개년

계획은 제2차(1967-71), 제3차(1972-76), 제4차(1977-1981)를 거쳐 제5차(1982-1986), 제6차(1987-1991), 제7차(1992-1996)까지 이어짐으로써 대한민국 경제 발전의 큰 틀이 되었다.

초기 자본 축적

수출 공업화를 목표로 삼았지만 산업화 및 공업화를 추진할 자본이 없었다. 1950년대 말 경제가 더 어려워진 것도 미국의 원조가 급감한 탓이었다. 박정희 정부는 1963년 실업해소 및 외화획득을 위하여 서독에 광부와 간호사를 파견했는데, 이들이 고국으로 송금한 외화는 그 가족들에게는 한화로 바꾸어 지급했다. 그렇게 해서 확보한 외화는 한국 정부에게 너무나 소중한 자산이 되었다. 1964년 박정희 대통령은 서독을 방문, 광부와 간호사를 위로하고, 서독에 차관을 요청하였다. 서독은 공산주의와 싸우는 같은 분단국으로서, 차관을 제공하였고, 이것은 경제발전 자금으로 요긴하게 사용되었다.

국가재건최고회의 의장 자격으로 미국을 방문해 케네디를 만났을 때, 박정희는 미국의 지원을 얻어내기 위해 베트남전 파병을 약속한 바 있었다. 우방국의 도움으로 6·25남침전쟁의 위기에서 살아날 수 있었던 대한민국의 입장에서, 다른 자유 우방을 돕는 것은 마땅한 일이기도 했다. 케네디가 죽고 후임 린든 존슨 대통령이 취임한 후 베트남 전쟁이 본격화되었다. 한국은 미국의 파병 지원 요청에 응해 단계적으로 한국군을 파견하였는데, 이들이 받는 봉급과 미국의 지원금 역시 경제 발전을 위한 초기 자본금이 되었다.

미국은 이미 이승만 정부 시기부터 동아시아 경제가 일본을 중심으로 재편되어야 한다고 생각했고, 한국이 그 경제 블록에 포함되기를 원했다. 그래서 한일 국교 정상화를 강력하게 요구했다. 일본 역시 이를 원했지만, 한국의 반일 감정은 정부가 쉽게 이 일을 추진하기 어렵게 했다. 장면 정부 역시 국교 정상화를 검토했지만 국민의 반대 여론을 설득할 역량이 없었다. 하지만 박정희 정부는 다른 방법이 없다고 생각하고 한일 협정을 추진했다. 국민의 반대가 엄청났지만, 그렇게 해서 얻은 일본의 배상금과 차관이 경제 발전의 밑거름이 되었다.

산업화의 성취와 민주화의 유보

제3공화국 초기에 어렵사리 외화를 얻어와 이를 산업화의 원동력으로 삼아 경제 발전을 점점 가속화시킬 수 있었다. 처음에는 수입 대체 산업 육성, 노동집약적인 경공업 육성에서 시작했으나 수출주도형 산업에 집중하는 한편 도로, 철도, 항만 등 사회간접자본 시설을 확충하면서 점차 산업의 구조가 커지고 다양해지기 시작했다. 수출 중심의 공업화에 집중하는 불균형 발전 전략을 채택했지만, 식량 증산을 위한 품종 개량, 농업 기계화 등도 병행하면서 지나친 편중을 막고자 노력하기도 했다.

대규모의 사회간접자본 시설 공사는 불가능해 보였거나 거센 반대에 직면한 것들이었다. 1966년에 엄청난 반대와 비판을 무릅쓰고 경부고속도로 건설을 시작해 1970년에 완공을 보았다. 이는 우리나라 공업과 산업 발전의 동맥이 되었다. 일본에서 얻은 차관으로 포항제철을 1968년부터 짓기 시작해 1973년에 완공할 수 있었다.

박정희 대통령은 한일 협정 체결 과정에서 정부의 설득은 들으려고도 하지 않고 무조건 반대를 외치는 시민 사회에 대해 환멸을 느꼈다. 이후 그는 민주적인 정치 과정을 경시하고 결단력과 추진력을 더 신뢰하게 되었다. 제3공화국 시기에 일어난 변화는 단순히 산업화에만 머문 것은 아니었다. 전면적인 국가 개조 사업이기도 했다. 국민 교육 헌장(1968), 새마을 운동 제창(1970)이 의식을 바꾸고 환경을 바꾸는 적극적인 국민을 요청하고 있었다. 이런 국민 동원 체제 속에서 민주화를 유보한 산업화는 고도 압축 성장을 가능케 한 동시에 사회적 갈등이라는 문제를 고질병처럼 안고 가게 되었다. 여기에는 공업화로 인한 농어촌의 상대적 낙후, 수출 경쟁력을 위한 임금 인상 억제 및 노동 운동 탄압으로 인해 사회적 갈등도 포함되었다. 전태일 분신 사건(1970)은 척박한 노동 환경에서 터져나온 상징적 사건으로, 두고두고 한국 노동 운동의 상징이 되었다.

북한과의 관계

박정희가 정권을 잡자 북한은 은밀히 접촉을 시도하였으나 박정희는 이를 받아들이지 않았다. 1960년대만 하더라도 북한이 경제적인 우위에 있었기에 박정희는 북한 체제와의 대결을 자신의 과업이라고 생각했다. 박정희가 재선에 성공한 1967년 이후 북한의 도발은 눈에 띄게 증가하였다. 빠르게 발전하는 남한의 성장세가 김일성에게 위기감을 주었기 때문이다.

1968년 한 해만 하더라도 북한 특수부대원인 김신조 일당이 대통령 암살을 시도한 1·21사태, 미국의 푸에블로호 피랍 사건(1.23), 울진 삼척 무장공비 침투 사건(10월)이 벌어졌다. 이에 박정희 대통령은 향토 예비군을 창설(1968. 4.1)하여 '우리 고장은 우리 손으로 지킨다'는 방위 체제를 확립하였다.

북한에 대해 자신감을 갖게 된 것은 경제 성장의 부수적인 효과이기도 했다. 1964년만 하더라도 수출 1억 달러이던 나라가 1971년 10억 달러를 달성할 수 있었다(100억 달러 달성은 1977년). 박정희 대통령은 이러한 성취 위에서 북한에 선의의 체제 경쟁을 제안(8·15선언, 1970년)하고 남북 적십자 회담 제의(1971년) 등 적극적인 입장을 취했다. 1972년에는 밀사 이후락을 보내 의견을 조율하고 7·4 남북 공동 성명을 발표하기에 이른다.

유신 선포와 중화학 공업화

1971년 대통령 선거에서 박정희는 야당 후보 김대중에게 겨우 100만 표 차이로 신승을 거두었다. 제3공화국 기간 동안 이룩한 성취에 대해 자부심을 갖고 있던 그는 압도적이지 못한 승리를 납득할 수 없었다. 대신 그는 자신이 받아들인 역사적 과업을 어떠한 반대에도 굴하지 않고 추진하겠다는 결심을 굳혔다.

그 결과 나온 것이 유신의 선포(1972. 10. 17)였다. 박정희에게는 수출 100억 달러 달성, 자주 국방 및 중화학 공업화라는 목표가 있었다. 이 중 가장 중요한 것은 자주 국방이었다. 미국의 도움 없이도 북한을 압도할 수 있는 군사력을 가져야 한다고 생각했다. 그러기 위해서는 수출 100억 달러로 상징되는 경제 성장 외에도, 스스로 무장할 수 있는 군수 산업을 갖추어야 했다. 그것은 중화학 공업화라는 과제로 연결되었다. 이러한 대규모의 과업을 수행하기 위해서 그는 일사불란하게 움직이는 효율적인 국가를 원했고, 그 결과로 나온 것이 유신의 결단이었다.

중화학 공업화와 오일쇼크

수출 100억 달러 달성을 위해서는 중화학 공업의 육성이 필요하다는 판단이 내려졌다. 1973년 1월 연두기자회견에서 수출 100억 달러, 1인당 국민소득 1천 달러 달성을 위해 중화학 공업화를 본격적으로 추진한다고 선언하였다. 이것은 정부만의 힘으로 되는 것은 아니었다. 정주영(현대 조선소) 등 국가 정책에 협력적인 기업인들의 헌신적인 노력, 관료와 학자들의 유기적인 결합 등이 함께 어우러져야 했다. 1965년부터 대통령이 직접 주재하는 수출진흥회의가 1969년부터 수출진흥확대회의로 확장되었다. 이 회의는 1977년에는 무역진흥확대회의로 이름을 바꿔 계속 이어졌다. 관료, 기업인, 학자, 심지어는 법조인까지 관련자들을 모두 모아 매달 열었던 이 회의가 중화학 공업화의 메인 타워였다.

중화학 공업화의 위기는 외부에서 찾아왔다. 1973년 제4차 중동전쟁 발발 이후 유가 폭이 급등하는 이른바 '오일 쇼크'가 발생했던 것이다. 외화보유고는 바닥나고 경제성장률은 급감했으며 물가는 폭등하고 무역수지 적자폭은 크게 확대되었다. 유신 이후 2년간 오일쇼크의 후폭풍에 시달려야 했다. 이 위기를 넘긴 것은 '오일 쇼크의 진원지 중동에서 돈을 벌어온다'는 발상으로 1970년대 중반 중동 건설에 적극적으로 뛰어든 결과였다.

새마을 운동과 녹화 사업

새마을 운동이 본격적으로 확대된 것은 제4공화국 시대에 들어서였다. 주거 개선 사업부터 도로 건설 등 환경 개선 사업이 그 시작이었다. 이후 생활 개선 및 농업 기계화 등 농촌의 혁신 전 분야에 걸쳐 성공적인 사례를 전파하고 그에 대해 토론하며 응용 방법을 고민하는 '농촌 지도자 교육'이 새마을 운동의 근간이 되었다. 근면, 자조, 협동을 기본정신으로 하는 새마을 운동은 농업 경쟁력을 향상시키는 농촌 개발 모델인 동시에 자발적인 참여 의식과 공동체 의식을 고취시키는 의식 개혁 운동이기도 했다.

제4공화국은 우리 국토의 모습 전체도 크게 바꾸어 놓았다. 산림기본계획(1973-1997)을 세우고 백 년을 내다보는 안목으로 30년 동안 100억 그루의 나무를 심어 세계적으로 유례가 없는 조림 정책을 성공적으로 수행하였다. 헐벗은 산이 없이 온통 푸른 산림으로 전 국토의 65퍼센트를 채운 것은 이 사업의 성과였다.

성공과 그 그늘

1977년 수출 100억 달러를 달성함으로써 오랜 목표 하나가 달성되었다. 다음 해인 1978년에는 1인당 국민소득 천 달러 시대를 열었다. 그뿐 아니라 과학기술원을 통해 무기의 국산화 및 현대화에도 성공을 거두었다. 그러나 성공에는 그늘이 있었다. 국가 주도형 개발에 따르는 정경 유착과 금융 부실, 과도한 중복 투자로 산업 체질이 악화되고 있었다.

1978년 이란의 이슬람 혁명 이후 다시 유가가 치솟기 시작했다. 1973년의 제1차 오일 쇼크에 비하면 작은 규모였지만 한국이 받은 타격은 더 컸다. 갑자기 물가가 상승하고 경제 성장률이 다시 급감하기 시작했다. 그런 상황에서 오랜 독재와 권위주의 통치에 대한 불만이 터져나오기 시작했다.

제3공화국 시대에 전태일 분신 사건이 있었다면 제4공화국에는 YH 사건이 있었다. 가발수출업체인 YH 무역이 사업 환경 악화로 경영난에 빠지자 1979년 3월 폐업 위기에 처했다. 여직공이 주를 이룬 노동조합은 회사 정상화를 요구했으나 회사와 정부가 무성의한 태도를 보이자 장기 농성에 들어갔다. 이들은 몇 달에 걸친 농성 끝에 8월에 야당인 신민당 당사를 찾아가 농성을 계속했다. 경찰이 강제로 진압에 들어가 연행하던 과정에서 직공 김경숙이 추락하여 사망했다.

이 사건으로 인해 여론이 악화되자 정부는 김영삼 신민당 총재를 정치적으로 제거하기로 결심하고 여당 의원들을 동원해 그를 의원직에서 제명한다(10.4). 그러자 김영삼의 정치적 후원 지역인 부산과 마산 지역에서 반정부 여론이 거세지면서 10월 16일부터 유신 반대 시위가 거세게 불타올랐다(부마 민주화 항쟁). 정부가 계엄령을 선포했지만 계엄군도 이들을 강제로 진압할 의지가 없었고 시위는 계속 확산되었다. 길었던 유신과 그보다 더 길었던 박정희 체제에 대해 쌓인 불만이 일시에 터져나왔던 것이다.

10·26사태

제2차 오일쇼크로 경제가 악화되자 박정희 대통령은 매우 초조한 모습을 보였다. 집권 20주년을 맞아 수출 200억 달러 달성 등 위대한 성취를 마감하며 정치에서 물러나겠다고 측근에게 말하고 다니던 그였다. 자신이 원하는 방식으로 마침표를 찍을 수 없다는 불안감 때문에 그는 부마 민주화 항쟁에 대해 신경질적인 반응을 보였다. 게다가 1976년 당선된 미국 대통령 카터는 한국의 독재에 대해 대단히 비판적이었다. 그는 주한 미군 철수를 무기로 박정희를 압박하였고 이 역시 박정희에게는 엄청난 부담감으로 작용하고 있었다.

당시 중앙정보부 부장이었던 김재규는 부마 민주화 운동 상황을 박정희 대통령에게 보고했다. 박정희는 상황이 심상치 않다는 김재규의 보고를 받아들이지 않았고, 강경하게라도 진압하자는 차지철의 주장에 솔깃한 태도를 보였다. 이에 김재규는 박정희를 암살하기로 결심하고 안가에서 벌어진 연회 자리에서 박정희 대통령 및 차지철 경호실장을 살해하였다. 박정희는 그 자리에서 곧 사망하였고 김재규는 체포되었다.

국무총리였던 최규하가 직무대행으로 대통령직을 수행하는 한편, 군이 중심이 되어 10·26사건 수사를 지휘하였다. 이 수사의 총책임자가 전두환이었다. 그는 신군부의 주동자가 된다. 이것이 제4공화국이 종언을 고하고 새로운 시대로 넘어가는 장면이었다.

(5) 신군부 및 제5공화국

12·12쿠데타

1979년 10월 26일 박정희 대통령이 시해당하자 국무총리였던 최규하가 대통령 권한 대행을 맡았다. 계엄령이 내려진 비상정국에서 보안사령관 전두환이 무력을 동원, 계엄사령관이던 정승화를 체포하고 국가보위비상대책위원회라는 초헌법적 기구를 만들어 실권을 장악하는 쿠데타를 일으켰다(12.12). 이 쿠데타의 주역들을 신군부라고 부르는데, 신군부 세력은 최규하를 대통령으로 추대한 상황에서 정권을 장악할 준비를 갖추어나갔다. 그러나 대학가에서는 이들에 대한 비판과 함께 민주화에 대한 요구가 커져갔고, 이는 이른바 '서울의 봄'(1980. 5.15)으로 상징되는 시위와 이에 대한 비상계엄 전국 확대조치(5.17), 그리고 이에 반대한 광주 민주화 운동(5.18)으로 이어졌다.

신군부는 광주 민주화 운동을 무력으로 진압하였다. 시민과 진압군 사이에 총격전이 벌어지고 무고한 희생자들을 대량으로 양산한 사건이었다. 이후 신군부는 김대중 등 야당 지도자들을 내란 음모 혐의로 체포하고 언론인 및 비판적인 교수를 강제로 해고하는 한편 170여 개의 정기 간행물을 폐간시켰다. 그 외에도 사회정화라는 이름으로 삼청교육대를 만들어 상습전과자 및 부랑자, 무직자, 사소한 범법자 등을 무차별적으로 강제 입소시켜 체벌을 통한 인권 유린을 자행하기도 하였다.

전두환 대통령

신군부의 지도자인 전두환은 유신헌법 아래서 통일주체국민회의를 통해 제11대 대통령(1980.9.1)으로 취임한 후, 역시 간선제를 골자로 하는 새로운 헌법을 만들었다. 그리고 이 헌법에 기초해 새로운 대통령 선거를 치러 제12대 대통령(1981.2.15)에 취임하였다. 이로써 유신헌법의 제4공화국이 끝나고 1980년 헌법에 기초한 제5공화국이 시작되었다.

제5공화국의 가장 큰 과제는 박정희 정부 말기의 경제적 혼란을 해결하는 것이었다. 무리한 중화학 공업화와 중복투자를 정리하는 강력한 구조 조정이 필요한 상황이었다. 전두환 정부는 과감한 경제 개입 및 강력한 구조 조정으로 산업 체질 개선을 이끌어냈다. 때맞춰 1980년대 중반부터 세계 경제가 회복세 및 성장세에 들어서며 3저 호황(저달러, 저유가, 저금리)이 시작되었다. 제5공화국 초기에 체질개선을 이룬 한국 경제는 국제 수출 시장에서 강력한 경쟁력을 가졌으며, 이 시기에 처음으로 무역 수지가 흑자로 돌아서는 쾌거를 이루었다.

제5공화국은 군사독재 정권으로 권위주의적인 정부였으나, 박정희 시대부터 꾸준히 이어온 경제 성장의 가시적인 성과가 드러나 국민 생활이 크게 향상되는 시기이기도 했다. 통행금지가 해금되어 체감할 수 있는 자유가 늘어나는 한편, 컬러 TV 방송이 시작되고 프로야구가 출범하여 국민의 볼거리가 증대되었다. 전두환 정부는 1986년의 아시안 게임, 1988년의 올림픽을 유치함으로써 경제적 효과를 기대하는 한편, 정부의 이미지를 개선하고 국민적 통합을 고취하려 하였다. 이와 함께 학원 자율화 조치, 정치인 규제 해금, 운동권 학생 석방 등 유화적인 정책이 병행되었다.

이러한 유화 정책이 군사 쿠데타 및 광주 민주화 운동 탄압을 방조했다고 여겨진 미국에 대한 반미 감정과 결합되어 대학가에서는 반정부적인 분위기가 팽배하였고 이는 민주화 운동의 본령을 넘어서 종북 세력이 형성되는 계기가 되었다. 80년대 후반부터 본격적으로 등장한 주사파를 비롯한 종북 좌파는 공공연하게 사회주의 노선을 천명하고 북한을 추종하며 반정부, 반체제 운동에 열을 올렸다.

87년 민주화 운동

종북 세력의 존재와는 별도로 군사 정권에 대한 국민의 비판 정신은 계속 성숙해갔다. 시민사회가 경제 성장에 걸맞는 민주화의 수준을 기대했기 때문이다. 1987년 5월 박종철 고문 치사 사건이 폭로되자 학생들의 정부 규탄 시위는 점점 더 치열하게 전개되었고, 6월 9일 이한열 군이 최루탄에 맞아 의식불명 상태가 되자 다음 날부터 시위는 일반 시민으로까지 확대되었다. 다음 대선의 여당 대통령 후보였던 노태우 민정당 대표는 6월 29일 이른바 6·29선언을 발표해 야당과 국민이 원하는 직선제 개헌안을 수용하겠다는 뜻을 밝혔다. 헌법을 고수하겠다는 호헌 의지를 밝히던 전두환도 이를 수용했고, 결국 10월 제9차 헌법 개정안이 만들어지면서 새로운 공화국으로 이행할 준비가 이루어졌다.

대북 및 대미 관계

1979년 대통령 시해 사건이 벌어졌지만 북한이 노릴 만한 사회적 혼란은 없었다. 전두환 정권은 집권 초기 정권 안정을 위해 1982년 민족화합민주통일방안을 제시하고 남북정상회담을 제의하는 등 남북관계 개선을 위한 움직임을 보였다. 그러나 북한은 1980년대 내내 남한 사회의 혼란을 야기하기 위한 공작을 펼쳤다. 대학가의 학생 운동권을 포섭하여 내란 상황을 유도하려 한 것이다. 특히 김정일은 승계 구도를 공고히 하기 위해 대남 공작에 열을 올렸다. 1983년 버마 아웅산 묘소에서 정부 요인 암살을 시도(아웅산 테러)했다. 아웅산 테러가 벌어졌을 때 전두환 정부는 무력 보복은 하지 않고 경고만 하는 것으로 끝냈다. 1984년 남한 지역에 홍수가 나자 북한이 대남 선전용으로 지원을 제안한 바 있다. 전두환 정부는 북한을 포용하겠다는 의지를 보이기 위해 이를 수용했다. 이후 남북적십자회담, 이산가족 고향방문, 예술공연단 교환공연 등 남북 화해를 전진시키기 위한 조치가 이어졌다. 하지만 북한은 1988년 올림픽을 앞두고는 대한항공 858편 폭파 사건으로 우리의 노력을 배신하였다.

제5공화국은 박정희 대통령 정부 말기 긴장관계에 있던 미국과는 우호적인 관계를 진전시키려 하였다. 신군부와 미국의 관계는 복잡했다. 원래 미국은 군사 쿠데타 및 군사 독재에 대해 비판적인 입장이었다. 광주에서의 무력 진압을 묵인하였다는 세간의 추측과는 달리, 신군부의 부대 운용은 미국의 작전 통제권 아래 있지 않았다. 신군부는 내란 음모 혐의로 사형 선고를 내린 김대중을 죽이지 말라는 미국의 요구를 받아들이는 대신 미국으로부터 신군부의 승인을 얻어내었다. 이후 전통적인 혈맹 관계를 복원하려고 양국이 노력하였지만, 미 문화원 방화 및 점거 농성 사건 등 반미운동이 더욱 가속되었고, 미국의 자국 산업 보호 정책으로 인해 통상마찰마저 빚었다. 결국 제5공화국은 긴장 속에서 한미의 협력 관계가 유지되던 시기였다.

1987년 헌법과 제6공화국

1987년의 민주화 운동과 노태우의 6·29선언은 결국 1987년 새로운 헌법(현행 헌법)의 제정으로 결실을 맺었다. 대통령 직선제 도입을 골자로 한 이 헌법에 따른 정치 체제가 현재까지 이어지고 있다. 따라서 제13대 노태우 대통령 집권 이후 지금까지 제6공화국 시대가 진행 중이다.

노태우 대통령

1988년 2월 25일 대통령에 취임한 노태우는 4월 제13대 총선에서 여소야대 상황이 되자 여당인 민주정의당과 야당인 통일민주당(김영삼), 신민주공화당(김종필)을 합당하여 민주자유당(민자당)을 창당함으로써 정국의 주도권을 쥐었다. 그리고 자신이 주도적으로 준비했던 서울 올림픽(9~10월)을 성공적으로 치렀다. 서울 올림픽은 1980년의 모스크바 올림픽(서방 불참), 1984년의 LA 올림픽(공산권 불참)과는 달리 오랜만에 동서가 모두 참가한 온전한 올림픽으로 평가받았다. 1950년의 김일성 남침전쟁 직후의 폐허가 된 모습만 기억하던 세계인들은 불과 40년도 되지 않아 눈부신 성장을 이룩한 한국의 발전상에 크게 놀랐다.

때맞춰 구 공산권 국가들이 탈공산주의 노선을 표방하며 개혁 개방 정책을 실시하자 노태우 정부는 이를 계기로 1989년부터 동구 공산권 국가들과 수교하는 북방 정책을 추진함으로써 외교의 새로운 방향을 제시하였다. 사회주의 체제 붕괴로 인한 화해 무드는 남북 간에도 적용되었다. 노태우 정부는 한민족공동체통일방안(1989)을 제시하면서 대화의 물꼬를 텄고 1990년부터 남북한 고위급 회담이 시작되었다. 다음 해(1991)에는 유엔총회가 남북한 유엔 동시 가입을 만장일치로 통과시켰고, 남북한이 '한반도의 비핵화에 관한 공동선언'을 채택하였으며, 12월에는 남북 사이의 화해와 불가침 및 교류·협력에 관한 합의서(남북기본합의서)에 합의하였다(다음 해 2월부터 발효).

1980년대 지속된 3저 호황의 결과로 경제 성장을 이룩하고 1987년의 민주화 운동으로 직선제 개헌, 군사독재 종식을 가져왔으나 민주화의 바람과 경제 호황으로 인한 새로운 사회혼란이 시작되었다. 연이은 시국 사건, 빈번해진 노사 분규, 유흥 산업의 급성장과 향락적인 문화 등이 문제가 되었다. 노태우 정부는 1990년부터 '범죄와의 전쟁'을 선포하여 유흥가에 자리 잡은 범죄 조직을 발본색원하고 한국의 치안 수준을 높여 놓았다.

김영삼 대통령

민자당의 대통령 후보였던 김영삼이 1993년 2월 25일 제14대 대통령에 취임했다. 김영삼 정부는 스스로를 '문민정부'라고 불렀다. 이 이름에서 알 수 있듯이 김영삼 대통령은 군사 정권 청산을 중요한 과제로 제시하였다. 취임 직후 군내 사적 조직인 하나회를 철저히 해체하는 숙군 작업을 실시하였고, 1995년에는 전두환, 노태우 두 전직 대통령을 구속하고 재판에 회부하였다. 이 과정에서 구 정권과의 연속성을 끊고 집권당을 쇄신하기 위해 신한국당으로 당명을 바꾸었다. 이 신한국당은 다음 대선(1997년 12월) 직전 구 야당 인사들을 흡수하면서 한나라당으로 개명하게 된다.

하나회 숙군 작업과 더불어 집권 초기에 도입한 정책은 금융실명제였다. 한국 경제 및 정치의 오랜 병폐였던 정경유착과 부정부패를 근절시킬 수 있는 획기적인 조치였다. 김영삼 대통령은 집권 직후부터 이를 비밀리에 준비하여 전격 시행함으로써 성공을 거두었다.

김영삼 정부 시기에 일어난 중요한 변화 중 하나는 지방자치 시대의 본격적인 개막이다. 제1공화국 시기에 이미 지방자치에 관한 법률이 마련되고 최초의 선거가 실시되었지만 군사 정권과 더불어 지방자치가 연기되었다. 노태우 정부 시기에 지방자치법이 개정되고 기초 및 광역단체 의회가 구성되었지만, 지방자치단체장 선거가 치러진 것은 김영삼 정부 시절인 1995년이었다.

김영삼 정부는 이렇듯 많은 개혁을 성공적으로 도입하였으나 1997년 갑작스러운 외환 위기를 맞이하면서 유종의 미를 거두지 못했다. 근본적으로는 압축 고도 성장기부터 누적된 한국 경제의 고질병이 문제였으나, 1997년 초 동남아시아 각국에서 외환 위기 및 금융 불안 사태가 발생한 것이 직접적인 원인이었다. 이 문제를 해결하기 위해서는 대규모의 구조 조정이 요청되었으나 이 과제는 다음 정부에게로 넘어가고 말았다.

노태우 정부 말기 간첩단 사건 등으로 인해 경색된 남북 관계는, 김영삼 정부 시기 북한의 핵개발이 문제가 되면서 긴장이 고조되었다. 김영삼 대통령은 카터 전 미 대통령을 통해 김일성과의 정상회담을 추진하였으나 김일성이 갑작스레 사망(1994)하면서 무산되고 말았다. 김일성 사망 후 남북 관계는 계속 경색되었다. 1996년에는 잠수정을 통해 26명의 무장공비가 강릉에 침투하는 사건이 벌어졌고, 1997년에는 북한의 최고위층 인사였던 황장엽이 망명하기도 하였다.

김영삼 정부 시기는 문화적 변화를 겪은 시기이기도 하다. 장기적으로는 1980년대의 경제 발전의 성과가 누적되고 1989년의 사회주의 체제 붕괴, 해외여행 전면 자유화의 효과가 나타난 결과였다. 농업 개방, 외환 위기에 따른 산업의 구조 조정으로 인해 제3차 산업이 크게 성장하였는데 이와 더불어 문화적 변화도 크게 나타났다.

김대중 대통령

위환위기로 인해 IMF의 구조 조정 요구가 시행되던 1998년 2월 25일 제15대 대통령으로 김대중이 취임하였다(별칭은 '국민의 정부'). 건국 이래 최초의 평화적인 정권 교체로 한국 정치의 민주화에서 한 획을 그은 것으로 평가될 수 있다. 그러나 김대중 정부는 처음부터 외환 위기 극복이라는 무거운 짐을 지고 시작해야 했다. 강도 높은 구조 조정 속에서 많은 기업이 도산하고 외국 기업에 넘어가는 고통이 있었지만, 노사정의 협력과 금 모으기 운동으로 상징되는 국민적인 단합으로 조기에 위기를 극복할 수 있었다. 또한 이 과정에서 체질이 개선되고 기업의 경쟁력이 강화되는 효과도 거두었다.

김대중 정부는 무엇보다 대북 화해 무드 조성에 큰 힘을 기울였다. 햇볕 정책으로 표현되는 김대중 정부의 대북 정책은 김대중 대통령과 북한의 김정일이 제1차 남북정상회담(2000.6)으로 역사적인 남북 지도자 상봉으로 이어졌다. 두 지도자는 6.15남북 공동선언에 합의하였다. 금강산 관광, 개성 공단 등이 햇볕 정책의 대표적인 성과였다. 그러나 대북 유화 정책이 북한의 위기 극복에 도움을 주어 체제 붕괴를 지연시켰다는 비판도 받고 있다.

김대중 정부 시기엔 IT 등 첨단산업에 대한 투자가 집중적으로 이루어졌다. 본격적인 IT의 시대가 시작될 때 한국은 초고속인터넷망 사업을 성공적으로 전개하여 세계를 선도하였다. IMF의 조기 극복과 IT 산업의 선도 등을 배경으로 되살아난 국민적 자부심은 2002년 한일 공동 월드컵에서 4강 신화와 함께 전 세계를 놀라게 한 전 국민의 거리 응원으로 이어졌다.

그러나 빛과 그늘은 함께 왔다. 한일 월드컵이 한창이던 2002년 6월 연평도 근해에서 북한 함정의 기습적인 공격으로 제2 연평해전이 발발하였다(제1차 연평해전은 1999년). 그러나 햇볕 정책의 무드와 월드컵의 열광 속에서 이에 대한 국민적 분노는 보이지 않았다. 이와는 달리 미군 장갑차에 의한 여중생 압사 사건과 그 처리 과정은 반미 감정을 자극하였고 촛불 시위가 처음으로 등장하였다.

노무현 대통령

2003년 2월 25일 제16대 대통령으로 취임한 노무현은 '참여정부'라는 별칭을 내걸었다. 노무현 대통령은 개혁적인 이미지로 집권에 성공하였으나 노무현 정부 시기는 정치적 마찰로 잡음이 많던 때였다. 충청권 공략과 분산 개발이라는 명분으로 내건 행정수도 이전 공약은 헌법재판소에서 위헌 판결을 받음으로써 원안대로 추진되지 못하였다. 2004년에는 총선을 앞두고 정치적 중립성을 위반하였다는 이유로 국회가 탄핵 소추안을 통과시키기도 하였다. 헌정 사상 초유의 대통령 직무 정지 사태가 벌어졌으나 헌법재판소가 기각 판결을 내림으로써 대통령직에 복귀할 수 있었다.

노무현 정부는 김대중 정부의 공과를 모두 이어받겠다는 기조를 천명하였다. 햇볕 정책의 계승이 가장 대표적이었다. 노무현은 김대중처럼 북의 김정일과 만나 10·4 남북 공동선언에 합의했지만, 해상에서의 북방한계선을 무력하게 만들 소지를 제공하는 한편 북한의 핵무기 문제 해결에 있어서는 실질적인 진전을 보지 못하는 등 성공적인 성과를 거두진 못했다.

권위주의 타파, 전자정부 구축 등 개혁적인 성과가 있기는 했으나 취임 초부터 주요 과제로 내걸었던 부동산 안정화에는 성공하지 못했다. 그 결과 국민 양극화라는 문제가 처음으로 제기되기 시작했다. 햇볕 정책을 추진하고 '동북아 균형자론'을 내세우거나 '친미가 아니라 용미'라는 발언을 하는 등 대통령의 외교 원칙에 대해 의혹과 논란이 있었다. 그러나 FTA를 추진하고 중동 지역에 파병하는 등 실제 미국과의 관계는 매우 우호적이었다.

이명박 대통령

실용정부를 내세운 이명박 정부가 2008년 2월 25일 출범하였다. 출범하자마자 미국에서 시작된 금융위기가 세계를 뒤흔들었다. 한국은 현명하게 대처함으로써 큰 타격을 받지 않고 슬기롭게 극복하긴 했으나, 그 여파로 이명박 정부 시기 경제 성장률은 매우 좋지 못했다. 4대강 사업, 해외 자원 외교 등을 국가적 사업으로 추진했으나 그 성과에 대해서는 논란이 있다.

이명박 정부 시대는 김대중-노무현 집권 시기와는 차별화된 정책과 이념을 내세움으로써 국가 운영 방향이 크게 바뀌었다. 국내적으로도 이전의 정부가 국가 정체성에서 문제를 내보였다고 판단하고 자유민주주의와 시장경제, 대한민국의 정통성을 강조하는 우익적 이념을 확고하게 내세웠다. 이로 인해 사회적, 정치적 갈등이 증가되기도 하였다. 특히 2008년 한미 FTA 체결 과정 중 쇠고기 수입 문제로 인해 큰 논란이 벌어졌다. 광우병 발생에 대한 우려로 정부와 미국에 대해 비판적인 촛불 시위가 대규모로 이어졌는데, 이로 인해 큰 사회적 비용을 치러야 했다. 이명박 정부는 2008년 광우병 촛불시위의 위세에 위축되어, 중도실용론이라는 정책을 펴 국가정체성 확립을 위한 이념투쟁을 회피했다는 비판론도 있다.

북한과의 관계는 급속도로 경색되었다. 금강산 관광객 피격 사건, 대청 해전, 천안함 폭침, 연평도 포격 도발 등 무력을 동반한 갈등이 계속되었다. 북한은 김정일이 사망하고 김정은으로 3대 세습이 이루어지면서 남한에 대한 도발과 적대적인 자세로 내부 단결을 꾀하고 있다. 따라서 북한에 대해 강경한 태도로 선회한 것은 국가 정체성이란 측면에서 중요한 원칙을 천명한 것이라고 볼 수 있다.

01 제1공화국

1) 제1대 이승만 대통령 시기 (1948.8.15~1952.8.14)

1. 다음은 유엔의 결의 내용이다. 이 내용과 연관성이 가장 부족한 것은 무엇인가?

> 유엔총회는 유엔 한국임시위원단이 선거를 감시하고 자문할 수 있었으며 모든 한국인의 압도적 다수가 살고 있는 한국의 그 부분에 대해 효과적인 통제권과 관할권을 갖는 합법적 정부(대한민국 정부)가 수립되었다는 것, 이 정부는 한국의 그 부분에 거주하는 유권자들의 자유 의사의 유효한 선거에 기초하고 있다는 것, 그리고 이 정부는 한국에서 유일한 그러한 정부라는 것을 선언한다.

① 제3차 유엔총회(1948.12.12)

② 유엔총회 표결 결과 가까스로 승인

③ 유엔 감시 아래 실시된 총선거의 후속 조치

④ 유엔의 6·25전쟁 참전 근거

⑤ 대한민국의 정통성 근거

| 해 설 |

② 유엔은 1948년 12월 12일 제3차 유엔총회에서 48대 6이라는 압도적 표차로 대한민국을 승인하였다.

정답 : ②

2. "제2차 세계대전 이후 소련을 진원으로 하는 공산주의 쓰나미가 세계를 뒤덮고 있는 가운데, 대한민국이 자유민주주의 체제의 국가를 건국할 수 있었다는 것은 일종의 기적이다"라는 평가도 있었다. 실제로 제2차 세계대전 전에는 소련 등 극히 일부 국가만이 공산주의 체제였으나 1970년대에는 세계 지도의 절반 정도가 붉은색이 칠해진 공산권 국가로 분류되었다. 제2차 세계대전 직후 소련과 연계 아래 공산화된 국가가 아닌 것은 어느 나라인가?

① 폴란드   ② 동독   ③ 중국

④ 베트남   ⑤ 북한

| 해 설 |

④ 베트남의 공산화는 소련군의 점령이나 직접적 지원이 없이 베트남 공산주의 세력의 자주적인 역량에 의해 이루어졌다. 폴란드·동독·북한의 공산화는 소련군의 점령하에 이루어졌고, 중국의 공산화는 소련의 적극적인 지원으로 이루어졌다.

답 : ④

3. 이승만에 대한 긍정적 평가 요인으로 적합하지 않은 것은 무엇인가?

① 전 세계에 공산화의 쓰나미가 덮치고 있던 상황에서 자유민주주의 체제 대한민국을 건국한 점

② 6·25전쟁 때 유엔군과 더불어 북한 침략군을 물리치고 대한민국을 보존한 점

③ 6·25전쟁 후 한미동맹을 이끌어내 대한민국의 안보 체계를 확고히 한 점

④ 자유민주주의에 입각한 헌법 제정에 앞장서 자유민주주의 대한민국의 토대를 구축한 점

⑤ 대한민국 건국 후 경제 발전에 주력하여 대한민국의 경제적 토대를 구축한 점

| 해 설 |

⑤ 경제 발전에 주력한 것은 박정희 정부이다.

④ 대한민국의 민주화는 4·19혁명, 5·18민주화 운동, 6·10항쟁 등에 의해서도 발전되었지만 더 근본적으로는 이승만이 자유민주주의 헌법의 제정을 선도한 데서부터 시작된 것이다.

답 : ⑤

4. 이승만 대통령에 대한 설명으로 옳지 않은 것은 무엇인가?

① 이승만은, 일본의 하와이 진주만 폭격 이전에 이미 일본이 미국을 상대로 전쟁을 일으킬 것이라고 예언하였다.

② 이승만은 영국 처칠 수상과 함께 제2차 세계대전 종전 직전부터 소련의 야심을 간파한 지도자로 평가받고 있다.

③ 이승만은 철저한 자유민주주의 신봉자로서, 미군정의 좌우합작 즉 중도 노선에 대해 북한과 좌익의 위험성을 간과한 미봉책이라며 비판했다.

④ 이승만은 일본 패망 후 미 국무부 내 우호 인사들의 도움을 받아 1945년 10월 귀국했으며, 귀국 시 미군정으로부터 환대를 받았다.

⑤ 전 세계와 한반도에 공산화의 쓰나미가 덮치는 가운데서도 대한민국은 이승만의 리더십 아래 자유민주주의 체제로 출발할 수 있었다.

| 해 설 |

④ 미국에 있던 이승만은 해방 직후 귀국에 나섰으나 미 국무부 내 좌경 인사들로부터 견제를 받아 귀국에 차질을 빚었다. 그러나 이승만은 미 국방부(미군정)와 맥아더 장군의 도움을 받아 1945년 10월 16일에 귀국할 수 있었다. 이승만은 귀국 후 미군정과 한동안 우호적 관계를 유지했으나 강한 반공 의식으로 인해 미군정으로부터 배척을 당하게 되었다. 당시 미국은 소련과 협조 아래 한반도 문제 등을 해결하려는 입장이었기 때문에 이승만 같은 반공주의들이 장애가 되었기 때문이다.

③ 미군정은 좌우를 아우르는 좌우합작 노선을 전개하면서도 이승만·김구 등 우익은 철저히 배제하고 여운형 등 온건 좌익, 김규식 등 중도파들은 물론 극좌 박헌영을 대변하는 인물들까지도 참여시켰다.

답 : ④

5. 다음은 대한민국 정부 수립에 반대했던 정치 세력의 대한민국 정부 수립에 대한 반응 및 그 후의 동향에 관한 서술이다. 사실과 다른 것은 무엇인가?

① 5·10선거 저지 투쟁을 전개했던 좌익 세력과 김구·김규식 세력은 5·10선거가 끝난 후에도 그 선거가 자유롭지 못한 분위기 속에서 전개된 엉터리 선거였다고 악선전하면서 선거 무효화 투쟁을 전개했다.

② 남한 좌익 세력은 북한에서 만들어진 조선민주주의인민공화국에 참여하고, 남한에서 조선민주주의인민공화국 지지 운동을 전개했다.

③ 대한민국 정부가 수립되자 김구는 이승만과 한민당에 대해서만 부정적 태도를 취하고 대한민국 정부에 대해서는 긍정적인 태도를 취했다.

④ 김구·김규식 세력은 통일독립촉진회를 결성하여 통일 운동을 계속하기로 했다.

⑤ 김구·김규식과 더불어 남북 협상에 참여했던 조소앙은 김구·김규식의 통일 운동이 비현실적이라고 비판하며 통일독립촉진회에 불참했다.

| 해 설 |

③ 김구는 대한민국 정부 수립 이후에도 대한민국 정부에 대해 부정적 태도를 유지했으며, 대한민국 정부가 유엔의 승인을 획득하는 것을 저지하기 위해 대표단을 유엔총회에 파견하려 했다.

정답 : ③

6. 다음은 제2대 국회의원 선거(5·30선거)에 관한 설명이다. 옳지 않은 것은 무엇인가?

① 5·30선거에 적용된 개정 국회의원선거법에는 친일파 피선거권 금지 조항이 폐지되었다.

② 현역 의원 재선률이 높았다.

③ 전체 당선자 중 무소속 당선자의 비율이 높았다.

④ 제헌 국회 구성을 위한 5·10선거에 불참했던 지도자급 정치인도 많이 입후보했다.

⑤ 대통령 이승만을 지지하는 국회의원 당선자 수가 더욱 줄어들었다.

| 해 설 |

② 제2대 국회의원 선거는 제1대 국회의원 선거(5·10선거) 실시 2년 만인 1950년 5월 30일 실시되었다. 5·30선거에서는 현역 의원들의 재선 비율이 극히 낮았다. 5·30선거에서 현역 의원의 재선율은 15%였는데, 이는 역대 국회의원 선거

사상 최저치였다.

④ 5·10선거에 불참했던 남북 협상파 세력의 대부분은 제2대 국회의원 선거인 5·30선거에 참여하였다.

정답 : ⑦

7. 다음은 제1공화국 시기의 정당들에 관한 설명이다. 옳지 않은 것은 무엇인가?

① 제헌국회에서 한국민주당은 이승만에 비판적인 여타 세력을 규합하여 민주국민당(민국당)을 만들었다.

② 이승만은 야당에 대응하기 위해 자유당을 만들었다.

③ 자유당은 창당 시 노동자·농민 대중의 이익과 서민의 권리를 옹호하는 정당이 될 것을 표방했다.

④ 이승만의 독재가 심해지자 민국당은 반독재 세력을 광범하게 규합하여 민주당을 만들었다.

⑤ 민주당은 범야권 통합 정당을 만들기 위해 진보당과 합당하려 했으나 진보당은 자기들이 사회민주주의를 실현하려는 진보 정당이기 때문에 보수 정당과 합당할 수 없다는 입장을 취했다.

| 해 설 |

⑤ 민주당은 자유민주주의 체제, 자본주의 체제를 지향하는 이른바 보수 정당으로서 사회민주주의를 내건 진보당과 합당하려는 시도 자체를 하지 않았다. 오히려 민주당 창당 시에는 조봉암 등 진보당 계열의 인사들이 참여하는 것을 배제했다.

② 이승만이 1952년 자유당을 창당한 것은 대통령 직선제를 반대하는 민국당 등 야당에 대응해 대통령 직선제를 관철시키기 위해서였다. 먼저 이승만 대통령이 관리하고 있던 대한국민회, 대한청년단, 대한노동조합총연맹, 농민조합연맹, 대한부인회 등 외부 단체들이 원내 자유당을 결성하였다. 이승만 대통령을 지지하는 국회의원들도 정당 창당에 호응하여 원외 자유당을 결성하였다. 원내외의 두 세력은 1952년 5월 대통령 직선제와 양원제 내용의 개헌안이 국회에 상정되면서 자유당을 공식 창당하였다.

① 한민당은 대한민국 정부 수립 때 이승만 대통령으로부터 배척을 당하자, 야당으로 돌아서 이승만과 사사건건 대립하였다. 한민당은 1949년 2월 이승만 대통령에 반대하는 여러 정파들을 규합하여 민국당을 창당하였다. 민국당은 이승만 대통령의 정책에 대해 비판적 입장을 취했다.

④ 민국당은 이승만의 독재가 심해지자, 1955년 자유당으로부터 이탈한 세력과 무소속 세력 등 반이승만 세력을 규합하여 민주당을 창당하였다. 민주당 창당 시 조봉암 등 진보당 계열 인사들이 동참하려는 것을 거부했다. 민주당은 구파와 신파로 파벌이 나뉘었다. 구파는 신익희, 조병옥 등 대한민국 건국하는 과정에서 이승만과 노선을 같이했다가 건국 이후 배척을 당하면서 반이승만 노선으로 돌아선 세력을 지칭했다. 신파는 장면 등 1952년 발췌 개헌, 1954년 사사오입 개헌 때 반이승만 노선으로 돌아선 각료 및 의원 출신들을 지칭했다. 민주당의 구파와 신파는 야당으로 돌아선 시기나 출신 배경, 정치 성향도 달랐지만 대한민국의 헌법을 수호해야 한다는 명분을 분명히 하면서도 반이승만 노선을 지향한다는 정치 노선에 동조하여 공동 전선을 구축한 것이다.

민주당은, 1956년 제3대 대선에 후보로 내세운 신익희가 선거 직전 갑자기 병사하는 바람에 대권 장악에 실패했다. 그러나 부통령 선거에서는 민주당 후보 장면이 자유당 후보 이기붕을 이겼다. 민주당은 1960년 제4대 대선을 한 달 앞두고 자당 후보 조병옥이 미국에서 병을 치료하던 중 사망함에 따라 또 다시 대권 장악에 실패하였다. 민주당은 부통령 선거에서 장면 후보를 내세웠다. 그러나 자유당이 이기붕 후보를 당선시키기 위해 극심한 부정선거를 자행함으로써 4·19혁명을 유발하였다.

정답 : ⑤

8. 대한민국에서는 건국 이후 다양한 정당이 명멸하였다. 정권별 여당의 당명이 잘못 연결된 것은 무엇인가?

① 이승만 정권 초기(1952년 이전) : 한민당(한국민주당)

② 이승만 정권 중·후기(1952년 이후) : 자유당

③ 장면 정권 : 민주당

④ 박정희 정권 : 공화당(민주공화당)

⑤ 전두환 정권 : 민정당(민주정의당)

| 해 설 |

① 이승만은 대한민국 정부 수립과 동시에 그간 자신을 지지했던 한민당과 결별하였고(1948.8), 한민당은 야당의 길로 갔다. 이승만은 1952년 이전까지 자기가 이끄는 정당을 만들지 않았다.

정답 : ①

9. 다음 중 군부에 침투한 좌익 군인들에 의해 일어난 사건은 무엇인가?

① 여순 반란 사건　　　　② 제주 4·3사건　　　　③ 조선 정판사 사건
④ 대구 10·1폭동 사건　　⑤ 9월 총파업

| 해 설 |

여순 반란 사건은 여수에 주둔한 14연대 내 좌익 군인들이 1948년 10월 19일 일으킨 반란 사건이다. 14연대 내 좌익 군인들은 반란 직후 여수와 순천 지역의 민간인 좌익과 합세하여 여수와 순천 지역을 완전 점령하고 지역 내의 경찰과 우익 인사 및 그들의 가족들을 학살했다. 진압군이 다가오자 잔당들은 지리산으로 들어가 빨치산 활동을 전개하였다.

정답 : ①

10. 여순 반란 사건과 관련이 없는 것은 무엇인가?

① 제주 4 · 3사건   ② 제14연대

③ 많은 민간인과 경찰관 희생   ④ 지리산 빨치산 토벌

⑤ 국가보안법 제정

| 해 설 |

여순 반란 사건은 대한민국이 건국된 지 2개월여 만인 1948년 10월에 발생한 반란 사건이다. 여수 주둔 제14연대 내 김지회 중위, 지창수 상사 등 좌익 병사들이 제주 한라산 빨치산 토벌을 위한 출동 명령을 거부하고 반란을 일으켰다. 반란군들은 반란 병사들을 이끌고 인근 좌익 인사들과 합세하여(3,000여 명에 이름) 여수 · 순천 지역을 장악하고 경찰과 경찰 가족, 우익 인사들을 학살하며 온갖 만행을 저질렀다. 이들에 의해 학살당한 숫자는 수천 명에 이르렀다.

반란군들이 장악하고 있던 4~5일간 여수 · 순천 지역에서는 하루도 쉬지 않고 인민재판이 열려 반동분자로 지목된 사람들을 죽창이나 총검, 몽둥이로 그 자리에서 죽이는 등 상상하기 힘들 정도로 참혹한 학살극이 일어났다. 10월 23일 오후 3시, 여수 대판통 사거리(현 중앙동 로터리)에서 반란군에 의한 인민재판이 열렸고 여기서 반동으로 분류되어 그 자리에서 처형당한 경찰과 그 가족, 우익 인사만도 800여 명에 이르렀다.

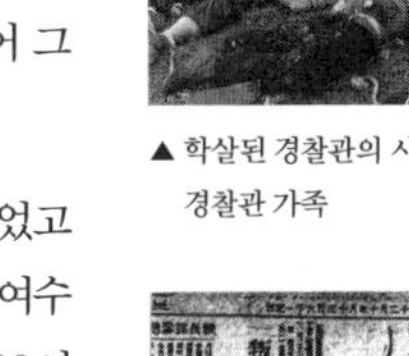

▲ 학살된 경찰관의 시신을 찾고 있는 경찰관 가족

이렇듯 순천은 20일부터 23일까지 4일간, 여수는 27일까지 8일간의 공산 천하가 되었고 이 가운데 수많은 경찰관과 그 가족, 우익 인사들과 그 가족이 무참히 학살당하였다. 여수에서 반란군에게 희생당한 민간인은 1,200여 명, 행방불명자 3,500여 명, 이재민 9,800여 명이었다. 순천에서 반란군의 만행이 더 잔인했는데, 반란군에 의해 학살당한 민간인은 1,134명, 행방불명자는 818명에 이르렀다.

반란군이 점령한 여수 · 순천 지역에서는 좌익분자들이 인공기를 게양하고 '인민공화국 만세'를 외치고 대한민국의 모든 법령의 무효를 선언하며 인민공화국을 선포하였다. 진압군에 패배한 반란군 잔당 1,000여 명은 지리산으로 들어가 무력으로 대한민국에 항거하는 빨치산 활동을 본격 전개하였다.

▲ 여순 반란 사건 관련 신문 기사

⑤ : 답

11. 다음은 여순 반란 사건과 관계가 깊은 사항들을 열거한 것이다. 옳지 않은 것은 무엇인가?

① 제주도 폭동 진압   ② 육군 제14연대

③ 남로당의 군부 침투   ④ 여수 · 순천 지역 주민의 좌경화된 민심

⑤ 반란군과 지역 좌익 세력의 합세

④⑤ 여순 반란 사건은 여수·순천 지역 주민들의 민심이 좌경된 탓에 발생한 것이 아니라 여수 주둔 육군 제14연대의 좌익 장병들 때문에 발생한 것이다. 당시 여수·순천 지역 주민 다수의 민심은 좌경화되지 않았고, 좌익 사상을 가진 주민 수는 오히려 소수였다. 14연대의 좌익 장병들이 반란을 일으키자 여수·순천 지역의 좌익 주민이 그에 호응하여 반란의 규모가 확대되었다. 그 지역의 좌익 주민은 제14연대 반란군이 제공한 총기로 무장하고 반란군과 합세하여 그 지역 우익 인사와 경찰 및 공무원들을 학살했다.

答 : ④

12. 여순 반란 사건은 대한민국 정부가 수립된 후 불과 2개월여 만에 일어난 군사 반란 사건이다. 여순 반란 사건은 6·25전쟁 때 대한민국의 붕괴를 막을 수 있는 결정적 계기를 제공했다는 평가를 받기도 한다. 그 이유에 대한 기술과 관련이 없는 것은 무엇인가?

① 국가보안법 제정

② 숙군 작업

③ 남로당 숙청 작업

④ 빨치산 토벌

⑤ 국민보도연맹 사건

| 해 설 |

1948년 12월 국가보안법 제정과 1949년 숙군 작업, 남로당 색출, 국민보도연맹 등은 모두 좌익 세력을 제거하기 위한 조치였다. 이 중 국민보도연맹은 정부가 좌익 세력에게 전향의 기회를 주고 이들을 보호하기 위해 만든 반공 단체이다. 이 단체는 전향하지 않은 좌익을 전향하도록 하는 다양한 활동도 했다. 국민보도연맹은 북한 정권과 공산주의를 배격하고 대한민국을 지지하는 것을 강령으로 삼았다. 가입한 사람은 1949년 말 30만 명에 달했다.

⑤ 국민보도연맹 사건은 여순 반란 사건과는 관련이 없다. 국민보도연맹 사건은 국민보도연맹 자체와는 다른 것이다. 6·25전쟁이 발발한 후 북한군이 서울·인천 등으로 진입하자 전향하기로 했던 그 지역 내 국민보도연맹원들이 언제 전향했느냐는 듯이 북한군 편에 서서 대한민국 세력을 제거하는 데 앞장섰다. 이러한 국민보도연맹원들의 행동을 본 군경 등이 남쪽 각지에서 국민보도연맹원들을 사전 예비 검속, 일부 처형한 것이다. 이를 국민보도연맹 사건이라고 한다.

答 : ⑤

13. 다음은 국가보안법과 그 제정 배경에 관한 설명이다. 사실과 다른 것은 무엇인가?

① 북한에서 조선민주주의인민공화국이 설립되자 좌익분자들의 주동으로 인민공화국을 지지하는 행동이 남한 각지에서 발생하는 등 반란 발발 조짐이 강하게 나타났다.

② 곧 반란이 일어날 것이라는 루머가 파다하게 퍼질 정도로 내란 음모 및 내란 예비 행위들이 광범하게 자행되어도 내란 행위를 처벌할 법률이 없어서 그것을 단속할 수 없었다.

③ 국가보안법은 정부 발의로 제정되었다.

④ 여순 반란 사건이 발생한 후 서둘러 제정되었으며, 좌익 세력에 포섭된 국회의원들은 이 법의 제정을 극렬하게 반대했다.

⑤ 처음에는 '내란 행위 특별 처벌법'으로 발의되었다가 최종 단계에서 '국가보안법'으로 명칭이 변경되었다.

| 해 설 |

③ 국가보안법은 정부 발의로 제정된 것이 아니다. 김인식 의원 등은 여순 반란 사건이 일어나기 2개월 전 '내란 행위 특별 처벌법'을 발의했다. 여순 반란 사건이 발발한 후 국회는 내란 행위 특별 처벌법의 제정을 서둘렀으며, 입법의 최종 단계에서 명칭을 국가보안법으로 변경하여 제정했다.

답 : ③

14. 이승만 대통령은 대한민국 건국 직후 일어난 여순 반란 사건을 겪으면서 큰 충격을 받았다. 그는 공산 세력을 제거하지 않고는 국가가 온전할 수 없다고 판단한 것이다. 이승만 대통령이 여순 반란 사건 이후 취한 반공 정책의 내용과 거리가 먼 것은 무엇인가?

① 이승만 대통령은 여순 반란 사건을 계기로 급히 반공법을 제정하고 이를 근거로 1949년부터 대대적인 반공 정책을 추진하였다.

② 이승만 정부는 1949년 들어 군 내부의 좌익 군인들을 골라내는 숙군 작업을 전개하여 10만여 명의 군인 중 4,749명을 군에서 축출하였다.

③ 이승만 정부는 1949년 6월 국민보도연맹이라는 반공 단체를 만들어 30여만 명의 좌익 인사를 전향시켜 이 단체에 가입시켰다.

④ 군경은 1950년 겨울의 극심한 추위를 이용, 여순 반란 사건 이후 지리산으로 들어가 투쟁하던 빨치산 토벌 작전을 전개하여 어느 정도 성공을 거두었다.

⑤ 이승만 정부는 홍민표 등 전향 남로당원들을 경찰로 특채하여 1950년 초 김삼룡·이주하 등 남로당 핵심 간부 및 김일성 연계 거물 공작관 성시백 등을 6·25전쟁 직전 체포함으로써 좌익 세력을 약화시켰다.

| 해 설 |

① 반공법이 아니라 국가보안법이다. 반공법을 국가보안법으로 교체하면 맞는 문장이 된다. 국가보안법은 1949년 대한민국 체제 수호에 큰 효과를 발휘하였다. 제정 1년 만에 국가보안법에 의해 검거 내지 입건된 사람은 11만 8,621명에 이르렀고, 1949년 9~10월 사이에 국가보안법에 의해 해산된 정당과 사회 단체 수가 132개에 이르렀다.

② 이승만 대통령은 여순 반란 사건을 계기로 군내 좌익이 광범하게 존재하는 것을 인식하고 큰 충격을 받았다. 이승만 대통령은 경찰로부터 군내 좌익의 실상을 보고받고 로버츠 미 군사고문단장을 불러 "당신네가 국방경비대를 만들면서 좌우익을 가리지 않고 아무나 받아들이는 바람에 군 내부가 이 지경이 되고 말았소"라며 질책하였다.

숙군 작업은 1949년 초부터 그해 7월까지 진행되었다. 숙군 작업을 벌인 결과, 실로 충격적인 군 내부의 실상이 드러났다. 최고 지휘부를 이룬 군번 1~100번 중 25명이 좌익으로 판명되어 처벌되었다. 일반 병사까지 포함하여 총 4,749명이 처벌 또는 강제 예편되었다. 숙군 작업에 돌입하자, 실체가 드러날 것을 우려해 탈영한 장병이 5,000여 명을 넘었다. 대대 단위 등 집단 월북한 사례도 수차례 있었다. 숙군 및 탈영한 장병의 수는 총병력의 10%에 달했다. 1949년 숙군 작업을 통해 군내 좌익을 제거한 후 6·25전쟁이 일어났기 때문에 6·25전쟁 때 군 반란이나 집단 투항 등과 같은 사건이 발생하지 않았다.

6·25전쟁의 영웅이고 1949년 숙군 작업을 주도했던 백선엽 장군은 자서전 『군과 나』에서 숙군 작업의 불가피성과 역사적 의미를 강조했다. "내 책임하에서 진행된 숙군 작업에서 물론 옥석이 구별되지 않은 경우가 전혀 없었다고 말할 수는 없다. 그러나 이 작업이 사상적으로 혼미 상태에

▲ 백선엽 장군 자서전
『군과 나』

빠진 국군을 '자기 살을 도려내는 고통'을 통해 소생시켰다는 점은 누구도 부인할 수 없을 것이다. 그로부터 1년 후 전쟁이 터졌을 때 비록 개별 병사가 적에게 투항한 사례가 있어도 집단 투항한 사례는 단 한 번도 없었다는 것이 증거다. 만약 여순 반란 사건이 없었고 숙군이 없었다면 이후 6·25전쟁 상황에서 국군이 자멸의 길을 걷지 않았으리라고 장담할 사람은 아무도 없을 것이다."

6·25전쟁 전 사상 검사(현 공안 검사)로서 남한 내에 뿌리 깊게 박혀 있는 수많은 공산 세력을 뿌리 뽑는 데 앞장섰던 선우종원 변호사는 자신의 저서 『나의 조국 대한민국』에서 남로당 척결, 숙군 작업 등 좌익 제거 활동의 의미를 다음과 같이 평가하였다. "대한민국이 건국된 후에도 사회 곳곳에, 심지어 국가 권력의 핵심부라고 할 입법, 사법, 행정, 군에까지 그들(공산 세력)의 마수가 뻗쳐 있었다는 것은 놀라운 일이었다. 그때 나를 비롯한 반공 투사들은 이러한 국가 존립을 해치는 공산 세력을 6·25 이전에 대부분 제거한 것에 대하여 한편으로는 자부심을, 다른 한편으로는 안도감을 내쉬며 가슴을 가만히 쓸어내렸다."

④ 여순 반란 사건 이후 지리산으로 들어간 잔당은 주변 민간인들을 포섭하는 등 지원을 받으며 세력을 넓혔다. 남한 내 빨치산들은 북한군이 남침하면 남한 후방을 교란하고 국군을 양측에서 공격하기 위한 전략 전술에 따른 것이었다. 이승만 정부는 빨치산 토벌을 위해 호남지구 전투사령부, 지리산지구 전투사령부를 구성, 1949년 3월 1일~4월 4일 빨치산을 토벌하였는데, 이때 여순 반란 사건의 주동자 홍순석, 김지회 등을 사살(4.9)하는 등 세력을 위축시켰다. 그러나 다시 빨치산들의 활동이 격화되자, 정부는 1949년 9월~1950년 2월 군경 합동 지리산지구 토벌 작전을 전개하였다. 정부는 특히 추웠던 1950년 겨울 혹한기를 이용한 이 작전을 통해 공비 인원 12,366명 중 사살 365명, 생포 187명, 귀순 4,964명, 아지트 파괴 168개소 등의 전과를 올리며 빨치산의 기세를 꺾어놓았다.

⑤ 6·25전쟁 전 사상 검사로서 남로당 세력을 뿌리 뽑는 데 주도적 역할을 했던 선우종원 변호사는 그의 저서 『사상 검사』에서 홍민표의 전향과 역할을 이렇게 평가했다.

"홍의 전향과 그의 전폭적인 협력이 없었다면 우리나라는 극도의 혼란의 와중에서 헤어나지 못했을 것이며 굳게 뿌리박은 공산당의 비밀 조직을 파헤치지 못했을 것이다. …… 홍민표의 존재는 대한민국의 공안 경찰과 사찰 경찰에게 백만 대군을 안겨주는 격이 되었다. 전국 방방곡곡에 박혀 있던 공산 도배들은 그의 공적으로 완전히 뿌리 뽑혔고 새로이 움트는 싹마저 완전히 뭉개버렸다."

①: 君

15. 다음은 국회 프락치 사건에 관한 설명이다. 사실과 다른 것은 무엇인가?

① 1949년 5월부터 8월까지 총 18명의 국회의원이 남로당의 프락치로 활동한 혐의(국가보안법 위반 혐의)로 당국에 체포되었으며, 이 사건을 국회 프락치 사건이라 부른다.

② 근본적으로 국회의원을 선출함에 있어서 입후보자의 사상을 검증할 수 없는 자유민주주의의 약점 때문에 발생한 사건이다.

③ 이 사건에 체포된 인사 중에는 현직 국회부의장도 있었다.

④ 국회의원들과 언론 매체들은 체포된 국회의원들을 대한민국과 조선민주주의인민공화국 사이에서 중간 입장을 취한다는 점에서 '중간파' 의원들이라고 호칭하기도 했다.

⑤ 이들은 국회에서 국가보안법 제정 방해, 주한 미군 조속철수 결의 채택 기도 등 대한민국의 안전에 해로운 활동을 적극적으로 전개했다.

| 해 설 |

④ 당시 국회의원과 언론 매체들은 국회 프락치 사건에 연루된 국회의원들을 나이가 젊은 국회의원들이라는 뜻에서 '소장파' 의원들이라고 호칭했다. '중간파' 의원이라고는 호칭하지 않았다.

①③⑤ 국회 프락치 사건은 남로당 프락치로 국회에서 대한민국에 해로운 활동을 하던 국회의원들을 공안 당국이 체포하여 처벌한 사건이다. 경찰과 헌병대는 남로당 국회의원 공작부 요원들의 지령을 받아 국회에서 대한민국에 해로운 활동을 한 혐의로 국회부의장 김약수를 비롯하여 모두 18명의 국회의원을 체포하였다. 그중 13명이 재판에 회부되어 유죄 판결을 받았다. 일부에서는 국회 프락치사건 관련자들 중 일부가 반민특위에서 주도적으로 활동했다는 점을 근거로 국회 프락치 사건을 반민특위를 무력화시키기 위해 조작한 것으로 비난해왔다. 그러한 비난은 잘못된 것이며, 당시 국회의원들 가운데는 실제로 남로당 혹은 북한에 포섭된 의원들이 활동하고 있었다. 그러한 사실은 최근 북한이 공개한 북한 간첩의 국회의원 상대 포섭 공작 자료에 의해서도 입증된다. 북한의 노동신문은 1997년 5월, 1946년부터 1950년까지 남한에서 활동한 북한 간첩 성시백의 활동상을 공개하면서, "성시백이 1948년 가을부터 국회를 대상으로 공작을 벌여 국회부의장과 10여 명의 국회의원을 포섭하는 데 성공했다"라고 보도했다.

정답 : ④

16. 다음은 국민보도연맹에 관한 설명이다. 옳지 않은 것은 무엇인가?

① 국민보도연맹은 대한민국 건국 전 좌익 정당·단체에서 활동했다가 건국 후 전향한 사람들이 중심이 되어 공안 당국의 지원을 받아 1949년 6월에 결성되었다.

② 이 단체는 전향 인사들을 보호·선도할 목적으로 만들어졌으며, 1950년 3월 맹원수가 35만 명에 달했다.

③ 국민보도연맹에 가입한 좌익 전력자들 가운데는 진정한 전향자들도 있었고, 위장 전향자도 적지 않았다.

④ 6·25전쟁으로 남침한 북한 공산군은 보도연맹원이라면 진정한 전향자와 위장 전향자를 가리지 않고 "인민을 배반했다"라는 이유로 투옥시키거나 살해했다.

⑤ 보도연맹원 가운데 상당수는 북한 공산군이 점령하지 못한 지역으로 피난하여 재난을 피했다.

| 해 설 |

④ 6·25전쟁 발발 후 남침한 북한군은 진정한 전향자는 처형했으나 위장 전향한 전향자와는 적극 협력했다. 북한군이 남침해오자 진정한 전향자의 다수는 북한군이 점령하지 못한 지역으로 피난했으나 위장 전향한 보도연맹원들은 고향에 그대로 남아 각 지역에서 북한군에 협력하여 북한군의 남한 지역 점령과 통치를 도왔다.

④ : 답

17. 대한민국 건국 과정에서 실행한 반민족 행위자 처리에 대한 설명 중 옳지 않은 것은 무엇인가?

① 대한민국 제헌 국회를 구성한 5·10선거 관련 국회의원선거법에서는 친일 부역자들에게 선거권과 피선거권을 박탈하는 규정을 두었다.

② 이승만 대통령은 초대 내각 구성에서 친일 성향 인사들을 배제하려고 노력했다.

③ 제헌 국회는 일제하 반민족 행위자 처벌을 위해 1948년 9월 반민족행위자처벌법을 제정하였고 이를 근거로 국회 내에 임기 2년의 반민족행위특별조사위원회(반민특위)를 설치하였다.

④ 친일파들이 제헌 국회의원으로 다수 선출되었기 때문에 이들이 만든 제헌헌법에는 친일 부역자 처벌에 대한 근거 조항을 두지 않았다.

⑤ 건국 직후 좌익 세력 척결 등 체제 안정이 정말 중요한 상황이어서 반민족 행위자 청산이 미진했던 것이 사실인데, 좌파 세력은 이것을 대한민국의 정당성 부정 선전에 이용하고 있다.

④ 건국 헌법(제헌헌법) 부칙(101조)에는 1945년 8월 15일 이전의 악질적인 반민족 행위를 처벌하는 특별법을 제정할 수 있다는 반민족 행위자 처벌 근거를 두었다. 제헌 국회는 이 헌법 규정에 근거하여 1948년 9월 반민족행위처벌법을 제정했고, 국회 내에 임기 2년의 반민족행위특별조사위원회(반민특위)를 설치하였다.

② 이승만은 전문성 때문에 임명된 교통부 장관과 법제처장을 제외하고는 국무총리·국방부 장관에 이범석 광복군 총참모장을 임명하는 등 초대 내각의 각료들을 거의 항일 독립 운동 경력자로 채웠다.

정답 : ④

18. 미군정이 주도해 만든 5·10선거를 위한 국회의원선거법에서는 친일 부역자의 선거권과 피선거권을 박탈하는 규정을 두었다. 다음 중 5·10선거에서 선거권을 박탈한다고 규정한 대상은 어떤 사람들인가?

① 일제강점기 중추원 부의장 고문 또는 참의가 되었던 자

② 일본 정부로부터 작위를 받은 자와 일본 제국의회 의원이었던 자

③ 일제강점기 판임관 이상의 경찰관 및 헌병보 또는 고등경찰의 직에 있었던 자 및 그 밀정 행위를 한 자

④ 일제강점기 부 또는 도의 자문 혹은 결의 기관의 의원이었던 자

⑤ 일제강점기 고등관으로서 3등급 이상의 지위에 있었던 자 또는 훈(勳) 7등 이상을 받은 자(단 기술관 및 교육자는 제외함)

선거법에서는 ② 항목 해당자는 선거권을 박탈한다고 규정하고 ①③④⑤ 항목 해당자는 피선거권을 박탈한다고 규정하였다.

정답 : ②

19. 대한민국 건국 초기, 반민족 행위자 청산을 위해 제정한 '반민족행위처벌특별법'의 처벌 대상이 아닌 사람들은 누구인가?

① 밀정 행위로 독립운동을 방해한 자, 일본에 협조한 악질 언론·저작자

② 군·경찰 관리로서 악질적인 행위로 민족에게 해를 가한 자

③ 비행기·병기·탄약 등 군수공업 책임 경영자

④ 작위를 받은 자, 중추원 부의장·고문·참의 되었던 자

⑤ 한일합방에 적극 협력한 자, 칙임관 이하의 관리가 되었던 자

| 해 설 |

⑤ 칙임관 이하의 관리였던 자들은 하급 관리들이기 때문에 처벌 대상에 포함시키지 않았다.

⑤ : 답

20. 대한민국 건국 후 친일파 청산을 위한 반민족 행위자 처벌 관련 기술 중 사실과 다른 것은 무엇인가?

① 반민특위가 682건을 수사하고 559건을 검찰에 송치했는데, 실제로 법원에서 체형(징역형 이상)이나 공민권 정지 등 처벌을 받은 사람은 극소수였다.

② 헌법에 근거, 1948년 9월 반민족행위자처벌법이 제정되었는데, 이 법은 형벌 불소급 원칙이 적용되지 않았다.

③ 이승만 대통령은 반민특위가 반민족 행위자 문제를 온건하게 처리해주기를 희망했는데, 오로지 개인적 정치적 목적 때문이었다.

④ 반민특위는 국회 소속으로서 과감하게 친일 청산을 시도했으나 반민특위 위원들의 남로당 연계 혐의(국회 프락치 사건), 관련자들의 조직적 저항 등으로 국민적 기대에 부응하지 못하였다.

⑤ 반민특위가 당시 반민족 행위자 청산에 한계를 보인 것은 6·25전쟁 전 빨치산 진압, 남로당 척결 등 안보 문제가 시급했던 측면이 강했다.

| 해 설 |

③ 이승만은 국회에서 주도하는 반민특위에 대해 반민족 행위자 문제를 온건하게 처리해주기를 요청했다. 그 이유는 첫째, 반민특위가 특별경찰대를 조직하여 혐의자들을 일방적으로 체포하여 삼권분립 원칙에 어긋난다는 점. 둘째, 경찰들이 반민특위의 강경한 활동에 대해, 해방 후 3년간 공산주의 퇴치와 대한민국 건국에 기여했는데 지금 와서 반민족 행위

자로 처벌받느냐며 동요하자 좌익 세력의 발호로 국가 안보가 위급한 상황 시국에 경찰들을 동요시켜서는 안 되겠다는 시국 인식에 따른 것이었다.

① 반민특위가 682건을 수사하고 559건을 검찰에 송치했고, 검찰은 221건을 법원에 기소하였고 법원은 이 중 38건에 대해 확정 판결을 내렸다. 이 중 체형이 12건(사형 1명, 무기 1명 등), 공민권 정지가 18건 등이었다.

▲ 반민특위에 의해 기소돼 법정에 들어서는 반민족 행위자

② 제헌헌법 부칙(101조)에 반민족 행위자 처벌을 위한 소급 입법 근거를 두었고, 이 헌법 조항에 근거해 제정한 반민족행위자처벌법은 '형벌 불소급 원칙'의 예외로서 소급 처벌을 할 수 있도록 하였다.

④ 반민특위는 1949년 1월부터 활동을 본격화하였다. 반민특위가 강경한 입장을 고수하며 반민족 행위자 청산 활동을 적극화하는 가운데, 1949년 4월과 8월에 걸쳐 국회 프락치 사건이 발생하였다. 경찰은 국회부의장 김약수 등 국회의원 13명을 체포했던 것이다. 이들은 남로당의 지령을 받고 외국군 철퇴요청안과 남북화평통일안을 국회에서 통과시키려 했다는 혐의를 받았다. 그런데 남로당과 내통했다는 혐의를 받은 13명 중에는 반민특위에서 주도적으로 활동하던 소장파 국회의원이 3명이나 포함되었다. 결국 반민특위의 강경한 반민족 행위자 청산 활동이 반공 경찰을 무력화시키려는 북한과 남로당 세력의 내밀한 공작이 작동한 것으로 의심받았던 것이다. 결과적으로 국회 프락치 사건은 반민특위가 위축되는 계기가 되었다. 이런 상황에서 경찰의 반민특위 습격 사건이 일어났다. 1949년 6월 4일 반민특위 특별경찰대가 반민족 행위 혐의가 있는 경찰 간부 세 명을 체포했다. 경찰은 그들의 석방을 요청했으나 특위는 석방을 거부했다. 그러자 6월 6일 서울 중부경찰서장의 지휘하에 경찰이 반민특위 사무실을 습격하여 반민특위 산하 특별경찰대를 무장 해제시켰다. 반민특위는 크게 위축된 가운데 1949년 8월 말 그간의 활동을 종결하였다.

◀ 활동을 종료한 반민특위 조사부 위원들

⑧ : 정답

21. 북한의 친일파 청산에 대한 기술 중 옳지 않은 것은 무엇인가?

① 북한에는 친일파 청산을 위한 기구나 법률도 없었을 뿐 아니라 청산한 친일파 명단도 존재하지 않는다.

② 북한의 초대 정권 구성원 중에는 우리의 '반민족행위자처벌법' 기준을 적용할 때 진성 반민족 행위자에 해당하는 인사가 적지 않았다.

③ 대한민국 내에서 친일파 청산 문제를 적극적으로 제기하면서도 북한 정권의 친일파 청산 문제를 제기하지 않는 것은 타당하지 못하다.

④ 북한은 김일성 등 북한 정권에 비협조적인 세력을 친일파 굴레를 씌워 숙청했다.

⑤ 북한은 해방 직후부터 1960년대까지는 정적을 숙청할 때 친일파 청산 명분을 달았으나 1970년대부터는 그런 일이 없었다.

| 해 설 |

⑤ 최근까지도 북한에서는 권력자를 숙청할 때 친일파 청산 명분을 활용하고 있다. 김정일은 2009년 장마당을 중심으로 한 시장 경제를 뿌리 뽑고 사회주의 계획 경제 체제로 복귀하기 위해 화폐 개혁을 단행했으나 실패로 끝났다. 이에 김정일은 화폐 개혁의 실패 책임을 물어 2010년 3월 전 노동당 계획재정부장 박남기를 총살 처형했는데, 이때 박남기에게 친일파라는 명분을 씌웠다.

①② 북한 정권은 친일파 청산을 잘했는데, 남한은 친일파 청산을 제대로 하지 않았다고 믿는 사람이 많다. 북한 정권이 친일파 청산을 잘했다는 주장은 사실에 근거한 것이 아니다. 북한 정권 참여 인사들 중에는 친일파로 분류될 인사가 적지 않았다. 부주석을 지낸 김일성의 동생 김영주는 일본 헌병 보조원 출신이었고, 최고인민회의 상임위 서기장을 역임한 김일성의 어머니 강반석의 7촌 아저씨 강양욱은 도의원 출신이었다. 부수상 홍명희는 이광수 등과 함께 일제 말기 전쟁 비용을 마련하기 위해 노력한 임전대책협의회에서 적극 활동했다. 사법부장 정헌근은 중추원 참의 출신이었고, 보위성 부상 김정제는 양주 군수를 지냈다. 이렇듯 전·현직 북한 정계 주도 인물들 중에는 친일파로 분류될 수 있는 인물이 적지 않다. 북한에는 친일파 청산을 위한 기구나 법률도 없었을 뿐 아니라 청산한 친일파 명단도 존재하지 않는다. 북한에서 친일파 청산은 지주·자본가 등을 포함한 반공 인사들을 제거하는 명분으로 활용되었을 뿐이다.

③ 남한의 좌파 세력은 북한 정권에 참여한 인사들의 친일 행적에 대해서는 침묵을 지키고 대한민국 건국에 참여한 김성수 등 우익 인사들의 친일 행적에 대해서는 요란하게 성토하는 불균형적인 태도를 취해왔다.

⑤ : 답

22. 대한민국의 농지개혁에 관한 기술 중 옳지 않은 것은 무엇인가?

농지 개혁에 관한 동아일보 기사(1949.6.22)

① 1949년 6월 제정된 농지개혁법이 6·25전쟁 직전 실행됨으로써 국민이 북한군의 토지 분배 유혹에 넘어가지 않을 수 있었다.

② 지주들로부터 3정보 초과 소유 토지를 유상으로 사들여 토지가 없거나 적은 농민들에게 3정보 기준으로 유상 분배하는 방식이었다.

③ 남한의 농지 개혁은 논·밭 등 농지는 물론 임야·과수원 등을 포함한 것이어서 혁명적인 농민 소유 체계의 변동을 동반하였다.

④ 남한의 농지 개혁은 북한의 무상몰수·무상분배에 비해 부작용이 훨씬 적었고 소유권을 넘겨준 것이어서 경작권만 준 북한의 토지 개혁에 비해 농민들에게 유리한 것이었다.

⑤ 남한의 많은 농민은 농지 개혁이 지지부진하자 재빠르게 농지 개혁을 처리한 북한을 부러워하며 남한 정부에 대해 불평하기도 했고, 소련군과 북한 정권의 선전에 속아 무상분배하는 북한 토지 개혁을 부러워하기도 했다.

| 해 설 |

③ 과수원·임야 등 비경작지는 개혁에서 제외되었다는 것이 한계다.

① 1950년 3월 농지개혁법이 최종 국회를 통과한 직후, 정부는 분배 농지 일람표를 작성한 다음 공시하였으며, 4월말경까지 분배 대상 농가에게 농지 분배 예정 통지서를 발송하였다. 농지 분배는 6·25전쟁 기간에도 북한군이 점령하지 않은 지역에서는 실시되었고, 나머지 지역은 수복과 동시에 실시되었다. 농지를 분배받은 농민들이 매년 수확량의 30%씩 5년 간 상환(150%)을 함으로써 농지 개혁의 모든 절차가 완료된 것은 1957년이었다.

농지 개혁은 6·25전쟁에서 대다수 농민이 북한군의 토지 분배 선전에 넘어가지 않게 하였고, 대한민국의 공산화를 막는 데 기여하였다.

▲ 정부가 농가의 3분의 2인 155만 호에 농지를 분배했다는 보도(동아일보 1950년 4월 7일자)

④ 이승만의 농지 개혁에 대해, 당시 좌익 세력은 '무상몰수·무상분배' 방식인 북한의 토지 개혁과 비교할 때 남한 농민에게 훨씬 불리한 것이라고 왜곡 선전하였다.

답 : ③

23. 대한민국의 농지 개혁에 대한 설명으로 옳지 않은 것은 무엇인가?

① 분배받은 농민들이 부담하는 상환액이 지주들에게 주는 보상액보다 적게 해주었다.

② 시세보다 현저히 낮은 가격으로 유상분배함으로써 농민들의 부담을 줄여주었다.

③ 정부는 지주들의 소유 농지 중 3정보를 넘는 부분에 대해 유상으로 매수한 후 지가증권을 발급해 주었다.

④ 돈 없는 농민 및 소작 농민들에게 3정보를 기준으로 유상분배하고, 5년간 매해 수확량의 30%씩을 상환토록 했다.

⑤ 경작지를 분배의 대상으로 했을 뿐 비경작지인 과수원·임야 등 모든 토지를 대상으로 한 것은 아니다.

| 해 설 |

① 분배받은 농민들이 부담하는 상환액(매년 생산량의 30%씩 5년간: 연 생산량의 150%)과 지주들에게 주는 보상액이 같도록 했다.

② 농지의 가격을 1년 생산량의 150%로 정하고 매년 생산량의 30%씩 5년간 상환토록 했는데, 이는 농민들에게 매우 유리한 조건이었다. 연 생산량의 150%라 함은 당시 곡가와 농지 가격을 고려할 때 매우 싼 가격이었다. 분배받은 농지에서 생산되는 소출의 1년 반 정도의 양만으로도 다 갚을 수 있는 액수였기 때문이다.

③ 지주에게는 농지 보상액으로 정부가 지가증권을 발급했다. 이 지가증권은 6·25전쟁으로 인한 엄청난 인플레 결과, 그 가치가 크게 떨어졌다.

▲ 지가증권

①：答

24. 대한민국의 농지 개혁에 대한 설명으로 옳지 않은 것은 무엇인가?

① 농지를 배분받은 농민이 해당 농지를 보유했던 전 지주에게 직접 상환액을 지급토록 하였다.

② 농지 개혁으로 인해 봉건적 지주제가 결정적으로 붕괴되고 근대적 자작농 토지 소유제가 확립되었다.

③ 적산 농지도 농지 개혁에 포함하여 국유화한 후 영세 농민들에게 분배하였다.

④ 제헌헌법에는 농지 개혁에 대한 근거 조항을 두었다.

⑤ 농지 개혁은 경자유전의 원칙에 따라 부재 지주(不在地主)와 3정보 이상 농지 소유자의 농지를 유상으로 사들였다.

① 몰수당한 지주들에 대한 보상은 농지를 분배받은 농민이 직접 상환한 것이 아니고 정부가 전 지주들에게 지가증권을 발급해주는 방식을 취했다.

② 정부는 소작지 총면적의 40%에 달하는 58만 5,000정보의 땅을 매입, 유상분배의 원칙에 따라 소작농들에게 배분하는 과업을 달성했다. 이러한 혁명적 농지 개혁으로 해방 당시 전체 경작 면적의 35%에 불과했던 자작 농지의 비율은 92%로 뛰어올랐다. 농지 개혁으로 말미암아 농민들이 과거 봉건적 지주제의 속박과 착취로부터 해방된 것이다.

④ 제헌헌법 제86조에는 "농지는 농민에게 분배하며 그 분배의 방법, 소유의 한도, 소유권의 내용과 한계는 법률로써 정한다"라는 농지 개혁의 근거 조항을 두었다.

정답 : ①

25. 대한민국의 농지 개혁에 대한 설명으로 옳지 않은 것은 무엇인가?

① 농지 개혁은 6 · 25전쟁 전부터 실시되어 1957년에 완료되었다.

② 농지 개혁은 자작농 중심의 근대 토지 소유제를 확립하였고, 자본주의 체제 형성에 긍정적 영향을 미쳤다.

③ 분배받은 자작농들이 농업 생산을 통해 부를 축적, 자녀 교육에 투자함으로써 고도 성장을 뒷받침하는 산업 역군을 양산하였다.

④ 해방 후 몇 년이나 지난 1950년에 가서야 비로소 농지 분배를 실시함으로써 지주들이 미리 토지를 팔아버려 농지 분배의 효과를 거둘 수 없었다.

⑤ 농지 개혁으로 인해 지주와 소작인으로 대립하던 농촌 사회가 통합하는 계기가 되었다.

④ 해방 당시 소작지가 147만 정보에 이르렀으나 1950년 농지 개혁 때 분배된 농지는 47만 정보에 불과했다. 그만큼 지주들이 사전에 팔았다는 것이다. 이를 근거로, 일부 인사들은 남한의 농지 개혁을 폄하하기도 한다. 즉 북한은 1946년 3월, 그것도 25일이라는 단기간에 토지 개혁을 종료하여 사전 방매가 없었는데 반해 대한민국은 북한보다 4년이 늦은 1950년에 가서야 농지 개혁을 실시했기 때문에 지주들이 소유 농지를 사전에 많이 팔아버려 농지 개혁의 효과가 별로 없었다는 것이다.

그러나 이 문제에 대해 제대로 평가를 내리려면, 먼저 남한은 왜 북한처럼 빨리 농지 개혁을 하지 않았느냐 하는 점과 사전에 방매한 지주들을 통제하지 못했느냐 하는 점, 그리고 사전에 지주들이 농지를 매매함으로써 실제로 농지 개혁의 효과가 없어졌느냐 하는 점을 검토해볼 필요가 있다.

첫째, 북한은 1946년 3월, 25일 만에 지주들로부터 토지를 빼앗음으로써 전격적으로 토지 개혁을 완료하였는데, 이는 북한 지역을 공산화시키기 위한 철저한 계획에 따른 것이다. 즉 남북 분단을 염두에 둔 조치였다. 그러나 남한의 미군정은 남북 통일 정부를 수립하기 위한 중간적 역할에 있음을 인식하고 통일 정부가 해야 할 토지 개혁을 추진하지 않았다. 그래서 남한에서의 토지 개혁은 북한과 달리 대한민국이 건국된 후 실시된 것이다. 대한민국 농지 개혁은 북한의 토지 개혁보다 민족의 통일 입장까지 고려한 것이었다.

둘째, 남한의 토지 개혁이 북한의 토지 개혁과 달리 일거에 할 수 없었던 것은 체제가 다르기 때문이었다. 북한의 경우, 강제로 지주로부터 토지를 빼앗는 공산주의식 개혁 방식이어서 단기간에 할 수 있었지만 남한은 자유민주주의, 자본주의 체제여서 국회를 통해 법률을 제정하고 그 법률에 따라 농지 개혁을 추진해야 했으며, 그 이전에 지주들의 재산을 판매하지 못하도록 강제할 수 없었다. 그것은 바로 자유민주주의 체제의 한계이기도 했다.

셋째, 남한은 해방된 지 4년 이상이 지난 뒤에 농지 개혁을 실시했고, 이로써 상당수 지주들이 농지를 사전에 방매한 것도 사실이다. 그러나 지주들은 곧 농지 개혁이 있을 것이라는 정보를 농민들도 다 알고 있는 상황에서 농지를 팔았기 때문에 제값을 받지 못했다. 더욱이 지주들은 주로 그 농지를 경작하는 소작인들에게 팔았고, 매매 가격도 대체로 이후 농지개혁법으로 정해진 연평균 생산량의 150% 선이었다. 이렇게 볼 때 지주들이 사전에 방매한 것도 농지 개혁을 무력화시킨 것이 아니고 농지의 소유권을 지주에게서 소작인으로 이전시키는 효과를 거두었다. 따라서 지주들이 사전에 방매함으로써 농지 개혁의 효과를 거둘 수 없었다는 주장은 타당성이 없다.

② 정부는 농지 개혁을 통해 전국적으로 부재 지주, 3정보를 넘는 소유 농지를 유상몰수하여 영세 농민들에게 분배했다. 이 농지 개혁으로 인해 수천 년 역사 동안 영세 농민들을 괴롭혔던 대지주가 사라지고 전국적으로 광범한 자영농층이 형성되었다. 이들 자영농들은 영농을 통해 축적한 부로 자식을 교육시키고 산업화 자금으로 투자함으로써 대한민국 경제성장에 토대 역할을 하였다. 또한 농지 개혁은 지주 계급을 타파하여 중세 봉건 잔재를 일소하고 근대 국민 국가를 형성하는 계기 역할을 하였다.

농지 개혁이 갖는 긍정적 효과를 파악하려면 농지 개혁에 실패한 필리핀의 경우와 비교하면 잘 알 수 있다. 필리핀은 아직도 아키노 가문, 코후앙코 가문 등 15대 지주 가문이 국부의 약 50%를 차지하고 있다. 이것이 근대 산업 국가로 발전하는 데 결정적 약점으로 작용하고 있다.

⑦ : 君

26. 대한민국의 농지 개혁에 대한 설명이다. 옳지 않은 것은 무엇인가?

① 이승만 대통령은 농지 개혁을 적극적이고 신속하게 추진하려 했는데 한민당이 제동으로 늦게 시행되었다.

② 농지개혁법은 1950년 3월 정식 공포되었으며 6·25전쟁으로 시행이 일시 중단되었다가 1951년 전국적으로 시행이 재개되었다.

③ 지주로부터 유상몰수하여 토지가 없거나 적게 가진 농민에게 유상분배했다.

④ 농지를 유상분배받은 대부분의 농민은 농지 대금이 과중한 데 대해 불만을 품고 그러한 농지 개혁을 실시한 이승만 정권에 반대했다.

⑤ 농지 개혁 실시 후 국가의 곡물 생산량이 증가했다.

④ 농민들이 분배받은 토지 대가로 지불해야 할 상환액은 해당 농지의 연 생산량의 150%(5년간 매년 30%씩 상환)였는데, 이는 당시 농지 가격에 비추어볼 때 매우 저렴한 것이었다. 농지 개혁에 따라 농지를 분배받은 농민들은 저렴한 가격으로 자기 소유의 농지를 갖게 된 것에 대해 크게 만족하였다.

정답 : ④

27. 귀속 재산의 불하에 대한 설명 중 사실과 다른 것은 무엇인가?

① 귀속 재산이란 일제가 패망한 후 일본 관공서와 일본인이 남기고 간 각종 재산을 말한다.

② 미군정이 귀속 재산의 상당 부분을 민간에 미리 불하해버림으로써 1948년 수립된 대한민국 정부에 이관된 귀속 재산의 규모는 적었다.

③ 정부가 귀속 재산을 조기에 민간에 불하한 것은 정부 재정의 적자를 메울 필요가 있었기 때문이다.

④ 귀속 재산의 불하는 1963년 5월에 종결되었고, 불하 실적은 총 31만 5,642건에 달했다.

⑤ 귀속 재산의 불하 대금이 매우 저렴해서 귀속 재산을 불하받는 것은 매우 큰 특혜였지만, 귀속 재산을 불하받은 것은 한국 기업들이 성장하는 주요한 계기로 작용하였다.

| 해 설 |

② 미군정은 모든 귀속 재산을 군정청에 귀속시키고 관리하다가 1947년 7월부터 귀속 재산을 불하하기 시작했으나 그 양은 극히 일부에 그쳤다. 대한민국 정부는 1948년 8월 정부 수립 후 귀속 재산을 미군정으로부터 인수했다. 정부는 1949년 말부터 귀속 재산을 불하하기 시작하였으며, 귀속 재산 불하 작업은 5·16정변 후인 1963년에 가서야 완료되었다.

① 귀속 재산은 기업체·은행·회사의 설비, 주식·토지·주택·임야 등 품목이 다양했다.

⑤ 정부가 불하한 귀속 재산의 가격은 실제 시중 가격보다 훨씬 낮았다. 나아가 최고 15년까지 연부 상환이 허용되었는데, 당시 높은 물가상승률까지 고려할 경우, 그 혜택은 매우 큰 것이었다. 그로 인해 귀속 재산의 불하는 자본 축적의 기초가 부실한 한국 기업들이 성장할 수 있는 토대를 제공하였다.

정답 : ②

28. 6·25전쟁 전 남한 상황에 대한 설명으로 맞지 않은 것은 무엇인가?

① 당시 남한은 북한에 비해 무기나 병력 수에 있어서 현저히 열세였는데, 이는 미국이 이승만 대통령의 무기 지원 요청을 수용하지 않은 탓도 있다.

② 전쟁 징후로 6월 11일부터 강도 높은 경계 강화를 취하고 있었는데, 6월 23일 24시를 기해 경계 태세를 해제, 전쟁 당일 전방 군인들의 1/3이 휴가·외박·외출로 부대를 떠나 있었다.

③ 채병덕 총참모장 등 군 지휘부는 6월 24일 저녁 육군회관 기공식 연회에 참석하여 전쟁 발발의 위험을 잊고 연회 분위기에 젖어 있다가 북한군의 남침을 맞이했다.

④ 전쟁 직전인 6월 초 육군 수뇌부 및 8개 사단장의 대대적인 인사 조치로 전투 지휘 능력이 약화되고, 육군정보국의 전쟁 발발 징후 정보 보고가 상부에 의해 묵살당하는 이상한 일이 일어났다.

⑤ 남한에는 6·25전쟁 전 군부를 포함한 사회 곳곳에 공산주의를 추종하는 좌익이 퍼져 있었으나, 정부는 좌익을 소탕하는 데 매우 소극적이었다.

| 해 설 |

⑤ 정부는 대한민국 건국 직후 일어난 여순 반란 사건(1948.10)을 계기로 군과 사회 내 좌익의 발호와 위험성을 인식하고 1948년 12월 1일 국가보안법을 제정하였다. 정부는 국가보안법을 근거로 1949년 들어 남로당 세력 등 좌익 세력을 소탕하는 한편 1949년 군내 좌익을 축출하는 숙군 작업을 전개하고, 국민보도연맹이라는 단체를 만들어 좌익 사상을 가진 인사들을 전향시키는 작업을 적극적으로 전개했다. 대한민국은 남한 곳곳에 뿌리내린 북한과 연계된 지하조직망을 붕괴시키고 좌익 세력을 축소시킨 후 6·25전쟁을 맞았기 때문에 내부 반란으로 인한 대한민국 붕괴를 막을 수 있었다.

① 병력 수는 북한이 20만여 명이었던 데 반해 남한은 10만여 명에 불과했고, 북한이 T-34 전차를 242대나 보유했는 데 반해 남한은 한 대도 가지지 못했다. 탄약 보유량도 전투 6일 분량밖에 없었다. 항공기는 북한이 전투기를 211대나 보유했으나 남한은 전투기는 없고 연락용과 연습용 22대를 보유하고 있을 뿐이었다.

답 : ⑤

29. 다음은 6·25전쟁 직전의 남한 사회 상황을 서술한 것이다. 사실과 다른 것은 무엇인가?

① 식량 부족, 쌀값 폭등, 인플레 심화 등으로 경제난이 매우 심각했다.

② 장티푸스, 천연두 등 전염병이 창궐하고 한센병 환자들이 대거 거리에 나타나 사회가 혼란했다.

③ 38선에서는 남북군 간에 충돌이 빈발했으나 군 정보 기관은 북한군이 곧 대규모 남침을 자행할 것이라는 정보를 획득하지 못했다.

④ 북한은 평화 통일 협상을 제안하고, 북한에 있는 조만식과 남한에 갇혀 있는 남로당 간부들을 교환하자고 제의하는 등 평화 공세를 전개하였고, 남한 언론 매체들은 그 평화 공세만 크게 보도하고 전쟁 발발 가능성에 대한 경고성 보도는 하지 않았다.

⑤ 정치권은 국가가 당면한 전쟁 위기 문제는 아랑곳하지 않고 개헌 공방, 국회의원선거법 개정, 국무총리 임명 인준 문제 등을 둘러싼 정쟁으로 날을 새웠다.

| 해 설 |

③ 6·25전쟁 발발 직전 38선 지역에서는 남북한 군 간의 군사적 충돌이 오히려 줄어들었다. 따라서 남북군 간 상호 교전하다가 이것이 전면전으로 확대되었다는 수정주의적 견해는 북한의 일방적 침략 전쟁 책임을 면책하고 남북 공동 책임으로 만들려는 기만적 술수에 불과하다. 그리고 육군 정보국은 6·25전쟁 발발 전 북한군이 대규모 남침할 것이라는 정보 보고를 군 지휘부에 거듭하여 올렸으나 군 지휘부는 그 보고를 가볍게 취급했다.

③ : 답

30. 6·25전쟁 발발 원인 중 가장 중요한 것은 무엇인가?

① 김일성의 적화 통일 욕심
② 소련의 지지와 사주
③ 미국의 애치슨 라인 발표
④ 주한 미군의 철수 완료
⑤ 중국의 공산화

| 해 설 |

①②⑤ 6·25전쟁은 철저히 김일성이 주도적으로 일으킨 전쟁이었다. 김일성은 전쟁을 통해 한반도를 공산화하겠다는 의지를 수시로 드러냈으며, 수차 전쟁을 허락해달라고 스탈린을 지속적으로 설득했다. 김일성이 박헌영과 함께 1949년 3월 소련으로 찾아가 남침 허락을 설득했으나 스탈린은 미군이 아직 주둔하고 있음을 고려하여 남침을 허락하지 않았다.

1950년 4월 김일성과 박헌영은 다시 소련 모스크바를 방문, 스탈린에게 전쟁 허락을 요청했다. 스탈린은 비로소 "국제 환경이 유리하게 변하고 있다"라며 북한의 남침을 허락하였다. "국제 환경이 유리하게 변하고 있다"는 의미는 무엇일까?

▲ 전쟁 허락을 요청하기 위해 모스크바를 찾은 김일성과 박헌영 (1949.3)

첫째, 1949년 9월 소련이 미국으로부터 빼낸 정보를 토대로 원자폭탄 개발에 성공해 미소간 군사적 균형성을 확보했다는 점이다.

둘째, 1949년 10월 마오쩌둥의 중국 공산당이 장제스의 국민당군을 중국 본토에서 완전 몰아내고 중화인민공화국 건국에 성공하였다. 이로써 남침전쟁을 도울 수 있는 환경이 조성되었다는 점이다.

셋째, 1949년 중국 전역이 공산화되는데도 미국이 개입하지 않았음을 볼 때 중국보다 훨씬 덜 중요한 한반도에서 전쟁이 날 경우 미국이 개입하지 않을 게 분명하다고 판단한 점이다.

스탈린은 김일성에게 남침전쟁을 허락하면서 다만 중국 마오쩌둥의 동의를 얻으라고 지시했다. 만에 하나 미국이 개입한다면 중국으로 하여금 미국과 전쟁을 치르도록 하려는 의도였다. 김일성은 중국으로 가서 마오쩌둥의 동의를 얻었고, 6월 25일 남침을 개시하였다.

① 6·25전쟁이 일어난 배경에는 1949년 6월 남한에서 미군이 철수했고, 1950년 1월 미 국무장관 에치슨이 한국을 미 극동방위선(태평양방위선)에서 제외한 점도 고려되었다.

① : 君

---

31. 북한이 6·25전쟁을 추진하기 위해 준비한 상황에 대한 설명 중 사실과 다른 것은 무엇인가?

① 김일성은 1949년 3월 소련으로 찾아갔을 때 스탈린으로부터 군사 장비 지원을 약속받았고, 그해 소총, 포, 전차, 항공기 등 각종 신형 무기들을 지원받았다.

② 북한은 남한 내 식량 사정 등 전투 역량을 거의 간파하고 있었으며 이에 근거해 모든 남침 준비를 끝낸 후 6월 25일을 기해 대남 선전포고를 하고 남침을 개시하였다.

③ 마오쩌둥은 1949년에서 1950년에 걸쳐 중공군 내 한국인 3개 사단을 북한군으로 편입시켜 주었다.

④ 북한은 남침 직전 남한을 기만하기 위해 대대적인 평화 공세를 펴는 심리전을 전개하였다.

⑤ 북한은 전쟁 전에 병사들과 무기들을 전방 배치해 놓은 다음 남한 점령 시 좌익 활용 계획, 반동분자 처단, 토지 개혁 실시 등 전시 계획을 사전 교육시켰다.

| 해 설 |

② 북한은 6·25전쟁을 시작하기 전 대한민국에 대한 정보를 상당히 축적하고 있었다. 당시 조선인민군 정보 문건에 따르면, 북한은 1950년도 남한 내 각 군별로 쌀·보리 등 모든 농작물의 예상 수확량까지 정보를 수집했고, 이를 근거로 대한민국이 확보할 수 있는 식량의 규모, 즉 공출량까지 계산을 끝낸 상태였다.

북한은 이러한 남한 내 정보를 토대로 전쟁 기간을 짧게 잡았다. 김일성은 1950년 8월 15일 광복절 행사를 서울에서 성대하게 갖는 것을 목표로 하고 50일이면 전쟁을 끝낼 수 있다는 계산 아래 역산하여 남침 개시일을 6월 25일로 잡았다. 북한군은 남침을 보다 효과적으로 전개하기 위해 선전포고 없이 6월 25일 새벽 네 시를 기해 38선 전역에서 기습적으로 남침을 감행하였다.

6·25전쟁 개전에 대해, 북한은 남한의 북침 전쟁에 대한 반격이라고 선전하였다. 6월 25일 오전 11시경 평양방송은 "인민군은 자위 조치로서 반격을 가하여 정의의 전쟁을 시작하였다"라고 보도하였지만 이는 완전히 날조된 주장이다.

① 김일성은 남침전쟁을 허락받기 위해 스탈린을 찾아갔다. 스탈린은 미군이 아직 주둔하고 있음을 고려하여 남침을 허락하지 않았지만 북한군에 군사 장비를 지원해주겠다고 약속했다. 소련은 약속대로 그해 소총 1만 5,000정, 각종 포 139문, T-34 전차 87대, 항공기 94대 등을 지원했다. 이로써 북한군은 국군에 비해 월등한 군사력을 보유하게 되었다.

③ 김일성은 중국 베이징을 방문, 마오쩌둥을 설득하기도 했다. 이에 마오쩌둥은 1949년 7~8월 중공군 내 조선인 2개 사단을 북한군으로 편입시켜준 데 이어 1950년 4월에도 중공군 1개 사단을 추가로 북한군에 편입시켜주었다. 이에 따라 북한군의 전력은 크게 강화되었다.

④ 북한은 남침 개시 전 6월 초에서 중순까지 대대적인 대남 평화 공세를 전개하였다. 남북한 총선거를 위해 서울에서 회의를 소집하자는 제안을 하는가 하면, 북한이 구금하고 있는 조만식과 남한이 구금하고 있는 남로당 책임자 김삼룡, 이주하를 맞교환하자는 제안을 하기도 했다.

㉮ : 月

32. 김일성의 6·25전쟁 준비에 관한 설명이다. 사실과 다른 것은 무엇인가?

① 김일성은 1949년 6월 미군이 남한에서 철수 완료하면 남침을 단행하겠다는 전제 아래 1949년 3월과 1950년 3월 소련을 방문하여 스탈린으로부터 남침 계획에 대한 동의와 지원을 확보했다.

② 1949년 중국을 방문하여 중국 지도부에게 부탁해서 중공군으로 활동 중인 조선인 부대 2개 사단을 북한으로 귀국시켰고, 1950년 4월에도 중공군 소속 조선인 병사 1만 2천 명을 추가로 귀국시켜 북한군에 편입했다.

③ 남침 후 북한군 점령 지역에서 토지 개혁을 신속하게 실시하기 위해 1949년 5월 남한 지역 토지 개혁 계획을 수립했다.

④ 남한의 좌익 세력이 자율성을 가지고 남침한 북한군에 대한 지원 활동을 보다 효과적으로 전개할 수 있도록 하기 위해 1953년 휴전 직후까지 남로당과 남조선민주주의민족전선을 별도의 지하 조직으로 유지하면서 독립적 활동을 하도록 지원했다.

⑤ 1949년 6월 초부터 남한의 주요 산악 지대에 게릴라를 대대적으로 파견하여 대한민국의 후방 치안을 교란하고 대한민국 군사력이 38선 지역에 집중 배치되지 못하도록 만들었다.

|해 설|

④ 북한 공산 정권은 전쟁 수행에 남한 좌익 세력을 효과적으로 동원하기 위해 1949년 6월 비밀리에 남로당을 북로당에 통합하여 조선로동당으로 만들고 남조선민주주의민족전선과 북조선민주주의민족전선을 통합하여 조국통일민주주의전선으로 만들었다. 따라서 6·25전쟁 발발 1년 전부터 남한의 좌익 세력은 북한으로부터 조직적 독립성을 가질 수 없었다.

答 : ④

33. 다음은 6·25전쟁 직전 미국이 취한 한국 안보에 관련된 정책을 서술한 것이다. 사실과 다른 것은 무엇인가?

① 해방과 함께 남한에 주둔해오던 미군은 1949년 6월 말까지 500명의 고문단만을 남기고 완전 철수했다.

② 미국은 주한 미군을 철수시키면서 미군이 보유했던 무기들을 한국군에 이양해달라는 한국 정부의 요청을 거부했다.

③ 1950년 1월 미국 국무장관 딘 애치슨은 기자회견에서 한국이 미국의 서태평양 지역 방어선 밖에 있다고 말했다.

④ 미국 행정부는 한국군 강화를 위한 군사 원조를 대폭 증액해줄 것을 의회에 요청했으나 의회의 반대로 뜻을 이루지 못했다.

⑤ 미국 의회는 1950년 한국에 대한 경제 원조 예산조차 대폭 삭감했다.

|해 설|

④ 미국 정부는 1949년 6월 미군 철수 이후 북한군의 남침에 대비할 수 있도록 한국군의 증강을 위해 군사 원조를 증액해달라는 한국 정부의 요청을 외면하고 오히려 한국에 대한 군사 원조를 감축했다. 미국 정부는 1950년 당시 북한군의 남침 가능성을 낮게 평가했으며 6·25전쟁 발발 전 한국에 대한 군사 원조를 대폭 증액해줄 것을 의회에 요청한 바 없다.

答 : ④

34. 다음은 6·25전쟁 직전의 대한민국의 전쟁 대비 태세에 관련된 서술이다. 사실과 다른 것은 무엇인가?

① 해방과 함께 남한에 주둔해오던 미군은 1949년 6월 말까지 500명의 고문단만을 남기고 완전 철수했다.

② 미국은 주한 미군을 철수시키면서 미군이 보유했던 무기들을 모두 한국군에 이양했으며, 한국군은 이양받은 미군 무기로 전력을 강화했다.

③ 1950년에 들어와 국회는 정쟁에만 몰두하느라 전쟁에 대비한 조치를 아무것도 취하지 못했다.

④ 6·25전쟁이 발발하기 직전 2개월 동안 대한민국은 국회의원 선거 열풍이 휩싸였고, 제2대 국회는 전쟁 발발 6일 전인 6월 19일에야 개원했다.

⑤ 한국군 지휘부는 북한군이 남침하기 전날인 6월 24일 저녁 육군회관 개관 기념식 파티를 개최했고, 38선에 배치된 병력의 상당수는 후방으로 휴가를 떠났다.

| 해 설 |

② 미군은 1949년 남한에서 철수하면서 보유했던 무기들을 한국군에 이양하지 않았다. 한국군은 주한 미군의 장비를 이양받지 못하여 6·25전쟁 발발 전 군비가 극히 빈약했다. 그 결과 전쟁이 발발했을 때 장비가 빈약한 한국군은 소련으로부터 지원받은 최신식 무기로 무장한 북한군의 침략에 효율적으로 대응할 수 없었다.

②：답

35. 6·25전쟁 개전에 대한 설명으로 사실과 다른 것은 무엇인가?

① 북한군은 소련제 최신형 T-34 탱크 등 기갑부대를 앞세워 개전 3일 만인 6월 28일 서울을 점령하였다.

② 유엔은 북한군의 전면 남침으로 확인되자, 유엔 헌장에 의거 신속하게 대응 조치를 취하였다.

③ 미국·영국·터키 등 16개국의 군대가 전투병을 파병하여 대한민국 적화를 막았고, 의료를 지원하거나 물자를 지원한 나라도 많았다.

④ 유엔은 미국이 임명한 지휘관이 통솔하는 유엔군사령부를 설치, 참전국 군인들을 소속시키는 한편 참전국들이 자국 국기와 함께 유엔기를 사용할 수 있도록 승인하였다.

⑤ 미국 트루먼 대통령은 북한의 전면 남침 정보를 전해 듣고, 맥아더 장군에게 신중하게 대응할 것을 주문했으나 맥아더 장군의 강권으로 군사 파병에 나섰다.

| 해 설 |

⑤ 미국 트루먼 대통령은 1950년 6월 24일 오후(미국 시간) 북한의 전면 남침 정보를 전해 듣고, "무슨 수를 써서라도 그 개자식들을 저지해야 한다"라고 말했다고 한다. 그만큼 그는 남침한 북한군을 격퇴하는 데 주저하지 않았다. 그는 6월 25일 맥아더 극동군사령관으로 하여금 최대한 빨리 한국 측에 무기와 보급품을 제공하도록 지시하는 한편 유엔 안전보장이사회를 개최토록 하였다. 유엔 안전보장이사회는 6월 25일 북한군에 대한민국 영토에서 철수할 것을 통고하였다. 북한이 이에 응하지 않자, 안전보장이사회는 6월 27일 회원국들에게 북한군의 군사적 격퇴에 필요한 군사적 원조를 결의하였다. 트루먼 대통령

▲ 맥아더의 한강 시찰(1950.6.29)

은 이날 동시에 맥아더 사령관에게 "대한민국에 대한 해군 및 공군의 지원을 즉각 개시하라"고 명령했다. 이에 극동군사령관 맥아더는 6월 29일 일본 하네다 공항에서 비행기를 타고 수원 비행장에 도착, 한강 방어선 지역을 시찰한 후 일본으로 돌아와 워싱턴에 미 해·공군 뿐 아니라 지상군 2개 사단의 투입을 요청하였다.

트루먼 대통령은 6월 30일 맥아더의 지상군 투입 필요성을 보고받자 즉시 맥아더에게 일본 점령군으로 있던 미 지상군 투입을 지시하였다. 트루먼의 지시를 받은 맥아더는 6월 30일 주일 미 8군사령관 워커 중장에게 주일 24사단을 한국으로 이동시키라는 명령을 내렸다. 이에 따라 우선 미 제24사단 중 21연대 제1대대(일명 스미스 부대)가 일본을 출발, 7월 1일 부산에 상륙하였고, 7월 5일 오산에서 첫 전투에 참가하여 크게 패하였다. 이를 시작으로 미 제24사단 등 지상군이 유엔군 이름으로 한국으로 들어와 북한군을 물리치기 위해 대대적으로 참전하였다.

이렇듯 트루먼 대통령이 북한군의 남침에 대해 즉각적인 조치를 취한 이유는, 대한민국은 공산주의 위협 가운데 어렵사리 미국이 탄생시킨 자유민주주의 체제라는 점, 북한군의 불법 남침을 방치할 경우 전 세계 공산주의의 위협을 받고 있는 약소국들이 도미노처럼 공산화될 것이라는 점 등을 고려한 것이다.

① 북한군은 1950년 6월 28일 서울 혜화동을 거쳐 시내로 진입하였다. T-34 전차(탱크)를 앞세운 기갑부대가 먼저 서울로 들어오고 보병부대가 뒤따라 들어왔다.

▲ 서울 시청 앞을 지나 세종로로 향하고 있는 북한군 소련제 T-34 탱크와 북한군을 환영하는 서울 시민 (1950.6.28)

▲ 서울시내로 진입하는 북한군 보병 (1950.6.28)

▲ 당시 정부종합청사였던 서울 중앙청(광화문)에 게양된 북한기(6.28)

② 유엔은 6월 25일(뉴욕 시간) 당일 안보리(안전보장이사회)를 즉각 소집하여, 찬성 9, 기권 1(유고), 불참석 1(소련)로 결의문(제82호)을 채택하였다. 유엔 안보리는 결의문에서 '북한군의 대한민국에 대한 무력 공격에 대해 평화 파괴 행위임을 결정하고 북한 당국이 그 군대를 38선 이북으로 철수할 것을 촉구'하였다. 그러나 북한의 반응이 없자, 유엔 안보리는 6월 27일 결의문 제83호를 채택하고, '무력 공격의 격퇴와 국제 평화 및 안전 회복을 위한 군사적 참여를 회원국들에게 권고'하였다. 유엔 회원국들은 유엔 결의안에 따라 신속히 참여하였는데, 결정 당일인 6월 27일 미군이 참전을 결정한 것을 시작으로 연합군의 참전이 신속히 진행되었다.

③ 첫째, 6·25전쟁에 전투병을 유엔군의 이름으로 파병한 나라는 16개국인데 미국, 영국, 터키, 오스트레일리아, 캐나다,

▲ 유엔의 6·25전쟁 참전 결의

프랑스, 그리스, 콜롬비아, 태국, 에티오피아, 네덜란드, 필리핀, 벨기에, 남아프리카공화 국, 뉴질랜드, 룩셈부르크(전사자 많은 순)이다.

둘째, 의무 지원국은 6개국인데 인도, 덴마크, 스웨덴, 노르웨이, 이탈리아, 서독이다.

셋째, 물자 지원국은 32개국인데 타이완, 도미니카공화국, 레바논, 라이베리아, 멕시코, 모나코, 미얀마, 베네수엘라, 베트남, 브라질, 사우디아라비아, 스위스, 아르헨티나, 아이 슬란드, 에콰도르, 엘살바도르, 오스트리아, 온두라스, 우루과이, 이스라엘, 이집트, 인도 네시아, 일본, 칠레, 캄보디아, 코스타리카, 쿠바, 파나마, 파라과이, 파키스탄, 페루, 아이티공화국이다.

④ 유엔 안보리가 7월 7일 유엔군의 군사 작전을 위해 채택한 결의문 제84호의 내용이다.

⑨ : 昷

36. 6·25전쟁 직후 일어난 일들로 사실과 다른 것은 무엇인가?

① 국방부는 북한군이 서울로 들어오기 직전인 6월 28일 새벽 두 시 30분경 한강 인도교를 폭파함으로써 서울 시민의 피란과 국군 철수 시 큰 손실을 유발하였다.

② 6월 28일 새벽 한강 인도교를 폭파하기 직전 이승만 대통령 등 정부는 서울을 버리고 대전으로 수도를 옮겼다.

③ 조선인민군은 전세가 유리함에도 불구하고, 6월 30일이 될 때까지 한강을 건너지 않았다.

④ 서울 시민은 '국군이 이기고 있으니 동요 말라'라는 등 잘못된 방송 등의 영향으로 피란가지 않고 있다가 공산 치하에서 큰 피해를 당했다.

⑤ 장면 주미한국대사는 미국 정·관계 주요 인사들이나 유엔에 대한민국을 도와줄 것을 호소하여 미군 등 유엔군의 참전을 성사시키는 데 큰 역할을 하였다.

| 해 설 |

② 6월 27일 새벽 이승만 대통령은 열차를 타고 대전으로 피신하였고, 정부는 비상국무회의를 열어 수원으로 수도를 옮기는 것을 의결하였다.

① 채병덕 육군총참모장은 6월 28일 새벽 한 시경 북한군이 미아리에 도착하였다는 소식을 듣고 서울에 도착하기까지 몇 시간의 여유가 있었음에도 불구하고 최창식 공병감에게 한강 인도교 폭파를 지시하였고, 최창식 공병감은 6월 28일 새벽 두 시 30분 폭파를 실행하였다. 이로써 서울 시민의 피란을 어렵게 하고 병력과 물자 수송에 막대한 타격을 입혔다. 실제로 한강교 폭파로 인해 서울 시민 3분의 2 이상이 피란을 가지 못해 3개월간 공산 치하에서 고통받았으며, 서부 전선 국군 부대들이 보유했던 중화기와 차량들을 버린 채 뿔뿔이 한강을 건너 전투력 상실이라는 뼈아픈 손실을 입었다.

③ 6월 28일 서울을 점령한 북한군이 6월 30일까지 한강을 건너지 않은 이유에 대해서는, 서울만 점령하게 되면 남한 내

20만 남로당원이 일어날 것이라는 박헌영의 주장을 믿고 기다렸다는 점과 춘천 방면을 방어하던 국군 6사단이 북한군 2사단과 7사단을 이틀 동안 효과적으로 방어함으로써 북한군의 작전에 차질을 빚도록 했기 때문이라는 점이 유력하게 주장되고 있다.

④ 당시 서울 시민 144만여 명 중 인민군에게 점령당하기 전 서울에서 피신한 사람은 40여만 명에 불과하였다.

⑤ 장면 주미대사는 6월 25일 북한이 전면 남침했다는 본국의 훈령을 받고 즉시 미 국무부에 알리는 한편 미국 상·하원 의원들을 찾아다니며 한국 파병을 호소했고, 유엔 안보리에 참석하여 한국 문제가 가결되도록 힘썼다.

▲ 장면(6·25전쟁 당시 주미한국대사)

ⓔ : 呂

37. 6·25전쟁의 과정에 대한 기술 중 사실과 다른 것은 무엇인가?

① 미군이 최초로 참전한 것은 주일 미군 제24사단 산하 스미스 부대가 7월 5일 오산 인근에서 한 전투에서였는데, 미군이 대승하여 사기가 고무되었다.

② 미 제24사단은 대전에서 북한군과 치열하게 전투했으나 패배했고, 7월 20일 후퇴 중 사단장 윌리엄 딘 소장이 행방불명되는 사건도 일어났다.

③ 대전을 점령한 북한군은 세 갈래로 나누어 진군했다. 일부는 목포를 거쳐 7월 말 진주를 점령하고, 일부는 경부선을 따라 내려가 김천을 점령하고, 다른 일부는 동쪽으로 가서 포항에 이르렀다.

④ 한미연합군을 지휘한 워커 중장은 7월 말 전선이 경상도 일대로 축소되자 한미연합군이 더 이상은 물러날 곳이 없다면서 8월 3일 이른바 '낙동강 방어선'을 구축하였다.

⑤ 제1사단장 백선엽 장군은 다부동 전선에서 북한군 3개 사단이 집중적으로 공격한 8월 대공세를 맞아 20여 일간 치열하게 전투하여 낙동강 전선을 막아냈다.

| 해설 |

① 6·25전쟁에서 미군이 참전한 최초의 전투가 스미스 부대의 오산 전투(7.5)였는데, 준비 없이 참전했다가 참패하였다. 맥아더는 대대급 스미스 부대가 참패했지만 오히려 이를 긍정적으로 평가했다. 북한군이 오산 전투를 통해 미국이 참전했다는 것을 알고 전선을 정비하느라 10여 일을 소모해 유엔군이 대비하는 데 시간을 벌어주었다는 것이다.

② 미 제24사단장인 딘 소장은 후퇴 중 부상병에게 먹일 물을 구하다가 행방불명되었다. 나중에 밝혀진 바에 따르면 낭떠러지에서 떨어져 길을 헤매다가 북한군의 포로가 된 것이었다. 제24사단의 패배로 대전이 북한군에게 점령당하였다.

④ 유엔군과 국군은 8월 3일 마산 - 왜관 - 칠곡 다부동 - 영천 - 영덕에 이르는 이른바 낙동

▲ 낙동강 전선(일명 워커선) 방어 작전도

강 전선을 구축하고 일원적인 전투 체제를 갖추어 북한군과 치열한 전투를 준비하였다. 낙동강 방어선은 동북부 산악 지형과 낙동강, 서남부의 남강 및 남해 등 자연 지형을 이용한 방어선이었다.

▲ 칠곡 다부동 전적비

① : 답

38. 다음의 주장과 관련 없는 것은 무엇인가?

> "이제 우리는 물러설 곳이 없다. 여기서 밀린다면 우리는 바다에 빠져야 한다. 우리가 밀리면 미군도 철수한다. 그러면 대한민국은 끝이다. 내가 앞장서겠다. 내가 두려움에 물러서면 너희가 나를 쏴라. 나를 믿고 앞으로 나가서 싸우자."

① 낙동강 전선

② 백선엽 장군

③ 북한군의 9월 공세

④ 미군 대구 포기 검토

⑤ 채명신 장군

| 해 설 |

위 지문은 백선엽 1사단장이 낙동강전선을 방어하면서 병사들이 고지에서 후퇴하자 이들에게 했던 말이다.

⑤ 월남 파견군 사령관 채명신 장군은 낙동강 전투와는 무관하다.

①②③④ 북한의 '9월 대공세'로 낙동강 전선이 무너질 절체절명의 위기 상황에서 제1사단장 백선엽 장군이 고지를 버리고 후퇴하는 병사들을 모아놓고 했던 말이다. 8월 31일부터 시작하여 9월 초 전개된 북한군의 대공세로 낙동강 방어선이 무너질 위기에 처했다. 대구의 육군본부도 부산으로 이동하고, 미 8군사령부는 이전 가능성을 검토하기 시작했다. 민간에서는 대한민국이 결국 공산 세력에 무릎을 꿇을 것이라는 불길한 예측이 넘쳐났다. 일부 약삭빠른 민간인들은 밀항선을 타고 일본으로 도주하기도 했다. 이러한 가운데 1950년 9월 15일 인천상륙작전에 성공을 거두면서 전세가 역전되고 대한민국이 다시 소생한 것이다.

⑤ : 답

39. 6·25전쟁 때 남한 내 좌익의 존재에 대한 설명 중 옳지 않은 것은 무엇인가?

① 김일성은 전쟁 전 스탈린을 설득할 때 남한 내에 좌익의 존재를 거론하였다.

② 박헌영은 전쟁이 일어나기만 하면 남한에 자신이 조직해놓은 20만 명의 남로당원이 들고 일어날 것이고 승리는 정해진 것이라고 호언하였다.

③ 전쟁이 일어나자 서울·인천 등에서 전향한 보도연맹원들이 북한군에 대항하였다.

④ 북한군은 점령한 지역마다 인민위원회, 치안대 등을 만들고 그 지역 내 좌익 인사들을 활용하였다.

⑤ 동네 좌익분자들은 완장을 차고 북한군 앞잡이가 되어 대한민국 인사들을 학살하는 등 악행을 저질렀다.

|해 설|

③ 1949년 이승만 정부는 국민보도연맹이라는 전향자 단체를 만들고 좌익 성향 인사들을 전향시켰다. 국민보도연맹에 가입한 수는 30여만 명에 이르렀고, 그중에는 위장 전향자도 상당히 많았다. 전쟁이 일어나 북한군이 남침해오자, 위장 전향자들을 선두로 하여 상당수의 보도연맹원은 북한군을 환영하고 북한군 앞잡이 노릇을 하였다. 보도연맹원들이 북한군에 대항한 사례는 거의 없다. 6·25전쟁 초기에 함락당한 서울·인천 등지에서 보도연맹원들이 북한군에 적극 협조하는 행태를 보고 남쪽 일부 지역에서는 보도연맹원들에 대한 예비 검속을 하는 일이 일어났다. 이를 국민보도연맹 사건이라고 한다.

② 박헌영은 자신이 조직, 관리한 남로당에 대한 믿음이 강했다. 그는 북한군이 남침만 하면 남한 내에 자신이 조직해놓은 20만 남로당원이 들고 일어나고 이승만 정권에 불만을 가진 인민들이 봉기해서 순식간에 공산화시킬 수 있다고 주장했다. 박헌영은, 김일성은 물론 1949년, 1950년 등 스탈린을 만날 때마다 이러한 주장을 거듭했다.

스탈린으로부터 전쟁 허락을 받은 후, 전쟁 발발 직전인 5월 17일 평양 모란극장에서 개최된 북한의 당·정 간부와 인민군 주요 지휘관 연석 회의에서도 박헌영은 "인민군이 서울만 점령하게 되면 지하에 잠적한 20만 남로당원이 들고 일어나고 인민들이 봉기하여 남한의 잔여 지역을 해방시킬 것이다. 그 이후의 인민군의 진격은 해방된 지역을 향한 승리의 행진이 될 것이다"라고 주장하였다.

이러한 믿음 때문인지, 북한군과 소련군사고문단은 아주 단기간에 전쟁을 끝낼 것을 염두에 두었다. 이들은 서울 점령은 식은 죽 먹기고 서울만 점령하게 되면 남한 곳곳에서 20만 남로당원이 일어날 것이고, 대한민국은 곧 붕괴될 것이라고 낙관했다.

그러나 박헌영의 주장과 달리 북한군이 서울을 점령했는데도 남한 각지에서는 20만 남로당원의 폭동은 일어나지 않았다. 북한군은 매우 당황하였다. 왜 좌익의 폭동이 일어나지 않았을까. 6·25전쟁 발발 전인 1949년부터 국가보안법에 근거한 숙군 작업과 남로당 소탕 작업(김삼룡, 이주하 등 남로당 핵심 지도부 1950년대 초 체포), 그리고 빨치산 토벌 작업, 좌익 전향 작업(국민보도연맹) 등으로 남한 내 좌익 세력의 조직망이 와해되었기 때문이다.

정답 : ③

 6·25전쟁 당시 인천상륙작전에 대한 설명으로 옳지 않은 것은 무엇인가?

인천에 상륙하는 맥아더 사령관

① 맥아더 장군이 제안한 것으로 미 합참에서 적극 호응하여 실행에 옮겼다.

② 낙동강 전선이 무너질 뻔한 위기 상황을 일거에 역전시키는 쾌거였다.

③ 미군·한국군 등 참전 연합군이 보유한 261척의 배가 동원되었다.

④ 조수 간만의 차가 커서 상륙 작전 성공 확률이 5000분의 1이라는 평가가 대세였다.

⑤ 인천상륙작전 이후 보급로를 차단하여, 북한군의 공격력이 급격히 허물어졌다.

| 해 설 |

①④ 맥아더가 인천상륙작전 계획을 제안하자 미 합참은 인천 앞바다가 조수 간만의 차가 크고 항구에 이르는 수로가 협소하여 성공 확률이 매우 낮다는 점을 들어 반대했고, 대안으로 군산 지역을 권고하였다. 그러나 맥아더는 인천과 서울을 점령함으로써 한반도의 허리를 치고 들어가 적의 통신과 보급로를 차단해야만 전쟁을 역전시킬 수 있다고 보았다. 맥아더는 상륙 작전이 성공할 확률이 5000분의 1밖에 되지 않는다는 합참의 의견에 동의하면서도 확률이 낮기 때문에 오히려 성공할 수 있다고 주장했다. 최고의 군사전략가들로 구성된 미 합참이 상륙 작전에 성공할 수 없다고 믿는다면 적도 역시 인천에서 대규모 상륙 작전을 감행하리라고는 상상조차 못할 것이기 때문이다. 실제로 공개된 문서에 따르면, 북한과 소련 군사고문단은 인천에서 대규모 상륙 작전이 감행되리라는 것을 예측하지 못했다.

▲인천상륙작전을 전개하는 유엔군

▲ 인천상륙작전(1950.9.15)

② 인천상륙작전이 전격적으로 이루어져, 인천 지역을 점령하고 서울을 향해 유엔군이 진격하면서 전세는 완전히 역전되었다. 낙동강 전선에서 강력한 공세를 펼치던 북한군은 일시에 괴멸되어 지리멸렬하게 되었다. 이 틈을 타 유엔군과 국군은 파죽지세로 북진을 거듭하였다.

①：답

41. 대한민국 국군의 날은 10월 1일인데, 이는 무엇을 기념하여 만든 날인가?

① 인천상륙작전 성공

② 서울 수복 기념

③ 북진하는 국군의 38선 통과 기념

④ 국군의 압록강 도착 기념

⑤ 낙동강 전투 승리 기념

|해 설|

6·25전쟁 때 국군이 38선을 통과한 10월 1일을 국군의 날로 기념하고 있다.

▲ 38선을 통과해 북으로 가고 있는 국군

답 : ③

42. 6·25전쟁 기간 중 남한 좌익의 활동에 관한 설명이다. 사실과 다른 것은 무엇인가?

① 6·25전쟁 초기 남한의 좌익분자들은 남침해오는 북한 공산군에게 대한민국 국군의 동향에 관한 정보 제공과 길 안내 등의 역할을 수행했다.

② 국군과 경찰이 후퇴하고 공산군이 아직 진격하지 않은 치안 공백 상태의 지역에서는 자발적으로 무장대를 조직하여 도피 경찰관, 우익 인사 등을 색출하여 살상했다.

③ 북한 공산군이 진격하면 환영대를 조직하여 영접했다.

④ 북한군 점령 지역의 행정과 치안 및 반공 인사 처형 등을 도맡아 수행하였다. 이로써 북한군이 후방 점령지 통치에 대한 부담을 가지지 않고 대한민국 국군을 상대로 한 전투에 주력할 수 있도록 협조한 것이다.

⑤ 북한군 점령 지역에서 반공 성향 주민에 대한 살생부를 만들어 학살하려 했지만 맥아더의 인천상륙작전의 성공으로 북한군의 패색이 짙어지자 학살을 포기하고 북한군을 따라 북으로 황급히 후퇴했다.

⑤ 6 · 25전쟁 기간 중 남한 좌익분자들은 북한군 점령 지역에서 반공 성향 주민들을 처형하기 위한 살생부를 작성해두었다가 유엔군의 인천상륙작전 성공 직후 북한군을 따라 북으로 후퇴하면서 그 살생부에 근거하여 반공 성향 주민을 대대적으로 학살했다. 일부 지역에서는 어린애와 노인들까지 학살했다.

答 : ⑤

43. 인천상륙작전과 서울 수복 직후 일어난 현상에 대한 설명으로 옳지 않은 것은 무엇인가?

서울 수복(1950. 9.28)

① 전국 각지에서 납치되어 북으로 끌려간 납북자가 8만여 명에 이르렀다.

② 전국 곳곳에서 국군과 경찰에 의한 민간인 집단 학살이 일어났는데, 시신 발견 지역도 개울가, 구덩이, 우물 속, 방공호 등 다양했다.

③ 북한군은 후퇴하면서 대전교도소 수감 6,000여 명, 전주교도소 수감 1,000여 명 등 우익 인사를 모두 학살하였다.

④ 당시 빨치산에 의해 이루어진 수만 명의 민간인 학살 중 약 70%가 전라도에서 일어났고, 영광군이 가장 극심하였다.

⑤ 퇴로가 차단당한 북한군 패잔병과 좌익 세력은 지리산 등 산악 지역으로 들어가 무장 빨치산 활동을 전개하였다.

② 인천상륙작전과 서울 수복 직후 전국 각지에서 빨치산에 의한 양민 집단 학살이 광범하게 일어났다. 북한군 점령 기간 중 북한군을 도왔던 남한 좌익은 북한군이 후퇴하자 자기 고향 마을을 떠나 도망가든지, 지리산 등 큰 산 혹은 고향 마을 인근 야산으로 피신하여 빨치산 활동을 하였다. 이들은 서울 수복 직후 각지에서 숨어 있는 우익 인사들이 '국군 및 유엔군 환영대회'에 참석하는 등 결집하자, 위기감을 느끼고 우익 인사들을 집단 학살하는 만행을 저질렀다. 인천상륙작전 직후 국군과 경찰에 의한 민간인 집단 학살 사건은 일어나지 않았다.

答 : ②

44. 6·25전쟁 발발 후 북한군은 신속히 남하하여 7월 말엔 경상도 일부 지역을 제외하고 국토의 대부분을 점령하였다. 이에 서울 등 남한 각 지역의 주민은 2~3개월간 공산 통치를 받았다. 북한군이 점령한 남한 각지에서는 좌익 사상을 갖고 있거나 여러 가지 이유로 북한군을 도운 협조자들이 활동하였다. 당시 남한 각지 주민은 북한군과 북한군 협조자(남한 좌익 등)들로부터 고통을 당했다. 이때 국민이 당했던 고통과 거리가 먼 것은 무엇인가?

① 인민재판　　　　　② 의용군　　　　　③ 납북자

④ 집단 학살　　　　　⑤ 월북자

| 해 설 |

⑤ 공산 통치 기간 중 북한군의 지휘하에 국민에게 고통을 가한 사람들은 인천상륙작전 직후 자진하여 월북했다.

① 북한군은 인민재판을 열어 수많은 대한민국 인사를 처형하였다. 이때 남한 내 좌익 인사들이 적극 도왔다.

▲ 인민재판 장면

② 북한군은 남한 좌익의 도움을 받아 남한 청년 15만여 명을 '의용군'으로 강제 징집하여 낙동강 전선에 있는 북한군에 투입했다. 하지만 이들은 대부분 총알받이 역할을 하며 죽음을 당하였다.

▲ 의용군 투입(15만여 명)

③ 북한군은 인천상륙작전 이후 8만여 명의 납북자를 북으로 끌고 갔다.

▲ 납북자

④ 인천상륙작전과 서울 수복을 전후하여 북한군이 철수한 후, 그간 북한군을 도왔던 좌익은 야산으로 피신하여 빨치산 활동을 하였다. 이들은 장차 들어올 국군과 경찰 등으로부터 보복을 당하지 않기 위해 자신들의 악행을 고해바칠 마을 인사들을 집단적으로 학살하였다. 그 규모는 6만여 명에 달하는 것으로 알려졌다.

▲ 민간인 학살(진주)

▲ 영광군 염산면 야월교회 전교인 집단 학살 현장

⑤ : 目

45. 6·25전쟁 중 있었던 민간인 학살에 대한 설명 중 옳지 않은 것은 무엇인가?

① 미군에 의해 300여 명이 희생된 충북 영동의 노근리 사건은 6·25전쟁 초기에 일어났다.

② 제11사단에 의해 600여 명이 희생된 거창 양민 학살 사건은 빨치산 토벌 작전 수행 과정에서 일어났다.

③ 인천상륙작전 이후 남한 각지에서는 좌익분자들에 의해 수만 명의 양민이 집단 학살당했다.

④ 인천상륙작전 직후 북한군이 후퇴할 때 북한군과 남한 좌익분자들이 대전교도소에서 6,000여 명, 전주교도소에서 1,000여 명의 민간인을 학살하였다.

⑤ 유엔군과 국군은 38선 통과 후 함흥, 평양 등지에서 북한 주민을 집단 학살하였다.

| 해 설 |

⑤ 유엔군과 국군이 북한 지역에 도착했을 때 북한 각지에서 북한군과 그 지역 좌익분자들이 후퇴하면서 학살한 수많은 민간인 시신을 발견하였다(함흥교도소 700여 구, 함흥 반룡산동굴 8,000여 구, 덕산 니켈광산 6,000여 구, 평양 감옥 500여 구, 평양 칠골리 2,500여 구, 평양 승호리 4,000여 구 등). 희생된 인사들은 북한 지역 내에 살고 있는 반공 인사들로서, 북진하고 있는 유엔군과 국군에게 협조할 인사들을 북한군과 좌익분자들이 예비 검속하여 처형한 것이었다.

▲ 함흥교도소 우물에서 희생자를 건져올리는 모습

▲ 동굴 속에서 찾아낸 시신들(함흥)

▲ 피살자 가족들(함흥)

① 노근리 사건은 6·25전쟁 당시 북한이 반미 선전 소재로 활용했던 것이다. 이것을 미국 시카고대학교 교수 부르스 커밍스가 1990년 북한 자료를 토대로 연구하여 발표했다. 한국 내 좌파 진영에서 1994년 이 정보를 획득하여 국내에 널리 알렸다. 1999년 미국이 현장 조사를 하고 증언을 청취, 사과하였다. 이 사건은, 사건 초기 미군에 의해 무고한 양민이 많이 희생당했다는 점에서 안타까운 일이다. 다만 전투 경험

▲ 노근리 사건의 현장

▲ 피난민 복장을 한 공산군 체포

이 없는 미군들이 전쟁 초기에 당황했던 점, 피난민 무리 속에서 양민 복장을 한 공산군들이 숨어서 미군에게 공격을 가하는 일이 비일비재했던 현실 등이 잘못을 발생케 한 배경으로 작용했다.

② 거창 양민 학살 사건은 1951년 2월 경남 거창군 신원면에서 일어난 사건이다. 당시는 유엔군과 국군은 중공군의 공세로 서울을 버리고 다시 후퇴(1·4후퇴)를 하고 있었고, 남한 각지에서는 빨치산들이 중공군의 공세에 힘을 얻어 더욱 기승을 부리고 있었다. 빨치산 토벌을 하던 제11사단은 경남 거창군 신원면 주민이 빨치산들과 내통했다는 의심을 해 집단

학살하였다. 이 사건은 당시에 정치 쟁점화되어 학살 책임자였던 오익경 대령이 무기징역에 처해지는 등 커다란 파장을 불러일으켰다.

③ 1952년 『대한민국 통계연감』에는 전쟁 중에 살해된 민간인이 12만 2,799명이라고 기록되어 있다. 그와 별도로 공보처 통계국이 만든 '6·25사변 피살자 명부'도 있는데, 피살자는 5만 9,964명이다. 이는 인천상륙작전 직후 남한 각지에서 활동하던 빨치산들에 의해 집단 학살당한 숫자이다.

④ 북한군은 인천상륙작전 이후 후퇴를 하면서 대전교도소, 전주교도소 등에서 체포해두었던 대한민국 인사들을 처형하고 북으로 올라갔다.

⑨ : 呂

46. 6·25전쟁 전개 상황에 대한 설명으로 옳지 않은 것은 무엇인가?

① 유엔군은 참전 초기부터 월등한 공군력으로 제공권을 완전히 장악하였고, 이것이 강력한 북한군과 중공군의 공세를 격퇴시킬 수 있는 가장 큰 요인이었다.

② 10월 말부터 중공군의 공세로 유엔군은 12월 남쪽으로 후퇴를 시작하였고, 1951년 1월 4일 서울을 버리고 남하했다가 곧 반격을 가해 북진하였다.

③ 11월 말 중공군이 미국에 대해 선전포고하고 압록강을 건너 북한 지역으로 들어와 유엔군과 전투에 돌입하였다.

④ 유엔군은 9월 15일 한국군과 합동으로 인천상륙작전을 개시, 전세를 완전히 역전시켰다.

⑤ 유엔군과 국군은 9월 28일 서울을 탈환하고, 국군은 10월 1일 38선을 넘어 10월 말 압록강까지 도달하였다.

| 해 설 |

③ 북한군이 거의 괴멸 상태에 이르자, 중공군은 아무런 사전 통고도 없이 전쟁에 참전하였다. 중공군은 10월 중순부터 30만 명에 이르는 대병력을 압록강을 건너 몰래 북한 지역에 투입시켰다. 그 후 10월 말부터 유엔군에 대한 공세를 시작하였다. 중공군의 1차 대공세이다. 유엔군은 느닷없이 강력한 군대를 접하고 당황했으나 처음에는 중공군인지 알지 못했다. 그러나 포로 등을 심문하면서 중공군이 대거 참전한 것을 알게 되었다.

중공군은 1차 공세 후 식량과 탄약이 떨어지자 11월 6일~11월 24일까지 자취를 감추었다. 맥아더 장군은 중공군의 공세가 중단되자 전략 전술을 간과하고 총진격 명령(크리스마스 공세)을 지속하였다. 그러나 중공군은 11월 말 2차 공세를 시작하였다. 중공군의 공세가 강화되면서 유엔군은 11월 말에서 12월 초 본격적으로 후퇴를 시작하였다. 맥아더 장군도 중공군의 실체를 인정하고 12월 4일 드디어 "중공군 백만 명이 북한에 투입되었으며, 새로운 전쟁이 시작되었다"라고 발표하였다.

▲ 압록강을 건너는 중공군

① 유엔군은 월등한 공군력으로, 참전 초기 평양·진남포·함흥 등 북한 지역에 있는 전투기, 활주로, 군수품 공장 등을 완파하여 제공권을 완전히 장악하였으며, 낙동강 전선에서 북한군의 배후를 집중 타격함으로써 힘을 약화시킬 수 있었다.

② 예측하지 못했던 중공군의 참전으로 유엔군은 수세에 몰렸다. 중공군의 인해 전술로 위축된 유엔군은 남쪽으로 철수를 시작하였다. 유엔군은 12월 4일 평양에서 철수하고, 12월 9일 원산에서 철수하였다. 특히 여섯 배나 숫자가 많은 중공군에게 포위 공격을 당한 동부 전선의 유엔군은 12월 14~24일간 흥남 부두를 통해 유엔군 12만 명과 피란민 10만여 명을 해상 철수하였다. 유엔군은 후퇴를 거듭하여 1951년 1월 4일 서울을 버리고 다시 남쪽으로 내려갔다. 이를 1·4후퇴라고 한다. 1월 7일에는 수원도 함락되었다. 후퇴를 하면서 전열을 가다듬은 유엔군은 1월 9일 비로소 반격을 시작하는데 당시 전선은 오산 - 장호원 - 제천 - 영월 - 삼척을 연결하는 선이었다. 유엔군은 1월 중순 이후 역공을 강화하여 1월 15일 오산을 탈환하고 1월 28일 횡성을 탈환했다. 이때 적들이 전 전선에 견고한 참호를 구축하여 적들을 물리치는 것이 쉽지 않았다. 유엔군은 3월 2일 한강을 넘었고, 3월 14일 서울을 탈환한 후 4월 5일 소양강을 건너 38선 이북으로 올라갔다. 이후 전선은 고착 단계로 들어갔고, 백마고지 전투 등 전선을 중심으로 진지를 탈환하는 치열한 국지전이 전개되었다.

⑤ 국군 제6사단 수색대가 10월 26일 초산 지역 압록강에 이르러 수통에 물을 담았다. 11월 21일에는 중부로 진격한 국군 제7사단 일부가 중부 국경 혜산진에 도달했다. 11월 말에는 북한 전 지역이 수복되는 것 같은 상태에 이르렀다.

정답 : ③

47. 이 사진은 유엔군의 흥남철수작전 때 흥남 부두에서 피란민들을 가득 태운 미국 상선 빅토리아호의 모습이다. 이 배의 선장 레너드 라루는 "부두에 남아 있는 사람은 한 사람도 빼지 말고 모두 배에 태우라"고 지시했다. 빅토리아호는 1만 4천 명의 북한 피란민을 빼곡히 태우고 기뢰가 무수히 깔려 있던 흥남 부두를 무사히 빠져나와 거제도에 도착하였다. 이 사건은 '한 척의 배로 가장 많은 생명을 살린 세계 기록'으로 2004년에 기네스북에 등재되었다. 유엔군의 흥남철수작전에 대한 설명으로 옳지 않은 것은 무엇인가?

① 유엔군이 여섯 배나 많은 중공군의 포위로 퇴로가 차단당해 일어난 일이다.

② 유엔군은 흥남 부두에 몰려와 있던 10만여 명의 피란민을 남한으로 수송하여 생명을 살려냈다.

③ 유엔군은 폭탄·휘발유 등 전쟁 물자를 폭파하고 빈 공간에 피란민을 실었다.

④ 유엔군은 흥남철수작전을 성공시켜 병력과 무기를 보존함으로써 중공군에 반격을 가할 수 있는 계기를 제공하였다.

⑤ 미 해병 제1사단 등은 공산군이 스며들어 있을 북한 주민을 격리시킨 후 흥남항으로 무사히 철수하였다.

| 해 설 |

⑤ 미 해병 제1사단 등은 개마고원 장진호 부근에서 영하 30도를 오르내리는 극심한 추위와 중공군의 공격으로 많은 희생자를 내면서도 미군을 따라 자유를 찾아 나선 수천 명의 북한 피란민을 버리지 않고 함께 흥남항으로 철수하였다.

▲ 미군을 따라 나선 수천 명의 북한 피란민

▲ 흥남 철수 모습(1950.12.19)

⑨ : 昏

48. 다음은 6·25전쟁 때 일어난 사건들이다. 순서상 여섯 번째 일어난 사건은 어느 것인가?

> ㉠ 스미스부대 도착   ㉡ 맥아더 한강 시찰   ㉢ 1·4후퇴
>
> ㉣ 중공군 참전   ㉤ 흥남 철수   ㉥ 낙동강 전투   ㉦ 인천상륙작전

① ㉦   ② ㉤   ③ ㉥

④ ㉢   ⑤ ㉣

| 해 설 |

㉡ 일본 도쿄에 있던 맥아더 미 극동군사령관은 트루먼 대통령의 지시를 받고 수원 비행장에 도착하여 한강 방어선을 시찰하였다.(6.29)

㉠ 주일 미군 제24사단 산하 스미스 특수 임무 부대가 선발대로서 7월 1일 부산에 도착하여 7월 5일 오산 전투에 참가하였다.

㉥ 유엔군은 8월 초부터 9월 중순까지 낙동강 전선을 지키기 위해 치열한 전투를 전개하였다.

㉦ 유엔군은 9월 15일 인천상륙작전에 성공하고 9월 28일 서울을 수복하였으며, 10월 1일 38선을 돌파하고 북진을 시작하였다.

㉣ 중공군은 북한이 괴멸 상태에 이르자 30만 명의 병사를 한국전에 투입하였다. 중공군은 10월 중순부터 압록강을 건너 몰래 이동한 후 10월 말 1차 대공세를 감행하여 유엔군과 국군에게 큰 타격을 입혔다.

㉤ 유엔군은 11월 말 중공군의 더욱 강력한 2차 공세를 받았다. 유엔군은 여섯 배나 많은 중공군의 포위 공격으로 육지 후퇴로를 차단당하였다. 이에 유엔군 지휘부는 11월 말~12월 초 후퇴 명령을 내렸고, 특히 동부 지구에서는 흥남항을 통한 해상 철수를 결정했다. 이에 미 해병 제1사단, 미 육군 제7사단 등 유엔군은 영하 30도의 혹한과 중공군의 포위 공격 속에서 많은 희생자를 내면서도(장진호 전투 등) 흥남항으로 철수하였다. 흥남항을 통해 병력과 무기를 철수할 때(12.10) 일부 무기와 석유 등을 버리고 항구로 몰려든 북한 주민 10여만 명을 배에 태워 부산·거제에 무사히 도착케 하였다.

ⓒ 중공군은 12월 31일 3차 공세를 감행하였고 유엔군과 국군은 1951년 1월 4일 서울을 버리고 다시 남쪽으로 후퇴하였다. 이를 이른바 1·4후퇴라고 한다.

정답 : ④

49. 다음은 6·25전쟁 때 일어난 사건들이다. 원인과 결과의 짝이 잘못 연결된 것은 무엇인가?

① 거창 양민 학살 사건 – 백야전 전투사령부

② 중공군 참전 – 흥남 철수 작전

③ 서울·인천 좌익 세력의 북한군 환영 – 국민보도연맹 사건

④ 인천상륙작전 – 좌익분자들의 양민 집단 학살

⑤ 이승만 대통령의 반공 포로 석방 – 한미상호방위조약

| 해 설 |

▲ 백선엽 장군

▲ 빨치산 포로들(1952.2, 담양)

① 거창 양민 학살 사건은 1951년 2월 제11사단에 의해 발생한 사건이다. 한편 백선엽 장군이 이끈 백야전 전투사령부는 1951년 12월 지리산 중심의 빨치산들을 토벌하기 위해 조직한 것이다. 백야전 전투사령부는 100일간의 작전을 통해 지리산 주변의 빨치산들에 대한 토벌을 어느 정도 완료할 수 있었다.

정답 : ①

50. 6·25전쟁의 휴전 협정에 대한 설명 중 옳지 않은 것은 무엇인가?

휴전 협정 조인식

① 공산군 측은 포로 협상에서 "공산군 포로는 공산군에, 유엔군 포로는 유엔군에 넘겨야 한다"라고 주장하였다.

② 군사분계선은 공산군 측의 안대로 당시 양쪽 군의 접촉선(당시의 전선)으로 하기로 하였다.

③ 이승만 대통령은 포로 교환 협상안에 불만을 품고 포로수용소에 갇혀 있던 2만 7,000여 명의 반공 포로를 석방했다.

④ 1951년 6월 23일 소련 유엔대사 말리크가 휴전 교섭을 제의해 시작되었고, 1953년 7월 27일 휴전 협정이 체결되었다.

⑤ 휴전 협정은 유엔 수석 대표인 미 해리슨 중장과 북한 대표 남일 사이에 조인되었는데, 한국은 휴전 협정에 대한 불만으로 참여하지 않았다.

| 해 설 |

② 접촉선을 휴전선으로 하자는 것은 유엔군 측의 안이다. 공산군 측은 전쟁 전 분계선이었던 38선을 휴전선으로 하자고 하였다.

①② 포로 송환에 대한 양측의 논란이 심했다. 특히 공산군 측 포로는 공산군 측에 보내자는 공산군 측의 주장은 받아들이기 어려운 문제가 있었다. 공산군 포로 중에는 북한과 중국으로 송환을 거부하는 반공(반공산주의) 포로가 많았기 때문이다. 트루먼 대통령과 유엔은 자유를 찾아 송환을 거부하는 반공 포로를 제외하고 중국과 북한에 송환되기를 원하는 포로만 돌려보내겠다고 제안하였다. 그러나 중국과 북한은 이를 거부하였다. 이에 휴전 회담이 중지되었는데, 1953년 1월 아이젠하워 대통령이 당선되자 조속한 휴전을 이끌어내기 위해 중국이 제안한 '송환을 바라지 않는 포로'를 중립국에 인도하자는 안을 받아들여 휴전 협상을 재개하였다. 이에 이승만 대통령은 한국 대표를 철수하는 등 반발하였다. 이승만 대통령의 저항에도 불구하고 유엔군과 공산군은 6월 8일 송환을 원하지 않은 포로를 중립국 송환위원회에 넘긴다는 안에 서명하였다. 이에 이승만 대통령은 6월 18일 거제도를 비롯하여 각지의 포로수용소에 있는 반공 포로 2만 7,000여 명을 전격적으로 석방하였다. 전 세계가 이승만 대통령의 조치에 경악하였다.

▲ 새 휴전선 설정을 논의하기 전 지도에 기존 38선을 긋고 있는 모습
(동아일보 사진)

② 당시의 접촉면을 휴전선으로 정하였다.

③ 석방한 반공 포로는 정확히 2만 6,424명이다.

⑤ 이승만 대통령은 꾸준히 휴전에 반대했으나 미국의 계획에 따라 휴전 협정이 강행되었다. 한국은 휴전에 반대했기 때문에 휴전 협정 조인에 참여하지 않았다.

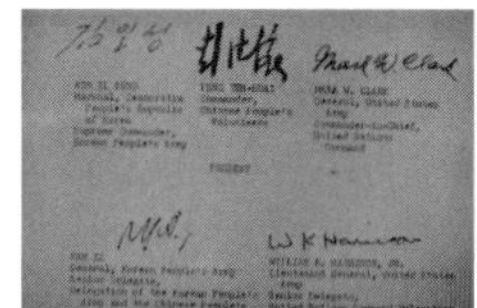

◀ 휴전 협정 서명. 한국 대표의 서명은 없다.

답 : ②

51. 다음은 6·25전쟁의 휴전 협정에 관련된 서술들이다. 사실과 다른 것은 무엇인가?

① 6·25전쟁에 참전하거나 정치적으로 개입된 외국들은 유엔군 측이나 공산군 측을 막론하고 1951년 4월경부터 휴전을 희망했다.

② 대한민국은 휴전에 완강히 반대하고, 휴전 협상에 불참하면서 협상을 방해했다.

③ 대한민국의 불참으로 미국·중국·북한 간에 1951년 7월부터 휴전 협상이 진행되어 1953년 7월 휴전 협정이 체결되었다.

④ 대한민국은 미국으로부터 한미상호방위조약 체결 및 미군의 장기간 한국 주둔에 관한 약속을 받은 다음 휴전 협정을 수용했다.

⑤ 휴전 협정으로 육지의 휴전선과 더불어 해상의 휴전선도 확정되었다.

| 해 설 |

⑤ 육지의 휴전선은 유엔군 측과 공산군 측이 협의하여 당시의 접촉선으로 정했다. 그러나 해상의 휴전선은 확정하지 않은 채 추후 협상하기로 했다. 휴전선이란 별도의 합의가 없을 경우 휴전(전투 행위 중지) 당시의 접촉선이다. 따라서 6·25전쟁 휴전의 해상 휴전선은 휴전 협정 체결 시점의 유엔군·공산군 간의 해상 접촉선이 될 수밖에 없다. 북한이 정당성을 부정하고 있는 서해상의 남북 휴전선인 북방한계선(NLL)은 유엔군 측이 당시의 해상 접촉선에서 일정 거리를 양보하여 설정한 것이다. 북한은 1990년대 초까지도 NLL의 정당성을 별로 문제 삼지 않았으나, 남한에서 대북 유화 세력 내지 친북 세력이 강해진 1990년대 후반부터 서해 NLL의 정당성을 부정하는 도발을 자행하고 있다.

답 : ⑤

52. 다음 사진의 내용과 관련이 가장 적은 것은 무엇인가?

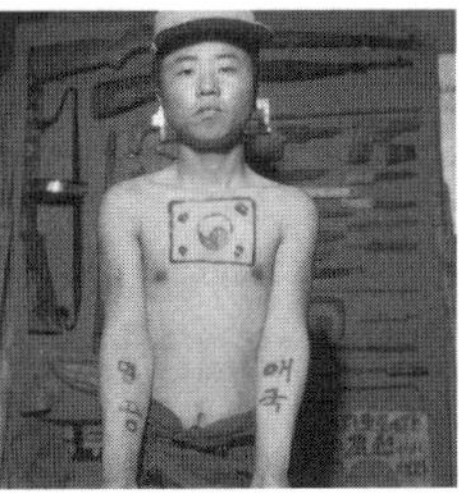

① 한미상호방위조약

② 의용군

③ 반공 포로 석방

④ 휴전 협정

⑤ 납북자

| 해 설 |

이승만 대통령은 휴전 협정에 불만을 품고 남한 각지 포로수용소에 수용하고 있던 북한 및 남한 출신 반공 포로 2만 6,424명을 1953년 6월 18일 0시를 기해 석방하는 초강수를 두었다. 이러한 '벼랑 끝 전술'을 통해 미국을 압박하여 한미상호방위조약 체결을 이끌어냈다.

이승만 대통령이 반공 포로를 석방한 이유 중에는, 북한군 포로임에도 불구하고 공산주의를 반대하여 북한으로 되돌아가기를 거부하고 자유 대한민국에 남기를 원하는 포로들을 강제로 북한 측에 보낼 수 없었다는 점도 있었다. 반공 포로 중에는 대한민국 청년도 많았다. 6·25전쟁 발발 후 북한군이 남한 각지를 점령하고 있을 때 남한 출신 젊은 청년들이 '의용군(義勇軍)'의 이름 아래 강제로 낙동강 전선 북한군 병력에 투입되었고, 이 청년들이 포로로 체포된 것이었다.

의용군 중에는 좌익사범으로 형무소에 있다가 북한군에 의해 풀려난, 사람들(서울, 인천 등)과 전향하여 국민보도연맹에 가입했다가 북한군이 내려오자 전향을 부정하고 스스로 북한국에 들어간 사람들도 있었다.

⑤ : 답

53. 다음 사진의 내용과 관련이 가장 적은 것은 무엇인가?

폭격으로 부서진 문화재

① 전쟁으로 인해 대한민국의 공업 시설 42%, 발전 시설 41%, 주택 30%가 파괴되었다.

② 국군은 100여만 명, 미군 등 유엔군이 50여만 명이 전사하였다.

③ 젊은 청년 15만여 명이 '의용군'이라는 이름으로 북한군복을 입고 낙동강 전선 북한군 진영에 투입되었으며, 그 대부분이 생명을 잃었다.

④ 공산 세력에 의해 생명을 잃은 민간인 사망자는 12만여 명, 북한으로 끌려간 납북자는 14만여 명에 이르렀다.

⑤ 전쟁 고아는 10여만 명, 전쟁 미망인은 20여만 명, 이산가족은 1천만 명에 이르렀다.

| 해 설 |

② 한국군의 전사자는 15만여 명, 유엔군의 전사자는 5만 4천여 명이다.

◀ 전쟁으로 폐허가 된 집터에서 헤매고 있는 어린이

② : 답

54. 6·25전쟁이 북한의 남침 도발로 인한 전쟁이라는 설명의 근거가 아닌 것은 무엇인가?

① 6·25전쟁 전 38선 부근에서 남한군의 연속적인 공격으로 인한 무력 충돌이 자주 일어났다.

② 김일성은 스탈린으로부터 남침전쟁을 허락받기 위해 모스크바를 두 번이나 방문하였다.

③ 1990년경 소련의 붕괴로 6·25전쟁이 남침전쟁이라는 진실을 밝혀주는 내부 문서들이 공개되었다.

④ 북한이 사전에 치밀하게 전쟁을 준비한 것을 말해주는 '선제 타격 계획' 문건이 6·25전쟁 중에 노획되었다.

⑤ 북한은 소련제 T-34 전차 등 월등한 군사력을 보유하는 등 철저히 준비했는데, 남한은 6·25전쟁 전날 전방 군인 3분의 1이 휴가·외박을 나갔을 정도로 무방비 상태였다.

|해 설|

① 1949년 10월 초 북한이 옹진반도에서 대규모 대남 군사 도발을 감행한 사건이 일어났다. 이에 소련은 스티코프 북한 주재 소련 대사에게 긴급 전문을 보내 스탈린의 지시 없이 남한에 대해 어떤 도발도 하지 못하도록 이미 지시했음을 환기시켰다. 아울러 이후로 38선 상에서 일어나는 일은 어떤 것이든 모스크바로 즉시 보고할 것을 지시했다. 이러한 스탈린의 강력한 경고가 전달된 10월 말부터 38선에서는 북한군의 군사 도발이 거의 없었다. 또한 그 시기 38선 지역에서는 남한군의 북한군에 대한 공격 도발도 거의 없었다. 그러므로 6·25전쟁 발발 이전 8개월 동안에는 38선 지역에서 남북 간의 무력 충돌이 거의 없었다. 이러한 사실은 6·25전쟁의 발생이 38선 부근에서 상호 전투하다가 확전된 것이라는 블루스 커밍스 류의 수정주의적 해설이 전혀 근거가 없음을 반증한다.

③ 1991년 소련이 붕괴된 이후 구 소련이 가지고 있던 6·25전쟁 관련 각종 비밀 자료들이 공개되기 시작하였다. 이 자료들에 의해, 6·25전쟁은 스탈린의 사주가 아니라 박헌영의 설득에 영향을 받은 김일성이 집요하게 스탈린을 설득하여 재가를 받은 후 전면 남침한 것이라는 사실이 밝혀졌다. 김일성은 스탈린을 설득하는 과정에서 48번이나 전쟁 요청을 거절당했다는 주장도 있다. 그러나 그는 포기하지 않고 스탈린을 설득하여 결국 남침전쟁을 승낙받았던 것이다.

1991년 소련 붕괴 이전까지만 해도 북한이 주장한 북침설, 브루스 커밍스 류의 내란확전설 등 수정주의자들의 주장이 상당한 영향력을 끼치고 있었다. 그러나 구소련 자료 공개, 다양한 참전자의 증언 및 자료 등을 통해 6·25전쟁의 진실이 속속 드러났다. 스탈린을 설득한 것도, 중국 마오쩌둥을 설득하고 지원 약속을 받은 것도 김일성이었다. 따라서 북한이나 수정주의 견해는 이제 거의 힘을 잃고 있다. 중국도 한중 수교 전에는 북한이 주장하는 북침설을 고수했으나, 구소련 자료 공개 및 한중 수교 등의 영향으로 남침설로 바꾸었는데, 1996년 7월 중국의 역사 교과서도 남한의 북침에서 북조선의 남침으로 수정하였다.

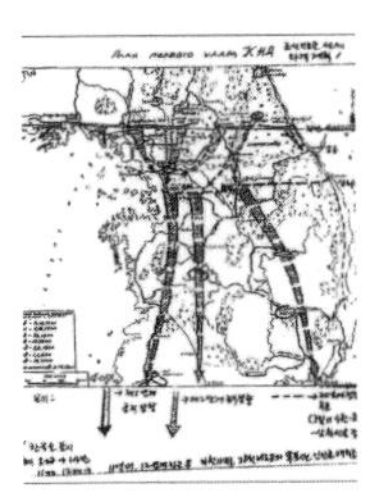

▲ 선제 타격 계획 문건

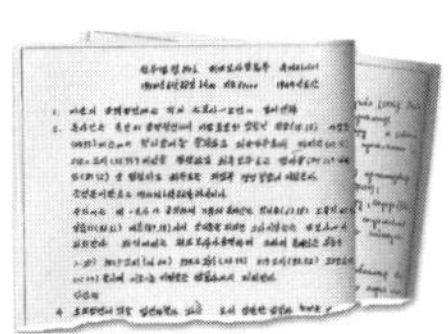

▲ 북한 제13사단 참모장 이학구 총좌 (대좌 : 대령)가 1950년 9월 왜관지구 전투에서 체포됐을 때 휴대하고 있던 남침 명령서

④ 6·25전쟁 중 미군이 노획한 북한 문건 속에 들어 있는 '선제 타격 계획' 문건은 6·25전쟁이 북한이 소련의 지원 아래 치밀하게 준비한 전쟁이었음을 입증한다. 실제로 이 작전 계획은 스탈

린의 남침 허락을 받은 후 소련에서 파견된 군사고문단이 주도적으로 수립한 것이다.

⑤ 북한은 스탈린으로부터 지원받은 최신형 T-34 전차 등 최신 무기들로 남한보다 월등한 군사력을 보유하였다. 북한은 소련제 무기로 무장한 병력을 1950년 6월 12일부터 38선 북쪽 10~15km 지점으로 전진 배치하며 전쟁을 준비하였다.

▲ 6·25전쟁 때 남침을 위해 38선 철조망을 자르는 인민군 병사

이에 반해 남한은 전쟁에 대한 대비가 너무 허술하였다. 전쟁 직전인 6월 10일 단행된 인사 이동으로 전방의 사단장과 육군본부 지휘부 대부분이 교체되어 지휘관들이 부대 실태 파악조차 하지 못한 상황에서 전쟁을 맞아야 했다. 북한군이 38선으로 집결하는 상황에서도 그간 유지하던 비상 경계가 6월 24일부로 해제되어 전방 병사들의 3분의 1가량이 휴가와 외출로 부대를 떠나고 없었다. 군 병력도 북한의 절반밖에 되지 않는 10만여 명에 불과했는데, 이 중 상당수는 빨치산 토벌을 위해 남쪽 지방에 배치된 상태였고, 총탄도 거의 소모된 상태였다. 차량과 총포 등 장비의 3분의 1이 정비와 수리를 위해 병기창에 보내진 상황이었다. 6월 24일 저녁 서울 육군회관 준공식 연회에는 전후방의 지휘관이 여럿 참석하여 새벽까지 술을 마신 상태에서 적의 공격을 받았다.

① : 君

55. 6·25전쟁의 남침론을 부정했던 브루스 커밍스의 책 표지에 실렸던 '한국에서의 학살'이라는 그림에 대한 설명으로 옳지 않은 것은 무엇인가?

① 스페인 공산주의자 피카소가 그린, 미군의 북한 주민 학살에 관한 그림이다. 이는 북한의 허위 선전을 토대로 제작된 것이다.

② 미군은 6·25전쟁 중 북한 지역에서 대규모로 양민 학살을 자행했다.

③ 6·25전쟁 중 일어난 황해도 신천 학살 사건을 소재로 한 것이다.

④ 해당 지역 주민 3만 5천여 명이 학살당한 사건이다.

⑤ 지역 내 좌익(공산)과 우익(반공) 세력 간의 투쟁으로 일어난 사건이다.

| 해 설 |

북한의 선전에 따르면, 인천상륙작전 이후 북한 지역으로 진군하던 유엔군이 10월 17일~12월 7일 52일 동안 황해도 신천 지역에서 신천군민의 4분의 1에 해당하는 3만 5천여 명을 학살하였다고 한다. 이는 북한의 허위 선전에 불과하다. 미군은 그 지역을 그냥 통과했을 뿐 주민 학살에 관여하지 않았다.

2002년 4월 MBC 방송의 프로그램에서는 신천 봉기 가담자와 뉴욕 미국 문서 보관소의 제24사단 19연대의 전쟁 일지를 근거로 이 선전이 허구였음을 입증했다. 신천 학살 사건의 진상으로, 후퇴하던 북한군과 지역 내 좌익 세력이 반공 인사들을 학살하자 이에 대응해 우익 사상을 가진 기독교인들이 조직적으로 항거하여 발생한 사건으로 밝혀졌다. 북한에서는 신천양민학살기념관을 설치하

▲ 신천박물관 그림

▲ 신천박물관 그림

고 모든 북한 주민에게 반미 감정을 부추기는 학습장으로 활용하고 있다.

신천 양민 학살 사건은 북한이 신천 사건의 발생 본질을 흐리고 미국에게 책임을 돌리기 위한 술책에 따라 만들어진 것이다. 공산주의자였던 피카소는 신천 사건의 본질을 모른 채 '한국에서의 학살'이라는 그림을 그렸다. 이 그림은 피카소가 그렸다는 이유로 유명해져 6·25전쟁 당시 미군이 양민을 수없이 학살한 것처럼 선전하는 중요한 도구로 이용되었고, 브루스 커밍스의 책 표지에도 실려 반미 감정 확산에 큰 영향을 미쳤다. 피카소의 그림은 역사적 사실에 부합하지 않음에도 불구하고 고등학교 교과서에도 실려 있는 실정이다. 알게 모르게 북한의 선전이 학생들에게 영향을 미치고 있는 셈이다.

ⓐ : 鬥

56.

6·25전쟁의 성격과 관련, 『한국전쟁의 기원』(1981)이라는 저서를 통해 김일성의 남침 책임론을 희석시키는 내전원인론(내전확전론)이라는 수정론을 제기하여 한국 내 1980년대 학생운동권에서 주사파가 확산되는 데 큰 역할을 했던 사람은 누구인가?

① 스티코프

② 김정식

③ 캐스린 웨더스비

④ 브루스 커밍스

⑤ 란코프

| 해 설 |

브루스 커밍스는 미국 시카고대학교의 좌경 역사학 교수로서, 1980년대 우리나라 좌파 운동의 친북 역사관 확산에 결정적 영향을 미쳤다.

브루스 커밍스는 6·25전쟁의 원인과 관련하여, 남북이 상호 전투하던 가운데 확전된 것이라는 '내전원인론'을 주장했다. 브루스 커밍스의 내전원인론은 소련 붕괴 후 공개된 구소련의 비밀 외교 문서들 덕분에 잘못된 주장임이 입증되었다. 공개된 소련 문서에 따르면 스탈린은 1949년 10월 말부터 북한에게 국경 분쟁을 일으키지 못하도록 강력히 지시했고, 당시 북한 주둔 소련군사고문단의 국경 분쟁 참여도 엄격히 금지했었다. 사실 미 군사고문단의 정보 보고서에도 1949년 10월 말부터 이듬해 전쟁 직전까지 국경 분쟁이 전혀 일어나지 않았던 것으로 기록되어 있다. 커밍스는 내전원인론에 집착한 나머지 미국 측 문서를 제대로 읽지 못한 것이다. 이제 브루스 커밍스조차도 자신의 견해를 수정했다. 그럼에도 불구하고 우리나라의 학교에는 아직도 1980년대 주입된 브루스 커밍스의 주장을 가르치는 교사들이 있다.

⑦ : 답

2) 제2대 이승만 대통령 시기 (1952.8.15~1956.8.14)

57. 6·25전쟁 직후 한국 경제 현실에 대한 설명 중 잘못 기술한 것은 무엇인가?

① 미국·유엔 등이 제공한 무상 원조의 규모는 20억 달러에 이르렀고, 1950년대 말부터 무상 원조는 유상 차관으로 전환되어갔다.

② 6·25전쟁 후 한국 국민의 생존과 경제는 '원조 경제 체제'라 할 만큼 미국을 중심으로 한 국제기구의 원조에 절대적으로 의존해야 했다.

③ 소맥, 원면, 원당 등 공업 원료를 원조받음으로 인해 면방직업, 제분업, 제당업 등 삼백 산업이 발달하였다.

④ 소비재 중심의 원조로 소비재 산업이 기형적으로 발달하는 부작용도 있었으나 지원된 원조 물자, 잉여 농산물 판매 자금은 재정 투융자, 국방비 등 국가 안보·발전에 적극 활용되었다.

⑤ 미국이 지원한 잉여 농산물, 원조 물자는 필요한 소비자들에게 직접 지원되었다.

| 해 설 |

⑤ 원조 물자, 잉여 농산물은 소비자에게 바로 지원된 것이 아니고, 일반에 공매되었다.

② 1954~1959년간 한국의 총수입 중 원조 수입의 비중은 무려 74.8%에 이르렀다.

③ 미국의 잉여 농산물 무상 원조 계획 'PL480'에 의해 원면, 밀, 원당 등이 도입되었고, 이로 인해 면방직업(면직물), 제분업(밀가루), 제당업(설탕) 등 소비재 공업이 발달하였다. 이들 면방직업, 제분업, 제당업은 제품이 모두 흰색이어서 삼백 공업이라고 불렸다. 삼백 공업 등 소비재 공업은 당시 민간 공업의 성장을 주도하였다.

④ 일부에서는 미국의 원조로 소비재 공업만 기형적으로 발달했다고 비판한다. 그러나 당시 6·25전쟁으로 생산재 공

업 시설이 파괴되어 생필품 등 소비재가 절대적으로 부족한 상황이어서 소비재 중심 원조는 불가피했다. 또한 원조 물품, 잉여 농산물을 공매하여 얻은 자금은 경제 부흥을 위한 재정 투융자, 국방력 강화 등에 적극 활용되었다. 그에 따라 1954~1960년간 제조업 분야는 연평균 12.5%라는 놀라운 성장률을 보였다. 제조업에 종사한 공장의 수는 1953년 2,474개에 불과했으나 1960년까지 1만 5,204개로 크게 증가하였다.

정답 ⑤

58. 세계는 대한민국의 경제 성장에 대해 '한강의 기적'이라고 평가한다. 경제 성장이 이루어지기 전의 한국의 실상에 대한 설명 중 옳지 않은 것은 무엇인가?

① 6·25전쟁 직후부터 1950년대 말까지 미국의 원조에 크게 의존했다.

② 1963년 1인당 국민소득은 87달러였다.

③ 해방 당시 북한 지역은 남한 지역보다 경제 사정이 월등히 양호하였다.

④ 해방 당시 남한은 북한의 전력 지원에 의존해야 했다.

⑤ 6·25전쟁 발발 이후 미국의 원조는 대부분 소비재 중심이었고 이런 구조는 한국 산업에 큰 타격을 안겨주었다.

| 해 설 |

①⑤ 미국은 1950~1961년간 총 27억 달러에 달하는 경제 원조를 한국에 제공하였다. 한국이 60만 명의 군사력을 갖는 것을 비롯해 6·25전쟁으로 황폐해진 한국 경제를 재건한 것도 미국이 제공한 원조 덕분이었다. 미국 등 우방국의 원조가 아니었으면 국가 재건이나 국민의 생존조차도 지탱하기 어려운 상황이었다.

미국 등의 원조가 소비재에 치중되어 한국 경제를 왜곡시켰다는 주장도 타당성이 부족하다. 1950~1961년 원조의 전체적 내역을 보면 석유 등 연료 및 비료가 26%로 가장 많고 그다음이 시설재 22%, 최종 소비재 19%, 공업 원료용 농산물 17%, 기타 원자재 10%의 순이었다. 미국의 원조가 소비재에 국한한 것이 아니었고 생산을 위한 석유, 비료, 원료, 원자재 등의 비중이 컸다. 총괄적으로 이야기하면 미국의 경제 원조는 한국 경제의 재건에 크게 이바지하였다. 다만 농업 가운데 타격받은 부분이 있었는데 원면, 밀 등의 수입으로 삼백 산업이 발전하면서 국내 면화와 밀 등 밭작물이 피해를 입었던 것은 사실이다. 그러나 미국의 원조에 일부 농산물이 있었던 것을 가지고 미국의 원조가 마치 국내 시장에 큰 타격을 준 것처럼 침소봉대하는 것은 10여 년 동안 계속된 27억 달러에 달하는 미국의 대규모 원조와 선의를 왜곡·매도하는 것이다.

③ 북한 지역의 경제 사정이 남한 지역보다 크게 양호하였다. 해방 당시 북한이 남한보다 부유했던 이유는 일제가 남한 지역에는 농업을, 북한 지역에는 공업을 육성한 결과였다.

정답 ⑤

59. 이승만 대통령의 업적 중 옳지 않은 내용이 포함된 것은 무엇인가?

① 이승만은 해방 정국에서 좌우합작을 지속적으로 추진하여 민족 단합 체제를 구축하였다.

② 6·25전쟁 발발 후 외교적 노력을 전개하여 미국의 참전을 유도하는 데 기여했다.

③ 6·25전쟁 휴전 협정 당시 '벼랑 끝 전술'을 통해 한미상호방위조약을 이끌어냄으로써 튼튼한 안보 아래 급속한 경제 발전을 이룰 수 있는 바탕을 마련하였다.

④ 혁명적 농지 개혁을 통해 한반도 역사상 처음으로 지주 토지 소유제를 청산하고 자작농 토지 소유제를 확립하였다.

⑤ 6년제 의무 교육 제도를 도입해 시행했고 전 국민 대상으로 문맹 퇴치 운동을 전개해 문맹률을 획기적으로 낮추었다.

| 해 설 |

① 이승만은, 한때는 해방 정국에서 좌우합작을 지지했으나 지속적으로 지지한 것은 아니다.

② 이승만은 6·25전쟁이 발발하자 즉시 도쿄에 있는 맥아더 장군에게 전화하여 미군의 지원을 요청하는 한편 장면 주미 대사를 통해 미국과 유엔의 조기 참전을 독려하는 등 유엔의 한국전 참전을 유도하는 데 기여하였다.

⑤ 이승만이 추진한 의무 교육 제도로 인해, 1959년에 이르러 전국 학령 아동 취학률은 완전 취학 수준(99%)에 이르렀고, 문맹률도 10% 정도로 획기적으로 낮아졌다. 이러한 교육에의 투자와 국민 교육 능력 향상은 1960년대 이후 경제 발전의 토대가 되었다.

① : 답

60. 이승만 대통령이 건국 직후의 혼란과 6·25전쟁 등으로 어려운 가운데서도 '교육 혁명'을 이루어 인적 자본을 축적하여 1960년대 고도 경제 성장을 이룰 수 있는 기반을 만들었다는 긍정론이 있다. 이와 관련된 사실로 옳지 않은 것은 무엇인가?

① 건국 헌법에 초등 교육이 의무적이며, 이를 무상으로 한다는 규정을 두었다.

② 정부는 1949년 교육법을 제정, 모든 국민은 그의 자녀가 만 6세가 되면 초등학교에 입학시킬 것을 의무화시켰다.

③ 정부가 문맹 퇴치 운동을 전개했음에도 불구하고 1950년대까지는 크게 나아지지 않았다.

④ 고등학교, 대학교 등 고등 교육 기관 및 학생들의 수도 대폭적으로 늘어났다.

⑤ 선진국에 유학하는 학생이 대폭 늘어나 1960년대 학계와 관계 등에 엘리트 집단이 형성되었고, 이들은 고도 경제 성장의 인적 추진력 역할을 하였다.

| 해 설 |

③ 정부가 추진한 초등학교의 의무 교육화, 문맹 퇴치 운동(각 부락에 한글강습소 설치, 한글 교육 실시) 등의 영향으로 문맹률이 크게 개선되었다. 1955년 통계에 따르면 국민 문맹률은 평균 35.1%였다. 그런데 4년 뒤인 1959년에는 문맹률이 10.3%로 획기적으로 개선되었다. 이러한 문맹률의 해소는 1960년대 이후 대량 양질의 노동력을 공급함으로써 고도 경제 성장을 크게 뒷받침하였다.

② 의무 교육의 영향으로 초등학교 수는 1948년 3,443개에서 1960년 4,653개로 늘었고, 학생 수는 242만 명에서 366만 명으로 증가하였다. 초등학교 취학률은 일제강점기인 1943년 47%에 불과했으나 1960년에는 99.8%에 이르렀다.

④ 전국의 중학교는 1948~1960년에 380개 교에서 1,053개 교로, 고등학교는 1950~1960년에 262개 교에서 640개 교로 증가하였다. 전문학교와 대학교는 해방 직후 19개 교에 불과했으나 1952년에 41개 교, 1960년에 63개 교로 늘었고, 학생 수도 3만 명에서 10만 명으로 증가하였다.

ⓔ : 君

61. 다음 조약의 내용과 관련된 설명으로 옳지 않은 것은 무엇인가?

> 제1조 : 당사국은 국제 관계에 있어서 국제연합의 목적이나 당사국이 국제연합에 의하여 부담한 의무에 배치되는 방법으로 무력의 위협이나 무력의 행사를 삼갈 것을 약속한다.
>
> 제2조 : 당사국 가운데 어느 한 나라의 정치적 독립 또는 안전이 외부로부터 무력 공격에 의하여 위협을 받고 있다고 어느 당사국이든지 인정할 때는 언제든지 당사국은 서로 협의한다.
>
> 제3조 : 상호 합의에 의하여 미국은 육해공군을 한국의 영토 내와 그 부근에 비치할 수 있는 권리를 가지며 한국은 이를 허락한다.

① 휴전 직후인 1953년 10월 미국 워싱턴에서 한·미 양국 대표에 의해 조인되었다.

② 이 조약은 한미동맹을 통해 북한의 위협을 막아줌으로써 한국 경제 발전에 울타리가 되었다.

③ 이승만 대통령은 미국이 이 조약의 체결을 약속함으로써 휴전 협정을 공식적으로 수용했다.

④ 미국이 이 조약을 체결한 것은, 반공 포로 석방 등으로 휴전에 반발하는 이승만 대통령의 불만을 무마하려는 의도가 컸다.

⑤ 이 조약은 미군의 전시작전권이 한국군으로 환수되고 한미연합사가 해체되더라도 존속한다.

| 해 설 |

위의 내용은 한미상호방위조약 내용이다.

③ 미국의 한미상호방위조약 체결 약속에도 불구하고 이승만 대통령은 휴전 협정을 공식적으로 수용하지 않았다. 다만 암묵적으로 수용했을 뿐이다.

② 이승만 대통령은 벼랑 끝 전술을 통해 한미상호방위조약을 이끌어냈다. 이승만 대통령은 조약 체결에 앞서 다음과 같은 성명을 발표했는데, 이는 한미상호방위조약의 효과를 정확히 예언한 것이다. "한미상호방위조약이 성립됨으로써 우리는 앞으로 여러 세대에 걸쳐 많은 혜택을 받게 될 것이다. 이 조약이 있기 때문에 우리는 앞으로 번영을 누릴 것이다. 한국과 미국의 이번 공동 조치는 외부 침략으로부터 우리를 보호함으로써 우리의 안보를 확보해줄 것이다."

답 : ③

62. 우리 역사 속에서 미국과의 관계에 대한 기술 중 옳지 않은 것은 무엇인가?

① 한국은 6·25전쟁 때의 참전과 한미동맹의 덕분으로, 북한의 위협 속에서도 급속한 경제 발전에 전력을 쏟을 수 있었다.

② 조선이 처음으로 서구의 군대와 교전한 것은 1871년 미군이 강화도를 침략한 신미양요 때였다.

③ 1882년 조미수호통상조약 체결 후 미국 공사관과 선교사들은 근대 학교와 병원 건설 등 근대화에 기여하였다.

④ 20세기 초 미국은 일본과 가쓰라·태프트밀약을 체결하는 등 일본의 한반도 강점을 용인했다.

⑤ 미국이 태평양전쟁에서 일본을 굴복시키면서 우리 민족이 일본으로부터 독립될 수 있었다.

| 해 설 |

② 조선이 최초로 서양 군대와 전투한 것은 1871년의 신미양요가 아니라 1866년의 병인양요이다. 병인양요는 프랑스군이 강화읍성을 점령하여 외규장각 도서 등을 약탈하고 양헌수 장군과의 정족산성 전투에서 패하여 물러난 사건을 말한다. 이때 프랑스군은 미국 상선 제너럴셔먼호가 대동강에서 평양 군민에 의해 침몰되었다는 정보를 얻었고, 이것을 미국에 알려주었다. 미국은 제너럴셔먼호 사건을 빌미로 개항을 이끌어낼 목적으로 1871년 신미양요를 일으켰다. 1871년 아시아 함대 사령관 로저스 제독이 이끄는 1,200여 명의 미군은 강화도 초지진·광성보 등을 공격하였다. 이 공격으로 많은 조선군이 전사하였다. 그러나 미군은 조선의 완강한 개항 거부 태도를 확인하고 48시간 만에 물러갔다.

⑤ 일본의 진주만 폭격(1941.12)으로 미국이 대일본전에 참전, 태평양전쟁이 일어났다. 이 전쟁 끝에 미국은 히로시마, 나가사키에 원자폭탄을 투하하여 일본을 완전 굴복시킴으로써 일본의 무조건 항복을 이끌어냈다. 이로 인해 일본의 식민 지배 또는 점령 아래 있던 한국·타이완·중국·말레이시아·인도네시아 등 동아시아 나라들이 동시에 해방되는 결과를 얻었다.

④ 일본은 러일전쟁에서 승리가 굳어져가는 시점인 1905년 7월, 미국과 가쓰라·태프트밀약을 맺었다. 미국의 필리핀 지배를 인정해주는 대신 일본은 한국의 보호국화를 승인받은 것이다.

답 : ②

3) 제3대 이승만 대통령 시기 (1956.8.15~1960.4.26)

63. 이승만 대통령은 대한민국을 건국하고 호국에 크게 기여하였으나 정치적으로 독재를 했다는 비판을 받고 있다. 이승만 대통령이 독재로 흐른 분기점을 언제부터라고 하는 것이 타당한가?

① 1948년 대한민국 정부 수립

② 1950년 6·25전쟁 발발

③ 1952년 발췌 개헌

④ 1954년 사사오입 개헌

⑤ 진보당 사건

| 해 설 |

③ 이승만 정부가 독재로 흐른 분기점은 대통령 직선제 개헌을 위해 1952년도에 일으킨 일련의 사건들, 즉 5월 부산 정치 파동, 6월 국제구락부 사건, 7월 발췌 개헌 등으로 평가되고 있다.

이 사건들이 일어나게 된 계기로 6·25전쟁이 일어나기 직전인 1950년 5·30선거(제2대 국회의원 선거)를 들 수 있다. 당시 선거 결과 야당이 압승하였다. 당시 헌법(제헌헌법)에는 대통령을 국회에서 선출하도록 되어 있었기 때문에 이승만 대통령의 재선은 불가능했다. 이에 이승만은 대통령 재선을 위해 국민 직선제로의 헌법 개정을 시도하였다.

정부는 1951년 11월 대통령 직선제 개헌안을 국회에 제출했는데, 1952년 1월 국회가 이를 부결하였다. 이로써 정부와 국회 간 정치 알력이 심해졌다. 정부는 1952년 5월 폭력을 동원하여 강제로 국회의원을 연행하고 구속하였다. 이를 부산 정치 파동이라고 한다(6·25전쟁 중이어서 당시의 임시 수도는 부산이었다). 부통령 김성수는 부통령직을 사직하면서 '이는 민주주의를 유린한 행위'라며 반발했고, 비판적인 국제 여론도 비등했다.

6월 20일 야당과 재야 인사들이 부산 국제구락부에서 반독재 호헌 구국 선언을 하던 중 괴한들로부터 피습을 당하는 일도 일어났다. 이를 국제구락부 사건이라고 한다.

이러한 가운데, 이승만 정부는 대통령 직선제의 정부안과 내각책임제의 국회안 중에서 일부를 발췌하여 혼합한 이른바 발췌개헌안을 만들었다. 그리고 7월 4일 군경이 국회의 사당을 포위한 가운데 국회의원들이 기립하는 방식으로 투표하여 발췌개헌안의 통과를 강행하였다.

▲ 부산에서 발췌개헌안 통과

④ 여당인 자유당은 1954년 이승만의 종신 집권을 위해 헌법 개정에 나섰다. 자유당은 1954년 9월 "초대 대통령에 한해 중임 제한을 없앤다"라는 내용을 핵심으로 하는 헌법 개정안을 제출했는데, 1954년 11월 국회에서 표결한 결과, 재적 의원 203명 중 찬성 135표, 반대 60표, 기권 7표라는 결과가 나왔다. 헌법 개정을 하려면 재적 의원의 3분의 2 이상이 찬성해야 하는 정족수 기준에 따르면 재적 의원 203명 중 3분의 2인 135.33…명을 넘어야, 즉 136명이 찬성해야 했다. 국회는 헌법 개정 정족수에 한 표가 모자란다 하여 부결을

▲ 개헌안을 사사오입의 논리로 가결 시키자 의원들이 항의하는 모습

선포했다. 며칠 뒤 자유당은 사사오입(반올림)에 의하면 0.33…은 버려야 하므로 헌법 개정 정족수가 135명이라는 해괴한 논리를 제시하며 가결된 것으로 정정 선포하였다. 이것이 사사오입 개헌이다. 이승만의 장기 집권을 위한 불법적 헌법 개정 조치였다.

⑤ 진보당 사건은 이승만이 독재를 했다는 한 증거로 비판받는 사건이다. 그러나 진보당 사건은 당수 조봉암이 당시 금기시 되던 평화통일론을 주장함으로써 야기된 사건이다. 조봉암이 평화 통일을 주장하자, 정부는 진보당 조사에 착수, 조봉암과 북한이 연결된 증거를 포착하여 국가보안법 위반 혐의로 진보당을 해산시키고 조봉암을 간첩 혐의로 사형에 처하였다.

답 : ⑧

64. 이승만 대통령이 독재를 하기 위해 취한 조치로 보기 어려운 것은 무엇인가?

① 발췌 개헌

② 2·4파동

③ 사사오입 개헌

④ 3·15부정 선거

⑤ 국가보안법 제정

| 해 설 |

⑤ 군 내부 좌익 군인들의 반란인 여순 반란 사건(1948.10)을 겪은 후 제헌 국회는 체제 위기를 느끼고 1948년 11월 국가보안법을 제정하였다(12월 1일 공포). 국가보안법은 이승만이 독재를 위해 제정한 것이 아니라 국회가 의원 입법으로 제정한 것이다.

② 자유당은 국가보안법의 적용 범위를 대폭 확대하고 헌법 기관의 명예를 훼손하거나 허위 사실을 적시 유포하는 행위도 처벌 대상으로 하는 국가보안법 개정안을 통과시켰다. 이는 야당과 언론의 통제를 강화하기 위한 조치였다. 야당이 국회 본회의장을 점거, 반대 농성하자, 자유당은 경호권을 발동하여 농성 야당 의원들을 지하실에 감금한 후 단독 통과시켰다. 이를 '보안법 파동'이라 하며, 12월 24일에 일어났다 하여 '2·4파동'이라고도 한다.

답 : ⑤

65. 다음은 사사오입 개헌에 관한 설명이다. 옳지 않은 것은 무엇인가?

① 자유당은 1954년 9월 이승만에 한해 대통령 중임 제한을 철폐하기 위한 개헌안을 제출했다.

② 개헌안에는 대통령 중임 제한 철폐 외에 국민투표제 도입이 포함되었다.

③ 국회는 개헌안에 대한 표결에서 찬성표가 개헌안 통과 정족수인 136표(재적 의원 203명의 3분의 2에 해당)에서 한 표 모자란 135표여서 부결을 선언하였다.

④ 한 표가 부족하게 된 것은 당초 개헌안을 지지하겠다고 약속했던 여당 의원이 정의감에서 반대표를 던졌기 때문이었다.

⑤ 자유당은 203명의 3분의 2는 135.33인데 수학의 사사오입(반올림) 셈법을 적용하면 0.33은 버려야 하므로 135표가 통과 정족수라는 논리를 내놓았다. 따라서 개헌안 부결 선언은 잘못된 것이라고 주장하면서, 부결 선언을 통과 선언으로 번복하는 동의안을 제출하여 야당 의원들이 퇴장한 가운데 억지로 통과시켰다.

| 해 설 |

④ 한 표가 부족하게 된 것은 정의감과는 관련이 없다. 자유당 소속의 한 국회의원이 한자(漢字)를 잘 몰라서 可否 표기를 제대로 하지 못해서 무효표로 처리되는 바람에 한 표가 부족하게 되었다.

①② 자유당은 초대 대통령에 한하여 '대통령은 1차 중임(재선)할 수 있다'는 헌법의 임기 제한 규정을 없애려는 헌법 개정을 추진하였다. 이는 이승만 대통령의 종신 집권을 위한 것이었다. 자유당은 중임 제한 규정 철폐 외에도 주권의 제약 또는 영토의 변경과 관련된 중대 사항을 대상으로 한 국민투표제의 도입과 대통령의 권력을 제약하는 국무총리제 폐지도 개헌 내용에 포함하였다.

답 : ④

66. 다음은 부산 정치 파동에 관한 설명이다. 옳지 않은 것은 무엇인가?

① 6·25전쟁 기간 중 이승만 정권의 실정(국민방위군 사건, 거창 양민 학살 사건 등)으로 인해 국회의 원들의 이승만에 대한 반감이 고조되었다.

② 차기 대통령 선거를 국회에서 간접 선거로 할 경우, 당선 가능성이 희박하다고 판단한 이승만이 대통령 직선제 개헌안을 국회에 제출했고, 국회는 압도적 다수의 반대표로 부결시켰다.

③ 이승만은 부결된 직선제 개헌안을 약간 수정하여 국회에 다시 제출했고, 야당은 그에 반대하여 내각책임제 개헌안을 제출했다.

④ 양측에 대해 중립적 입장을 취하는 국회의원들과 국무총리 장택상이 협력하여 두 개의 개헌안을 절충하되 대통령 직선제를 수용하는 제3의 개헌안을 만들었다. 그것을 발췌개헌안이라 한다.

⑤ 발췌개헌안이 상정되자 국회 회의장에서 이를 통과시키려는 의원들과 저지하려는 의원들 간에 대규모 집단 난투극이 전개되었다. 이때 회의장 밖의 이승만 지지 시위대가 회의장에 난입하여 반대 의원들을 회의장 밖으로 끌어내고 개헌안을 통과시켰다.

| 해 설 |

⑤ 발췌개헌안이 국회에 상정되자 야당 의원들은 등원을 거부하였다. 따라서 개헌안을 통과시키려는 의원들과 저지하려는 의원들 간의 난투극은 발생하지 않았다. 경찰과 계엄군은 표결을 위한 정족수를 채우기 위해 야당 의원을 강제 연행하여 국회 회의장에 입장시켰다. 국회는 경찰에 의해 포위된 가운데 7월 4일 발췌개헌안을 표결에 부쳐 166명의 찬성으로 가결하였다. 개정된 새 헌법에 따라 1952년 8월 5일 국민이 대통령을 직접 선출하는 대통령 선거가 실시되었고, 이승만은 국민의 압도적 지지를 획득하여 대통령에 재선되었다.

① 1950년 11월 국회는 군경, 공무원, 학생이 아닌 17~40세의 남자를 국민방위군으로 편성하는 법을 통과시켰다. 그에 따라 그해 12월 약 50만 명에 달하는 국민방위군이 서울에 소집된 다음 도보로 남쪽 지방으로 이동하였다. 국민방위군의 지휘부는 이승만의 신임을 받는 대한청년단의 간부들이었는데, 이들이 국민방위군에 지급될 보급품의 상당 부분을 착복하였다. 그로 인해 국민방위군 약 9만여 명이 행군 도중에 굶어죽거나 얼어죽었다. 이승만은 국민의 따가운 비판을 받고 국민방위군의 지휘부 다섯 명을 공개 처형하였다.

거창 양민 학살 사건은, 1951년 2월 빨치산을 토벌하던 제11사단이 경남 거창군 신원면에서 양민 600여 명을 학살한 사건이다. 이 사건은 외국 언론들에도 보도되어 나라의 체면을 크게 손상시켰다. 국회가 진상조사단을 파견하는 등 압박을 가하여 책임자들을 처벌하게 하였다.

④ 국무총리 장택상은 정부와 야당이 제출한 두 개의 안을 발췌하여 대통령 직선제·양원제(정부안)에다 내각책임제(야당안) 요소를 가미한 개헌안을 제출하였다. 이를 발췌개헌안이라고 한다.

정답 : ⑤

67. 조봉암과 진보당 사건에 대한 설명 중 옳지 않은 것은 무엇인가?

진보당 사건으로 재판받는 조봉암

① 조봉암은 1956년 11월 제3대 대통령 선거에 출마해 이승만의 504만 표에 이어 216만 표를 얻었고 이를 기반으로 진보당을 창당하였다.

② 진보당의 3대 강령은 혁신 정치·수탈 없는 계획 경제·민주적 평화 통일이었다.

③ 진보당은 외부적으로 자본주의와 사회주의의 중간 형태인 사회민주주의를 내걸었다.

④ 1958년 1월 이승만 정부는 진보당 주요 간부 10여 명을 국가보안법 위반 혐의로 체포하였다.

⑤ 이승만 정권은 민중의 높은 지지를 받는 진보당 당수 조봉암을 제거하기 위해 북한과 아무런 연결이 없는 조봉암을 북한과 연결된 것처럼 날조하였다.

| 해 설 |

⑤ 자유당 정권의 사법부가 조봉암에게 사형을 언도한 것은 과도한 조치였으나, 조봉암이 북한과 연결이 없었던 것은 아니다. 북한 간첩 양명산은 조봉암과 북한 대남 공작 부서를 연결시키고 있었다. 1980년대 초 김정일 측근인 신경완이 제3국으로 망명하여 증언록 『곁에서 본 김정일』(2000)을 출간했다. 이 책에 따르면, 김정일은 1975년 대남 공작 담당 간부들이 모인 회의에서 "대남 공작 사상 가장 큰 손실이 1958년의 진보당 사건이다. 양명산은 이중 간첩이었는데도 그를 믿고 일을 추진해서 진보당 사건이 터지고 조봉암까지 희생됐다"고 술회했다.

① 조봉암은 1956년 5월 제3대 대통령 선거에 출마, 216만 표를 얻어 이승만의 504만 표에 이은 차점자였다. 그가 216만 표나 획득한 것은 강력한 대선 후보였던 민주당 신익희가 대선 유세 도중 사망함에 따라 민주당 지지자들의 일부가 조봉암에게 표를 던졌기 때문이었다. 대선에서 힘을 얻은 조봉암은 이를 기반으로 1956년 11월 진보당을 창당하였으나, 당시 조봉암에 대한 국민들의 지지율은 그다지 높지 않았다.

정답 : ①

68. 다음은 4·19혁명의 원인들을 열거한 것이다. 옳지 않은 것은 무엇인가?

① 3·15부정 선거

② 자유당 정권의 독재와 부패에 대한 국민의 염증

③ 이승만 독재 정권을 지지하는 미국에 대한 민중의 반감

④ 청년·학생층의 높아진 민주 의식

⑤ 경제난

| 해 설 |

4·19혁명의 직접적 원인은 1960년 3월 15일 실시된 정·부통령 선거에서 자행된 자유당 정권의 대대적인 부정 행위다.

③ 미국은 이승만의 독재에 대해 부정적인 입장을 취했으며, 이승만의 독재를 견제하기 위해 원조도 삭감했다. 미국은 몇 차례에 걸쳐 이승만을 권좌에서 몰아내려는 공작을 전개하기도 했다. 4·19혁명 기간 중 이승만을 하야시키는 데 결정적인 역할을 한 것은 미국이었다.

答 : ③

69. 4·19혁명의 전개 과정에 대한 설명으로 옳지 않은 것은 무엇인가?

① 4·19혁명이 일어난 직접적인 원인은 1960년 3월 15일 실시된 제4대 대통령·부통령 선거에서 자유당 정부가 극심한 부정 선거를 자행한 때문이다. 이때 이승만은 자신의 대통령 당선에 위기를 느껴서 부정 선거를 지시했다.

② 3월 15일 선거 당일 제1차 마산 시위 때 경찰이 쏜 최루탄에 맞아 사망한 김주열 군 시신이 4월 11일 바닷가에서 떠오르면서 일어난 제2차 마산 시위가 4·19혁명의 도화선이 되었다.

③ 4월 18일 고려대 학생들이 연좌 데모 해산 과정에서 정치 깡패들로부터 습격을 당했는데, 이것이 기폭제가 되어 이튿날인 4월 19일 전국적 시위로 확산되었다.

④ 4월 19일 대학생은 물론 중·고등학생들까지 포함한 시위대는 대통령 관저인 경무대로 행진해갔다. 이날 경무대 앞에서 경찰의 발포로 21명이 사망하고 172명이 부상을 입는 참사가 벌어졌다.

⑤ 4월 25일 서울에서 약 4백 명의 교수가 전국 대학교수단 명의로 시국 선언을 발표하고 시가 행진을 한데 이어 다음날 대규모 군중 시위가 발생하자 이승만 대통령은 4월 27일 하야를 공식 발표하였다.

| 해 설 |

① 대통령 선거에서는 민주당의 조병옥 후보 사망으로 이승만 후보가 무난히 당선될 것으로 예측되었다. 문제는 부통령 선거였다. 3·15부정 선거는 자유당 부총재이며 실권자인 이기붕을 부통령으로 당선시키기 위해 자행된 것이다.

당시 이승만 대통령은 85세로 노쇠하여 일주일에 한 두 차례 국무회의를 주관할 뿐 국정을 운영할 수 없었다. 국정은 자유당 부총재이자 국회의장인 이기붕을 중심으로 운영되었다. 이승만의 건강이 좋지 않으므로 이승만 유고 시 대통령직을 승계할 부통령직을 차지하는 것이 이기붕에게 절대적으로 중요한 일이었다. 이기붕 세력은 최인규 내무장관 등을 중심으로 공무원, 경찰, 자유당 조직 등을 이용하여 광범한 부정 선거를 실시하였다.

▲ 부정 선거의 증거물들

이들은 야당의 유세에 학생들이 참여하지 못하도록 일요일에도 등교를 강요하였다. 2월 28일에는 대구 경북고등학교 학생들이 일요일 등교에 항의하는 시위를 벌이기도 했다. 3월 15일에는 광범하고 다양한 부정 선거가 일어났다. 농촌 주민에게는 3인조 공개 투표를 강요하였다. 군대에서는 유권자의 120%가 이승만과 이기붕에게 투표하는 이상한 결과가 나오기도 했다. 경찰은 전국 개표소에 이승만과 이기붕의 득표율이 80%와 70%를 넘지 않게 하라는 지령을 내렸다. 온갖 투·개표 부정 끝에 발표된 개표 결과는 이승만 89%, 이기붕 79%의 득표였다. 이기붕의 득표수는 883만여 표로 장면의 184만여 표를 압도했다. 누구도 납득할 수 없는 투표 결과에 대해 국민의 분노가 폭발하였다.

▲ 부정 선거를 은폐하기 위해 투표용지를 불태우는 공무원들

② 김주열의 시신이 떠오르면서 제2차 마산 시위가 일어났다.

◀ 최루탄에 맞아 사망한 김주열의 시신

④ 대학생은 물론 중·고등학생까지 포함한 시위대 2,000여 명은 4월 19일 오후 국회의사당 앞에서 대통령 관저인 경무대로 향했다. 시위대가 경무대에 이르자 경찰이 이들을 향해 발포하였다. 이로 인해 21명이 사망하고 172명이 부상을 입었다. 이 사건으로 인해 흥분한 시민이 합세하여 시위대 규모는 급격히 늘어나 서울 전역에서 20만 명이 넘었다. 이후 시위는 전국 주요 도시로 확산되었다. 이에 정부는 서울을 비롯, 전국 주요 도시에 계엄령을 선포하고 계엄군을 출동시켰다. 계엄사령부의 발표에 따르면 4월 19일 하루 동안 발생한 사망자는 민간인 11명, 경찰 4명이었고, 부상자는 민간인 558명, 경찰 169명이었다.

①:呂

70. 다음은 4 · 19혁명의 과정에 대한 설명이다. 옳지 않은 것은 무엇인가?

① 제4대 정 · 부통령 선거 투표일인 1960년 3월 15일 마산에서 부정 선거를 규탄하는 군중 시위가 일어났으며, 경찰이 시위를 진압하면서 총기를 발포하여 상당한 사상자가 발생했다.

② 3월 15일 마산 시위에서 사망한 고등학생 김주열 군의 처참한 시체가 4월 11일 마산 앞 바다에서 떠올라 이를 보고 격분한 마산 시민이 제2차 마산 시위를 전개했고 그 영향을 받아 부산 경남을 거쳐 전국으로 시위가 확산되었다.

③ 4월 19일 서울을 비롯한 전국 각지에 대학생부터 중학생에 이르는 대규모 학생 시위가 발생했다.

④ 시위대는 정 · 부통령 선거 전면 재실시와 이승만 대통령의 하야를 요구했다.

⑤ 이승만은 계엄령을 선포하고 휴교령을 내려 학생 시위를 진압하려 했으나 시위는 진압되지 않았으며, 이승만은 미국 대사와 주한 미군 사령관의 종용을 받고 4월 26일 사임을 발표했다.

| 해 설 |

④ 4월 19일 시위대는 이승만의 하야를 요구하지 않았고 정 · 부통령 선거를 다시 실시할 것만 요구하였다. 그러나 4월 25일 전국 27개 대학 교수 300여 명이 시국 선언을 발표하고 시위를 했는데, 이때 시국 선언에서 처음으로 이승만 대통령 하야를 정식으로 거론했다. 시국 선언에서는 '대참극을 초래케 한 대통령, 여 · 야 국회의원, 대법관 등은 물러날 것'과 '3 · 15선거는 부정 선거이므로 재선거를 실시할 것' 등을 주장하였다. 이승만은 4월 26일 "국민이 원한다면 물러나겠다"라는 조건부 하야 방침을 발표했다. 그러나 미국 대사, 주한 미군 사령관 등은 경무대를 방문하여 이승만 대통령의 조건 없는 하야를 요구했고, 이승만도 어쩔 수 없음을 깨닫고 하야를 선언하였다.

▲ 3 · 15부정 선거를 규탄하고 정 · 부통령 선거를 다시 실시할 것을 요구하는 시민

▲ 이승만 대통령이 하야 성명 발표 후 하와이로 망명한다는 기사 (1960년 5월 29일자 경향신문)

④ : 답

71.

4·19혁명에 대한 설명 중 옳지 않은 것은 무엇인가?

① 직접적 원인은 이기붕을 부통령에 당선시키기 위해 자행한 극심한 부정 선거였다.

② 4·19혁명이 성공한 후 학생들은 학교로 복귀하지 않고 정치·사회 변혁을 위해 적극적으로 투쟁하였다.

③ 4·19혁명은 제헌헌법에 규정한 대한민국의 체제를 뒤엎는 혁명이 아니라 이를 바로세우기 위한 것이었다.

④ 4·19혁명은 자유민주주의, 국민 주권이 무엇인지 그리고 어떻게 실현해야 하는지를 깨닫게 하는 자유민주주의 체험 교육의 계기가 되었다.

⑤ 4·19혁명은 정치적 목적을 가진 특정 세력이 계획적으로 일으킨 것이 아니라 자연 발생적으로 일어난 비조직적인 봉기였다.

|해 설|

② 4·19혁명을 주도한 학생들은 학교로 돌아간 후 질서 회복 캠페인을 전개했고, 혁명 후의 변혁 작업은 이른바 구정치인들에 의해 진행되었다.

① 1960년 3월 15일 부통령 선거에서 극심한 부정 선거를 자행한 것은 이기붕을 부통령으로 당선시키기 위한 것이었다.

③ 4·19혁명 이후 국회는 1960년 6월 15일 제3차 헌법 개정을 단행하였다. 개정의 주요 내용은 정부 형태를 대통령 중심제에서 내각책임제로 개편하는 것이었을 뿐 대한민국 건국 헌법의 본질적 사항을 수정한 것은 아니다. 4·19혁명에 대해 '혁명'이라는 용어를 사용하지만 4·19혁명은 체제를 전복하는 혁명은 아니었다.

④⑤ 4·19혁명은 대학생·중고생·시민 등 비조직적인 대중이 3·15부정 선거에 반발하여 봉기를 일으켜 정권을 붕괴시킨 사건이다. 이 사건을 통해 국민은 민주주의가 뭔지, 주권자가 어떤 것인지 등 자유민주주의의 본질을 행동을 통해 깨닫게 되었다. 이승만 정부는 학교에서 학생들에게 자유민주주의를 가르쳤는데, 학생들은 학교에서 배운 자유민주주의의 가치들을 행동으로 실현하여 독재 정권을 붕괴시켰다. 그런 점에서 4·19혁명은 민주 혁명이다.

②: 답

1) 허정 과도 정부 시기 (1960.4.26~1960.8.12)

72. 4·19혁명 이후 일어난 정치 상황에 대한 설명으로 옳지 않은 것은 무엇인가?

① 이승만이 하야하자 자유당과 민주당은 당시 외무장관이던 허정을 수반으로 하는 과도 정부를 4월 28일에 수립하였다.

② 자유당 붕괴로 실세가 된 민주당은 과도 국회에서 대통령 중심제를 폐지하고 내각책임제, 양원제를 골자로 하는 헌법 개정을 단행하였다.

③ 민주당 내 구파와 신파가 정부의 실권 자리인 국무총리직을 두고 갈등했는데, 구파가 승리하자 신파가 탈당하여 신민당을 창당하였다.

④ 4·19혁명 이후 5·16군사정변까지 1년 1개월 동안 시위 건수는 2,000여 건, 참가 연인원은 100만 명에 이를 정도로 사회 불안이 심했으나 정부 통제력은 미약했다.

⑤ 민주당 정권의 상징적 국가 원수인 대통령에는 구파 소속의 윤보선이, 실권 국무총리에는 신파 소속의 장면이 선출되었다.

| 해 설 |

③ 신파인 장면이 실권 총리에 선출되자, 구파가 탈당하여 신민당이라는 야당을 창당하였다.

② 제2공화국 통치 체제의 가장 큰 특징은 내각책임제와 양원제라는 점이다. 내각책임제였기 때문에 국정에 대한 실권은 국무총리에게 주어졌다. 국무총리는 국무위원을 임면하고 국무회의 의장으로서 모든 행정권을 장악하였다. 총리는 대통령이 지명한 인사를 국회가 표결을 통해 인준하는 방식으로 선출되었다. 국회는 민의원(233명, 미국의 하원의원과 유사)과 참의원(58명, 미국의 상원의원과 유사)으로 한 양원제로 구성되었다.

정답 : ③

73. 4 · 19혁명 발발 이후 일어난 사건과 거리가 먼 것은 무엇인가?

① 이승만 대통령은 하야 후 미국 하와이로 떠났다.

② 미국은 이승만 대통령의 하야를 촉구하였다.

③ 이기붕과 부인은 경무대에서 동반 자살로 생을 마감했다.

④ 계엄군은 무자비하게 시위대를 진압하였다.

⑤ 부정 선거를 획책한 내무장관 최인규는 체포된 후 사형에 처해졌다.

| 해 설 |

④ 계엄군은 시위대를 강력하게 진압하지 않았다. 계엄사령관은 "희생자는 나라의 보배"라며 시위대에게 격려까지 했다. 이는 한국 군부에게 시위 진압을 강경하게 하지 말라는 주한 미군 사령부의 권고에 따른 것이었다. 미국은 이승만의 하야를 희망하여 그러한 정책을 취했다.

② 부정 선거에 항의하는 반정부 시위가 격렬해지자 미국은 이승만을 하야시키기 위해 다방면으로 영향력을 행사했다.

⑤ 4 · 19혁명으로 민주당 정권이 출범한 후 3 · 15부정 선거 주모자 최인규가 체포되어 특별재판소의 재판을 받았다. 특별재판소는 최인규에게 사형을 언도했으며, 그의 사형은 5 · 16정변 후 집행되었다.

▲ 재판 후 법정에서 이송 중인 최인규 등 부정 선거 핵심 관계자들

㉜ : 日

74. 다음은 4 · 19혁명 후 등장한 허정의 과도 정부에 대한 설명이다. 사실과 다른 것은 무엇인가?

① 이승만이 사임한 후 정계의 주도권을 장악한 민주당은 민주당 출신의 허정을 내세워 과도 정부를 조직했다.

② 허정은 과거부터 알고 지내던 신뢰할 수 있는 정치인과 관료들을 장관으로 임명하여 과도 정부를 구성했다.

③ 과도 정부의 주된 역할은 헌법이 개정되어 새 헌법에 따른 정부가 구성될 때까지 질서를 유지하고 새 정부 구성을 위한 선거를 관리하는 것이었다.

④ 시위를 통해 이승만 독재 정권 타도에 앞장섰던 대학생들이 이승만 사임 후 질서 확립 운동을 전개하여 허정 과도 정부를 도와주었다.

⑤ 허정 과도 정부는 1960년 7월 29일 총선거를 차질 없이 관리하고 물러났다.

① 허정은 민주당 출신이 아니고 이승만이 하야 직전에 임명한 외무장관이었다. 그는 이승만 사임 후 대통령 권한 대행에 취임(4.27)한 후 자유당과 민주당의 요청에 따라 과도 정부를 조직하고 그 수반이 되었다. 허정 과도 내각은 7월 29일 선거에서 승리한 민주당이 새로운 정권(제2공화국 정권)을 구성할 때까지 약 3개월간 국정을 관리했다.

答 : ①

2) 제4대 윤보선 대통령 시기 (1960.8.12~1962.3.22)

75. 제2공화국에 관한 서술로서 옳지 않은 것은 무엇인가?

1960년 10월 1일 서울운동장에서 열린
제2공화국 수립 경축 기념식의 모습
(왼쪽에서 세 번째가 윤보선, 두 번째가 장면)

① 제2공화국은 내각책임제 정부 형태를 가진 헌법에 의해 통치되었다.

② 제2공화국의 국회는 단원제였다.

③ 제2공화국의 제1야당은 신민당이었다.

④ 제2공화국의 대통령은 윤보선이었다.

⑤ 제2공화국은 약 9개월간 존속했다.

② 제2공화국은 민의원과 참의원으로 구성된 양원제 국회였다.

①④⑤ 4·19혁명이 일어난 후 허정 내각은 민주당을 주축으로 한 과도 국회에서 6월 15일 내각책임제, 양원제로 헌법을 개정했다. 그 후 개정된 헌법에 따라 7월 29일 총선거를 실시하여 양원제 국회(민의원, 참의원)를 구성하였다. 8월 12일 양원 합동회의에서 대통령에 윤보선, 총리에 장면을 선출하였다. 제2공화국은 8월 13일부터 5·16군사정변이 일어난 1961년 5월 16일까지 약 9개월간 존속하였다.

答 : ②

76. 제2공화국에 관한 설명 중 사실과 다른 것은 무엇인가?

① 그동안 야당에서 주장했던 내각책임제를 실험할 수 있는 기회였다.

② 새로운 헌법에 따라 건국 이후 처음으로 참의원과 민의원으로 구성된 양원제가 실시되었다.

③ 대통령이 소속된 정파와 국무총리가 소속된 정파가 달라 국정이 효율적으로 운영되지 못했다.

④ 새로운 헌법에 따라 7월 실시된 선거를 통해 민주당은 절대 다수 의석을 차지할 수 있었다.

⑤ 민주당 정권은 총선에서 다수 의석을 차지함에 따라 정책을 효율적으로 추진할 수 있었다.

| 해 설 |

⑤ 민주당이 압도적 다수 의석을 차지했음에도 불구하고, 민주당 내 구파와 신파 간의 대립과 분열로 인해 정책을 효율적으로 집행할 수 없었다.

① 야당 시절 내각책임제를 줄곧 주장해온 민주당은 집권을 하자 내각책임제를 실천했다. 그러나 민주당 정권의 내각책임제 실험은 실패로 끝났다. 끊임없는 정쟁과 사회 불안으로 어떤 정책도 제대로 추진할 수가 없었다. 5·16 이후 박정희가 대통령제로 환원했을 때 아무도 반대하지 않았다.

③ 대통령에는 민주당 구파 지도자 윤보선이 선출되었고, 국무총리에는 민주당 신파 지도자 장면이 선출되었다. 국무총리를 신파에 빼앗긴 구파는 민주당을 탈당하여 신민당을 창당하였다. 민주당과 신민당의 정쟁은 국무총리와 대통령의 갈등으로 연결되었고, 그에 따라 국정이 효율적으로 운영될 수 없었다.

④ 1960년 7월 총선에서 민주당이 압승을 거두었다. 민주당은 민의원 233석 중에서 175석을, 참의원 58석 중 31석을 차지하였다. 무소속도 대부분 민주당 공천에서 떨어진 사람들이어서 당선 이후 민주당에 흡수되고 말았다. 기타 자유당은 2석에 불과하여 사실상 해체되었고, 사회대중당, 한국사회당, 통일당 등 이른바 혁신 정당은 모두 합해도 민의원 5석과 참의원 2석에 불과하였다.

정답 : ⑤

77. 다음은 4·19혁명 후 급격히 확대된 자유를 이용하여 6·25전쟁 휴전 후 숨죽이고 있던 좌익·좌경 세력이 부활하는 양상과 관련된 서술들이다. 사실과 다른 것은 무엇인가?

① 좌경 의식을 가진 교사들의 주도하에 교원노동조합 결성 운동이 활발하게 전개되어 한국교원노동조합총연합회가 결성되었으며, 그 단체에는 전국 교원의 5분의 2나 가입했다.

② 반공 노동조합 단체인 대한노동조합총연맹에 대항하는 한국노동조합연맹이 결성되었다.

③ 좌익 및 좌경 인사들이 언론 매체를 만들어 민족·민주·통일의 명분 아래 반미·용공적 언론 활동 및 북한의 통일론에 동조하는 언론 활동을 전개했고, 기성 언론 매체에 근무하는 상당수 언론인들도 그에 동조하는 활동을 전개했다.

④ 좌경 정당과 사회 단체들은 민족자주통일중앙협의회를 결성하여 즉각적인 남북 협상과 중립화 통일을 주장하였고, 여러 대학의 좌익·좌경 학생들은 민족통일전국학생연맹을 결성하여 통일을 위한 남북 학생 회담 개최를 제안했으며, 두 단체는 합동으로 대규모 통일촉진궐기대회를 개최했다.

⑤ 당시 정부와 국민은 이런 것들을 민주화에 부수되는 자연스런 현상으로 간주하였으며 좌익·좌경 세력의 부활 현상이 조만간 대중의 외면을 받아 시들해질 것으로 낙관했다.

| 해 설 |

⑤ 민주당 정부와 대다수 국민은 좌익·좌경 세력의 부활을 궁극적으로는 민주주의를 파괴할 현상으로 간주하여 크게 우려했다. 정부는 좌익·좌경 세력의 발호를 억제하기 위해 반공법을 제정하려 했으나 좌익·좌경 세력의 격렬한 반대 투쟁에 부딪쳐 실패했다. 대다수 국민은 "이러다간 공산화 통일이 될지도 모르겠다"라는 불안감을 가졌다.

④ 4·19혁명으로 남한에서 민주화가 이루어지자 북한의 김일성은 남한의 민주화를 공산화 통일에 악용할 목적으로 1960년 8월 남북연방제 통일 방안을 제안하였다. 민주화로 부활한 남한의 좌익·좌경 세력은 북한의 평화 공세에 호응하여 통일 문제를 정치적 쟁점으로 부각시켰다. 1961년 1월 사회대중당, 혁신당, 사회당, 통일사회당 등 4개 혁신 정당을 비롯한 16개 정당·사회 단체들이 민족자주통일중앙협의회(민자통)를 결성하였다. 민자통의 활동은 대한민국의 건국에 저항하였던 공산주의 세력과 그 동조 세력이 4·19혁명 이후 민주주의가 한껏 만발한
정치 공간에 재등장하였음을 의미하였다. 5월 5일 다수 대학의 좌익·좌경 학생들은 민족통일전국학생연맹(민통련) 준비 회의를 개최하고 남북 학생 회담을 제의하는 결의문을 채택하였다. 북한은 즉각 민통련의 제의를 환영하면서 회담을 서울과 평양에서 개최하자는 성명을 발표하였다. 장면 정부는 남북 교류와 학생 회담은 위험하여 허가할 수 없다는 입장을 발표하였다. 민자통은 5월 13일 서울운동장에서 남북 학생 회담 환영 통일촉진궐기대회를 개최하여 남북 교류와 남북 학생 회담 개최를 관철시키려 했다. 좌익·좌경 세력의 이런 발호는 대다수 국민으로 하여금 불안한 마음을 가지게 만들었다.

▲ 남북 학생 회담 환영 통일촉진궐기대회 모습

① 4·19혁명 이후 노동 운동도 활성화되었다. 노동 쟁의는 1959년의 109건에서 1960년의 218건으로 급증하였고, 신규 노동조합 조직도 급증했다. 가장 활발하게 조합 활동을 보인 것은 교원노조였다. 대구에서 시작된 교원노조 운동은 전국적으로 확산되었으며, 한국교원노동조합의 결성으로 발전하였다. 전국 10만 명의 교사 가운데 4만 명이 여기에 가입하

였다. 교원노조의 세력이 커지고 좌경화하자 장면 정부는 노동조합법 개정을 통해 교원노조를 불법화하려 하였다. 그에 저항하여 대구교원노조의 교사들이 단식 투쟁을 벌였다. 장면정부는 결국 노동조합법 개정을 포기하였다.

② 4·19혁명 이후 노동 쟁의와 노동조합 조직이 활발해진 것을 배경으로 노동조합의 새로운 전국 조직으로 한국노동조합연맹이 결성되어 기존의 어용적인 대한노총과 맞섰다.

③ 4·19혁명 이후 국회는 자유당 정부 말기에 개정된 국가보안법을 다시 개정하여 언론의 무조건적 자유를 보장하였다. 그 결과 수많은 언론 매체가 창간되어 일간지의 경우 기존의 41개 신문사가 12월 말까지 389개로 증가하였다. 주간지, 월간지 등도 많이 만들어졌다. 그 속에는 좌익 및 좌경 인사들이 만든 언론 매체도 많았다. 그런 매체들은 민족·민주·통일의 명분 아래 반미·용공적 언론 활동 및 북한의 통일론에 동조하는 언론 활동을 전개했다. 기존 언론 매체에 근무하는 좌익·좌경 언론인들도 그런 분위기에 편승하는 활동을 전개했다.

정답 : ⑨

78. 다음은 제2공화국 시기의 정치·사회 상황에 관한 설명이다. 사실과 다른 것은 무엇인가?

① '데모 공화국'이라는 비판이 있을 정도로 전국 각지에서 각종 시위가 빈발했다.

② 경찰이 무기력해져 치안 질서 유지가 어려웠다.

③ 북한의 군사 공격 위협 강화로 전쟁 위기가 고조되었다.

④ 정치권은 정당 간의 대결, 정당 내부의 파벌 싸움으로 인해 혼란이 심했다.

⑤ 제2공화국의 민주당 정권은 무능하여 정치·사회적 혼란에 제대로 대응하지 못했다.

| 해 설 |

③ 4·19혁명으로 남한에서 민주화가 급속히 진행되자 북한은 평화적 방법에 의한 공산화 통일의 기회가 왔다고 판단하여 군사 공격 위협을 가하지 않고 평화 공세를 적극적으로 전개했다. 따라서 전쟁 위기는 고조되지 않았다. 5·16군사정변으로 대한민국의 반공 태세가 강화되어 평화적 방법에 의한 공산화 통일이 불가능해졌다고 판단한 김일성은 1961년부터 대대적으로 대남 공작과 대남 군사 도발을 강화하였다. 동백림 사건(1967.7), 통혁당 사건(1968) 등에서 보듯 북한은 국내외를 막론하고 대대적인 대남 공작을 벌였으며, 청와대 기습 사건(1968.1), 울진 삼척 무장 공비 사건(1968.11) 등 공세적인 무력 도발을 감행하였다.

① 4·19혁명 이후 한국 사회에서는 '데모 공화국'이라 불릴 정도로 데모가 수도 없이 일어났다. 민주당 정부의 9개월간 가두 데모는 총 2,000여 건, 데모에 참가한 인원은 100만 명에 달하였다. 심지어 초등학교 학생들도 정치적 이슈로 데모를 했고 교사의 전근을 반대한다며, 또는 어른들 데모를 그만하라며 데모를 할 정도였다.

▲ 데모를 하는 초등학생

정답 : ③

 5·16군사정변의 과정에 대한 설명으로 옳지 못한 것은 무엇인가?

5·16군사정변의 주역들

① 불과 3,600여 명의 소수 병력으로 쿠데타에 성공할 수 있었던 이유는 정치적 부패와 무능, 사회적 혼란에 염증을 느낀 국민이 5·16군사정변에 찬성하는 경향을 보였기 때문이다.

② 김종필 등 영관급 장교들이 혁명을 계획한 후 군내에서 강직하고 청렴하다는 평판을 듣고 있던 박정희 소장을 지도자로 추대하였다.

③ 장면 총리는 군부의 쿠데타 가능성을 전혀 인지하지 못하다가 정변 소식을 듣고 크게 당황하여 혜화동에 있는 수녀원에 은신하였다.

④ 윤보선 대통령은 군부의 거사를 용인하는 태도를 취하고 정치적 경쟁자인 장면이 제거되는 것을 내심 환영하였다.

⑤ 미국 대리 대사 그린과 유엔군 사령관 매그루더는 군부의 거사에 반대하며 장면 총리의 합법적인 정부를 지지한다는 성명을 발표하였다.

| 해 설 |

③ 장면 총리는 군부가 쿠데타를 일으키려 한다는 첩보를 네 차례나 보고받았음에도 불구하고 쿠데타 첩보를 대수롭지 않게 여겼다. 그 이유는 유엔군 사령부가 작전 통제권을 갖고 있어 군부가 쿠데타를 일으키는 것이 원천적으로 불가능하다고 믿었기 때문이다. 장면은 쿠데타 가능성을 인지했음에도 불구하고 그에 적절히 대응하지 않아서 쿠데타를 당했다.

① 5·16군사정변에 대해 윤보선 대통령 등 정치 지도자들은 물론 다수의 국민도 "결국 올 것이 왔구나"라는 수용적 태도를 취했다. 이들은 민주당 정부의 무능과 수없는 데모, 사회의 부패 등을 경험하면서 "민주당 정부로는 도저히 안 되겠다"라는 인식을 가진 것이다. 국민은 군사 정변을 통해서라도 국가가 안정되고 사회가 제대로 개혁되기를 바란 것이다. 5·16군사정변 직후 서울대 총학생회는 "4·19와 5·16은 동일한 목표를 갖는다"라고 하면서 5·16군사정변에 대한 기대감을 감추지 않았고, 잡지 사상계의 편집인 장준하도 "한국의 군사 혁명은 압정과 부패와 빈곤에 시달리는 많은 후진국의 길잡이요, 모범이 될 것"이라고 기대를 천명할 정도였다.

④ 거사 당일 박정희 소장 등 쿠데타 지휘부가 장도영 참모총장을 앞세우고 윤보선 대통령을 방문하였다. 이에 윤보선 대통령은 "올 것이 왔구나"라고 하면서 사실상 군부의 거사를 용인하는 발언을 하였다. 거사 후 미국의 대리 대사 그린과 유엔군 사령관 매그루더가 군부의 쿠데타를 진압하기 위해 헌법상 군통수권자인 윤보선 대통령을 찾아와 야전 사령관에게 쿠데타 군을 진압하도록 명령을 내릴 것을 요구하였다. 이에 대해 윤보선 대통령은 유혈 내전만은 피해야 한다며 그

요구를 거절하였다.

⑤ 미국은 처음에는 쿠데타를 반대했다. 그린과 매그루더의 쿠데타 반대 성명은 미국의 초기 정책에 따른 것이다. 그러나 윤보선 대통령이 동조적 태도를 취하고 서울 시민의 다수가 군부의 거사에 찬성하면서 관망적 태도를 보이자 점차 쿠데타를 용인하는 방향으로 전환하였다.

ⓒ : 君

03 군사 정부와 제3공화국

1) 군사 정부 시기 (1961.5.16~1963.12.16)

1. 박정희 소장을 중심으로 한 군부 세력은 1961년 5월 16일 새벽 다섯 시 군사 쿠데타를 일으켜 한강을 건너 서울 주요 시설을 점령한 후 군사혁명위원회를 구성하였다. 군사혁명위원회는 전국에 계엄령을 선포, 모든 권력을 장악하고, 혁명 공약 6개항을 발표하였다. 혁명 공약이 현실로 나타난 정책으로 볼 수 없는 것은 무엇인가?

> ① 반공을 국시의 제일로 삼고 지금까지 형식적이고 구호에만 그쳤던 반공 체제를 재정비 강화한다.
>
> ② 유엔 헌장을 준수하고 국제 협약을 충실히 이행할 것이며 미국을 위시한 자유 우방과 유대를 더욱 공고히 한다.
>
> ③ 모든 부패와 구악을 일소하고 퇴폐한 국민 도의와 민족 정기를 다시 바로 잡기 위하여 참신한 기풍을 진작시킨다.
>
> ④ 절망과 기아선상에서 허덕이는 민생고를 시급히 해결하고 국가 자주 경제 재건에 총력을 경주한다.
>
> ⑤ 민족의 숙원인 국토 통일을 위해 공산주의와 대결할 수 있는 실력 배양에 전력을 집중한다.
>
> ⑥ 이와 같은 우리의 과업이 성취되면 참신하고도 양심적인 정치인들에게 언제든지 정권을 이양하고 우리는 본연의 임무에 복귀할 준비를 갖춘다.

① 반공법(反共法) 제정

② 데모규제법 제정

③ 3·15부정 선거 사범 처벌

④ 제1차 경제개발 5개년계획

⑤ 깡패 일소책 실시

| 해 설 |

② 데모규제법은 장면의 민주당 정부가 제정하려다가 포기한 법률이다. 장면 정부는 좌익 세력의 발호를 막기 위해 반공법과 데모규제법을 제정하려 하였다. 좌익·좌경 세력은 이 두 법을 2대 악법으로 규정하고 반대 투쟁을 격렬하게 전개하였으며, 이에 이 두 법의 제정을 포기했다(1961.3).

① 반공법은 5·16군사정변 직후인 1961년 7월 혁명 공약 중 제1의 가치로 내세운 반공 체제를 강화하기 위해 제정되었다.

③ 군사 정부는 민주당 정부 때 처리하지 못한 3·15부정 선거 사범과 4·19혁명 발포 사건 등을 사법 처리했다.

▲ 정치 깡패 이정재의 시가 행진

⑤ 군사 정부는 깡패 일소책을 추진하였는데, 깡패 4,200여 명을 체포하여 사형 등 형사 처벌하거나 국토 개발 사업에 동원하였다. 혁명재판소는 악명 높은 정치 깡패 이정재, 임화수 등을 사형에 처하였다.

② : 답

2. 다음에 열거한 사항들 가운데 5·16군사정변의 주체 세력이 발표한 '혁명 공약'이 아닌 것은 무엇인가?

① 과업이 성공하면 양심적인 정치인에게 정권을 이양하고 군은 본연의 임무로 복귀한다.

② 유엔 헌장을 준수하고 미국을 위시한 자유 우방과의 유대를 공고히 한다.

③ 깡패를 소탕하고 사회 각 분야에서 도덕적 기풍을 진작한다.

④ 반공을 국시의 제일로 삼고 반공 태세를 강화한다.

⑤ 공산주의와 대결할 수 있는 실력을 배양한다.

| 해 설 |

③ 깡패 소탕은 혁명 공약에는 들어있지 않았다. 혁명 공약 제3항에 '모든 부패와 구악을 일소하고 퇴폐한 국민 도의와 민족 정기를 다시 바로 잡기 위하여 참신한 기풍을 진작시킨다'라고 되어 있을 뿐이다. 깡패 소탕은 혁명 공약 제3항을 이행하는 과정에서 나온 정책이다.

③ : 답

3. 다음은 5·16군사정변 후 구성된 국가재건최고회의와 관련된 설명이다. 옳지 않은 것은 무엇인가?

① 5·16군사정변 주체 세력은 정변 3일 후 군사혁명위원회를 국가재건최고회의로 개편하고 최고회의 의장에 박정희, 부의장에 이주일을 선출했다.

② 국가재건최고회의는 입법·행정·사법의 3권을 모두 장악한 혁명적 독재 기관이었다.

③ 4천여 명의 깡패를 체포하여 형사 처벌하거나 국토 개발 사업에 투입했다.

④ 농어촌고리채조정법과 부정축재자처리법을 제정하여 경제 정의를 구현하고, 경제개발 5개년계획을 수립하여 국민 경제 발전을 적극적으로 추진했다.

⑤ 반공법을 제정하고, 중앙정보부를 창설하여 반공 태세를 강화했다.

| 해 설 |

① 5월 18일 군사혁명위원회에서 개편된 국가재건최고회의는 의장에 장도영 중장을, 부의장에 박정희 소장을 선출하였다. 국가재건최고회의는 7월 3일 회의에서 최고회의 의장 겸 내각 수반인 장도영 중장의 사표를 수리하고 최고회의의장에 부의장인 박정희 소장을 선출하였다. 국가재건최고회의는 1961년 5월 18일부터 1963년 12월 17일 제3공화국이 출범될 때까지 행정은 물론 입법·사법을 아우르는 국가 최고 통치 기관 역할을 하였다.

▲ 국가재건최고회의 의장 박정희

① : 답

4. 1963년 이병철 한국경제인협회 초대 회장은 한국일보에 5회에 걸쳐 '우리가 잘 사는 길'이라는 글을 연재하였는데, 그 글에서 그는 한국 경제가 나아갈 기본 방향을 제시하였다. 그의 대략적 계산에 따르면, 향후 10년간 미국, 일본, 서유럽에서 21~23억 달러의 외자를 도입하여 1,000개의 공장을 세우면, 50만 명의 종업원을 고용하여 250만 명의 가족을 부양할 수 있고, 하청 공장과 유통 단계의 고용까지 합하면 500만 명의 인구를 부양할 수 있고, 그에 따라 1,500만 농촌 인구의 3분의 1을 도시로 흡수하여 농업 생산성을 올릴 수 있으며, 나아가 10년 안에 1인당 국민소득을 두 배로 올릴 수 있다고 하였다. 이러한 경제 발전 전략과 철학이 다른 것은 무엇인가?

박정희 대통령과 삼성 이병철 회장

① 서독 광부 및 간호사 파견　　　　② 베트남 파병

③ 일본과 수교 협상　　　　④ 균형 발전 전략

⑤ 수입 대체 공업화 전략

| 해 설 |

이병철 회장은 자연 자원과 자본 축적이 빈곤한 한국 경제가 200년 전 영국이 수행한 산업혁명의 코스를 그대로 뒤쫓아 갈 여유는 전혀 없다고 단언하였다. 그는 경제 발전의 고전 코스 대신에 외국 차관을 도입하여 먼저 대기업을 육성하고 그 성과를 토대로 중소기업과 농업을 뒤따라 발전시키는 하향식 코스를 제창하였다. 이른바 불균형 발전 전략이다. 도시, 대기업을 먼저 발전시킨 후 이 발전의 성과가 여타 부분으로 퍼져가도록 하는 전략인 것이다. 부족한 자본으로 효과적인 발전을 이루려면 선도 분야를 집중적으로 육성해야 한다는 논리였다. 이 논리는 한국 경제의 고도 성장 과정에 그대로 적용, 실행에 옮겨졌다.

답 : ④

5. 한국이 1964년에 시행한 수출 주도 공업화 전략으로의 전환에 관한 설명 중 옳지 않은 것은 무엇인가?

① 1962년의 제1차 5개년계획에서 과도하게 높은 목표를 설정했다.

② 수출 주도 공업화 전략은 미국의 요구에 따라 시행되었다.

③ 당시 외국 차관 도입이 어려웠다.

④ 1963년부터 공산품 수출이 늘어난 데다 1964년 환율을 현실화한 것이 수출 증대를 촉진했다.

⑤ 1965년에는 수출이 3대 국정 목표 중 하나로 격상되었다.

| 해 설 |

1962년의 제1차 경제개발 5개년계획은 높은 목표를 가지고 시작되었다. 하지만 국제 정세의 변화로 외국 차관 도입이 어려워졌다. 또 1963년부터 공산품 수출이 늘어난 데다 1964년 환율까지 현실화하여서 정부가 수출에 힘을 기울이지 않으면 자생하기 어려운 상태에 이르렀다. 이런 배경에서 정부가 수출 주도 공업화를 채택한 것으로 미국의 요구에 따라 시행된 것은 아니다.

한국 경제는 1963년부터 고도 성장을 시작하였다. 박정희 군사 정부는 1962년부터 제1차 경제개발 5개년계획(1962~1966년)을 추진하기 시작했는데, 그 효과가 나타나기 시작한 것이다. 한국 경제는 1962년의 경제 성장률은 2.1%에 불과했는데, 1963년에 갑자기 9.1%로 급상승한 것이다. 박정희 정부의 시작과 더불어 이루어진 고도 경제 성장은 박정희 정부가 끝난 1979년까지 평균 성장률 9.2%에 이를 정도로 계속되었다. 1963년에서 1987년까지의 연평균 성장률은 8.8%였고, 1962년 82달러에 불과했던 1인당 GNP는 1987년 3,218달러로 급증했다.

당시 국제 사회에서는 1960년, 1970년대 한국 등의 고도 경제 성장 현상에 주목하면서 신흥공업국(Newly Industrialized Countries; NIC)이라는 명칭을 만들어 사용하였다. 신흥공업국(NIC) 용어는 1960년대, 1970년대에 급격히 경제 성장을 이룬 '아시아의 네 마리 용' 즉 대한민국, 홍콩, 싱가포르, 중화민국(대만)을 일컫는 것으로, 1970년대에 만들어졌다.

② : 답

6. 제3공화국 출범의 토대가 된 제5차 개정 헌법의 내용과 다른 것은 무엇인가?

① 1962년 12월 국민투표를 통해 헌법을 개정하였다.

② 정부 형태는 대통령 중심제로서 부통령제를 두었다.

③ 대통령은 국민 직선제로 선출되며, 1차에 한해 중임이 허용되었다.

④ 제5차 개헌은 제헌헌법의 틀을 사실상 허물고 헌법을 거의 새롭게 만드는 수준의 개헌이었다.

⑤ 건국 헌법에 들어있던 혼합 경제 내지 사회민주주의적 경제 조항들을 다수 폐지하고 자유 시장 경제적 경제 조항을 강화하였다.

| 해 설 |

② 부통령제를 설치하지 않았다. 이승만 대통령 때 부통령 직선제가 큰 부작용을 남겼기 때문이다.

⑤ 제5차 개헌에서는 대한민국의 경제 체제에 중대한 수정을 가했다. "대한민국의 경제 질서는 개인의 경제 상의 자유와 창의를 존중함을 기본으로 한다"라고 함으로써 대한민국이 자유 시장 경제 체제임을 명확히 하였다. 그리고 건국 헌법 내 경제 조항 중에서 자유 시장 경제 체제와 배치되는 혼합 경제 또는 사회민주주의적 경제 질서 요소들을 폐지 또는 크게 수정하였다.

정답 : ②

7. 다음은 제3공화국의 출범에 관한 설명이다. 사실과 다른 것은 무엇인가?

① 5·16 주체 세력은 민간인으로 신분을 전환하여 정권을 계속 장악하기로 작정하고 민주공화당을 조직했다.

② 국가재건최고회의는 대통령 중심제 및 직선제를 핵심 내용으로 하는 헌법 개정을 단행했다.

③ 박정희는 1963년 10월 민주공화당의 대통령 후보로 입후보하여 야당 후보를 1백만 표 정도의 큰 표 차로 누르고 당선되었다.

④ 40일 뒤에 실시된 국회의원 선거에서는 박정희의 대통령 당선에 힘입어 민주공화당이 압승했다.

⑤ 1963년 12월 박정희의 대통령 취임과 함께 출범한 제3공화국은 1972년 10월 유신 때까지 지속되었다.

| 해 설 |

③ 1963년 10월 제5대 대통령 선거에서 박정희는 야당 후보 윤보선에게 15만 6,000표라는 근소한 차이로 승리하였다. 그러나 1967년 제6대 대통령 선거에서 박정희는 윤보선과 재대결을 벌여 116만 표라는 큰 차이로 승리하였다.

④ 국회의원 선거에서는 민주공화당이 전체 175석 중 거의 3분의 2에 해당하는 110개 의석을 차지하여 예상 밖의 대승을 거두었다(윤보선의 민정당 41석, 박순천의 민주당 13석, 송요찬의 자유민주당 9석 등).

정답 : ③

2) 제5대 대통령 시기 (1963.12.17~1967.6.30)

8. 다음은 제3공화국 시기의 정당들에 관한 설명이다. 옳지 않은 것은 무엇인가?

① 제3공화국의 집권당인 민주공화당은 김종필이 주도하여 결성한 정당이었으나 제3공화국 후기에 가서 김종필은 당의 주도권을 상실했다.

② 제3공화국 초기, 제1공화국 시기의 민주당 구파와 신파가 여전히 별개의 야당으로 남았다.

③ 제1공화국의 집권당인 자유당의 인맥은 제3공화국에서 주로 민주공화당에 참여했다.

④ 한일협정 반대 투쟁이 야당 통합의 분수령이 되었다

⑤ 자민당, 국민의 당, 대중당, 통한당 등 군소 야당들이 있었지만 정당들은 서로 통합하지 않고 각자의 노선을 걸었다.

| 해 설 |

민정당과 민주당이 통합하여 만든 당은 민중당이다. 민중당에서 떨어져나간 파가 만든 당이 신한당이고, 신한당과 민중당 잔류파가 다시 합당하여 신민당이 되었다. 야당은 통합 과정에서 이합집산을 되풀이하였다.

⑤ : 답

9. 한국은 '한강의 기적'이라고 일컬을 만큼 세계에서 가장 빠른 속도로 압축 고도 성장을 이루었다. 1960년대 박정희 정부가 고도 성장을 추진할 수 있었던 요인으로 보기 힘든 것은 무엇인가?

① 경제기획원 설립 등 정부의 경제개발 의욕 고조

② 대일청구권협상, 베트남전 참전 등을 통한 자금 유입

③ KIST(한국과학기술연구소) 설립과 해외 인재 유치 등 인재 개발 노력

④ 중화학 공업화 정책 추진과 중동 건설 붐

⑤ 수출 주력 경공업의 발전과 일본 경공업 해외 이전

| 해 설 |

④ 박정희 대통령이 중화학 공업화를 선언한 것은 1973년 1월이었다. 중화학 공업화 정책과 중동 건설 붐은 1970년대의 고도 성장의 중요한 동인(動因)이었다.

박정희 정부가 중화학 공업화를 선언한 직후 국제 석유 가격이 몇 달 만에 네 배로 폭등하는 오일 쇼크가 일어났다. 중화학 공업화 정책을 시작하자마자 불어 닥친 위기였다. 그러나 다행스럽게도 석유 가격 폭등으로 엄청난 오일 머니를 갖게 된 중동 국가들이 저마다 건설 공사를 실시하여 이른바 '중동 건설 붐'을 일으키게 되었다. 1975~1979년 중동 건설을 통해 한국 경제가 벌어들인 외환은 총 205억 달러였다. 이러한 중동 건설 붐으로 인해 오일 쇼크의 경제 위기를 돌파할 수 있었다.

① 군사 정부는 집권에 성공한 지 두 달 만인 1961년 7월, 강력한 기능의 경제기획원을 설립하였다. 경제기획원은 경제 개발 5개년계획을 수립하고 집행함으로써 경제 성장을 주도적으로 이끌었다. 경제기획원 장관은 국무총리 다음의 서열로 위상이 매우 높았다.

② 박정희 정부의 경제개발 자금은 일본과의 국교 정상화로부터 나왔다. 박정희 정부는 일본과 대일청구권협상에 나서 일본 정부로부터 무상 원조 3억 달러, 공공 차관 2억 달러를 받고, 일본 정부가 3억 달러의 상업 차관을 주선해주는 선에서 타결을 지었다. 이 자금이 포항제철 건설 등 박정희 정부의 경제 발전에 요긴하게 쓰였다.

박정희 정부의 경제개발에 사용된 자금은 베트남 파병으로부터도 나왔다. 박정희 정부가 베트남 파병을 한 것에는 두 가지 목적에 있었다. 하나는 안보적 측면이고 다른 하나는 경제적 측면이었다. 미국은 1963년 베트남전에 개입하면서 필요한 미군 병력의 일부를 주한 미군에서 차출할 계획을 가지고 있었다. 주한 미군의 일부 철수를 사전에 차단하는 것이 한국군의 베트남 파병의 안보적 목적이었다. 또한 베트남 파병의 대가로 파병한 한국군의 월급 등을 미국으로부터 달러로 지급받았고, 베트남에서 시행하는 건설 및 구호 사업에 소요되는 물자 및 용역도 한국에서 구매할 수 있도록 했다. 이때 베트남에 파견된 기업 이익이나 무역 이익, 대미 무역 확대 등으로 한국은 큰 경제적 이득을 얻었다.

③ 박정희 정부는 1966년 미국의 원조로 한국과학기술연구소(KIST)를 설립하였다. 정부는 외국에서 활동하는 한국인 과학자들을 애국심에 호소하여 KIST 연구원으로 유치하는 데 성공하였고, 유치된 과학자들은 월급 등에서 특별 대우를 받았다. KIST의 우수한 과학자들은 석유화학공업, 제철업, 전자공업 등 중화학 공업의 기간산업들을 육성시키는 데 큰 역할을 하였다.

⑤ 1963년 성장률이 당초 계획보다 훨씬 뛰어 넘는 9.1%에 이른 것은 경공업 수출이 예상 밖으로 급증했기 때문이다. 이는 이승만 정부 때 수입 대체를 위해 발전시켰던 철강재, 합판, 면포 등 공산품 삼총사가 수출 길을 뚫어 대박을 터트린 덕분이었다.

이를 통해 정부나 국민들은 '수출만이 살 길이다'라는 깨달음을 얻었다. 이에 정부와 민간이 경공업 수출에 전력 투구한 결과, 1960년대 높은 고도 경제 성장을 이룰 수 있었다.

1960년대 경공업 발전으로 수출이 급증하게 된 환경적 요인 중 하나는 일본 경공업의 해외 이전 러시이다. 1964년 도쿄 올림픽을 앞둔 1962~1964년, 일본은 10% 이상의 고도 경제 성장을 성취하였다. 이에 따라 노동력이 부족해지고 임금 수준이 높아졌다. 그리고 일본은 1956년부터 추진한 중화학 공업화 정책이 현실화되어, 1960년대 초 산업 구조는 기존의 노동집약적인 경공업에서 자본·기술 집약적인 중화학 공업으로 바뀌어갔다. 이 추세는 지속적으로 강화되어 갔다. 이때 저임금을 바탕으로 한 일본의 경공업은 일본을 떠나 해외로 이전해갔는데, 일본 바로 인근에 있고 노동력이 값싼 한국이 최적지였다. 당시 한국에서는 일본의 경공업 이

▲ 1960년대 구로공단의 가발공장

전 러시를 꿀벌의 분봉(分蜂)에 비유하면서 "바가지를 들어라(꿀이 발린 바가지를 들고 분봉한 벌 무리를 잡으면 우리 것이 된다는 뜻)"라는 말이 사람들의 입에 오르내릴 정도였다. 이렇듯 한국 경공업은 일본 경공업 이전 등으로 급속도로 발전했다. 이 발전된 경공업은 수출의 주력군으로서 대한민국 경제 성장에 크게 기여하였다.

답 : ④

10. 다음은 역사적 사건의 원인과 그 결과로 일어난 사건을 연결한 것이다. 연결 관계가 옳지 않은 것은 무엇인가?

① 베트남 파병 - 6·3사태

② 3·15부정 선거 - 4·19혁명

③ 4·13호헌 조치 - 6·10항쟁

④ 비상계엄 전국 확대 조치 - 5·18민주화 운동

⑤ 1·21사태 - 예비군 창설

| 해 설 |

① 6·3사태(1964.6.3)는 한일 협정 추진에 대한 반발로 일어난 것이다. 베트남에의 전투 병력 파병이 1965년이고, 태권도 교관단 등 비전투 병력은 1964년부터 시작되었다.

② 1960년 4·19혁명은 3·15부정 선거에 대한 반발로 일어난 것이다.

③ 1987년 전두환 정부의 4·13호헌 조치에 대한 반발이 결국 6·10항쟁으로 이어졌다.

④ 1980년 5월 17일 비상계엄 전국 확대 조치에 대한 반발로 5월 18일부터 일어난 것이 광주 민주화 운동이다.

⑤ 1968년 1월 21일 북한의 무공 공비 김신조 일당이 청와대를 기습한 사건이 일어난 후 북한의 도발에 대응력을 강화하기 위해 1968년 4월 제대 군인들로 하여금 자기 거주 지역을 지키도록 하는 향토예비군 제도를 창설하였다.

답 : ①

11. 다음은 박정희 정부의 한일 회담 추진과 6·3사태에 관한 설명이다. 옳지 않은 것은 무엇인가?

① 5·16세력은 정변 직후 군사 정권 시절부터 미국의 압력과 경제개발을 이루기 위한 자금의 필요성 때문에 한일 국교 정상화를 위한 협상(한일 회담)을 추진했다.

② 군정 기간 중 김종필은 한일 회담의 돌파구를 마련하기 위해 일본에 가서 오히라 일본 외무부 장관과 비밀 회담을 갖고 일본의 한국 침략에 대한 피해 보상 문제(대일청구권 문제)에 관해 종전의 한국 요구 수준보다 매우 낮게 합의를 했다.

③ 1964년 초 김·오히라 비밀 합의 내용이 알려지자 대학생들의 굴욕적인 한일 회담 반대 시위가 연일 거세게 일어났으며, 그해 6월 3일 절정에 달했다. 정부는 이날 비상계엄령을 선포하고 모든 학교에 휴교령을 내려 사태를 진압했다.

④ 학생들의 한일 회담 반대 시위에 대해 분열된 야당이 방관적 자세를 취하여 한일 회담 반대 시위는 곧 약화되었다.

⑤ 정부는 학생들의 반대 시위를 진압한 후 한일 협상을 타결 1965년 6월 한일 협정을 체결했고, 국회는 8월 한일 협정을 비준했다.

| 해 설 |

④ 야당들이 박정희 정부의 한일 회담 추진에 적극 반대하였고 학생들의 한일 회담 반대 시위를 적극적으로 지지하였다. 그로 인해 한일 회담 반대 학생 시위는 단기간에 약화되지 않았다.

① 5·16 이후 군사 정부는 제6차 한일 회담을 진행하였고 (제1~4차 회담은 이승만 정부 시기, 제5차 회담은 민주당 정부 시기 개최) 1962년 11월 중앙정보부장 김종필이 일본 외무부 장관 오히라와 비밀 협상에서 타협점에 이르러 메모를 교환하였다.

▲ 회담하는 김종필 전 중앙정보부장 (왼쪽)과 오히라 마사요시 일본 외무부 장관(1962.11.12)

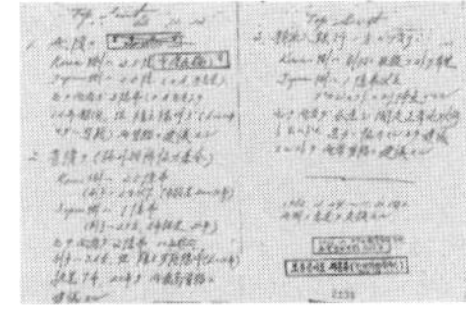

▲ 한일 협상 추진 과정에서 나온 '김종필-오히라 메모'(1962)

③ 1964년 3월 정부가 한일 국교 정상화 방침을 밝히자(김종필·오히라 비밀 협상 내용이 알려짐) 야당과 대학가에서는 굴욕 외교라며 크게 반발하였다. 1964년 3월부터 서울대·연세대·고려대 등 서울 지역 대학들이 참가한 '굴욕적인 한일 회담 반대' 시위가 시작되었고 이는 바로 전국으로 확산되었다. 3월부터 시작한 학생 시위는 6월 3일 절정에 달하여 4·19혁명 이후 최대 규모의 시위가 벌어졌다. 이날 서울에서만 1만 5,000여 명이 참가하여 박정희의 하야를 요구했고 대학생과 경찰 간 유혈 충돌이 일어났다. 이를 6·3사태라고 한다. 정부는 이날 오후 여덟 시 서울시 전역에 비상계엄령을 선포하고 4개 사단 병력을 투입하였으며 모든 학교에 휴교령을 내렸다. 이로써 3개월간 지속되던 시위를 진정시킬 수 있었다. 정부는 시위의 여진이 계속됨에 따라 7월 29일에 가서야 비로소 계엄을 해제하였다.

▲ 6·3사태 당시의 신문 보도

⑤ 박정희 정부는 1965년 6월 22일 한일 협정을 조인하였고 그해 8월 큰 진통 끝에 국회의 비준을 얻었다. 이렇듯 한일 국교 정상화는 어려운 과정을 거쳐 이루어졌다. 1951년 10월 회담을 개시한 이래 한일 협정이 조인된 1965년 6월까지 근 14년 동안 무려 1,400여 회에 달하는 본 회담과 부속 회담이 열렸다. 세계 외교사에서 유례를 찾을 수 없을 만큼 긴, 마라톤 회담이었다.

답 : ⑦

12. 한일 국교 정상화 과정에 대한 설명 중 사실과 다른 것은 무엇인가?

① 이승만 정부와 민주당 정부에서는 반일 감정으로 한일 국교 정상화에 노력을 기울이지 않았다.

② 한일 국교 정상화를 위한 한일 협정의 기본 틀은 1962년 11월 김종필이 일본 외무부 장관 오히라와 합의한 비밀 협상에서 정해졌다.

③ 대일청구권 협상은 일본이 무상 원조 3억 달러, 공공 차관 2억 달러를 제공하고 3억 달러의 상업 차관을 주선하는 선에서 마무리했다.

④ 어업권 문제에 대해서는 전관어업수역 12해리 밖에 공동규제수역을 설정하기로 합의함으로써 1952년 그어진 '이승만 라인'은 철폐되었다.

⑤ 한일 협정은 1965년 6월 22일 양국 간에 조인되었는데, 기본 조약과 이에 부속된 4개의 협정 등으로 이루어졌다.

| 해 설 |

① 이승만 정부도 미국의 강력한 권고를 받아 1951년 10월 한일 국교 정상화를 위한 회담을 개시했다. 재일 교포의 법적 지위, 대일청구권, 동해상의 어업권 등이 주요 쟁점이었다. 이승만 정부는 식민지 지배와 전후 처리에서 발생한 약 22억 달러의 피해를 일본에 청구하였으나 일본은 그 근거를 인정하지 않았다. 일본은 오히려 한국에 남긴 재산에 대한 청구권을 갖는다고 주장하였다.

이승만 정부 시기 한일 간에 네 차례나 회담이 열렸으나 타협을 이루지 못했다. 민주당 정부 때도 제5차 회담이 열렸으나 1961년 5·16군사정변으로 중단되었다.

⑤ 네 개의 부속 협정은 '어업에 관한 협정', '재일 교포의 법적 지위 및 대우에 관한 협정', '재산 및 청구권에 관한 문제의 해결과 경제 협력에 관한 협정', '문화재 및 문화 협력에 관한 협정' 등이다.

답 : ①

13. 다음의 글과 관련 없는 것은 무엇인가?

> "가난 때문에 이역만리에서 일하는 새까만 여러분 얼굴을 보니, 목이 메어 말이 잘 나오지 않습니다. 여러분, 우리는 아직까지 이렇게 못살지만 후손들에게 잘사는 나라를 물려줍시다. …… 우리 열심히 일합시다. 후손들을 위해 열심히 일합시다. 열심히 합시다. ……"

① 경제 성장 자금을 확보하기 위한 노력이었다.

② 서독에서 한 연설이다.

③ 박정희 대통령이 한 것이다.

④ 중동 건설 현장에서 한 연설이다.

⑤ 이 연설을 한 1964년 당시 국민소득은 100달러에도 미치지 못했다.

| 해 설 |

1964년 12월 박정희 대통령이 서독을 방문했을 때 한국인 광부들과 간호사들이 일하고 있는 루르 지방 함보른 탄광회사에서 한 연설의 일부이다. 박정희 대통령은 목에 메어 연설을 다하지 못했다. 강연을 듣던 광부와 간호사들도 슬픔에 겨워 강당은 울음바다가 되었다. 뤼브케 서독 대통령은 돌아오는 차중에서 눈물을 멈추려 애쓰는 박정희 대통령에게 손수건을 꺼내 눈물을 닦아주면서 "울지 마십시오. 잘사는 나라를 만드십시오. 우리가 돕겠습니다. 분단된 두 나라가 합심해서 경제 부흥을 이룩합시다. 공산주의를 이기는 길은 경제 건설뿐입니다"라고 말했다.

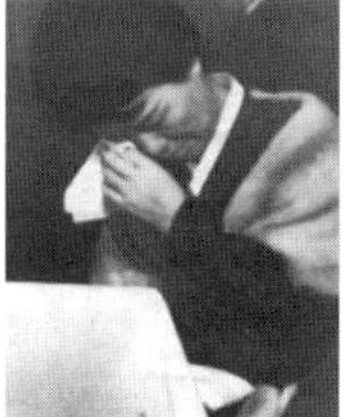
▲ 대통령의 연설 중 눈물을 흘리는 영부인 육영수 여사

▲ 함보른 탄광에서 연설하는 박정희 대통령

▲ 서독에서의 한국 광부

정답 : ④

14. 1960년대의 대표적 지하당 적발 사건인 통일혁명당(통혁당) 사건에 대한 설명 중 사실과 다른 것은 무엇인가?

① 통혁당 구축은 4·19혁명 때 북한이 지하당 구축의 필요성을 절감한 데 기인한다.

② 김종태는 조선노동당에 입당한 후 김질락·이문규 등을 포섭하여 1965년 통혁당을 조직하였다.

③ 김종태는 월간지 「청맥」, 학사주점 등 다양한 대중 조직을 만들고, 이를 통해 은밀히 선전하고 적합한 인물들을 탐색, 포섭하였다.

④ 통혁당 적발 후 북한은 통혁당과의 연계 의혹을 차단하기 위해 김종태를 모른다고 잡아뗐었다.

⑤ 북한은 김종태가 사형에 처해진 후 1970년 6월부터 남한 내 통혁당이 재건되어 방송하는 것이라고 거짓 선전하면서 해주발 대남 방송인 '통혁당 목소리 방송'을 시작했다.

| 해 설 |

④ 북한 김일성은 통혁당이 적발되자 김종태를 살리기 위해 대남 공작원을 보낼 정도로 큰 충격을 받았다. 북한은 김종태가 사형에 처해지자, 김종태에게 '공화국 영웅 칭호'를 내렸고, 장례식을 국장으로 치렀다. 또한 평양 전기기관차 공장을 김종태 전기기관차 공장으로, 해주사범대학교를 김종태사범대학교로 이름을 바꿀 정도로 그를 높이 평가했다.

① 6·25전쟁으로 대남 공작망이 붕괴되었던 북한은 남한 내 반공 의식 확산으로 대남 공작을 게을리하였다. 그러나 북한은 4·19혁명이 일어나는 것을 목격하고는 대남 지하당 구축에 소홀히 한 것을 후회하면서 대남 공작을 본격화하였다. 1961년 9월 제4차 조선노동당 대회에서 김일성은 '4·19혁명이 공산 혁명으로 발전하지 못한 요인은 남한 내 혁명 정당이 없기 때문'이라고 결론을 내리고 남한 내 지하당 구축의 필요성을 제기하였다. 이의 결과로 김종태에 의해 통혁당이 이루어진 것이다. 북한은 통혁당을 통해 한국 사회 곳곳에 체제 전복 세력을 확산시켰다.

⑤ 북한은 1970년 시작한 통혁당의 '통일혁명당 목소리 방송'을 1985년 한국민족민주전선(민민전)의 '구국의 소리' 방송(일명 민민전방송)으로 개칭하였다. 1985년 당시 대학가 운동권 학생들이 북한의 '구국의 소리' 방송을 청취하여 주체사상 강의록을 녹취함으로써 주사파(주체사상파)가 대학가에 본격 등장하였다. 북한은 '구국의 소리' 방송을 2005년 반제민전으로 개칭한 후 대남 선전 활동을 더욱 적극적으로 전개하고 있다. 2010년 천안함 폭침 때 반제민전은 '남한 정부의 자작극'이라고 덮어씌웠다.

답 : ④

15. 베트남 파병에 대한 설명으로 옳지 않은 것은 무엇인가?

① 한국군의 베트남 파병은 미국 존슨 대통령과 남베트남의 요청에 따라 단계적으로 확대되었는데, 야당은 이에 반대했다.

② 정부는 국회의 동의를 얻어 1965년 비전투 부대인 비둘기 부대와 전투 부대인 청룡·맹호 부대 등을 파병하였다.

③ 정부는 1965년 미국으로부터 파병 대가에 관한 브라운 각서를 받은 후 비로소 베트남에 비전투 부대와 전투 부대를 파병했다.

④ 1960년대 후반 미국 내에 반전 여론이 거센 가운데 당선된 닉슨 대통령은 닉슨 독트린 발표 후 1973년 3월까지 미군을 완전 철수하였다.

⑤ 한국군은 1973년 완전 철수할 때까지 약 5만여 명의 전투병을 베트남에 주둔시켜 남베트남의 공산화를 막았다.

|해 설|

③ 한국 정부는 1965년 비둘기·청룡·맹호 부대 등을 파병했고, 브라운 각서는 1966년 미국이 한국 정부에 추가 파병을 요청하면서 파병 대가를 약속하기 위해 작성한 문서이다. 정부는 이 약속에 따라 1966년 백마 부대 등을 파병하였다.

② 정부는 국회의 동의를 얻어 비전투 부대인 비둘기 부대 2,000여 명을 1965년 3월에, 전투 부대인 청룡(해병 1사단)·맹호 부대(육군 수도기계화사단) 등 2만여 명을 1965년 10월에 파병하였다.

▲ 베트남으로 파병되는 맹호부대의 환송 모습

⑤ 한국군도 1971년 12월 청룡 부대 철수를 시작으로 1973년 3월 철수를 완료하였다.

답 : ④

16. 다음의 글과 연관성이 없는 것을 고르시오.

> "나는 총사령관으로 민간인을 강간하거나 사살하는 일이 절대로 없도록 했다. 그것은 내가 인도주의자 또는 박애주의자라서 그런 것이 아니었다. 전략과 전술이었다. 당시 베트콩은 중국 마오쩌둥의 '인민은 물이요 게릴라는 물고기'라는 이론에 따라 베트남 인민에 깊숙이 침투해 있었다. 우리 작전의 요체는 그 '물과 물고기'를 분리하는 것이었다. 그래서 베트남 민간인에게 어떤 피해도 입히지 말라고 명령했고 이를 위반할 경우, 엄정하게 처벌했다."

① 그는 "열 명의 베트콩을 놓치는 한이 있더라도 한 명의 양민을 보호하라"고 주장했다.

② 이같이 주장한 사람은 초대 파월 사령관을 지낸 이대용 장군이다.

③ 한국군은 의료 봉사 활동, 체육 활동, 주택 개량 등을 통해 주민의 마음을 얻으려 했다.

④ 게릴라들을 주민들과 '분리 후 섬멸'하는 그의 전술은 미군으로부터 격찬을 받았다.

⑤ 그의 전술은 제주4·3사건, 6·25전쟁 시 빨치산 토벌에 참여한 경험에서 나온 것이었다.

| 해 설 |

② 제시문의 발언을 한 사람은 초대 파월 사령관을 역임했던 채명신 장군이다. 그는 북한 출신으로 김일성이 함께 일하자는 제의를 뿌리치고 월남하여 군인이 되었다. 육군사관학교 졸업 후 제주4·3사건이 일어난 제주 국방경비대에 부임했다. 제주 한라산을 중심으로 활동하는 빨치산을 토벌하는 임무를 수행하면서 공산 게릴라 소탕의 올바른 전술을 이해할 수 있었다. 이러한 경험을 토대로 채명신 장군은 파월 국군 사령관의 임무를 훌륭히 수행했

▲ 1966년 7월 일시 귀국한 채명신 장군이 베트남전 순국 장병 묘역을 참배하는 모습

▲ 채명신 장군은, 파월 장병이 잠들어 있는 사병 묘역에 묻히고 싶다는 그의 유언에 따라 국립현충원 파월 사병 전사자 묘역에 묻혔다 (2014.2)

다. 베트남에서 공산 게릴라 소탕 작전을 전개할 때 민간인의 희생이 없도록 각별한 노력을 기울였다. 채 장군은 귀국하여 예편한 후에도 베트남에서 함께 복무했던 파월 군 장병들과 동지애를 유지했다.

▲ 파월 장병의 대민 봉사 활동

▲ 전쟁의 포화 속에서도 두 명의 베트남 어린이를 구출하는 백마 부대 장병

③ 베트남 파병 한국 부대들은 틈이 나는 대로 의료 봉사, 영농 지원, 체육대회 등을 통해 베트남 주민의 마음을 얻으려고 노력했다. 이의 결과로, 대부분의 한국군 주둔 지역 베트남 주민들은 한국군을 '따이한(大韓)'이라 부르며 환영하였다.

② : 目

17. 한국군의 베트남 파병에 대한 설명으로 옳지 않는 것은 무엇인가?

① 정부의 베트남 파병 추진에 대해 야당과 대학생들이 한일 협정 추진에 대해서와 마찬가지로 격렬히 반대했다.

② 베트남 파병 후 미국 정부의 도움으로 한국의 대미 수출이 폭증하였다.

③ 6·25전쟁에서 미국이 우리를 도운 데 대한 보답의 성격이 있었으며 베트남 파병 후 한미동맹은 더욱 공고해졌다.

④ 미국은 베트남 주둔 한국군 용품을 한국에서 구입토록 허용해 우리 경제에 많은 도움을 주었다.

⑤ 베트남 파견 한국 군인들에게 지급된 미군 장비는 국군의 무장에 투입되어 국군 현대화에 기여하였나.

| 해 설 |

베트남 파병 추진에 대해 야당과 대학생들의 격렬한 반대는 없었다.

한국군의 베트남 파병은 6·25전쟁 때 미군이 참전하여 대한민국을 지켜주고 한미동맹을 통해 대북 억지력을 보장해주는 데 대한 감사의 표현이자, 공산주의 세력으로부터 자유민주주의 체제를 지키려는 자유 베트남에 대한 숭고한 지원이다.

① : 답

18. 다음은 베트남전 파병에 대한 사진이다. 당시 파병되었던 부대가 아닌 것은 무엇인가?

파월 장병 환송

파월 부대를 사열하는 박정희 대통령

① 맹호 부대

② 백마 부대

③ 비둘기 부대

④ 십자성 부대

⑤ 상록수 부대

⑤ 상록수 부대는 1999~2003년간 동티모르에 파병된 부대이다. 참고로, 동의 부대는 2002년 아프간 파병 부대이고, 자이툰 부대는 2004년 이라크 파병 부대이며, 청해 부대는 2009년 소말리아 아덴만 파병 부대다.

⑤ : 답

3) 제6대 박정희 대통령 시기 (1967.7.1~1971.6.30)

19. 다음의 사진은 어떤 사건과 관련이 있는가?

① 울진 삼척 무장 공비 침투 사건　　② 다대포 간첩 사건

③ 아웅산 묘소 폭파 사건　　　　　　④ 부여 무장 간첩 사건

⑤ 1·21사태

⑤ 사진은 1·21사태(김신조 사태, 청와대 기습 사건 등) 당시 체포된 김신조의 모습이다. 김신조는 1968년 1월 21일 북한 정찰국 소속 31명의 무장 공비 일행으로 박정희 대통령을 암살하기 위해 휴전선을 끊고 내려왔다. 김신조 일당은 청와대 인근까지 접근했으나 청와대로 가는 길목 검문소에서 발각되어 경찰과 총격전을 벌였다. 김신조는 도주하다가 생포되었고, 나머지는 사살당했다. 그는 체포된 후 내려온 이유를 묻자 "박정희 목 따러 왔시다"라고 말했다. 김신조의 증언에 의하면 청와대 경비부대의 간부 인적 사항, 무기 상황은 물론 청와대의 내부 구조에다 대통령의 숙소 동선까지도 완전히 파악하고 내려왔다고 한다. 그는 전향하여 현재 목사로 활동하고 있다.

김신조의 1·21청와대 기습 사건은 안보 분야에서 많은 변화를 가져왔다. 대한민국 정부는 물론 국민은 북한 무장 공비가 대한민국의 심장, 청와대를 기습해 대통령을 암살하려 할 정도로 북한의 위협이 심각하고 대한민국 안보가 허술하다는 사실에 놀랐다. 이에 정부는 1968년 4월 1일 250만 명의 향토예비군을 창설하였고, 4월 5일에는 고등학생·대학생 대상 '학생 군사 훈련 방침'을 발표하였다(실제 교련 실시는 1969년부터 실시). 5월 10일에는 국민의 거주 실태를 파악할 수 있는 주민등록법이 공포되었다.

① 1968년 11월 울진·삼척으로 침투했던 무장 공비 120명은 자신들의 침투가 발각되자, 북한으로 도주하기 시작했다. 이 중 다섯 명이 평창군 개방산 자락 이승복 어린이 집에서 '나는 공산당이 싫어요'라는 말을 했다는 이유로 전 가족을 학살하는 만행을 저질렀다.

② 다대포 간첩 사건은 1983년 12월 북한 간첩선이 부산 다대포 해안에 접근, 무장 간첩 전충남·이상규 두 명이 해안으로 침투하다가 군에 의해 생포된 사건이다.

④ 부여 무장 간첩 사건은 1995년 10월 충남 부여군 소재 정각사 부근에서 남파 무장 간첩 김동식 등이 군경과 총격·추격전을 벌인 끝에 김동식이 생포된 사건(한 명 사살)이다.

정답 : ⑤

20. 현재도 북한의 전쟁 도발 등 국가 비상 사태에 대비하기 위해 정부 주도 아래 민관군이 참여하는 을지훈련(을지연습)을 실시하고 있다. 을지훈련은 어느 사건을 계기로 실시하게 된 것인가?

① 베트남 공산화

② 무장 공비 청와대 기습 시도 사건

③ 울진 삼척 무장 공비 침투 사건

④ 푸에블로호 납치 사건

⑤ 판문점 도끼 만행 사건

| 해 설 |

② 오늘날 시행하고 있는 을지훈련은 1968년 1월 김신조 등 북한 무장 공비들이 청와대 기습을 시도한 사건(1·21사태)을 계기로 무장 공비 등 비정규전 상황에 대처하기 위해 정부 내 주요 관련 기관이 참가하는 작은 훈련에서 시작된 것이다. 이것이 1970년에는 북한의 전면 남침 대응 훈련으로, 1976년에는 드디어 군사 연습과 통합된 범정부적 차원의 훈련으로 확대되었다. 1984년부터는 전국토의 동시 전장화의 대응 태세를 점검하는 방향으로 전환함으로써 명실공히 전시 대비 종합적인 정부 훈련으로 정착한 것이다.

정답 : ②

21. 북한은 4 · 19혁명 이후 대남 공작을 본격화했다. 박정희 정부가 적발한 지하 조직 및 간첩단 중 북한이 남한 내에 구축한 지하당의 성격이 분명하고 규모가 가장 큰 지하당 사건은 무엇인가?

① 제1차 인혁당(인민혁명당) 사건

② 통혁당(통일혁명당) 사건

③ 인혁당재건위(인민혁명당 재건위원회) 사건

④ 남민전(남조선민족해방전선준비위원회) 사건

⑤ 동백림 사건

| 해 설 |

② 통혁당은 6 · 25전쟁 이후 남한에서 적발된 최대의 지하당 조직이었다. 북한에 포섭된 김종태가 주도해 1965년 조직한 통혁당은 1968년 중앙정보부에 의해 적발되었는데, 검거된 관련자는 158명에 이르고 이 중 구속된 자만도 50명에 이르렀다. 압수된 물품도 무장 공작선 1척, 고무 보트 1척, 기관단총 12정, 수류탄 7개, 실탄 140발 등 실로 엄청났다. 그만큼 북한이 공세적으로 대남 공작을 했다는 의미이다.

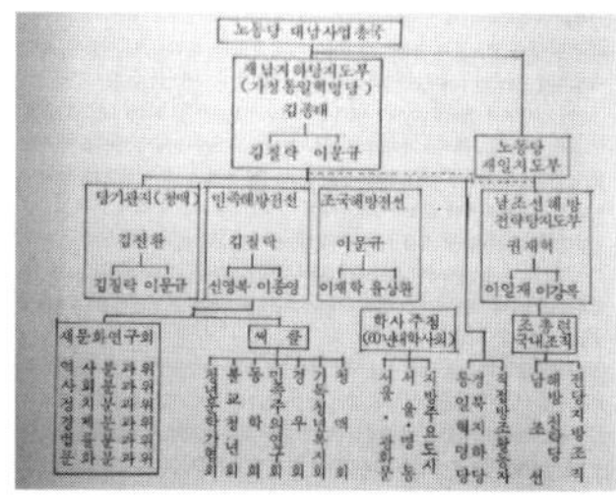
▲ 통혁당 조직도(서울신문, 1987.4.25)

그런데, 통혁당의 규모가 상상 이상으로 크다는 증언도 있다. 미국 정부 연구 기관인 '우드로월슨센터(Woodrow Wilson International Center for Scholars)'가 획득한 불가리아 주재 동독대사관 입수 기밀 자료에 따르면 통혁당 규모가 3,000여 명에 이르렀다고 한다. 김일성은 제2차 인혁당(인민혁명당) 사건 발생 1년 뒤인 1975년 6월 초 불가리아를 방문하여 토도르 지프코프 불가리아 총리와 나눈 비공개 대화에서 통혁당(1968년 8월 검거) 인원수에 대해 다음과 같이 언급했다는 것이다.

"남조선의 마르크스당인 통혁당의 인원은 많지 않다. 약 3천 명가량 된다. 통혁당은 각지에 중앙 조직이 구성되어 있다. 통혁당원들은 몇 개 공장에 대표를 두고 있지만, 불법화됐으며, 활동이 약화됐다. 통혁당원들을 (남조선의) 노동자 · 농민들 속에서 활동케 하고, 공개적인 반박정희 활동을 하게 한 결과 지도부가 와해됐다. 이 때문에 우리는 통혁당원들로 하여금 남조선의 합법 정당에 참여할 것과 노동자 · 농민들에 대한 영향력을 증대시킬 것을 지시했다. 남조선의 민주화와 통일을 위해 투쟁하는 주요 세력은 학생들이다. 이들은 대규모 반박정희 데모를 조직화하고 있다. 이들 모두가 활발한 투쟁을 벌이고 있다."

이 자료 내용의 신빙성 여부는 통혁당이 적발(1968)된 후 1970년대에 전국 각지의 잔당들이 추진한 통혁당 재건 사건이 아홉 차례나 적발된 것만 보더라도 알 수 있다.

① 제1차 인혁당 사건은 1964년 중앙정보부가 북한의 대남 지하당을 적발했다고 발표하고 관련자들을 사법 처리한 사건이다. 이 사건은 거창한 발표와 달리 증거 부족 등으로 도예종 등 주동자가 징역 2~3년에 처해지는 등 처벌이 미미했다. 주동자들이 인혁당이라는 지하당을 만들고 당원 가입 시 북한에 충성을 맹세토록 했으며, 이들이 북한과 접촉하려 한 증거는 있으나 북한의 지령 등 북한의 직접적 공작 증거는 미비하다.

③ 인혁당 재건위 사건은 서도원, 도예종 등 제1차 인혁당 관련자들이 1972년 남북 대화의 틈을 타 인혁당을 재건하기 위한 준비 모임을 만들고 대학생 지하 단체인 민청학련(전국민주청년학생총연맹)을 배후 조종하여 1974년 4월 대규모 정부 전복 시위를 배후 조종했다는 혐의로 중형을 받은 사건을 말한다. 관련자들은 1975년 4월 대법원에서 도예종 등 여덟 명이 사형 선고를 받는 등 23명이 중형을 선고받았다. 정부는 대법원의 판결이 난 다음 날 바로 사형을 집행했는데, 이로 인해 과도한 처벌, 인권 침해 등 이유로 국제 사회로부터 많은 비난을 받았다.

④ 남민전 사건은 1979년 10월 적발, 처벌된 사건이다. 남민전(남조선민족해방전선준비위원회)은 유신 체제 반대 민주화 운동으로 포장했으나 실제는 김일성의 주체사상에 입각하여 한반도 공산화를 지향한 반국가 단체였다. 이들은 남베트남 내 '남베트남 민족해방전선'을 모방했다. 이들은 자금을 마련하기 위해 동아건설 최원석 회장 집 등에 들어가 강도 행각을 벌이다 적발되었다. 이들은 종북 단체는 맞으나 북한과의 연계성이 부족해 북한 지령에 따른 지하당으로 보기는 힘들다.

⑤ 동백림 사건은 1967년 7월 적발된 대규모 간첩단 사건으로, 당시 공산 국가였던 동독의 수도 동베를린에 있던 북한대사관과 접촉하거나 포섭된 인사들을 대거 적발하여 처벌한 사건이다. 독일 유학을 했던 명지대 임석진 교수가 박정희 대통령에게 직접 자수하면서 밝혀진 사건이다. 독일에 있던 음악가 윤이상, 프랑스에 있던 화가 이응노 등 유럽에 있던 인사, 유학생 등이 귀국 조치 당해 수사를 받았다. 일부 관련자들은 북한 방문, 북한으로부터 공작금·지령 수수 등 관련 범죄가 드러나 법원으로부터 엄중한 처벌을 선고받았으나 서독·프랑스 등 선진국들의 압박으로 곧바로 풀려났다.

▲ 동백림 사건으로 법정에 선 음악가 윤이상

◀ 동백림 사건으로 법정에 선 화가 이응노

정답 : ②

---

22. 1968년 11월 강원도 평창에 살던 이승복은 북한에서 내려온 무장 공비들에게 '나는 공산당이 싫어요'라고 했다가 잔혹하게 살해되었다. 이승복 어린이 사건과 가장 관계 깊은 것은 무엇인가?

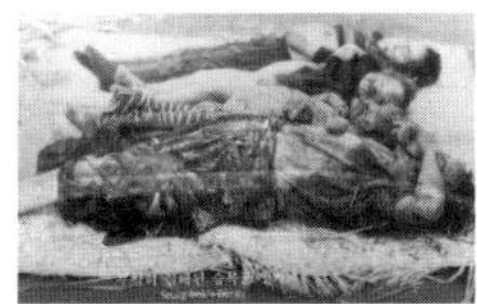
무참히 살해된 이승복 어린이 가족의 모습

① 울진 삼척 무장 공비 침투 사건   ② 1·21사태

③ 다대포 무장 간첩 사건   ④ 강릉 잠수함 침투 사건

⑤ 동백림 사건

① 1968년 11월 120여 명의 북한 무장 공비가 울진·삼척 지역에 침투하였다. 공비들은 자신들의 실체가 적발되자 흩어져 북으로 복귀하기 시작하였다. 이 중 다섯 명이 강원도 평창군 계방산 중턱에 위치한 이승복 어린이 집에 나타나 음식을 내놓으라고 하면서 공산주의를 선전했다. 이에 초등학교 2학년이었던 이승복 어린이가 '나는 공산당이 싫어요'라고 말하자, 격분한 공비들이 이승복 어린이의 입을 찢어 죽이고 가족들도 잔인하게 살해하였다. 현장에서 피습을 당한 사람 중 이승복 어린이의 형인 이학관만이 구사일생으로 살아남아 실상을 증언했다. 평창군 용평면 계방산 자락에는 이승복어린이기념관이 있다.

울진 삼척 무장 공비 사건은 6·25전쟁 후 가장 큰 규모(120여 명)의 무장 병력을 침투시킨 무장 공비 사건이었다. 1968년 11월에 일어난 이 사건은 1968년 1월에 일어난 1·21청와대 기습 사건(1.21), 미 해군 정보수집함 푸에블로호 납치 사건(1.23)과 함께 북한의 대남 무력 도발이 최고조에 달했음을 알려주었다.

▲ 좌초된 북 잠수함(1996. 9)

④ 1996년 9월 북한 인민무력부 정찰국 소속 무장 공비가 강릉시 강동면 안인진리 해안에 북한 잠수함으로 침투했다가 좌초한 사건이다. 잠수함이 암초에 부딪혀 좌초한 것을 목격한 택시 기사의 신고를 받고 출동한 군경은 대남 공작선임을 확인하고 군·경·예비군 합동 작전에 돌입하였다. 육지에 올라온 북한 공작원 15명은 도피에 장애가 되는 동료 승조원 11명을 사살한 후 산악을 통해 탈출을 시도하였다. 군·경·예비군은 산악 지대를 3중으로 봉쇄하고 무장 간첩 수색 작전을 전개하였는데, 53일간의 작전 끝에 한 명(이광수)을 생포하고 13명을 사살하였다. 한 명은 북한으로 도주한 것으로 추정되었다.

▲ 이 잠수함은 현재 발견 지점 해안가 강릉통일공원에 전시되어 있다.

①：답

---

23. 다음은 1960년대 후반 북한이 자행한 무력 도발 사건들이다. 1960년대 사건이 아닌 것은 무엇인가?

① 1·21청와대 습격사건

② 판문점 도끼 만행 사건

③ 푸에블로호 납치 사건

④ 울진 삼척 무장 공비 침투 사건

⑤ 미 해군 EC-121 정찰기 격추 사건

② 판문점 도끼 만행 사건은 1976년 8월에 일어난 사건이다.

① 1·21청와대 습격 사건은 1968년 1월 21일에 일어난 사건이다.

③ 북한이 미국 해군 정보수집함 푸에블로호를 납치한 것은 1968년 1월 23일에 일어난 사건이다.

⑤ EC-121 격추 사건은 일본 해군 비행장을 출발한 미 해군 소속 EC-121 조기경보기가 1969년 4월 15일 북한군 전투기의 공격을 받고 동해 상에서 추락한 사건이다. 탑승한 승무원 31명 전원이 사망했다.

정답 : ②

24. 제3공화국 당시 경제 성장 정책 중 경부고속도로 건설에 대한 설명 중 옳지 않은 것은 무엇인가?

경부고속도로 개통

① 박정희 대통령이 1964년 서독 방문 때 고속도로 아우토반을 본 후 깊은 인상을 받고 경부고속도로를 계획하였다.

② 경부고속도로 건설 계획 수립과 추진에 대해 야당 등의 반대가 극심하였다.

③ 일본에 대한 경제 종속, 고속도로 불필요, 부자 정책 등 다양한 반대 논리가 등장하였다.

④ 경부고속도로는 전국을 일일 생활권으로 만들었고 경제 성장의 혈맥 역할을 하였다.

⑤ 정부는 1970년 2월 경부고속도로를 착공하였고 1974년 7월에 완공하였다.

| 해 설 |

⑤ 정부는 1968년 2월 경부고속도로를 착공하였고, 2년 5개월 만인 1970년 7월에 완공, 개통하였다.

① 박정희 대통령은 1964년 경제 성장에 필요한 차관을 얻기 위해 서독을 방문했다. 이때 서독의 경제 부흥을 이끈 고속도로 아우토반을 보고 깊은 인상을 받고 돌아와 경부고속도로 건설을 제2차 경제개발 5개년계획에 포함시켰다.

정답 : ⑤

25. 다음의 글이 발표된 시기보다 앞서 일어난 역사적 사건은 어느 것인가?

우리는 민족중흥의 역사적 사명을 띠고 이 땅에 태어났다. 조상의 빛난 얼을 오늘에 되살려 안으로 자주독립의 자세를 확립하고 밖으로 인류공영에 이바지할 때다. 이에, 우리의 나아갈 바를 밝혀 교육의 지표로 삼는다. ……

반공 민주정신에 투철한 애국애족이 우리의 삶의 길이며 자유세계의 이상을 실현하는 기반이다. 길이 후손에 물려줄 영광된 통일 조국의 앞날을 내다보며 신념과 긍지를 지닌 국민으로서 민족의 슬기를 모아 줄기찬 노력으로 새 역사를 창조하자.

① 경부고속도로 개통　　　　　　② 새마을운동 제창

③ 향토예비군 창설　　　　　　　④ 포항제철 착공

⑤ 8·15평화통일 구상 선언

| 해 설 |

이 글은 국민교육헌장이고, 이 글의 선포식은 1968년 12월 5일에 행해졌다. 국민교육헌장 선포식이 있기 전에 발생한 사건은 향토예비군 창설이다. 향토예비군은 1968년 4월에 창설되었다.

경부고속도로 개통은 1970년 7월, 박정희 대통령이 처음으로 새마을운동을 제창한 것은 1970년 4월, 포항제철 착공은 1970년 4월, 8·15평화통일 구상 선언은 1970년 8월에 있던 일이다.

▲ 국민교육헌장 선포식

答：③

26. 다음은 제3공화국에서 일어난 사건들이다. 시대순으로 맞게 늘어놓은 것은 무엇인가?

(1) 국가재건최고회의 조직　(2) 한일협정 체결　(3) 베트남 전투병 파병

(4) 국민교육헌장 선포　(5) 한미 행정 협정 체결

① (5)(1)(3)(2)(4)　　　　　　② (1)(2)(3)(5)(4)

③ (1)(2)(3)(4)(5)　　　　　　④ (1)(3)(2)(4)(5)

⑤ (5)(1)(3)(4)(2)

| 해 설 |

(1) 국가재건최고회의 조직(1961.5) - (2) 한일 협정 체결(1965.6) - (3) 베트남 전투병 파병(1965.8) - (5) 한미 행정 협정 체결 (1966.7) - (4) 국민교육헌장 선포(1968.12)

(5) 6·25전쟁 휴전 이후 한미상호방위조약이 체결됨에 따라 미군이 주둔하게 되었다. 이에 따라 한·미 양국은 주한 미군 지위 협정을 1966년 7월 조인하였고, 1967년 2월 발효케 하였다.

주한 미군 지위 협정은 약칭 SOFA(Status of Forces Agreement)라고 하며, 원 명칭은 "대한민국과 아메리카 합중국 간의 상호방위조약 제4조에 의한 시설과 구역 및 대한민국에서의 아메리카 합중국 군대의 지위에 관한 협정"이다.

그간 한미 행정 협정이라는 명칭이 많이 사용되었지만 '행정 협정'이라는 명칭이 국회에서 정식 비준되지 않은 약식 조약 을 의미하는 것으로 부적절하다는 지적에 따라 최근에는 잘 사용하지 않는다.

ⓐ : 됨

27. 다음은 1969년 박정희의 중임 횟수를 3회로 연장하기 위한 3선 개헌을 둘러싼 사건들이다. 옳지 않은 것은 무엇인가?

① 6·8부정선거

② 한국복지회 사건

③ 윤필용 사건

④ 4·8항명 사건

⑤ 본회의장 이동 등 변칙 표결

| 해 설 |

③ 윤필용 사건은 3선 개헌 파동이 있은 지 한참 후인 1973년 4월에 발생한 사건으로 3선 개헌 파동과는 관계가 없다. 윤 필용 사건은 당시 수도경비사령관이던 윤필용이 한 회식자리에서 중앙정보부장이던 이후락에게 "박정희 대통령은 노쇠 했으므로 형님이 후계자가 되어야 한다"라고 말한 것 때문에 윤필용과 측근 군 간부들을 쿠데타 모의 혐의로 중형에 처한 사건을 말한다.

① 1967년 5월 실시된 제6대 대통령 선거에서 박정희 대통령은 윤보선과 재대결을 해 116만 표차로 낙승하였다. 대선에 이어 다음 달(6.8) 실시된 제7대 국회의원 선거에서 여당인 공화 당은 부정 선거 수법을 동원하여 총의석 175석 중 129석을 획득했다. 공화당이 확보한 의석 은 헌법 개정에 필요한 재적 3분의 2 의석을 13석이나 초과한 것이었다. 선거 후 신민당 등 야당에서는 6·8선거를 부정 선거로 규정하며 공화당을 공격하였고, 학생들은 전국 곳 곳에서 부정 선거 항의 시위를 벌였다. 실제로 266건의 선거 소송이 제기될 정도였다. 공 화당이 부정 선거를 감행한 것은 박정희 대통령의 대통령 3선 출마가 가능하도록 헌법을 개정하는 데 필요한 개헌 정족수(재적의원 3분의 2)를 확보하기 위한 것이었다.

▲ 6·8부정 선거 보도(동아일보)

② 1968년 5월 드러난 '국민복지회 사건'은, 김종필의 측근인 공화당 김용태 의원 등이 '한국국민복지연구회'를 만들어 1971년 4월 대통령 선거에서 김종필을 박정희의 후계자로 내세우려는 공작을 벌인 사건이다. 이 사건을 계기로 김종필은 공화당 의장직을 사임하고 나아가서 공화당 탈당을 거쳐 정계 은퇴를 하기에 이르렀다. 이는, 박정희 대통령이 자신의 '대선 3선'에 지장을 주는 장애물이 된 김종필을 몰아낸 사건이다.

④ 1969년 1월초 민주공화당 윤치영 의장 서리가 기자회견을 통해 3선 개헌 필요성을 언급하는 것을 시작으로 하여 박정희의 3선을 가능하도록 만들기 위한 개헌 논의가 일어났다. 이에 대해 야당인 신민당은 결사 저지의 결의를 보였고, 여당인 민주공화당에서는 찬성파와 반대파로 분열되어 있었다. 개헌 논의 와중에 4·8항명 사건이 일어났다. 야당이 권오병 문교부장관에 대한 해임 건의안을 발의했는데, 여당인 민주공화당 의원 중 개헌 반대파에 속하는 40여 명이 당명을 어기고 야당 측에 동조하여 권오병 해임 건의안을 통과시켰다. 이를 4·8항명 사건이라고 한다. 공화당 총재인 박정희 대통령은 주모자 다섯 명을 색출하여 제명하고 그 동조자들을 강력하게 협박하여 3선 개헌에 반대하는 태도를 포기하도록 만들었다.

⑤ 3선 개헌안은 1969년 9월 국회에 상정되었는데, 야당인 신민당이 결사 항전의 자세로 국회 본회의장에서 농성 중이었다. 국회 본회의장에서 회의 진행이 불가능하다고 본 여당인 공화당은 소속 의원 122명을 국회의사당 길 건너에 있는 국회 제3별관 특별 회의실로 집결시켜 은밀하게 3선 개헌안을 통과시켰다.

⑧ : 답

28. 포항제철 건설에 대한 설명 중 옳지 않은 것은 무엇인가?

포항제철 준공식에 참석한 박정희 대통령

포항제철 고로 입화식(火 入 式)

① 포항제철이 건설됨으로써 1970년대 중화학 공업 발전의 한 기둥이 되었다.

② 1970년 4월 1일에 착공하여 3년 3개월 만인 1973년 6월 9일에 완공하는 눈부신 성과를 이루었다.

③ 박태준은 종합 제철 건설 기술을 지원받기 위해 일본에 요청했으나 무산되자 자체 기술 개발로 성공을 거두었다.

④ 포항제철은 연간 103만 톤 규모의 종합 제철소로 출발했으며, 1981년까지 850만 톤으로 확장하였다.

⑤ 포항제철의 건설하는 데 대일청구권 자금의 일부를 전용하였다.

| 해 설 |

③ 박태준은 제철 기술을 획득하기 위해 일본 정재계 인물들을 설득하여 당시 일본 야하타 제철(1970년 신일본제철로 개칭)의 이나야마 사장을 감동시켰다. 박태준의 애국심과 열정에 감복한 이나야마 사장은 적극적으로 박태준을 후원하는 한편 일본 제철 회사들이 포항제철을 지원토록 하였다. 박태준은 일본의 철강 3사들을 방문, 설득하여 제철 기술을 획득할 수 있었다.

①② 박태준을 중심으로 한 포항제철 건설 인력은 제철보국(製鐵報國)을 기치로 제철소 건설에 나섰다. 1970년 4월 1일 포항제철 착공 때 박태준은 "고귀한 선조의 피값으로 시작한 제철소 건설에 실패하면 우리 모두 우향우하여 동해 바다에 몸을 던져야 한다"라고 강조하였다. 이런 필사의 각오('우향우 정신')로 작업에 임하여 포항 모래밭에 3년 3개월 만에 연간 생산 103만 톤 규모의 포항제철 건설을 완료하였다. 포항제철이 있었기에 박정희 정부가 중화학 공업 정책을 원만하게 추진할 수 있었다.

④ 포항제철은 1985년 전남 광양에 광양제철소를 건설함으로써 제선 능력을 획기적으로 증가시켰다. 광양제철소는 1992년까지 1,140만 톤의 생산 능력을 갖추었다.

⑤ 포항제철 건설의 책임을 맡은 박태준은 자금 확보가 불가능하게 되자, 대일청구권 자금 활용 방안을 착안한 후 직접 일본 정계 인사들을 담판을 통해 설득하는 데 성공하여 농업 분야에 사용키로 했던 대일청구권 자금을 포항제철에 전용토록 하였다. 1965년 한일 협정을 체결하면서 무상 3억 달러, 유상 재정 차관 2억 달러, 상업 차관 3억 달러의 대일청구권 자금을 받았는데, 이 중 무상 차관 및 재정 차관의 51%인 2억 5,000여만 달러를 포항제철 건설 및 원자재 구입에 사용하였다. 나머지는 경부고속도로와 소양강댐 건설, 철도 시설 개량, 농림수산업 및 광공업 육성 등에 사용하였다.

정답 : ⑤

29. 다음은 박정희 대통령이 작사, 작곡한 새마을운동 노래의 가사이다. 새마을운동에 대한 설명 중 옳지 않은 것은 무엇인가?

> "새벽종이 울렸네. 새아침이 밝았네. 너도 나도 일어나 새마을을 가꾸세.
> 살기 좋은 내 마을 우리 힘으로 가꾸세.
>
> 초가집도 없애고 마을길도 넓히고 푸른 동산 만들어 알뜰살뜰 다듬세.
> 살기 좋은 내 마을 우리 힘으로 가꾸세.
>
> 서로서로 도와서 땀 흘려서 일하고 소득 증대 힘써서 부자 마을 만드세.
> 살기 좋은 내 마을 우리 힘으로 가꾸세."

① 새마을운동 기록물은 2013년 6월 난중일기와 함께 유네스코 세계기록유산으로 등재가 결정되었다.

② 이 운동은 박정희 대통령이 1970년 4월 지방 장관 회의 때 제창한 국민 운동이다.

③ 이 운동은 농촌 소득 증대 운동에서 시작하여 농촌 환경 개선 운동으로 확산되었다.

④ 농촌 새마을운동이 효과를 거두자 1975년부터는 도시와 공장으로 확산되었다.

⑤ 아시아·아프리카 후진국·개발도상국 등 지구촌으로 확산되고 있다.

| 해 설 |

③ 새마을운동은 농촌 환경 개선 운동에서 시작하여 농촌 소득 증대 운동으로 확대되었다.

④ 새마을운동은 농촌 새마을운동에서 도시와 공장 새마을운동으로 확산되었다.

정답 : ③

30. 새마을운동의 시발점이 된 이 주장에 대한 설명으로 옳지 않은 것은 무엇인가?

> "주민들의 자발적 의욕이 일어나지 않은 농촌은 5,000년의 세월이 지나도 부흥하지 못하고 지금의 빈곤을 반복할 것이다. …… 빈곤은 자기 운명이라고 한탄하면서 정부가 뒤를 밀어주지 않으므로 빈곤 속에 있다고 탄식하며 자기의 빈곤을 타인의 책임인 것처럼 불평을 늘어놓는 농민은 몇 백 년의 세월이 걸려도 일어설 수 없다. …… 우리 스스로가 우리 마을을 우리 손으로 가꾸어 나간다는 자조, 자립 정신을 불러일으켜 땀 흘려 일한다면 모든 마을이 머지않아 잘살고 아담한 마을로 그 모습을 바꾸어지리라고 확산한다. 이 운동을 새마을 가꾸기 운동이라 해도 좋을 것이다."

① 박정희 대통령이 1970년 4월 지방 장관 회의 때 했던 발언이다.

② 박정희 대통령이 1969년 태풍 피해를 입은 경남 지역을 시찰하러 가다 청도군 신도리 마을을 보고 착상한 것이다.

③ 새마을운동의 기본 정신은 근면, 자조, 협동 정신이다.

④ 새마을운동이 성공을 거둔 것은 "우리도 할 수 있다"라는 자신감을 자극한 데 있다.

⑤ 초가 지붕 개량, 마을 도로 개설 등 농촌 마을 개량을 위해 모든 마을에 공평하게 시멘트를 지원하였다.

| 해 설 |

⑤ 1971년 9월 박정희 대통령이 새마을운동을 천명한 다음 해인 1972년 정부는 전해 실적을 근거로 양호한 1만 6,600개 마을에 시멘트 500부대와 철근 1톤을 내려보내 초가지붕 개량, 마을 도로 개설 등 농촌 환경 개선 사업에 쓰도록 했다. 실적이 나쁜 마을에는 지원하지 않았다. 그랬더니 6,108개 마을이 추가로 사업에 참여하였다.

▲ 지붕 개량 모습

나아가 정부는 기초마을, 자조마을, 자립마을로 등급을 매기고 정부의 지원을 달리함으로써 선의의 경쟁심을 자극하였다. 새마을운동은 이러한 선의의 자극에 따라 전국 마을로 요원의 불길처럼 번져갔다. 박정희 대통령이 사망한 1979년 말까지 전국 3만 4,871개 마을 가운데 3만 3,893개(97%) 마을이 자립마을로 승격하고, 나머지 976개 마을은 자조마을이 되었으며, 기초마을은 하나도 남지 않았다.

答 : ⑤

31. 대한민국이 대북 정책에서 지속된 무력 대결 노선을 벗어나 처음으로 평화 공존적 노선으로 전환한 분기점은 무엇인가?

① 8·15평화 통일 구상 선언

② 7·4남북 공동 성명

③ 6·15공동 선언

④ 7·7선언(민족 자존과 통일 번영을 위한 특별 선언)

⑤ 6·23특별 선언(6·23평화 통일 외교 정책 선언)

| 해 설 |

①④⑤ 대한민국이 북한과의 평화 공존 노선을 처음으로 발표한 것은 1970년 8월 15일 발표한 평화 통일 구상에서이다.

박정희 대통령은 미국 대통령의 닉슨 독트린 발표(1969.7) 후 대북 정책 노선이 평화 공존의 방향으로 변해야 할 필요성을 절감했다. 1960년대 후반부터 일어난 미국의 베트남전 반대 분위기가 미국을 비롯, 세계적으로 광범하게 일어나고 있었다. 이때 미국 대통령에 당선된 닉슨은 미군의 베트남 철수와 공산권 국가와의 교류를 통한 평화 공존 정책을 추진하였다(데탕트 분위기). 닉슨 대통령은 1969년 7월 닉슨 독트린을 발표(미국은 베트남 등 아시아에의 군사 개입 중단, 아시아 각국은 내전·전쟁에 스스로 대처해야 함이 주요 내용)하였고, 이후 미군의 베트남 철수를 단행하였다.

닉슨 독트린 노선에 따라 주한 미군의 철수도 거론되고, 앞으로는 북한의 군사 도발을 한국 스스로 해결해야 할 것으로 예상되는 상황이었다. 이러한 상황에서 박정희 대통령은 대북 정책의 기조가 종전의 무력 대결 일변도에서 남북한 평화 공존을 지향하는 방향으로 변경되어야 한다고 판단, 평화 공존 및 평화 통일 정책 의지를 밝히는 '8·15평화 통일 구상'을 선언하였다. 이 선언 이후 남북 적십자 회담(1971.8)과 7·4남북 공동 성명(1972.7)으로 이어지는 남북 대화들, 그리고 6·23특별 선언(6·23평화 통일 외교 정책 선언, 1973.6) 등 기존과 다른 획기적인 대북 정책이 펼쳐졌다.

▲ 닉슨 독트린 발표(1969.7.25)

① : 답

32. 박정희 대통령은 1970년 8월 15일 광복 25주년 경축사에서 8·15평화 통일 구상을 밝혔다. 기존의 대결적 태도에서 벗어나 대북 평화 공존 노선으로 전환한 배경에 대한 설명으로 맞지 않는 것은 무엇인가?

① 월남전

② 닉슨 독트린

③ 데탕트

④ 북한의 도발 방지

⑤ 북한의 수용적 태도

| 해 설 |

8·15평화 통일 구상은 박정희 대통령이 일방적으로 선언한 것이었고, 당시 북한은 그에 대해 수용적 태도를 보이지 않았다.

答 : ⑤

33. 급속한 경제 발전 과정에서 근로자들의 희생도 뒤따랐다. 이러한 열악한 근로 조건에 항의하여 이후 노동 운동의 시발점이 된 사건은 무엇인가?

① 전태일 분신 사건

② YH 사건

③ 강경대 사건

④ 박종철 사건

⑤ 이한열 사건

| 해 설 |

① 전태일은 서울 평화 시장의 재단사로서 열악한 근로 조건에 항의하여 1970년 11월 분신 자살하였다. 노동 운동권에서는 전태일의 분신을 노동 운동을 촉발시킨 시발점으로 보아 높이 평가한다.

③ 강경대 폭행 치사 사건은 1991년 4월 명지대학생 강경대가 시위 도중 사복 경찰 체포조에 의해 구타당해 사망한 사건이다.

④ 박종철 고문 치사 사건은 1987년 1월 서울대학생 박종철이 경찰의 조사를 받던 중 물고문과 폭행으로 사망한 사건이다. 이 사건은 1987년 6·10항쟁의 자극제 역할을 하였다.

⑤ 이한열 사망 사건은 1987년 6월 9일, 연세대학생 1천여 명이 연세대 정문 앞에서 시위를 벌이던 중 연세대 2학년생 이한열이 경찰이 쏜 최루탄에 맞아 혼수 상태에 빠졌고 다음 달 사망한 사건이다. 혼수 상태에 빠진 그의 모습이 다음 날 신문에 보도되자, 전국적인 6·10항쟁으로 확산되었다.

答 : ①

4) 제7대 박정희 대통령 시기 (1971.7.1~1972.12.26)

34. 박정희 정부는 1972년부터 국토종합개발계획(1972~1981)의 일환으로 4대강 유역 종합 개발을 추진하였다. 이 정책에 관한 내용과 거리가 먼 것은 무엇인가?

① 4대강이란 한강, 낙동강, 금강, 영산강을 말한다.

② 매해 반복되는 가뭄과 홍수 피해를 없애려는 목적이었다.

③ 식량을 증산하고 공업용수 및 생활용수를 확보하려 했다.

④ 종합 개발 사업의 중심 사업은 다목적댐 건설이었다.

⑤ 이때 한강에 만들어진 댐으로는 소양강댐, 평화의 댐 등이 있다.

| 해 설 |

⑤ 평화의 댐은, 1987년 전두환 정부 때 북한의 금강산댐 건설로 수공 위협을 느끼고 대응 댐으로 만들기 시작한 것이다. 평화의 댐이 현재의 모습으로 완공된 것은 실제 북한의 수공 위협이 가시화된 노무현 정부 때다. 박정희 정부 때 국토종합개발계획 일환으로 만든 댐으로는 한강 유역의 소양강댐, 충주댐, 낙동강 유역의 안동댐, 합천댐, 금강 유역의 대청댐, 영산강 유역의 장성댐 등이 있다.

▲ 평화의 댐

⑤ : 답

35. 이후락 중앙정보부장은 비밀리에 북한 김일성과 만나고 고위 정치 협상을 추진하여 조국의 통일 원칙과 긴장 완화 등 7개항에 합의하였다. 이에 근거하여 1972년 7월 4일 열 시 서울과 평양에서 동시에 남북 공동 성명을 발표했는데, 평양에서는 김영주 노동당 지도부장이, 서울에서는 이후락 중앙정보부장이 각각 합의한 성명을 발표하였다. 이때 발표한 7·4남북 공동 성명의 내용이 아닌 것은 무엇인가?

박정희 대통령과 박성철 북한 제2부수상

이후락 중앙정보부장과 김일성

① 외세에 의존하거나 외세의 간섭 없이 자주적으로 해결하여야 한다.

② 서로 상대방을 반대하는 무력 행사에 의거하지 않고 평화적 방법으로 실현하여야 한다.

③ 사상과 이념 및 제도의 차이를 추월하여 우선 하나의 민족으로서 민족적 대단결을 도모하여야 한다.

④ 합의 사항의 추진과 남북 사이의 문제 해결, 통일 문제의 해결을 목적으로 남북조절위원회를 구성, 운영키로 하였다.

⑤ 남측의 연합 제안과 북측의 낮은 단계의 연방 제안이 서로 공통성이 있다고 인정하고 앞으로 이 방향에서 통일을 지향하기로 하였다.

| 해 설 |

1972년 5월 초 이후락 중앙정보부장(현 국가정보원장)이 비밀리에 북한을 방문, 김일성과 만났고, 5월 말 건강이 좋지 않았던 김영주 북한 노동당 조직지도부장(김일성 친동생)을 대신하여 박성철 북한 제2부수상이 비밀리에 남한으로 내려와 박정희 대통령과 만나 7·4남북공동성명 내용을 사전협의 하였다.

⑤ 이것은 2000년 김대중 대통령이 김정일과 합의한 6·15공동 성명에 들어 있는 내용이다.

⑤ : 답

36. 다음은 7 · 4남북 공동 성명에 대한 설명이다. 옳지 않은 것은 무엇인가?

① 7 · 4성명은 남한의 이후락 중앙정보부장이 평양을 비밀 방문하여 북한 주석 김일성 및 북한 노동당 조직지도부장 김영주와 회담을 갖고 서울로 귀환한 직후 서울과 평양에서 동시에 발표한 것이다.

② 이 성명은 남북 통일의 원칙으로 자주 · 평화 · 민족적 대단결의 3대 원칙을 천명했다.

③ 이 성명이 천명한 조국 통일 3대 원칙은 김일성이 이후락에게 제시한 것이다.

④ 이 성명에 통일 원칙으로 제시된 '자주'의 의미를 북한 측은 '미국 배제'로 주장해왔다.

⑤ 이 성명은 남북한 간의 제반 문제의 해결과 3대 원칙에 따른 통일 추진을 위해 남북조절위원회를 구성 · 운영할 것을 천명했다.

| 해 설 |

① 7 · 4성명은 이후락 중앙정보부장이 평양을 비밀 방문하고 서울로 귀환한 직후 발표된 것이 아니다. 이 성명은 이후락의 평양 방문 후 2개월간의 남북 접촉을 가진 후에 발표된 것이다. 이후락은 1972년 5월 초 비밀리에 평양을 방문하여 북한 노동당 조직지도부장 김영주와 회담하고 김일성을 만났다. 이후락이 평양을 방문하고 온 후 북한의 내각 제2부수상 박성철이 김영주를 대신하여 서울을 비밀 방문, 이후락과 회담하고 박정희 대통령을 만났다. 남북한의 실무자들은 평양에서의 이후락 · 김영주 회담과 서울에서의 이후락 · 박성철 회담에서 합의된 사항들을 토대로 남북 공동 성명을 작성했으며, 그해 7월 4일 이 공동 성명을 서울과 평양에서 동시에 발표했다. 이것을 7 · 4공동 성명이라 한다.

▲ 이후락 중앙정보부장의 7 · 4남북
공동 성명 발표(1972.7.4)

① : 답

37. 박정희 대통령이 독재적 유신 체제로 간 배경으로 보기 힘든 것은 무엇인가?

① 동서 냉전의 긴장 완화

② 자주적 국방 정책 추진

③ 제7대 대선에서 김대중의 선전

④ 중화학 공업화 선언

⑤ 긴급조치 9호

| 해 설 |

⑤ 긴급조치는 유신 체제 형성 배경이 아니라 유신 체제 출범 후에 취해진 조치이다.

①②④ 닉슨 대통령의 닉슨 독트린(1969) 발표 이후 미군의 베트남 철수(1969~73), 닉슨의 중공 방문(1972) 등 동서 긴장 완화가 세계적 추세가 되었다. 이 여파는 주한 미군에도 영향을 미쳤는데, 미국은 박정희 정부의 강력한 반대에도 불구하고 2만 명의 미군을 철수시켰다. 이에 박정희 대통령은 큰 충격을 받았고 자주 국방의 한계를 절감하였다. 특히 박정희 대통령은 북한을 남북 대화로 이끌어내 북한의 위협을 약화시켜 보려고 1972년 역사적인 7·4남북 공동 성명을 발표했으나 더 이상의 남북 대화로 연결시키지는 못했다. 북한의 위협을 축소시키려는 박정희 정부의 노력이 무위로 돌아간 것이다. 결국 우리 스스로 자주 국방 정책을 강력히 추진하지 않으면 안 된다는 결론에 이르렀다.

이에 박정희 대통령은 자주 국방을 위한 군수 산업 육성 정책을 추진하고 이를 뒷받침하기 위한 중화학 공업 정책을 선언하였다. 군수 산업 육성 정책과 중화학 공업 정책은 장기간에 걸친 강력한 통치력의 뒷받침이 있어야 했다. 이러한 상황에서 박정희 정부가 유신 체제라는 강력한 독재 체제를 구축했다는 주장이 있다.

③ 1972년 4월 제7대 대통령 선거에서 박정희 대통령은 김대중 후보와의 대결에서 힘겹게 승리하였다. 박정희 후보가 94만 표차로 승리를 했으나 여당의 관권·금권 선거가 동원된 측면을 고려한다면 실질적으로 패배한 것이나 다름없었다는 분석도 있다. 대선 다음 달인 5월 실시된 국회의원 선거는 더 충격적이었다. 전국구 의석을 포함하여 공화당이 131석을 얻은 데 반해 신민당이 89석을 획득하였다. 야당이 개헌 저지선(3분의 1)보다 20석 이상을 더 차지한 것이다. 이제 국회 표결에 의한 정상적인 방법으로는 헌법 개정이 불가능하고, 대통령 직선제로는 대통령 당선이 어려울 수 있다는 상황에 이르렀다.

▲ 김대중 후보 선거 벽보

③ 3선 개헌에 성공한 박정희는 1971년 대통령 선거에 다시 나섰다. 야당의 김대중 후보는 4대국 안전보장론, 대중경제론, 3단계 통일론, 예비군 폐지 등을 내세우며 바람을 일으켰다.

⑤ : 답

 '10월 유신'으로 시작된 유신 체제에 대한 설명 중 옳지 않은 것은 무엇인가?

10월 유신을 보도한 동아일보(1972.10.18일자)

① 박정희 대통령은 1972년 10월 17일 10월 유신이라는 4개항의 특별 선언을 발표하였다.

② 국회 해산, 정당 활동 중지 등 일부 헌법 기능을 정지한 초헌법적 조치였다.

③ 유신 체제는 '한국적 민주주의 토착화'를 내걸었으나 자유민주주의를 크게 후퇴시켰다.

④ 유신 체제는 주한 미군 철수 등 데탕트 분위기 등 안보 위기 상황에서 등장하였다.

⑤ 10월 유신 조치에 따라 직선제 대통령제의 유신헌법이 만들어지고 12월 27일 제4공화국이 출범하였다.

| 해 설 |

⑤ '10월 유신'에 따라 대통령 간선제의 유신헌법이 만들어졌고, 이 헌법에 따라 12월 27일 제4공화국이 출범하였다.

③ 유신 체제로 대통령은 어떤 권력으로부터도 통제를 받지 않는 절대적 권력을 가졌다. 박정희 대통령은 대통령 선출 제도를 국민에 의한 직선제가 아니라 통일주체국민회의에 의한 간선제로 바꾸었다. 그는 대통령 임기 규정을 없앰으로써 대통령의 종신 집권을 보장하였다. 실제로 유신헌법(1972.12)에 따라 통일주체국민회의에서 실시한 대통령 선출은 한마디로 대통령 추대였다. 경쟁자가 없는 가운데 박정희 후보의 단독 출마, 당선이었다. 이로써 박정희 대통령은 6년 임기의 제8대 대통령에 다시 취임하였다. 이런 선거로는 박정희 대통령이 종신 집권할 수밖에 없는 구조였다. 국회의원도 3분의 1을 대통령이 추천하면 통일주체국민회의에서 임명하는 구조였기 때문에 이변이 없는 한 여당이 다수당을 유지할 수 있었다.

이렇듯 유신 체제 특히 통일주체국민회의는 국민을 대신한 최고 주권 기관으로서 국민의 뜻을 왜곡하였다. 통일주체국민회의는 대통령을 선출할 뿐 아니라 대통령의 추천을 받아 국회의원 3분의 1을 임명할 권한을 가졌으며, 국가의 안전 보장과 관련된 중대한 사태가 발생했다고 판단될 경우, 대통령이 국정 전반에 걸쳐 긴급조치를 발동할 권한을 부여했다. 긴급조치는 법관의 영장 없이 사람을 체포·구금·압수·수색할 수 있었다. 이러한 유신 체제는 주권자인 국민의 뜻을 왜곡함으로써 대의 민주주의 원리를 부정하였다.

⑤ : 답

39. 다음은 10월 유신에 관한 서술들이다. 옳지 않은 것은 무엇인가?

① 민주공화당은 1971년 대통령에게 비상사태 선포 및 조치권을 부여하는 국가보위법을 통과시켜 10월 유신을 단행할 수 있도록 해주었다.

② 박정희 대통령은 국가보위법에 근거하여 1972년 10월 17일 전국에 비상계엄을 선포하고 국회 해산, 정당 및 정치 활동 금지 등의 조치를 취했으며 이후로는 비상국무회의가 입법 활동을 대신한다고 선언했다.

③ 박정희는 10월 유신의 목적을 국가 경제 발전을 위한 능률적인 정치 체제 구축과 중화학 공업 육성이라고 천명했다.

④ 비상국무회의는 유신헌법을 만들어 국민투표에 회부했으며, 부자유스런 분위기 속에 진행된 국민투표 결과 이 헌법은 91.5% 지지율로 통과되었다.

⑤ 박정희는 1972년 12월 통일주체국민회의 대의원 회의에서 대통령에 당선되어 유신 공화국(제4공화국)의 대통령이 되었다.

| 해 설 |

③ 박정희 대통령이 10월 유신의 명분으로 제시한 것은 경제적인 것이 아니었다. 그는 유신을 알리는 특별 선언에서 유신의 명분으로 "급변하는 국제 정세와 남북 관계, 그리고 국내 정치 상황에 효과적이고 능동적으로 대처하기 위한 일대 개혁"을 내세웠다.

④ 유신헌법은 국민투표를 거쳐 확정되었다.

答 : ③

1) 제8대 박정희 대통령 시기 (1972.12.27~1978.12.26)

40. 유신헌법에 대한 설명 중 옳지 않는 것은 무엇인가?

① 1972년 10월 17일의 비상조치와 그에 따른 대통령의 특별 선언을 제소하거나 이의를 제기할 수 없도록 헌법에 못 박았다.

② 통일주체국민회의에서 대통령을 선출하는 간접선거제를 채택하였다.

③ 대통령은 헌법적 효력을 갖는 긴급조치권, 일부 국회의원 추천권을 행사하는 등 영도적 대통령 지위를 가지게 되었다.

④ 비상국무회의에서 유신헌법 개정안을 만들었으며, 국민투표를 생략한 채 확정되었다.

⑤ 국회의원의 3분의 1은 대통령이 추천하고 통일주체국민회의에서 일괄 선출되었는데, 임기는 지역구 국회의원(6년)과 달리 3년이었다.

| 해 설 |

④ 유신헌법은 국민투표를 통해 확정되었다.

④ : 答

41. 다음 중 유신헌법의 내용이 아닌 것은 무엇인가?

① 대통령은 통일주체국민회의에서 선출

② 지방의회를 통일 달성 때까지 구성하지 않음

③ 법관은 대통령이 임명

④ 대통령이 제안한 헌법 개정안은 통일주체국민회의에서 확정

⑤ 대통령은 긴급조치권, 국회 해산권, 국회의원 3분의 1 추천권 등 행사

| 해 설 |

④ 대통령이 제안한 헌법 개정안은 국민투표로 확정한다.

答 : ④

42. 다음은 유신헌법의 특징적 요소들이다. 옳지 않은 것은 무엇인가?

① 국민의 기본권을 대폭 제한

② 대통령의 임기를 6년으로 연장

③ 대통령 중임 회수를 4회로 연장

④ 통일주체국민회의가 대통령을 선출

⑤ 대통령이 재적 3분의 1의 국회의원을 사실상 임명

| 해 설 |

③ 유신헌법은 대통령 중임 제한 규정 자체를 두지 않았다.

答 : ③

43. 박정희 정부의 유신 체제에 반대하여 일어난 반유신 투쟁에 대한 설명으로 사실과 다른 것은 무엇인가?

① 김대중 납치사건(1973.8)을 계기로 반유신 투쟁이 일어났는데, 1973년 말 종교인, 문인, 언론인이 유신 체제를 철폐하자는 백만 인 서명 운동을 시작했다. 이에 정부는 1974년 1월 긴급조치 1호를 발동하였다.

② 1973년 2월 실시된 제9대 국회의원 선거에서 국민은 공화당 대신 신민당과 민주통일당을 다수 선택함으로써 급기야는 여소야대 현상이 벌어졌다.

③ 1973년 가을부터 유신 체제 철폐를 요구하는 학생 운동이 거세게 일어났고, 정부는 1974년 4월 전국민주청년학생총연맹을 적발했다고 발표했다.

④ 1975년 4월 말 베트남이 공산화되고 캄보디아·라오스 등 동남아 국가들이 차례로 공산화된 직후 유신 정부는 1975년 5월 긴급조치 9호를 발표했으며, 그에 따라 반유신 투쟁이 한동안 잠잠해졌다.

⑤ 1977년 초 취임한 카터 미국 대통령은 한국 인권 상황을 비판하며 박정희 정부를 압박하자 반유신 운동권은 크게 고무되기 시작하였다.

② 1973년 2월 실시된 제9대 국회의원 선거에서 유신 정권에 대한 민심 이반 현상이 나타나 집권 여당인 공화당의 득표율이 39%, 신민당과 민주통일당 등 야당의 득표율이 48%로 나타났다. 그러나 국회 의석은 여당이 다수 의석을 차지했다. 득표율에서 앞선 야당이 다수 의석을 차지하지 못한 것은 1구 2인을 선출하게 된 중선거구제와, 대통령이 국회의원의 3분의 1을 추천하고, 이들을 통일주체국민회의에서 국회의원으로 선출하도록 규정하고 있는 유신헌법 때문이었다.

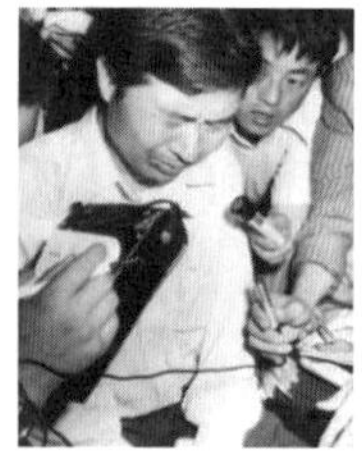

▲ 김대중이 납치 사건에 대한 인터뷰 중 눈물을 흘리는 모습

① 김대중은 일본과 미국에서 유신 체제에 저항하는 활동을 하고 있었는데, 중앙정보부 요원들이 일본 도쿄의 한 호텔에서 그를 납치, 5일 만에 국내로 데려다놓았다. 이 사건을 계기로 학생과 재야에서 반유신 투쟁이 본격적으로 일어났다. 이를 억압하기 위해 박정희 정부는 긴급조치 1호를 발표했다. 긴급조치 1호의 내용은 유신헌법을 비난하거나 개정과 폐지를 주장하는 일체의 행위를 금지한다는 것이었다.

④ 베트남·캄보디아·라오스 등이 공산화되자, 유신 정부는 위기감을 가지게 되었다. 정부는 안보 위기에 효과적으로 대처하기 위해 한다는 명분으로 긴급조치 9호를 발표했다. 긴급조치 9호는 유신 체제를 비판하거나 비방하는 일체의 행위를 금하며 그런 행위를 한 자에 대해서는 법관의 영장 없이 체포·구금·압수·수색을 할 수 있도록 했다. 이 조치는 국민의 기본 인권을 무시하는 반인권적인 것이다.

▲ 긴급조치 9호 발동에 대한 신문 기사

⑤ 카터 미국 대통령은 박정희 대통령을 압박하기 위해 주한 미군 철수안을 들고 나왔다. 이에 고무되어 1977년 가을부터 유신 체제에 저항하는 대학생들의 반유신 투쟁이 다시 일어났다. 반유신 투쟁으로 수감된 인사는 1977년 120명에서 1979년 1,239명으로 급증하였다. 그만큼 체제 불안도가 높아져갔다.

② : 吕

---

44. 박정희 대통령은 1973년 1월 '중화학 공업화 선언'을 하였다. 그 배경과 연관성이 적은 것은 무엇인가?

① 경공업 중심 수출 전략의 한계 인식

② 닉슨 독트린

③ 중동 건설 붐

④ 방위 산업 육성

⑤ 10월 유신

③ 중동 건설 붐은 '중화학 공업 선언' 이후 일어난 현상이므로 중화학 공업 선언과 직접적 연관성이 없다. 중화학 공업 선언 직후 오일 쇼크가 일어나 중화학 공업을 육성시키려는 한국에 큰 타격을 주었다. 그러나 오일 달러로 큰 돈을 번 중동 산유국들이 건설 붐을 일으켰다. 한국은 이 기회를 이용하여 중동 지역 건설 붐에 참여하여 경제 성장에 큰 도움을 얻었다.

①②⑤ 중화학공업 선언의 가장 큰 배경으로는 1960년대 말 국내외적으로 심각하게 제기된 국가 안보 위기 증폭 현상을 들 수 있다. 1968년 들어 북한의 대남 도발이 심각했다. 김신조의 청와대 기습 사건(1968.1), 푸에블로호 납치 사건(1968.1), 울진 삼척 무장 공비 침투 사건(1968.11) 등이 연이어 일어나 안보 불안을 증폭시켰다. 그런 가운데, 1969년 미국의 닉슨 대통령이 월남전에서 철수하기 위한 출구 전략으로 닉슨 독트린을 발표하였다. 미국은 앞으로 베트남전 같은 군사 개입을 피할 것이며 아시아 각국은 안보 문제를 스스로 책임져야 한다고 발표하였다. 닉슨 독트린 발표 이후 미군의 베트남 철수가 본격화되었고, 한국군도 자동적으로 베트남에서 철수하였다. 1973년 1월은 바로 베트남전 완전 철수(1973.1)를 눈앞에 둔 시점이었다. 당시 미군의 베트남 철수와 함께 주한 미군의 철수 문제도 거론되었다. 박정희 대통령으로서는 안보 불안을 심각하게 느끼지 않을 수 없었다. 그래서 대응 방안으로 자주 국방을 위한 조치들을 검토했다. 자주 국방을 위한 군수 산업을 육성해야 했고, 군수 산업 육성을 위해서는 중화학 공업 육성이 필수적이었다.

당시는 경공업 위주의 수출로는 한계에 직면해 고도 성장을 위한 새로운 돌파구가 필요한 시점이기도 했다. 1972년 5월 박정희 대통령은 수출 진흥 확대 회의 직후 오원철 비서관을 불러 수출 100억 달러 달성 방안에 대해 질문하였다. 오원철 비서관은 중화학 공업화라고 대답했다. 오 비서관의 대답을 듣던 박정희 대통령은 이에 대한 보고서 작성을 지시했다. 이것이 중화학 공업화의 출발점이었다는 주장이 있다.

박정희 정부는 중화학 공업에 국가의 존망이 걸려 있다고 생각하고, 그것을 성공시키려면 지속적으로 과단성 있게 추진해야 한다고 보았다. 박정희 정부는 중화학 공업화 정책이 성공할 때까지 계속 집권해야 한다고 보았고, 이것이 1972년 10월 '10월 유신'으로 나타났다는 주장도 있다. 또 1973년 1월은 포항제철의 완공(1973.6)을 눈앞에 둔 시점이었다. 제철의 대량 생산이 가능한 토대가 구축되었기 때문에 중화학 공업 선언을 할 수 있었다.

정답 : ③

45. 박정희 정부는 1973년 1월 '중화학 공업 선언'을 한 후 1973년 6월 중화학 공업 계획을 발표하였다. 이때 6대 전략 업종을 선정하고 향후 8년간 총 88억 달러를 투자하여 1981년까지 1인당 국민소득을 1,000달러, 수출 100억 달러를 달성한다는 청사진을 제시했다. 6대 전략 업종에 해당되지 않는 것은 무엇인가?

① 시멘트　　　② 비철금속　　　③ 조선　　　④ 전자　　　⑤ 화학

| 해 설 |

6대 전략 업종은 철강, 비철금속, 기계, 조선, 전자, 화학 공업이다. 시멘트는 그에 포함되지 않았다. 중화학 공업 정책은 야당은 물론 경제기획원 및 IMF, IBRD 등으로부터 부정적인 평가를 받았다. 그러나 박정희 정부는 오일 쇼크 등 상황의 악화에도 불구하고 과단성 있게 중화학 공업 정책을 추진하여 1인당 국민소득 1,000달러, 수출 100억 달러 달성도 당초 계획보다 4년이나 빠른 1977년에 달성하는 기염을 토했다. 이때 수립한 중화학 공업 정책이야말로 대한민국이 세계 10대 경제 대국으로 성장한 토대였음은 부인할 수 없는 사실이다.

정답 : ①

46. 다음 중 제2차 경제개발 5개년계획 기간에 일어난 일이 아닌 것은 무엇인가?

① 경부고속도로 개통

② 새마을운동 시작

③ 포항제철 착공

④ 마산·이리 자유 무역 지역 조성

⑤ 제1차 석유 파동

| 해 설 |

⑤ 제2차 경제개발 5개년계획이 실행된 기간은 1967년에서 1971년까지다(제1차 경제개발 5개년계획은 1962~1966년, 제3차 경제개발 5개년계획은 1972~1976). 제1차 석유 파동은 1973년에 발생했다. 경부고속도로 개통(1970), 새마을운동 시작(1970), 포항제철 착공(1970), 마산·이리 자유 무역 지역 조성(1970) 등은 모두 제2차 경제개발 5개년계획 기간 중에 행해졌다.

답 : ⑤

47. 제1차 석유 파동은 1973년에 일어났다. 이로 인해 한국 경제는 심각한 위기에 봉착했다. 우리나라로 하여금 이 경제 위기를 돌파할 수 있도록 도와준 요인은 무엇인가?

① 일본 수출

② 중동 건설 특수

③ 서독 광부 및 간호사 파견

④ 저축 증대 국민 운동

⑤ 대미 수출

| 해 설 |

② 1973년 제1차 석유 파동이 일어나 국제 석유 가격이 폭등하자 소비 석유를 전량 수입에 의존하는 한국 경제는 심각한 위기에 봉착했다. 그러나 석유 가격 폭등으로 자본을 축적하게 된 중동 국가들이 그 자본으로 자기 나라의 사회 간접 자본 건설에 열을 올렸다. 그에 따라 중동 지역에서는 건설 붐이 일어났고 우리나라는 중동 건설 붐에 참여하여 막대한 외화를 획득해왔다. 건설 공사 시공을 통해 중동에서 획득해온 외화는 석유 가격 폭등으로 인한 우리나라의 외화 부족을 메워 경제 위기를 극복할 수 있도록 만들었다.

▲ 중동 건설 현장

③ 박정희 정부는 경제개발 자금을 확보하기 위해 1962~1963년부터 서독에 간호사와 광부를 파견하기 시작하였는데, 이는 1970년대까지 계속되었다. 서독 간호사와 광부 파견은 1960년대 경제개발 자금 확보에 기여를 하였다.

▲ 독일행 비행기를 타고 있는
간호사들

▲ 탄광에서 작업 중인 서독 파견
광부들

㉮ : 君

48. 박정희 정부의 녹화 사업에 대한 설명으로 옳지 않은 것은 무엇인가?

① 내무부 산하의 산림청이 주도하였다.

② 새마을운동과 별개로 추진되었다.

③ 산림 황폐화의 주요인은 땔감 채취에 있었다.

④ 1973년부터 시작된 녹화 사업은 대성공을 거두었다.

⑤ 녹화 사업은 1998년부터 미얀마 등 세계 각국에 수출되고 있다.

| 해 설 |

①② 치산 녹화 사업은 새마을운동과 연계하여 추진되었다. 정부는 치산 녹화 사업을 새마을운동과 효과적으로 연계시키기 위해 산림청을 새마을운동 주관 부처인 내무부 산하로 옮기고 전국의 마을, 직장, 단체 등이 새마을운동의 일환으로 나무 심기 운동에 참가하도록 하였다.

▲ 새마을운동 임야 정비 작업
(1973.7)

③ 당시 전국 산야는 현재 북한처럼 산림의 황폐화가 극심했는데, 나무 총량이 현재의 5%에 불과했고, 나무 없는 민둥산이 50%에 이르렀다. 당시 산에는 나무가 거의 없어 저수 능력이 현재의 10분의 1에 불과해 비가 오면 대홍수가 되고, 비가 오지 않으면 가뭄이 극심했다. 산림의 황폐화 원인은 6·25전쟁 영향도 있었지만 근본적으로는 나무를 땔감으로 사용하는 아궁이에 기인했다. 당시 도시에서는 연탄을 주로 썼지만 농촌은 나무를 땔감으로 썼기 때문에 나무의 불법 채취, 남채를 막을 수 없었다. 이런 문제점을 해결하기 위해 정부는 1973년부터 본격적으로 치산 계획을 시행하면서 연료림을 조성하는 한편 나무 아궁이를 연탄 아궁이로 교체토록 유도하였다.

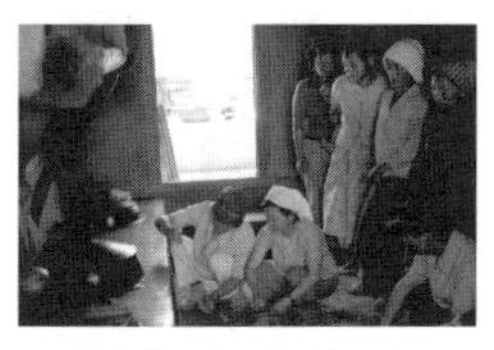
▲ 새마을운동 아궁이 개량 교육
(1974.6)

④ 유엔은 1982년 FAO보고서를 통해 "한국이 제2차 세계대전 이후 산림 복구에 성공한 유일한 국가"라고 평가했다.

⑤ 한국은 1998년부터 미얀마를 시작으로 몽골·캄보디아 등 10여 개국에 산림 복구, 사막화 방지 등 녹색 신화를 수출하고 있다.

답 : ⑦

49. 육영수 여사 저격 사건에 대한 설명으로 옳지 않은 것은 무엇인가?

육영수 여사가 피격당한 현장 모습

① 1974년 8월 15일 광복절 행사장에서 일어난 것이다.

② 문세광이 조총련에 포섭, 지령을 받고 일으킨 것이다.

③ 김대중 납치 사건 이후 악화된 한일 관계를 더욱 나쁘게 만들었다.

④ 박정희 대통령을 암살하는 것이 주된 목적이었다.

⑤ 이 사건을 통해 국민의 안보 의식이 더욱 투철해졌다.

| 해 설 |

③ 김대중 납치 사건 이후 수세에 몰렸던 한일 관계를 반전시킴으로써 한일 관계 정상화의 계기가 되었다.

② 조총련계 문세광은 수사 초기에는 북한식 용어를 쓰면서 "내가 총을 쐈으며 박정희 대통령을 죽이려 한 것은 정당하다"라는 등 범행의 정당성을 강변했으나 수사가 본격화된 후 범행 일체를 자백하고 사형 집행 전 "육영수 여사에게 사죄한다"라는 등 자신의 범행에 대해 뉘우치는 태도를 보였다.

④ 서울 장충동 국립중앙극장 객석에 앉아 있던 문세광이 갑자기 앞으로 뛰어나가면서 연설하고 있던 박정희 대통령을 향해 총을 쏘았는데, 박정희 대통령은 연설대 뒤로 몸을 피했다. 문세광이 쏜 총탄은 박정희 대통령의 연설대를 맞추었다. 문세광이 쏜 여러 발의 총탄 중 하나가 단상 연설대 옆에 앉아 있던 영부인 육영수 여사에게 명중된 것이다.

▲ 육영수 여사의 장례식 모습

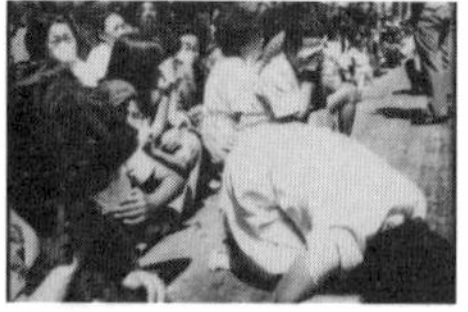

▲ 육영수 여사 사망에 오열하는 시민

답 : ③

50. 다음 사진과 관련된 내용에 대한 설명으로 옳지 않은 것은 무엇인가?

판문점 도끼 만행 사건의 모습

① 판문점에서 도끼로 무장한 북한군이 유엔군을 기습적으로 공격한 사건이다.

② 이 사건으로 한국군 두 명이 피살되었다.

③ 한·미군은 북한과 전쟁도 불사하겠다는 상황까지 갔었다.

④ 판문점에서 북한군 지역 관측에 장애를 주는 미루나무를 절단하다 발생한 것이다.

⑤ 1976년 8월에 일어난 사건이다.

| 해 설 |

② 이 사건으로 미군 경비중대장 아서 보니파스 대위와 배럿 중위가 살해되었다.

판문점 도끼 만행 사건은 1976년 8월 판문점 인근 공동 경비 구역 내에서 북한 지역 경계에 시야를 가리는 미루나무 가지 치기 작업을 감독하던 미군 장교 두 명이 북한군에 의해 도끼로 잔인하게 살해된 사건이다. 미국을 중심으로 한 유엔군은 데프콘 2(공격 준비 태세)를 발령한 상태에서 미루나무 제거, 인민군 초소 파괴 등 폴 버니언 작전을 전개하였다. 북한이 대응할 경우, 전쟁을 개시할 태세였다. 그러나 북한이 겁을 먹고 물러섬에 따라 전쟁으로 확전되지 않았다. 이후 김일성이 유감을 표명했고 미국이 이를 수용하였다.

▲ 도끼로 미군을 살해하는 북한군들

▲ 사건 이후 잘려진 문제의 미루나무

⑦ : 답

51. '한강의 기적'이라 불릴 정도로 고도 경제 성장을 이루어 100억 달러 수출과 함께 1인당 GNP 944달러 달성을 이루어 중진국에 들어선 때는 언제인가?

수출 100억 달러 달성 기념 우표   수출 100억 달러 달성 신문 보도

① 1972년   ② 1973년   ③ 1975년   ④ 1977년   ⑤ 1981년

| 해 설 |

경제개발 계획의 주요 연도별 성과

(1) 수출 : 3380불(1960) → 100억불(1977) → 150억불(1979)

(2) 일인당 국민소득(GNP) : 81불(1960) → 944불(1977) → 1662불(1979)

答 : ④

52. 경제개발 5개년계획의 특징으로 보기 어려운 것은 무엇인가?

① 수출 주도형의 성장 전략으로 전환

② 도·농간 소득 격차 완화 정책

③ 불균형 발전 전략

④ 적극적인 외자 유치

⑤ 정부 주도형 경제개발 전략

| 해 설 |

②③ 당시 자본이 절대적으로 부족했으므로 한정된 자본을 경제 성장에 유리한 곳에 집중 투자하는 불균형 발전 전략을 추진했다. 1차 산업보다는 생산성과 연관 효과가 큰 2차 산업을, 농촌보다는 도시를 집중 육성하였다.

答 : ②

53. 경제개발 5개년계획은 압축 고도 성장을 이루었지만 이로 인한 부작용도 있었다. 그 부작용을 해소하는 방안의 하나로 새마을운동이 필요하게 했던 요인은 무엇인가?

① 공업 중심 성장 전략

② 정부 주도형 전략

③ 수출 성장 전략

④ 외국 자본 적극 도입

⑤ 대기업 중심 불균형 발전 전략

| 해 설 |

① 박정희 정부의 경제개발 전략은 공업과 도시를 우선적으로 발전시키는 불균형 발전 전략이었다. 그러한 공업 중심 성장 전략으로 인해 농업과 농촌이 위축되고, 도농 간의 극심한 소득 격차와 지역 불균형 등과 같은 부작용이 나타났다. 농촌 인구들이 도시로 이동하는 이농 현상이 극심하고 지나친 도시화 문제도 나타났다. 농촌 새마을운동은 공업 중심 성장 전략의 이런 부작용을 해소하기 위한 방편으로 활용되었다.

답 : ①

54. 박정희 정부의 경제개발 5개년계획은 압축 고도 성장이라는 긍정적 측면과 함께 부정적 측면도 나타냈다. 그때 나타난 부정적 현상이 아닌 것은 무엇인가?

① 대기업과 중소기업 간 불균형 심화

② 도시로 인구 집중, 도농 간 소득 격차 심화

③ 경제의 대외 의존도 심화 계기

④ 수출 급증으로 인한 과도한 외화 유입

⑤ 민간 자율성 제약 및 정경 유착

| 해 설 |

④ 박정희 정권 기간에는 만성적으로 외화 부족 상태에 있었다. 아울러 적극적 외자 도입 정책으로 인해 과도한 외채가 경제적 부담으로 작용하였다. 수출 증대로 인한 외화 유입은 당시의 한국 경제에는 부정적인 것이 아니라 질병 치료제와 같은 긍정적인 것이었다.

답 : ④

55. 박정희 정부는 제1차~4차 경제개발 5개년계획을 통해 압축 고도 경제 성장을 이루었는데, 경제개발 계획의 특징으로 적합하지 않은 것은 무엇인가?

① 제3차 경제개발 5개년계획에서부터 수출 주도형 성장 전략을 채택하였다.

② 공업과 도시를 집중 육성하는 불균형 전략을 전개하였다.

③ 정부가 경제개발을 위해 시장 경제에 깊이 간여하는 정부 주도형 발전 전략을 폈다.

④ 정부는 적극적인 외자 도입을 통해 경제개발 자금을 마련하였다.

⑤ 제1·2차 때는 노동 집약적인 경공업이, 제3·4차 때는 중화학 공업이 전략 산업으로 육성되었다.

| 해 설 |

① 원래의 개발 계획에는 없었지만 시기적으로 제1차 경제개발 계획 때부터 수출 주도형 경제 성장 전략이 채택되었다.

정답 : ①

56. 대한민국은 남북 분단과 6·25전쟁으로 인한 잿더미 속에서 다시 일어나 건국된 지 60년 만에 산업화와 민주화를 동시에 이루고 세계 선진국 문턱에 이르렀다. 민주화의 정도는 일부의 경우, 미국이나 일본보다 더 앞서는 것으로 평가되기도 한다. 이런 경우는 제2차 세계대전 종전 후 식민지에서 독립한 나라 중에서 유일하다. 이러한 기적이 일어난 원인으로 적합하지 않은 것은 무엇인가?

① 북한의 위협 속에서 생존을 위한 성장 노력

② 한미동맹으로 인한 체제 안정

③ 박정희 대통령 등의 의지와 통솔력

④ 잘 살아보자는 국민의 의지

⑤ 산업화와 민주화를 병행시키는 발전 전략

| 해 설 |

⑤ 우리나라의 발전은 먼저 산업화를 이룬 후 민주화가 후속적으로 이루어지는 과정을 따랐다. 산업화를 통한 고도 경제 성장은 광범한 중산층과 지식층을 만들었다. 이들은 1980년대 이후 민주화 운동의 동력이 되었다. 세계 경제 발전사를 볼 때 저발전 상태에서는 민주화 운동이 일어나지 않으며, 어느 정도 경제 발전 수준이 이루어진 후에야 민주화 운동이 일어난다. 경제 발전과 민주화의 병행 발전은 어렵다. 우리나라도 박정희 정부 시기 산업화를 통한 경제 발전이 있었기 때문에 1980년대 중반 이후 민주화의 길로 들어설 수 있었다. 민주화는 박정희 정부 때의 산업화로 인해 가능해졌다고 말할 수 있다.

정답 : ⑤

2) 제9대 박정희 대통령 시기 (1978.12.27~1979.10.26)

57. 다음 사건들은 정치적 격변기였던 1979년에 일어난 사건들이다. 사건 발생 순서가 올바로 배열된 것은 무엇인가?

> ㉠ 부마 사태 ㉡ YH 사건 ㉢ 김영삼 신민당 총재 의원직 제명 ㉣ 10·26사태 ㉤ 12·12사태

① ㉢-㉡-㉠-㉣-㉤

② ㉡-㉠-㉢-㉤-㉣

③ ㉡-㉢-㉠-㉣-㉤

④ ㉠-㉡-㉢-㉣-㉤

⑤ ㉢-㉠-㉡-㉣-㉤

| 해 설 |

㉡ YH 사건은 1979년 8월 가발 수출업체인 'YH무역'의 여성 근로자 170여 명이 경영진의 회사 폐업에 반발하여 신민당사에서 농성을 벌인 사건이다. 경찰은 야당 당사임에도 불구하고 강경 진압 작전에 돌입하여 농성자들을 강제 해산시키고 이를 저지하는 신민당 의원들도 폭행하였다. 진압 도중 여성 근로자 한 명이 추락사하고 100여 명이 부상하였다. 신민당 의원들은 경찰의 강경 진압에 항의하여 단식 농성에 들어갔다. 이 사건은 신민당과 박정희 정부 간 갈등이 폭발하는 발화점이 되었다. 이것은 결국 김영삼 신민당 총재 제명 파동과 부마 항쟁, 나아가 10·26사태로 연결되었다.

㉢-㉠-㉣ 신민당 총재가 된 김영삼은 재야 세력과 연합하여 유신헌법 개정을 강력히 주장했다. 김영삼 총재는 특히 1979년 9월 뉴욕타임즈와의 회견에서 미국 정부가 공개적이고 직접적인 압력을 행사하여 한국 정부를 통제해야 한다고 주장하였다. 정부와 여당은 이 발언을 문제 삼아 10월 초 김영삼 총재를 국회의원직에서 제명하였다. 김영삼은 "닭 모가지를 비틀어도 새벽은 온다"라며 정부의 압박에 정면 도전하였다. 이 사건이 계기가 되어 김영삼의 정치적 근거지인 부산에서 학생들의 시위가 일어났고 시민이 대거 동참하는 대규모 소요 사태로 비화하였다. 이 시위는 부산에서 마산·창원 지역으로 확산되었다. 정부는 10월 18일에는 부산 지역에 계엄령을 선포하고, 10월 20일에는 마산 지역에 위수령을 발동하였다. 부마 사태에 직면하여 김재규 중앙정보부장은 부산·마산 지역을 시찰했으며, 심각한 민심 이반을 확인하고 유신 체제가 한계에 직면했다고 판단했다. 결국 김재규는 10월 26일 서울 궁정동 안가에서 만찬 중 박정희 대통령을 권총으로 시해하였다. 이것이 10·26사태다. 이로써 18년간의 박정희 대통령의 통치, 7년간의 유신 체제가 끝났다.

㉤ 10·26사태 직후 계엄이 선포되었고, 정승화 육군참모총장이 계엄사령관이 되었다. 대통령 시해 사건(10·26사태)을 조사하는 합동수사본부장은 전두환 보안사령관이 맡았다. 전두환 합동수사본부장은 정승화가 시해 현장 인근에 있었다는 이유 등으로 1979년 12월 12일 상관인 정승화 육군참모총장을 체포하는 작전에 돌입한 것이다. 이때 전두환 친위 세력은 수도경비사령부와 특전사령부 등 병력을 동원하여 대통령과 국방부 장관의 승인 없이 정승화를 무력 진압, 체포한 것이다. 이를 12·12사태라 한다. 12·12사태를 통해 전두환 등이 군부의 실권을 장악하였고, 이들을 신군부라 한다.

ⓔ : ㉓

58. 유신 체제가 붕괴된 결정적 사건은 무엇인가?

① 12·12사태

② 김대중 납치 사건

③ 부마 사태

④ 10·26사태

⑤ 남민전 사건

| 해 설 |

부마 사태도 유신 체제의 붕괴를 가져온 사건이지만 보다 직접적 계기가 된 것은 10·26사태다. 10·26사태는 바로 김재규 중앙정보부장에 의해 박정희 대통령이 시해당한 사건이기 때문이다.

▲ 10·26사태 현장 검증에서의 김재규(오른쪽)

㉮ : 답

신군부 및 제5공화국 전두환 정부

1) 최규하 대통령 권한 대행 (1979.10.26~1979.12.8) 및 제10대 최규하 대통령 시기 (1979.12.21~1980.8.16)

1. 전두환 장군 등 신군부가 실권을 장악한 계기는 무엇인가?

① 비상계엄 전국 확대 조치

② 서울의 봄

③ 5·18광주 민주화 운동

④ 10·26사태

⑤ 12·12사태

| 해 설 |

⑤ 12·12사태란 전두환 보안사령관이 정승화 계엄사령관을 10·26사태와 연계된 점이 있다며 무력을 동원, 체포한 사건을 말한다. 이를 통해 신군부는 실권을 장악하였다. 이 사건이 있은 후 이듬해 봄 개학 후 대학가에서는 신군부의 실권 장악에 대한 비판 분위기 가 고조되었다. 이로 인해 서울의 봄(5.15), 비상계엄 전국 확대 조치(5.17), 5·18광주 민 주화 운동(5.18) 등이 연이어 일어났다.

▲ 전두환 등 신군부 비판 시위
(1980년)

⑤ : 답

1980년대 학생 운동을 반미 감정으로 흐르게 만든 배경은 무엇인가?

① 미군 장갑차에 의한 여중생 압사 사건

② 미군 범죄 빈발

③ 주한 미군 지위 협정(SOFA) 불평등 여론 제기

④ 광주 민주화 운동 당시 미국 책임론

⑤ 부산 미 문화원 방화 사건

| 해 설 |

④ 1980년대 학생 운동권들이 신입생들을 운동권에 끌어들이는 방법은 광주 민주화 운동 당시 무고한 희생자들의 처참한 사진을 보여주는 것이었다. 이들은 현 군부에 대한 증오감을 심어주고 전두환 정부의 광주 운동 탄압 배후에 미국의 승인이 있었다며 반미 감정을 자극하였다. 운동권에서 5·18광주 민주화 운동 당시 미국 책임론을 거론한 근거는 한국군 작전 통제권을 가진 한미연합사령부 사령관인 미군 장성의 허락 없이는 한국군이 계엄군으로 광주에 출동할 수 없었을 것이라는 추정에 있었다.

▲ 광주 민주화 운동(1980.5)

1989년 미국 정부는 '1980년 5월 대한민국 광주서 일어난 사건에 관한 미국 정부 성명서'를 발표했다. 미국은 이 성명서에서 광주에 투입된 공수부대는 처음부터 한미연합사령부의 작전 통제권 아래 있지 않았고, 한미연합군사령부 설치를 위한 1978년의 협정은 미국과 대한민국은 상대방의 동의 없이 언제든지 자국의 부대에 관한 작전 통제권을 행사할 수 있는 주권을 보장하였다는 사실 등을 밝혀 당시 좌익 운동권의 반미 선동 논리에 대해 반박하였다.

① 미군 장갑차에 의한 여중생 압사 사건(일명 효순·미선 사건, 의정부 여중생 미군 장갑차 압사 사건)은 2002년 6월에 일어난 사건이며, 2000년대 반미 운동의 기폭제가 된 사건이다.

③ 주한 미군 지위 협정(일명 한미SOFA)은 한미 양국이 한미상호방위조약 체결로 한국에 주둔하게 된 주한 미군 주둔에 관해 맺은 협정이다. 1966년 7월 조인하고, 1967년 2월 발효하였다.

⑤ 부산 미 문화원 방화 사건(약칭 부미방사건)은 1982년 3월 김현장이 배후에서 조종하고 문부식의 현장 지휘 아래 부산 지역 출신 여대생들과 고신대 여대생들이 합세하여 부산 미 문화원 내부로 휘발유를 반입한 후 불을 붙여 건물을 전소시켜 사상자를 낸 사건이다. 범인들은 곧 수사 당국에 의해 적발, 체포되었고, 김현장, 문부식은 사형 선고를 받았으나 무기로 감형되었다.

부미방사건이 일어난 것은 5·18광주 민주화 운동 때 공수부대를 투입할 수 있었던 것이 전시 작전권을 가진 미국의 허락 없이는 할 수 없었을 것이라는 추측과 5·18을 유혈 진압한 전두환 군사 정부를 묵인한 미국에 대한 반감에 기인한 것이다.

▲불타고 있는
부산 미 문화원

▲서울 미 문화원 점거
(1985.5)

부산 미 문화원 방화 사건을 계기로 대구 미 문화원 폭발 사건(1983.9), 부산 미 문화원 투석 사건(1985.4), 서울 미 문화원 점거 사건(73명 참가, 1985.5), 부산 미 문화원 점거 사건(자민투 대학생 23명 참가, 1986.5) 등이 연이어 일어나는 등 미 문화원, 미 대사관, 주한 미군 주둔지 등 미군 시설들이 운동권 대학생들에 의해 집중 공격당하는 계기로 작용하였다. 이 사건으로 인해 미국에서 주한 미군 철수 여론이 거세게 일어났고, 6·25전쟁을 도운 미국에 대해 혈맹이라는 우호적 인식을 가졌던 많은 국민이 큰 충격을 받았다. 이렇듯 부산 미 문화원 방화 사건은 이후 대한민국 내에서 일어난 각종 반미 운동에 많은 영향을 준 상징적 사건이었다.

ⓟ : 戌

3. 12·12사태 이후 집권한 신군부가 취한 조치 내용이 아닌 것은 무엇인가?

① 5·18광주 민주화 운동 무력 진압

② 400여 명의 언론인 해고 및 비판적 교수 해직

③ 김대중 등 37명 내란 음모 혐의 체포

④ 상습 전과자와 우범자 삼청교육대 교육

⑤ 국가재건최고회의 조직

| 해 설 |

12·12사태는 박정희 대통령 시해 사건(10·26사태)에 대한 수사를 담당하는 합동수사본부장을 맡고 있던 전두환 국군보안사령관(소장)이 1979년 12월 12일 계엄사령관을 겸임하고 있던 정승화 육군참모총장(대장)을 대통령 시해 사건과 연관되어 있다는 이유로 체포한 사건이다. 당시 정승화 참모총장의 경호 병력이 체포에 나선 보안사 요원들을 저지하자 전두환 측은 수도경비사령부와 특전사령부 소속 병력을 동원하여 정승화 경호 병력을 제압하고 정승화를 체포했다. 정승화 체포 직후 수도권에서 전두환 지지 병력과 정승화 지지 병력이 총격전까지 벌이며 대치했으나 세가 약한 정승화 지지 병력이 굴복했다. 이 사건으로 보안사령관 전두환을 중심으로 한 신군부가 군부의 실권을 장악하게 되었으며, 당시는 계엄령하였기 때문에 전두환의 군부 실권 장악은 곧 정부의 실권 장악으로 연결되었다.

⑤ 국가재건최고회의는 5·16군사정변 이후 조직한 기구이며, 12·12사태 이후 신군부가 조직한 것은 국가보위비상대책위(약칭 국보위)이다.

② 언론인 해고와 더불어 170여 개의 정기간행물을 폐간하였다.

③ 전두환 신군부는 김대중과 추종자 37명의 정치인과 운동권 인사를 체포하여 기소하였다. 김대중은 1심, 2심, 대법원 모두에서 사형 선고를 받았다. 미국은 김대중을 처형하지 말 것을 강력히 요구하였고, 전두환은 미국의 요구를 받아들여 무기징역으로 감형을 하였다. 미국은 김대중의 처형 중단 요구를 받아들인 전두환 대통령에게 공식 방문토록 초청함으로써 전두환 정부를 승인하였다.

▲ 전두환 대통령의 공식 미국 방문 때 레이건 대통령과 정상회담을 갖는 모습(1981.2)

④ 삼청교육은 국가보위비상대책위원회 전두환 위원장이 '사회 정화' 차원에서 실시한 정

책으로, 1980년 8월에서 1981년 12월까지 실시하였다. 삼청교육대에 강제 입소당한 피교육자들 가운데는 조폭, 강도, 도둑 등 상습 범죄자, 부랑자, 반정부주의자, 전두환 비방자, 무직자, 통행금지 위반자, 문신한 자 등 다양한 부류의 사람들이 포함되었다. 삼청교육대에 끌려온 사람 가운데 죄를 지은 경력이 없는 사람도 36%에 달했다. 삼청교육대 교육 대상자는 총 6만 755명이었고, 강도 높은 훈련으로 자살자나 사망자가 54명이나 나왔다. 삼청교육대는 전두환 정부의 대표적 인권 유린 사건으로 평가되고 있다.

⑨ : 呂

▲ 군부대 훈련소에서 훈련받고 있는
삼청교육대 입소자들

2) 제11대 전두환 대통령 시기 (1980.9.1~1981.2.24) 및 제12대 전두환 대통령 시기 (1981.2.25~1988.2.24)

4. 10·26사태 이후 경제 변화상에 대한 설명으로 사실과 다른 것은 무엇인가?

① 1980년 경제 성장률은 한국 경제가 고도 성장을 시작한 이후 처음으로 마이너스 성장을 기록했다.

② 1981년에 들어선 전두환 정부는 경제적 혼란의 원인을 무리한 중화학 공업 추진에 있다고 보고 중화학 공업의 구조 조정을 강행하였다.

③ 전두환 정부는 경제의 자율을 강조했지만 박정희 대통령이 구축한 발전 국가 체제를 충실히 계승하였다.

④ 1981~1982년 6~8%의 성장률을 회복하였고 1986~1988년에는 3저 호황으로 유례없는 대호황을 누렸다.

⑤ 전두환 정부는 산업 합리화의 일환으로 유력 대기업을 중점 육성했는데, 이로써 중소기업이 상대적으로 위축되었다.

| 해 설 |

⑤ 전두환 정부는 산업 합리화의 일환으로 중소기업을 적극 육성하는 정책을 추진하였다. 정부는 1982년 중소기업기본법을 개정하여 중소기업 금융 지원을 강화하고, 계열화촉진법을 만들어 대기업과 중소기업 간 계열화 및 부품 하청 관계를 장려하였다. 정부의 적극적 지원으로 중소기업이 크게 발전했는데, 중소 제조업체의 수도 1979년 2만 8,000개에서 1987년 4만 8,000개, 1995년 7만 8,000개로 급증하였다. 대기업과 계열 관계를 맺은 중소기업의 비율도 1979년 25%에서 1987년 48%, 1995년 57%로 크게 늘었다.

④ 한국은 1986년에서 1988년간 3저 현상으로 유례없는 대호황을 누렸는데, 1987년에는 무려 12.3%에 달하는 경제 성장률을 달성하였다. 3저 현상이란 국제 시장에서 일어난 저달러, 저유가, 저금리를 말한다. 1985년 1달러에 240엔이던 일본 엔화의 시세가 1988년까지 128엔으로 절상되었다. 이로 인해 국제 수출 시장에서 일본 제품과 치열하게 경쟁하던 한국 제품이 커다란 경쟁력을 가지게 되었다. 1985년 1배럴당 28달러였던 국제 유가가 1986년 15달러로 떨어졌다. 이로 인해 석유 수입 대금이 크게 절약되었고, 석유를 원료·중간재로 투입하는 공업 제품의 경쟁력이 강화되었다. 국제 금리는 1986년 이후 안정적으로 저금리를 유지하였다. 이에 따라 거액의 외채를 짊어지고 있던 한국 경제는 원리금 상환 부담이 크게 감소하였다. 1986~1988년간의 대호황은 3저 현상에 기인한 측면이 크지만 이외에도 산업 구조 조정과 산업 합리화 정책의 효과, 중소기업 육성 정책의 효과, 86아시안 게임과 88올림픽으로 한국의 이미지가 크게 개선된 점 등에 기인하기도 했다. 이러한 대호황으로 인해 1986~1988년에 역사상 처음으로 무역 수지가 만년 적자에서 흑자로 돌아섰으며, 국민소득도 1987년 3,218달러에 이르렀다.

⑨ : 另

5. 전두환 정부 시기에 추진한 정책이 아닌 것은 무엇인가?

① 시내버스의 여승무원 탑승 제도 폐지

② 고속 열차 도입 정책 추진

③ 통행금지 해금

④ 컬러TV 방송

⑤ 프로 야구 출범

| 해 설 |

② 고속 열차 도입 정책은 노태우 대통령 때 추진한 것이다. 경부고속철도는 1983년경부터 필요성이 제기되었으나 1987년 대선 때 노태우 민정당 후보가 대선 공약으로 제기하면서 본격화되었다. 1990년 6월 경부고속철도 건설 사업 기본 계획이 발표되었다. 1992년 3월 경부고속철도 사업을 추진하는 한국고속철도건설공단이 설립되었고, 1992년 6월 착공식을 거행하였다. 1994년 6월 프랑스 알스톰사와 테제베(TGV)시스템 차량 도입 계약을 체결하였다. 경부고속철도는 지질 조사, 토지 보상 등 여러 가지 문제로 완공이 늦어져 2004년 4월에서야 서울-대구 구간이 개통되었고, 2010년 11월 대구-신경주-울산-부산 구간이 개통되었다. 이로써 서울-부산 간 운행 시간이 2시간 18분으로 줄어들어 전국이 반나절 생활권으로 변화했다. 경부고속철도 성공으로 한국은 일본, 프랑스, 독일, 스페인에 이은 세계 다섯 번째 고속 철도 기술 보유국이 되었으며, 국산 고속 철도 차량 개발도 성공하여 한국형 고속 전철(KTX)을 수출하기에 이르렀다.

▲ 천안역 건설 현장에서 노태우 대통령 등이 참석한 가운데 개최된 경부고속철도 기공식(1992.6.30)

▲ 안내양 없는 시내버스에 관련된 신문 기사

① 1982년 이전에는 버스마다 여승무원(안내양)이 있어 버스비를 받았으나 1982년부터 운전자 앞에 함을 두고 승객이 버스 승차권을 넣는 방식으로 바뀌었다. 86아시안 게임과

88올림픽을 앞두고 서로 믿고 사는 사회 풍토를 조성하기 위함이었다.

③ 야간 통행금지는 1945년 9월, 미군정사령관 하지 중장의 군정포고 제1호가 발동되면서 시작된 것이다. 국민의 기본
권인 신체의 자유를 억압한다는 비판에 따라 이를 해제한 것이다.

▲ 통행금지 해제 관련 중앙일보 기사

▲ 통금 해제 첫날인 1982년 1월 6일
밤 거리의 모습

④ 1980년 12월 1일, 이전의 흑백TV 시대에서 컬러TV 시대를 열었다.

▲ 첫 컬러TV 방송

⑤ 프로 야구 출범

▲ 프로 야구 출범에 대한
동아일보 기사(1981. 10. 28)

▲ 프로 야구 개막전에서 시구하는
전두환 대통령(1982. 3. 27)

㉣ : 君

6. 1980년대 이후 사회주의 세력의 확산과 관련된 사실이 아닌 것은 무엇인가?

① 노태우 정부의 북방 정책

② 이념 서적 개방

③ 학원 자율화 조치

④ 대학 이념 서클

⑤ 운동권 학생들의 석방

| 해 설 |

① 노태우 정부의 북방 정책이란 노태우 대통령이 기존의 대공산권 적대 정책을 포기하고 소련 등 북유럽의 공산권 국가들과 국교 수립, 교류 등을 추진한 대공산권 화해 정책을 말한다.

②③④⑤ 전두환 정부는 초기 2년간 강압적인 통치를 구사하였다. 전두환 정부는 1981년 11월 민영 방송을 없애고 통신사를 통합하는 언론 통폐합 조치를 단행하였다. 12월에는 노동법을 개정하여 노동쟁의권을 약화시켰고, 집회 및 시위에 관한 법률을 개정하여 집회·시위의 자유를 크게 억압하였다. 전두환 정부는 학원가에 대해서도 강압적이었다. 사복을 입은 형사들이 대학 구내에 포진해 있다가 시위가 벌어지면 즉시 주동자를 체포하는 등 강경 대응하였다. 그러던 전두환 정부는 1983년 말부터 유화적 태도로 바꾸었다. 어느 정도 정권이 안정화되었다는 확신에 따른 것이기도 했지만 1986년 아시안 게임을 앞두고 전두환 정부의 국제적 이미지를 개선하려는 목적도 있었다. 우선 가택 연금 중이던 김영삼을 풀어주는 등 정치인들의 규제를 해금하였다. 아울러 학원가에 대해서도 학원 자율화 조치를 단행하였다. 대학에서 쫓겨났던 교수들을 복직시키고 구속 중이던 운동권 학생들을 석방시켜 학원으로 복교하도록 하였다. 운동권 학생들이 학교로 복교되자 대학가에서는 이들이 중심이 된 다수의 이념 서클이 우후죽순처럼 등장하였다. 바야흐로 대학가에서는 이념 서클에 의한 대학생들의 의식 좌경화가 본격화하였다.

①：답

7. 오늘날 우리 사회에 존재하는 종북 세력의 형성 및 활동과 관련성이 가장 낮은 것은 무엇인가?

① 강철 서신

② 전대협(전국대학생대표자협의회)

③ 구국의 소리 방송

④ 범민련(조국통일범민족연합)

⑤ 서울의 봄

| 해 설 |

⑤ 1980년 5월 일어난 '서울의 봄'은 종북 세력 형성과는 직접적 관계가 없다. '서울의 봄'은 1980년 봄 자유 분위기가 고조되었던 시기를 지칭하는 용어다. 이 시기에 대학생들이 자유롭게 가두 시위를 전개하면서 12·12사태(1979.12)로 권력을 장악한 전두환 등 신군부를 비판하며 민주화를 요구하였다. 대학생 시위의 절정은 5월 15일 서울역 광장에서 행해진 대규모 시위였다.

▲ 서울역 앞에서의 학생 시위
(1980.5.15)

이 시위가 있은 이틀 뒤인 5월 17일 신군부는 비상계엄 전국 확대 조치를 취했고, 반대하는 시위가 곳곳에서 일어났다. 계엄 선포 다음 날인 5월 18일 광주 전남대 앞에서 대학생과 계엄군 사이에 투석전과 그에 따른 과잉 진압이 벌어졌고, 이것이 광주 전역으로 확대되면서 5·18광주 민주화 운동이 일어난 것이다.

①②③④ 종북 세력이란 북한의 대남 적화 전략(미군 철수, 국가보안법 해체, 연방제 통일 등)을 추종하고 북한의 대내

외 정책을 긍정하는 반국가, 반체제 세력을 말한다. 이러한 종북 세력이 본격 등장한 것은 1985년 이후다. 1985년 말 서울대 법대 학생 김영환은 북한의 대남 선전 방송인 '구국의 소리 방송'을 청취하면서 주체사상에 대한 자신의 이론을 만들었고, 이것을 '강철 서신' 이름의 문건으로 만들어 대학가에 유포하였다. 이것이 1986년 초다. 이때부터 학생 운동권의 주도권은 마르크스-레닌의 정통 공산주의를 추종하는 분파로부터 북한의 김일성을 추종하는 위수김동(위대한 수령 김일성 동지)의 주체사상파(약칭 주사파)로 이동해갔다. 주사파는 1987년 6·10항쟁 직후 전대협(전국대학생대표자협의회) 결성을 주도했다. 전대협은 이후 대학가에 주사파를 확산시키고 화염병 투척 등 격렬한 대정부 투쟁을 전개하는 중심 역할을 하였다. 범민련은 1990년 범민련 해외 본부가 만들어지고 1991년 북측 본부가 만들어진 데 이어 1995년 남측 본부가 만들어짐으로써 3자간 협의체가 완성되었다. 범민련은 1997년 대법원으로부터 이적 단체로 판결을 받았으나 해산하지 않고 지속적으로 활동하고 있다.

⑨ : 君

8. 다음은 1980년대 남한 좌익 혁명 운동권이 발표한 자기들의 혁명 투쟁에 관한 해설을 인용한 지문과 그 지문에 관련된 설명들이다. 옳지 않은 것은 무엇인가?

> 현재 남한 사회가 가진 모순들 가운데 가장 중요한 4개의 모순이란 △부르주아지와 프롤레타리아트의 모순, △독점 대(大)부르주아지와 그 외 계급들(곧 민중)과의 모순, △남한과 미제와의 모순, △남한과 북한의 모순을 말한다. 부르주아지와 프롤레타리아트와의 모순의 해결은 사회주의 혁명이며, 독점 대부르주아지와 민중과의 모순을 해결하는 것이 민중민주주의 혁명이며, 남한과 미제와의 모순을 해결하는 것이 민족 해방 혁명이고, 남한과 북한의 모순을 해결하는 것이 통일이다. 그래서 남한 혁명에는 독점 대부르주아지와 민중과의 모순 및 남한과 미제와의 모순을 해결하는 민족 해방 민중민주주의 혁명과, 부르주아지와 프롤레타리아트의 모순과 남한과 북한의 모순을 해결하는 통일·사회주의혁명이라는 두 단계가 나타나게 된다. 그러므로 민족 해방 민중민주주의 혁명이라는 우리의 당면 목표는 사회주의 실현과 통일이라는 보다 높은 목표를 달성하기 위한 전제요 수단이 되는 것이다.

① 남한 좌익의 궁극적 투쟁 목표는 사회주의화(공산화) 통일이다.

② 남한 좌익이 추구하는 민족 해방의 핵심 내용은 주한 미군 철수와 한미동맹 해체다.

③ 남한 좌익이 추구하는 민중민주주의 혁명의 핵심 내용은 독점적 대자본가들의 재산 박탈과 기층 민중(노동자·농민)의 정치적 지배권 확보다.

④ 남한 좌익이 추구하는 민족 해방 민중민주주의 혁명과 북한이 대남 혁명으로 제시한 민족 해방 인민민주주의 혁명은 기본 내용에 차이가 없다.

⑤ 민족 해방 민중민주주의 혁명을 추진하는 남한 좌익 운동권은 이론적으로 볼 때 공산주의자들은 아니다.

⑤ '민족 해방 민중민주주의 혁명'(NLPDR : National Liberation People's Democratis Revolution)은 남한을 공산화(사회주의화)시키기 위한 전략 전술이다. '민족 해방(National Liberation)'이란 남한이 미 제국주의의 식민지이므로 주한 미군을 몰아내고 미제로부터 민족을 해방시켜야 한다는 것이다. '민중민주주의 혁명(People's Democratis Revolution)'은 노동자, 농민, 비판적 학생·지식인 등이 혁명을 일으켜 현 정권을 타도하고 통치권을 장악하여 남한 지배 세력(자본가, 지주, 현 친미 통치 세력 등)을 몰아내는 이른바 '민중민주주의 정권'을 수립하는 것을 말한다. 이 민중민주주의 정권은 사회주의 정권(공산주의 정권)으로 가는 중간 단계의 통치 방식이다. 이 같은 사실에 비춰볼 때, 민족 해방 민중민주주의 혁명을 추진하는 남한 좌익 운동권은 이론상 공산주의자들에 해당된다.

⑨ : 답

9. 국립현충원에 가면 서석준 전 총리, 이범석 전 외교부 장관 등의 무덤이 있다. 이 무덤의 주인공과 관련된 내용에 대한 설명 중 옳지 않은 것은 무엇인가?

현충원에 있는 이범석의 묘

① 김정일의 지령을 받은 북한 공작원에 의해 자행된 사건이다.

② 대통령은 간발의 차이로 피해를 면했다.

③ 1983년 10월 9일 일어났고, 최근 사고 현장에 추모비가 건립되었다.

④ 버마(현 미얀마) 아웅산 묘소 폭탄 테러 사건과 관련이 있다.

⑤ 국립현충원의 현충문 폭파 사건의 희생자다.

① 북한 공작원은 세 명(신기철, 김진수, 강민철)이 김정일의 지령을 받고 일으킨 사건이다. 미얀마 경찰이 범인을 파악, 신기철은 현장에서 사살하고 김진수와 강민철을 체포하였다. 김진수는 1986년 사형당하였고, 강민철은 복역 중 2008년 사망하였다.

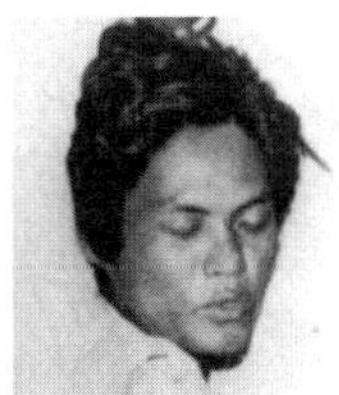

▲ 검거 직후 강민철의
모습

③ 우리나라와 미얀마 간 협의를 거쳐 아웅산 묘소 폭탄 테러 사건의 희생자를 추모하는 추모비가 2014년 건립되었다. 추모비 부지는 257m²으로, 테러 현장과 100m 거리에 있다.

▲ 사건 직전 아웅산 묘소에 도열한 희생자들

▲ 아웅산 묘지 폭탄 테러 관련 기사 (동아일보)

▲ 폭파 직후 촬영된 처참한 현장의 모습

⑨ : 呂

10. 현행 헌법은 많은 진통 끝에 탄생한 것이다. 현행 헌법의 탄생과 연관성이 가장 적은 것은 무엇인가?

① 4 · 13호헌 조치

② 이한열

③ 6 · 10항쟁

④ 6 · 29선언

⑤ 5 · 18광주 민주화 운동

| 해 설 |

⑤ 5 · 18광주 민주화 운동은 1980년 5월에 일어난 사건으로, 현행 헌법 탄생과는 거리가 멀다.

① 4 · 13호헌 조치란 전두환 대통령이 1987년 4월 13일 발표한 선언이다. 전두환 대통령은 여야 간 협의를 통한 헌법 개정을 허용했는데, 여 · 야 서로 간 입장 차로 진전이 없었다. 이에 전두환 대통령은 대통령 선거가 불과 몇 달 밖에 남지 않았으므로 헌법 개정 논의를 중단하고 기존 헌법(간선제)에 따라 대통령 선거를 치르겠다고 선언한 것이다. 4 · 13호헌

▲ 직선제 개헌을 요구하는 이민우, 김영삼, 김동영

▲ 호헌 철폐를 주장하는 대학생 시위대의 모습(1987.6.15)

조치가 선언되자, 김영삼 · 김대중 등 제도권 야당과 재야 운동권 세력이 연합 전선을 구축하여 국민운동본부를 창설하여 정부 비판 운동을 적극 전개하였다. 대학생들도 대통령 직선제를 요구하며 반발하였다. 이것이 6 · 10항쟁으로 연결되었다.

② ③ 1987년 5월 들어 민심이 폭발하는 계기가 마련되었다. 동아일보가 심층 취재하여 그해 1월에 발생한 박종철 고문 치사 사건의 진상을 폭로한 것이다. 박종철 사건이란 그해 1월 서울대생 박종철이 용공 혐의로 경찰 조사를 받다가 물고문으로 인해 사망했는데, 5월에 들어 경찰이 사건을 축소 은폐했다는 사실이 드러났던 것이

▲ 박종철 고문 치사 사건 진실 발표 후 격화된 시위(1987.5)

다. 이로 인해 경찰 등 정부를 규탄하는 시위가 일어났다.

6월 들어 대학생들의 정부 규탄 시위는 더욱 증폭되었는데, 6월 9일 시위 도중 연세대생 이한열이 머리에 경찰이 발사한 최루탄을 맞고 의식 불명 상태가 되었다(이한

▲ 의식을 잃은 이한열

▲ 6·10항쟁 광경

열은 7월에 사망). 피를 흘리는 이한열의 모습이 신문에 보도되었고, 6월 10일 국민운동본부가 주관하는 대규모 시위가 서울 시청 광장에서 열렸다. 학생 뿐 아니라 직장인, 주부 등 수많은 서울 시민이 동참하는 시위로 발전하였다. 이렇게 국민이 직접 대통령을 뽑고 싶다는 직선제 개헌 요구 시위가 서울에서 전국 33개 도시로 확산되었다.

④ 6월 10일 개최된 민정당 전당대회에서 대통령 후보로 선출 노태우 민정당 대표가 6·10항쟁의 전개 상황을 지켜보다가 드디어 6월 29일 이른바 6·29선언을 발표하였다. 핵심은 전두환 대통령이 발표한 호헌 방침을 철회하고 야당과 국민이 원하는 직선제 개헌을 하겠다고 밝힌 것이다. 이에 따라 여·야는 합의에 의해 헌법 개정에 착수하였다. 그해 10월 대통령 직선제, 대통령 임기 5년 단임제 등을 내용으로 하는 제9차 헌법개정안을 만들어졌고 이는 국민투표를 거쳐 확정되었다.

⑨ : 君

11. 현행 대한민국 헌법이 만들어진 직접적 계기가 된 것은 무엇인가?

① 6·10항쟁   ② 박종철 고문 치사 사건   ③ 4·13호헌 조치

④ 6·29선언   ⑤ 국민투표

| 해 설 |

④ 대통령 직선제를 골자로 하는 현행 헌법이 만들어진 직접적 계기는 6·29선언(대통령 직선제 개헌 수용 선언)이다. 여당 대통령 후보로 선출된 노태우 민정당 대표가 야당이 요구해온 직선제 헌법 개정을 수용하기로 선언함에 따라, 여당과 야당은 협의를 거쳐 현행 헌법을 만들었다.

② 1987년 1월 경찰 남영동 분실에서 용공 혐의로 수사를 받던 서울대생 박종철이 사망하였다. 경찰은 수사 도중 수사관이 주먹으로 책상을 치며 혐의 사실을 추궁하자 '억' 하며 책상위로 쓰러져 죽었다고 발표했다. 고문으로 죽은 것이 아니라고 거짓 발표를 한 것이다. 그러다 동아일보가 박종철 부검의 오연상 등을 심층 취재하여 1987년 5월 22일 이 건이 물

▲ 박종철 사망 사건 진상을 폭로함. 동아일보(1987.5.22일자)

고문 치사 사건이라고 폭로하였다. 경찰 수사관이 박종철에게 자백을 받기 위해 수사실 수조를 이용하여 물고문하다가 사망했으나 이를 은폐했다는 것이었다. 이에 대해 경찰과 정부를 규탄하는 여론이 비등하였고, 야당과 재야 운동권은 대규모 규탄대회를 열었다.

④ : 君

12. 다음 중 6월 민주 항쟁과 관련되지 않은 것은 무엇인가?

① 노태우의 6·29선언   ② 박종철 고문 치사 사건

③ 4·13호헌 조치   ④ 강경대 폭행 치사 사건

⑤ 대통령 직선제 개헌 투쟁

| 해 설 |

④ 강경대 폭행 치사 사건은 6월 민주 항쟁(1987년 6월) 훨씬 뒤인 1991년 4월에 발생한 것으로 6월 항쟁과는 관계가 없다. 노태우 대통령 말기인 1991년 봄 명지대 운동권 학생들은 개학 이후부터 학내 등록금 인하 문제를 두고 과격 시위를 지속하였다. 강경대 등 명지대생 시위대는 등록금 인하를 명분으로 명지대 앞에서 화염병을 던지며 시위를 하였다. 강경대는 경찰 사복 체포조(일명 백골단)가 다가오자 학교 안으로 피신하기 위해 학교 담을 넘다가 경찰 체포조에 구타당한 후 방치되었다가 숨졌다.

강경대 치사 사건(1991.4.26) 직후 5월 초까지 전남대생, 안동대생, 경원대생, 전민련 사회부장 등의 연이은 분신 사건이 일어났다. 이를 계기로 6월 항쟁 이후 어느 정도 잠잠하던 반정부 시위가 다시 극심해졌다. 그러다 6·3 정원식 총리가 외국어대에 수업하러 갔다가 외대 운동권 학생들에게 밀가루 세례를 받은 것 때문에 국민의 지탄을 받은 것을 계기로 반정부 시위가 다시 위축되었다.

▲ 5월 4일에 열린 '백골단 해체와 공안 통치 종식을 위한 범국민 결의대회'에는 전국적으로 27만 명이 참여했는데, 이 때문에 전국이 최루탄으로 가득 찼다.

④ : 답

13. 직선제 개헌을 요구하는 6·10항쟁 시위가 심각한 상황으로 치닫자, 노태우 민정당 대통령 후보는 1987년 6월 29일 기존의 호헌 방침을 철회하고 대통령 직선제로의 개헌을 내용으로 하는 소위 6·29선언을 발표하였다. 이에 따라 여·야 간 헌법 개정 논의를 거쳐 여야 합의에 따라 헌법을 개정하고 국민투표를 통해 최종 확정하였다. 이것이 제9차 개헌이며, 현행 헌법이다. 이 헌법의 내용으로 타당하지 않은 것은 무엇인가?

① 대통령 직선제

② 대통령 임기는 5년 단임제

③ 국회의 국정감사권 부활

④ 헌법재판소 유지

⑤ 대통령의 국회 해산권 삭제 등 대통령 권한 축소

| 해 설 |

④ 헌법재판소는 유지된 것이 아니라 새 헌법에서 신설된 것이다. 기존 헌법에 있는 헌법위원회를 폐지하고 헌법재판소를 새로 설치하였다.

④ : 답

14. 제9차 개헌에 따라 1987년 12월 실시된 직선제 대통령 선거에 대한 설명 중 사실과 다른 것은 무엇인가?

① 노태우 민정당 대표가 여당 후보로서 승리하였다.

② 선거 과정에서 지역 감정이 그리 심하게 표출되지는 않았다.

③ 김영삼과 김대중은 야권 단일화에 실패하였다.

④ 박정희 정부의 2인자인 김종필도 출마하였다.

⑤ 김대중은 평민당을 창당하여 대선에 출마하였다.

| 해 설 |

② 1987년 12월 제13대 대선(대통령 선거)은 그 이전 선거와는 확연히 다르게 영·호남 간 지역 감정이 극심하게 작용한 선거였다. 1987년 대통령 선거를 기점으로 하여 우리나라의 대선과 총선에서는 지역 감정이 강하게 작용하는 것이 일반화되어 오늘날까지 지속되고 있다.

① 이 선거에서 승리한 노태우 후보는 1988년 2월 제13대 대통령에 취임하였다. 이로써 제6공화국이 출범하였다.

③⑤ 김영삼과 김대중은 야권 단일화에 실패하였다. 김대중은 신민당을 탈당하여 평화민주당을 창당하여 1987년 대선에 참여하였다. 대선은 민정당 노태우, 신민당 김영삼, 평민당 김대중의 3파전으로 전개되었다. 노태우는 경북, 김영삼은 부산·경남, 김대중은 호남, 김종필은 충청 지역을 근거로 한 지역 선거전 양상을 보였다.

▲ 김대중과 김영삼의 단일화 실패

② : 답

15. 다음의 제시문과 관련된 설명으로 옳지 않은 것은 무엇인가?

> (1) 당은 남조선측의 두 개 조선 책동과 올림픽 단독 개최 책동을 막기 위해 대한항공기 한 대를 폭파키로 결정하였다.
>
> (2) 시기적으로 중요한 이번 사업은 세계 모든 국가의 올림픽 참가 의사에 찬물을 끼얹게 될 것이며 남조선 괴뢰 정권은 치명적인 타격을 받게 될 것이다.
>
> (3) 반드시 성취시켜야 하며 절대 비밀이 보장되어야 한다.

① 김일성이 공작조에게 친필로 폭파 특별 지령을 내려 실행된 것이다.

② 미얀마 안다만 상공에서 공중 폭발하여 탑승자 115명 전원이 사망하였다.

③ 1987년 11월 29일 바그다드발 대한항공 858기가 그 대상이었다.

④ 88서울올림픽 안전 문제를 국제 여론화하여 올림픽을 무산시키려 한 것이다.

⑤ 일본 부녀로 위장한 김승일과 김현희는 비행기에 폭약을 놓고 내렸다.

| 해 설 |

① 위의 지문은 김일성이 아닌 김정일이 공작조 김승일·김현희에 내린 대한한공 여객기 폭파 특별 지령이다.

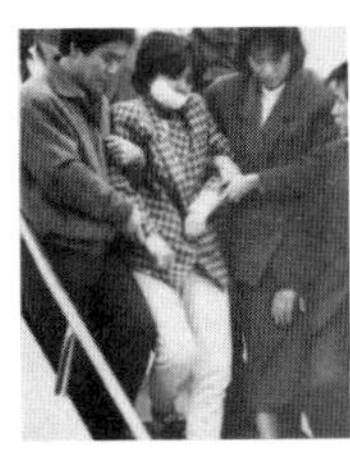

◀ 대한한공 858기 폭파범 김현희가
　압송되는 모습

①：君

16. 북한의 대남 도발 사건 중 시기적으로 가장 늦게 일어난 사건은 무엇인가?

① KNA기 피랍 사건

② 당포함 격침

③ 김포공항 청사 폭탄 테러

④ KAL기 납북 사건

⑤ KAL기 공중 폭파 사건

| 해 설 |

⑤ KAL 858기 공중 폭파 사건은 1987년 11월 북한 김정일이 88서울올림픽을 방해하기 위해 김현희 등 공작원들을 시켜 이라크 바그다드발 서울행 여객기 KAL 858기에 폭탄을 설치, 폭파시켜 탑승자 전원을 사망시킨 사건이다.

① 1958년 2월 부산발 서울행 KNA 여객기가 간첩에 의해 북한으로 납치당했다. 피랍 탑승자 32명 중 24명은 송환되고 8명은 미송환 상태다.

② 1967년 1월 해군 당포함(PCEC)이 동해상에서 어로 보호 경비 임무를 수행하던 중 북한군의 해안포 공격을 받아 침몰하였다. 이로 인해 해군 39명이 전사하고 40명이 부상당하였다.

▲ KNA기 피랍 사건 보도 기사

▲ 당포함 침몰 사고

③ 1986년 9월 86서울아시안 게임을 바로 앞둔 시점에서 김포공항에서 대형 폭발 사고가 발생하였다. 이 사건은 북한이 86아시안 게임을 방해하기 위해 김포공항 청사 외벽 쓰레기통에 폭발물을 설치, 폭파시킨 것으로 다섯 명이 사망하고, 32명이 중경상을 입었다.

④ 강릉에서 출발하여 서울로 향하던 여객기 YS11A가 승무원 네 명과 승객 47명을 태우고 이륙한 지 25분 만에 괴한에 의해 납치되어 북한으로 갔다. 탑승자 51명 중 39명은 송환되었고, 승무원 등 12명은 송환되지 않았다.

⑨ : 目

---

17. KBS에서 주관한 이산가족찾기행사로 인해 6·25전쟁 때 헤어졌던 수많은 이산가족이 다시 상봉하는 역사적 사건이 일어났다. 어느 정부 때 일어난 일인가?

① 전두환 정부 　　② 노태우 정부 　　③ 김영삼 정부

④ 김대중 정부 　　⑤ 박정희 정부

| 해 설 |

KBS는 전두환 정부 때인 1983.6.30 - 11.14까지 이산가족찾기 생방송을 진행하여 많은 이산가족이 상봉하였고, 세계적 반향을 불러 일으켰다.

▲ 이산가족찾기 행사 장면
(서울 여의도 KBS 앞)

① : 目

18. 한국에서 수해를 당하자 북한이 수재 물자를 제공하겠다는 제의를 하였고, 우리가 이를 수용함으로써 남북대화가 진행되었다. 드디어는 분단 이후 최초로 남북 이산가족 상봉행사를 하는 데까지 이르렀다. 어느 정부 때의 일인가?

① 박정희 정부　　　　② 전두환 정부　　　　③ 노태우 정부

④ 김영삼 정부　　　　⑤ 김대중 정부

| 해 설 |

1984년 9월, 남한에서 큰 홍수가 나서 큰 피해를 입었다. 북한 방송은 9.8 수재민들에게 동정적인 선동을 하면서 수재물자를 제공하겠다고 발표를 하였다. 이는 고통받고 있는 남한 수재민들의 심리를 이용하려는 상투적인 대남심리전 활동 일환이었다. 그런데, 전두환 대통령은 북한이 제공하면 받겠다는 응답을 보냈다. 북한은 관례적으로 거절할 것으로 알고 제안한 것인데, 크게 당황하였다. 북한은 전혀 지원할 물품이 준비되어 있지 않은 상태였다. 이에 북한은 부랴부랴 중국에 가서 도움을 요청하여 지원을 받은 후 북한주민들이 밤낮 생산하여 겨우 남한에 약속한 지원품을 제공한 웃지 못할 일이 벌어졌다.

② : 답

1) 제13대 노태우 대통령 시기 (1988. 2. 25~1993. 2. 24)

17. 노태우 정부 때 일어난 일이 아닌 것은 무엇인가?

① 동구 공산권과 수교

② 3당 합당

③ 88서울올림픽

④ 극심한 노사 분규

⑤ 3저 호황

| 해 설 |

⑤ 3저 호황은 전두환 정부 때의 경제 현상이다. 전두환 정부는 1986년부터 국제 원유가 하락, 저환율(달러화 약세), 저금리(국제 금리 하락)의 3저 호황에 힘입어 역사상 처음으로 국제 수지 흑자를 달성하였다.

① 노태우 정부는 1989년부터 동구 공산권 국가들과 수교하는 북방 정책을 추진하였다.

▲ 김영삼(왼쪽), 노태우(중앙), 김종필(오른쪽)

② 노태우 대통령은 1988년 4월 제13대 총선(국회의원 선거)에서 여소야대 상황이 되자 1990년 1월 여당인 민정당(민주정의당)과 야당인 김영삼의 민주당(통일민주당), 김종필의 공화당(신민주공화당)을 합당하여 민자당(민주자유당)을 창당하였다.

③ 88서울올림픽(제24회 올림픽)은 노태우 대통령 취임 첫해인 1988년 9월 17일 ~10월 2일 서울에서 열렸다. 역대 최대 규모로 160개국 13,304명의 선수가 참가했다. 대한민국은 금메달 12개, 은메달 10개, 동메달 11개로 소련, 동독, 미국에 이어 종합 성적 4위를 차지하였다. 1980년 모스크바 올림픽은 서방의 불참으로, 1984년 미 LA올림픽은 공산권의 불참으로 반쪽짜리 올림픽이었는데, 서울올림픽은 온전한 올림픽으로 개최되었다. 서울올림픽은 대한민국의 발전상을 보여줌으로써 소련 등 동구 공산권 붕괴의 계기를 제공했다는 평가를 받고 있다.

▲ 88서울올림픽 개막식

④ 직선제 대통령 선거로 노태우 정부가 들어선 후 민주화 바람이 불었다. 이러한 분위기하에서 극심한 노사 분규가 발생하였다.

▲ 금성사(현 LG) 노조가 가두 시위를 벌이는 모습(1989.4)

⑨ : 답

18. 노태우 대통령의 북방 정책에 대한 설명 중 사실과 다른 것은 무엇인가?

① 88올림픽이 중요한 계기가 되었다.

② 동구 공산권 국가들과 수교 등 화해하는 정책이다.

③ 동구 공산권 국가 중 소련과 최초로 수교하였다.

④ 동서 냉전 시대를 허무는 촉진제 역할을 하였다.

⑤ 중국과의 수교, 북한과의 남북 대화 등에도 영향을 미쳤다.

| 해 설 |

① 노태우 정부의 북방 정책이란 노태우 대통령이 기존의 대공산권 적대 정책을 포기하고 소련 등 북유럽의 공산권 국가들과 국교 수립, 교류 등을 추진한 대공산권 화해 정책을 말한다. 1984년 LA올림픽은 공산 국가들이 모두 불참한 반쪽짜리 행사였다. 동서 냉전이 극심했기 때문이다. 그러나 88올림픽은 소련을 비롯한 모든 공산권 국가를 참여시키는 데 성공함으로써 동서 화해 무드를 조성시킨 성공적인 대회였다. 이 대회에 참석한 소련, 폴란드 등 동구 공산 국가들은 놀라운 한국의 성장 현장을 보면서 공산주의 체제의 문제점을 깨닫기 시작하였다. 이에 소련 및 동구 공산 국가들은 개혁과 개방 정책을 본격화하기 시작하였다. 1989년 경부터 헝가리, 폴란드, 동독, 체코, 불가리아, 루마니아 등 동유럽 공산 국가들이 탈소련, 탈공산화 노선을 걷기 시작하였다.

노태우 정부는 이러한 시대 상황 속에서 공산권 국가와 수교하는 북방 정책을 적극화하였는데, 1989년 헝가리(1989.2)와 첫 수교를 한 데 이어 폴란드(1989.11)와도 수교하였고, 이어 1990년 3월 체코·불가리아·루마니아와 수교하고 1990년 6월 소련과 정상회담을 개최하고 그 해 10월 소련과 국교를 수립하였다.

▲ 최호중 당시 외무부 장관(앞줄 오른쪽)과 호른 줄러 헝가리 외무부 차관이 서울에서 국교수립의정서를 교환하는 모습(1989.2)

노태우 대통령은 특히 소련과의 관계를 진전시킴으로써 동구의 변화에 촉진제 역할을 하였다. 노태우 대통령은 1990년 6월 미국 샌프란시스코에서 고르바초프 소련 대통령과 역사적인 정상회담을 개최하고 10월에 역사적인 한·소 수교가 이루어졌다.

이로써 1904년 러일전쟁 이후 단교한 지 86년 만에 국교 수립이 재개된 것이다. 이는 세계 동서 냉전 시대를 허무는 역사적 사건으로 평가받고 있다. 이후 노태우 대통령이 소련을 방문(1990.12)한 데 이어 1991년 4월 고르바초프 대통령이 한국을 방문, 제주도에서 정상회담을 하는 관계로 발전하였다. 1991년 12월 소련에서 고르바초프 대통령이 사임함으로써 공산주의 소련 연방은 결국 붕괴되고, 시장 경제 체제의 러시아로 변화하였다. 이로써 소련을 종주국으로 하는 동구 공산권 체제는 완전히 소멸하고 말았다. 이로 인해 자유민주주의 진영의 서방과 공산주의 진영의 동구가 치열하게 이념 대결을 하던 40년의 동서 냉전 시대가 종언을 고했다.

이렇듯 동서 냉전 체제가 붕괴되는 단초를 제공한 것은 한국의 88올림픽이었고, '한강의 기적'이라 불리는 고도 경제 성장이었다. 노태우 정부

▲ 미국에서 역사적인 한·소 정상회담을 하는 노태우 대통령과 고르바초프 대통령 (1990.5)

▲ 제주에서 정상회담을 하는 노태우 대통령과 고르바초프 대통령(1991.4)

의 북방 정책도 소련 등 동구 공산권 국가들이 개혁과 개방으로 나아가는 데 기여한 측면이 있다.

⑤ 노태우 정부는 1992년 8월 6·25전쟁 때 적대국이었던 중국(중화인민공화국)과도 국교를 수립하였다. 이로 인해 우방국이었던 중화민국과 외교 관계가 단절되는 아픔을 겪었다.

답 : ⑧

19. 다음의 통일 방안은 어느 정부에서 제창하였는가?

> 한민족공동체통일방안은 자주·평화·민주의 3대 원칙 아래 "공존 공영의 교류 협력 단계 → 남북 연합 단계 → 단일민족 국가"라는 3단계를 거쳐 통일을 실현하자는 통일 방안이다. 이 방안은 점진적 교류를 중시하는 기능주의적 통일 방안으로서, 궁극적으로는 1민족 1체제를 목표로 하지만, 단일 정권이 세워지기 전에 남쪽의 자본주의 자유 체제와 북쪽의 체제가 공히 존재하는 1민족 2체제의 남북 연합이라는 과도 체제를 설정하였다.

① 전두환 정부

② 김대중 정부

③ 노무현 정부

④ 노태우 정부

⑤ 김영삼 정부

| 해 설 |

④ 한민족공동체통일방안은 1989년 9월 노태우 대통령이 국회 연설을 통해 발표한 통일 방안이다.

답 : ④

20. 다음은 남북 대화에 관한 기술이다. 제3기 남북 대화기에 일어난 일에 대한 기술로 옳지 않은 것은 무엇인가?

> 노태우 정부 때는 동구 공산권(사회주의 체제) 붕괴로 냉전 체제가 해체되는 국제적 변화가 일어남과 동시에 남북 관계에서도 해빙 무드가 조성되었다. 제3기 남북 대화가 전개된 것이다. 그 이전에도 두 차례에 걸친 남북 대화기가 있었다. 1기 남북 대화기는 7·4남북 공동 성명이 발표되는 등 처음으로 남북 대화가 있었던 1970년대 초였고, 2기 남북 대화기는 전두환 정부가 북한의 대남 수재 구호 물자 제공 제의를 받아들인 것을 계기로 남북 간 경제 회담, 적십자 회담, 체육 회담, 국회 회담 등과 함께 분단 이후 첫 민간인 교류인 남북 이산가족 고향 방문단 및 예술 공연단의 교환 방문(1985.9)이 이루어진 1984년 10월에서 1987년 10월까지의 3년간이었다.
>
> 공산권이 모두 참여하여 세계 축전 역할을 한 88서울올림픽 이후 소련·동구 등에서 체제 변화의 무드가 조성되었고 냉전 체제가 종식되는 방향으로 나아갔다. 이러한 국제 정세 속에서 제3기 남북 대화가 진행된 것이다. 제3기 남북 대화기는 1988년 말부터 남한조선노동당 간첩 사건(1992.10)으로 남북 갈등이 일어난 1992년 말까지의 기간에 진행된 남북 대화다.

① 정부는 한민족공동체통일방안이라는 새로운 통일 방안을 확정, 발표하였다.

② 문익환 목사의 방북과 전대협(전국대학생대표자협의회) 대표 임수경의 평양 축전 참가로 남북 대화 분위기를 고조시켰다.

③ 유엔총회에서는 남북한 유엔 동시 가입안을 만장일치로 통과시켰다.

④ 남북한이 비핵화 공동 선언(한반도 비핵화에 관한 공동 선언)에 합의함에 따라 북한이 IAEA(국제원자력기구)와 핵안정협정을 체결하였다.

⑤ 분단 이후 남북 정부 간에 공식 합의된 최초의 문서인 남북기본합의서(남북 간의 화해와 불가침 및 교류·협력에 관한 합의서)를 채택하였다.

|해 설|

② 문익환 목사는 1989년 3월 정부의 허락 없이 북한을 방문, 김일성과 회담하고 귀국하여 국가보안법상 반국가단체 잠입죄 등의 혐의로 구속되었다. 김대중도 문익환 방북 전 자금을 지원한 이유로 기소되었다. 이로써 정국은 경색되었다. 이러한 때 1989년 6월 말 '서경원 의원 방북 사건'이 터졌다. 평민당(총재 김대중) 소속 서경원 의원이 1989년 6월 말 자신이 1988년 8월 정부의 허락 없이 밀입북해 김일성 등과 회담한 사실을 밝혔던 것이다. 김대중도, 서경원이 밀입북하기 전에 이를 알고 있었다는 사실이 밝혀지면서 정치적 곤경에 처했다.

이즈음 임수경 사건이 일어났다. 전대협 대표 임수경은 북한이 주최하는 세계청년학생축전에 참가하기 위해 정부의 허락 없이 일본, 서독을 거쳐 1989년 6월 30일 평양에 도착한 것이다. 임수경은 김일성과 접촉하고 북한 학생위원회 위원장 김창룡과 함께 '남북청년학생 공동선언문'을 발표하는 등 친북 활동을 하고 8월 15일 천주교 정의구현사제단에서 파견한 문규현 신부와 함께 판문점을 통해 귀환하였다. 임수경은 이후 국가보안법위반 혐의로 구속되었다. 1989년 일어난 문익환 사건, 서경원 사건, 임수경 사건으로 인해 공안정국이 조성되고 남북 관계 도 경색되었다.

③ 남한과 북한은 1991년 9월 개최된 제46차 유엔총회에서 별개의 의석을 가진 회원국 으로 동시 가입하였다.

④ 남북한은 1991년 12월 한반도 핵 문제를 협의하기 위해 몇 차례 회담을 개최하여 '한반도의 비핵화에 관한 공동 선언' 을 채택하였다. 이 선언은 1992년 2월 평양에서 개최된 제6차 남북고위급회담에서 남북기본합의서와 함께 정식 합의되 었다.

⑤ 남북한은 1990년 9월 제1차 고위급 회담을 시작한 이후 15개월 만인 1992년 2월 개최된 제6차 고위급 회담에서 남 북기본합의서를 채택하였다.

㉑ : 2

21. 다음은 1970년대 이후 남북한 간에 합의, 발표된 문서이다. 남북한의 입장이 가장 균형 있게 반영된 문 서는 무엇인가?

① 7·4남북 공동 성명

② 남북 사이의 화해와 불가침 및 교류·협력에 관한 합의서(남북기본합의서)

③ 6·15남북 공동 선언

④ 남북 관계 발전과 평화 번영을 위한 선언(10·4남북 공동 선언)

⑤ 서해상 우발적 충돌 방지 조치, 군사분계선에서의 선전 활동 중지 및 선전물 제거에 관한 합의

| 해 설 |

② 남북한 간에 합의, 발표된 문서 중 남북한의 입장이 가장 균형 있게 반영된 문서는 남 북기본합의서다. 나머지 문서들에는 북한의 입장이 보다 강하게 반영되었다. 남북기본합 의서는 노태우 정부 시기인 1991년 12월 남북한 정부 간에 합의하고 1992년 2월 발효되 었다.

▲ 남북기본합의서 및 한반도 비핵
화 선언에 서명하는 노태우 대통령
(1991.12)

① 7·4남북 공동 성명도 북한의 입장이 강하게 반영되어 있다.

북한의 대남 전략은 남한에서 '민족 해방 인민민주주의 혁명(NLPDR) → 연방제 통일 → 남한의 사회주의 혁명(전 한반도의 주체사상화)'으로 요약할 수 있다. 남한을 북한 체제로

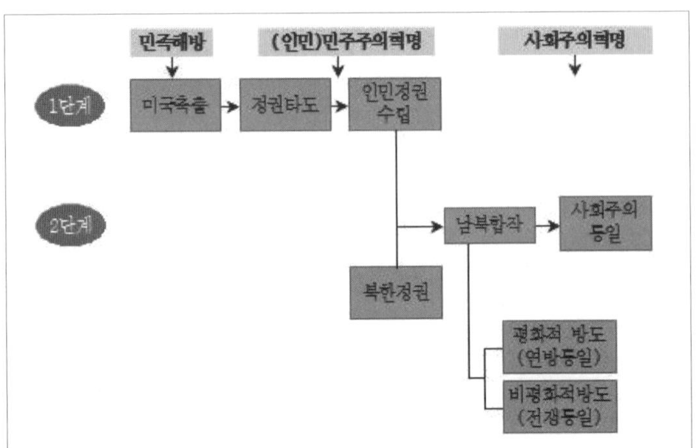

의 통일을 이루기 위해서는 먼저 '민족 해방 인민민주주의 혁명'을 통해 미국을 몰아낸 후 폭력 혁명이나 선거 등을 통해 파쇼 세력(자본주의 지배 세력)을 몰아내고 하층 인민(민중)이 주인이 되는 체제(정치 지배 세력 교체)를 만든 후 북한과 '연방제'로 통일을 달성하고, 그 후 '남한의 사회주의 혁명'을 통해 하층으로 내려온 자본주의 세력을 소멸(모든 자산 박탈)함으로써 북한식 통일 국가를 이룬다는 것이다.

북한은 한국을 북한과 같이 사회주의 체제로 통일하기 위해 대남 투쟁 3대 당면 목표를 제시하고 있는데, 이른바 자민통(자주, 민주, 통일) 투쟁이다. 구체적으로는 '반미 자주화 투쟁, 반파쇼 민주화 투쟁, 조국 통일 투쟁'이다. 이를 쉽게 설명하면 먼저 자주화 투쟁을 통해 미국을 몰아내고, 민주화 투쟁을 통해 자본주의 지배 세력을 몰아내고, 통일 투쟁을 통해 연방제 통일을 이룬다는 것이다. 김일성이 주장한 연방제 통일이란 자본주의 체제의 남한 정부와 공산주의 체제의 북한 정부가 이념과 체제가 다름을 인정하고 연방제로 통일을 이루자면서도 남한에서 두고 있는 주한 미군 철수, 공산주의 활동을 막는 국가보안법 해체, 중앙정보부(안기부, 국정원)·보안사(기무사)·경찰보안수사대를 없애야 한다는 전제 조건을 단 것이다. 뒤에 김정일이 만든 '낮은 단계의 연방제'는 연방제 통일의 전제 조건을 달지 않는다고 하지만 연방제 통일을 이룬 후에 사후적으로 전제 조건을 달성하는 더 교묘한 적화 통일 전략이다. 즉 '통일이 되었는데, 왜 미군이 남의 나라에 와 있으냐', '통일이 되었는데 왜 북한을 적으로 대하는 국가보안법을 두느냐', '통일이 되었는데 왜 북한을 적으로 삼는 공안기관을 두느냐'라는 논리로 연방제 통일 후 세 가지를 달성한다는 것이다.

정리하면 북한이나 남한 내 종북 세력이 주장하는 자주, 민주, 통일의 세 가지 용어는 바로 북한의 대남 전략이 녹아 있는 용어라는 것을 염두에 둘 필요가 있다. 이런 측면에서 볼 때 7·4남북 공동 성명도 북한의 요구가 수용되어 있음을 알 수 있다. 이후락 등 남북 협상 인사들이 북한의 대남 전략에 대한 깊은 이해가 부족했기 때문에 일어난 일이라 볼 수 있다.

7·4남북 공동 성명에서 제시한 통일 기본 원칙은 '자주, 평화, 민족 대단결'이다. 7·4남북 공동 성명의 주요 내용은 "첫째, 통일은 외세에 의존하거나 외세의 간섭을 받음이 없이 자주적으로 해결하여야 한다. 둘째, 통일은 서로 상대방을 반대하는 무력 행사에 의거하지 않고 평화적 방법으로 실현하여야 한다. 셋째, 사상과 이념, 제도의 차이를 초월하여 우선 하나의 민족으로서 민족적 대단결을 도모하여야 한다"이다. 통일 기본 원칙이나 내용에서도 북한의 반미 자주화(미군 철수), 연방제 통일의 내용이 수용되어 있음을 알 수 있다.

③ 김대중 대통령이 2000년 북한에 가서 김정일과 합의한 '6·15남북 공동 선언'의 내용도 북한의 입장을 수용한 측면이 나타난다. '6·15남북 공동 선언'의 내용 중 "남과 북은 나라의 통일 문제를 그 주인인 우리 민족끼리 서로 힘을 합쳐 자주적으로 해결해나가기로 하였다", "남과 북은 나라의 통일을 위한 남측의 연합 제안과 북측의 낮은 단계의 연방제안이 서

로 공통성이 있다고 인정하고 앞으로 이 방향에서 통일을 지향시켜 나가기로 하였다"라는 내용이 그것이다. 특히 "통일을 위해 남측의 연합 제안과 북측의 낮은 단계의 연방 제안의 공통성을 찾아보자"라는 선언적 의미를 담았음에도 불구하고 북한은 물론 범민련, 실천 연대 등 종북·좌파 세력들도 마치 김대중 대통령이 북한이 주장하는 낮은 단계의 연방제 통일 방안을 전폭적으로 수용한 것으로 간주하고 지속적으로 "6·15공동 선언을 이행하라"라고 주장하고 있다. 이는 북한의 입장을 수용하면서 생긴 후유증이라 할 수 있다.

④ '남북 관계 발전과 평화 번영을 위한 선언'(일명 10·4남북 공동 선언 8개항)은 2007년 노무현 대통령이 북한으로 가 김정일과 합의한 선언이다. 10·4남북 공동 선언의 내용을 살펴보면 북한의 대남 전략을 수용한 측면을 발견할 수 있다. "남과 북은 우리 민족끼리 정신에 따라 통일 문제를 자주적으로 해결해 나가며", "남과 북은 사상과 제도의 차이를 초월하여 …… 남북 관계 문제들을 화해와 협력, 통일에 부합되게 해결해나가기로 하였다", "남과 북은 현 정전 체제를 종식시키고 항구적인 평화 체제를 구축해 나가야" 등에서 알 수 있다.

특히 경제 협력 사업 등 정책 측면에서 북한의 요구를 무분별하게 수용한 측면이 많다. "남과 북은 경제 협력을 위한 투자를 장려하고 기반 시설 확충과 자원 개발을 적극 추진하며 민족 내부 협력 사업의 특수성에 맞게 각종 우대 조건과 특혜를 우선적으로 부여 ……" 하는 등 균형감을 상실한 내용이 있다. 구체적인 정책에서도 북한에 유리한 내용이 많다. 특히 '서해 평화 협력 특별 지대 설치 및 공동 어로 구역 설정, 경제 특구 건설, 한강 하구 공동 이용'은 기존 NLL을 스스로 무력화한 것이라 하여 사회 문제가 되기도 했다. 또한 '개성 공업 지구 1단계 건설 빠른 완공, 2단계 개발 착수', '개성-신의주 철도와 개성-평양 고속도로 개보수', '안변과 남포에 조선 협력 단지 건설', '백두산 관광 실시 및 백두산-서울 직항로 개설 지원', '자연 재해 등 재난 발생 시 동포애와 인도주의, 상부상조의 원칙에 따라 적극 협력' 등 일방적으로 북한을 지원하는 내용이 많이 담겨 있다.

⑤ '서해 해상에서의 우발적 충돌 방지와 군사분계선 지역에서의 선전 활동 중지 및 선전 수단 제거에 관한 합의서'는 노무현 정부 때인 2004년 6월 제2차 장성급 군사 회담에서 합의한 것이다. 이 합의를 통해 북한이 끈질기게 요구했고 북한이 가장 두려워하던 휴전선에서의 고출력 대북 선전 방송을 모두 철거하였다. 관련 합의 내용은 다음과 같다.

"3. 쌍방은 한반도의 군사적 긴장을 완화하고 쌍방 군대들 사이의 불신과 오해를 없애기 위해 군사분계선 지역에서의 선전 활동을 중지하고 선전 수단들을 제거하기로 하였다.

(1) 쌍방은 역사적인 6·15남북 공동 선언 발표 4주년이 되는 2004년 6월 15일부터 군사분계선 지역에서 방송과 게시물, 전단 등을 통한 모든 선전 활동을 중지한다.

(2) 쌍방은 2004년 8월 15일까지 군사분계선 지역에서 모든 선전 수단을 3단계로 나누어 제거한다. 1단계는 6월 16일부터 6월 30일까지 서해 지구 남북 관리 구역과 판문점 지역이 포함된 군사분계선 표식물 제0001호부터 제0100호 구간에서 시범적으로 실시하며, 2단계는 7월 1일부터 7월 20일까지 군사분계선 표식물 제0100호부터 제0640호 구간에서, 3단계는 7월 21일부터 8월 15일까지 군사분계선 표식물 제0640호부터 제1292호 구간에서 선전 수단들을 완전히 제거한다.

(3) 쌍방은 단계별 선전 수단 제거가 완료되면 그 결과를 상대 측에 통보하며 각각 상대 측의 선전 수단 제거 결과를 자기 측 지역에서 감시하여 확인하되 필요에 따라 상호 검증도 할 수 있다.

(4) 쌍방은 단계별 선전 수단 제거가 완료되면 각각 그 결과를 언론에 공개한다.

(5) 쌍방은 앞으로 어떤 경우에도 선전 수단들을 다시 설치하지 않으며 선전 활동도 재개하지 않는다."

⑦ : 吊

22. 다음은 남북 사이의 화해와 불가침 및 교류·협력에 관한 합의서(남북기본합의서)에 관한 설명이다. 옳지 않은 것은 무엇인가?

① 남과 북이 서로 상대방의 체제를 인정하고 존중하기로 합의했다.

② 남과 북이 쌍방 간의 관계를 국가 간의 관계가 아닌 특수 관계로 간주하기로 합의했다.

③ 남과 북이 평화와 번영을 위해 상대방 내부 문제에 대한 선의의 충고를 상호 존중하기로 합의했다.

④ 남과 북이 상호간에 비방·중상을 하지 않기로 합의했다.

⑤ 남과 북이 상대방을 파괴·전복하려는 일체 행위를 하지 않기로 합의했다.

| 해 설 |

③ 남과 북은 상대방의 내부 문제에 대해 일체 불간섭하기로 약속했다. '남북 간 화해와 불가침 및 교류·협력에 관한 합의서'(남북기본합의서)는 "남과 북은 상대방의 내부문제에 간섭하지 아니한다"(제1장 제2조)라고 약속했다. '남북간 화해와 불가침 및 교류·협력에 관한 합의서의 제1장 남북 화해의 이행과 준수를 위한 부속합의서'는 "남과 북은 상대방의 법질서와 당국의 시책 및 상대방의 대외 관계에 대하여 간섭하지 아니한다"(제2장 제5조와 제6조)라고 약속했다.

남북 간 화해와 불가침 및 교류·협력에 관한 합의서의 주요 조문은 아래와 같다.

(1) 남북 화해

제1조 남과 북은 서로 상대방의 체제를 인정하고 존중한다.
제2조 남과 북은 상대방의 내부 문제에 간섭하지 아니한다.
제3조 남과 북은 상대방에 대한 비방, 중상을 하지 아니한다.
제4조 남과 북은 상대방을 파괴, 전복하려는 일체 행위를 하지 아니한다.
제5조 남과 북은 현 정전 상태를 남북 사이의 공고한 평화 상태로 전환시키기 위하여 공동으로 노력하며 이러한 평화 상태가 이룩될 때까지 현 군사정전협정을 준수한다.
제6조 남과 북은 국제 무대에서 대결과 경쟁을 중지하고 서로 협력하면서 민족의 존엄과 이익을 위하여 공동으로 노력한다.
제7조 남과 북은 서로의 긴밀한 연락과 협의를 위하여 이 합의서 발효 후 3개월 안에 판문점에 남북 연락 사무소를 설치, 운영한다.

(2) 남북 불가침

제9조 남과 북은 상대방에 대하여 무력을 사용하지 않으며 상대방을 무력으로 침략하지 아니한다.
제10조 남과 북은 의견 대립과 분쟁 문제들을 대화와 협상을 통하여 평화적으로 해결한다.
제11조 남과 북의 불가침 경계선과 구역은 1953년 7월 27일자 군사 정전에 관한 협정에 규정된 군사분계선과 지금까지 쌍방이 관할하여 온 구역으로 한다.
제12조 남과 북은 불가침의 이행과 보장을 위하여 이 합의서 발효 후 3개월 안에 남북군사공동위원회를 구성, 운영한다.
제13조 남과 북은 우발적인 무력 충돌과 그 확대를 방지하기 위하여 쌍방 군사 당국자 사이에 직통 전화를 설치, 운영한다.

(3) 남북 교류, 협력

제15조 남과 북은 민족 경제의 통일적이며 균형적인 발전과 민족 전체의 복리 향상을 도모하기 위하여 자원의 공동 개발, 민족 내부 교류로서의 물자 교류, 합작 투자 등 경제 교류와 협력을 실시한다.

제16조 남과 북은 과학, 기술, 교육, 문화, 예술, 보건, 체육, 환경과 신문, 라디오, 텔레비전 및 출판물을 비롯한 출판, 보도 등 여러 분야에서 교류와 협력을 실시한다.

제17조 남과 북은 민족 구성원들의 자유로운 왕래와 접촉을 실현한다.

제18조 남과 북은 흩어진 가족, 친척들의 자유로운 서신 거래와 왕래와 상봉 및 방문을 실시하고 자유 의사에 의한 재결합을 실현하며, 기타 인도적으로 해결할 문제에 대한 대책을 강구한다.

제19조 남과 북은 끊어진 철도와 도로를 연결하고 해로, 항로를 개설한다.

제20조 남과 북은 우편과 전기 통신 교류에 필요한 시설을 설치, 연결하며, 우편, 전기 통신 교류의 비밀을 보장한다.

제21조 남과 북은 국제 무대에서 경제와 문화 등 여러 분야에서 서로 협력하며 대외에 공동으로 진출한다.

정답 : ③

23. 대한민국과 공산 국가인 중국 간에 수교가 이루어진 것은 어느 대통령 때인가?

이상옥 한국 외무부 장관(왼쪽)과 첸치천 중국 외교부장(오른쪽)이 베이징에서 수교 공동 서명 후 악수하고 있다.

① 박정희 대통령

② 전두환 대통령

③ 노태우 대통령

④ 김대중 대통령

⑤ 노무현 대통령

| 해 설 |

노태우 대통령 때인 1992년 8월 한중 수교가 이루어졌다.

정답 : ③

2) 제14대 김영삼 대통령 시기 (1993.2.25~1998.2.24)

24. 다음은 1990년대에 활동했던 정당들에 관한 설명이다. 옳지 않은 것은 무엇인가?

① 김영삼은 민정당·김영삼계 민주당·신민주공화당이 합당하여 만든 민자당의 후보로 대통령에 당선된 후 민자당의 당명을 신한국당으로 바꾸었다.

② 김대중은 평민당과 운동권 일부를 합쳐서 신민주연합당을 만들고, 다시 민자당에 참여하지 않은 민주당 잔류파(꼬마민주당)과 합당하여 민주당을 만들었으며, 그 민주당에서 평민당계를 이끌고 다시 탈당하여 일부 운동권과 합세하여 1995년 9월 새천년민주당을 만들었다.

③ 현대그룹의 대주주 정주영은 통일국민당을 만들어 대통령 선거에 입후보했고, 10년 후 그의 아들 정몽준도 국민통합21이란 정당을 만들어 대통령 선거에 입후보했다.

④ 김종필은 민자당에서 공화당계를 이끌고 탈당하여 자유민주연합을 만들었고, 1997년 대통령 선거에서 김대중과 연합하여 김대중의 당선에 기여했다.

⑤ 이회창은 1997년 대통령 선거를 앞두고 신한국당과 민주당 잔류파(김대중계 탈당 후 남아있던 파벌)를 끌어들여 한나라당을 만들었다.

| 해 설 |

② 김대중이 평민당 → 신민주연합당 → 민주당을 만든 다음, 그 민주당에서 평민당계를 이끌고 탈당하여 1995년 년 9월 일부 운동권과 합세하여 만든 정당은 새정치국민회의이다. 새천년민주당은 김대중이 집권한 후 2000년 1월 새정치국민회의를 확대 개편하여 창당한 정당이다.

㉷ : 月

25. '문민정부'로 명명된 김영삼 정부 때 일어난 사건이 아닌 것은 무엇인가?

① 신한국당 창당

② 새정치국민회의 창당

③ 한나라당 창당

④ 민주자유당 창당

⑤ 신민주공화당 창당

| 해 설 |

④ 민자당(민주자유당) 창당은 노태우 정부 때 이루어진 사건이다. 노태우 대통령은 1988년 4월 제13대 총선(국회의원 선거) 결과 여소야대 정국이 조성되자, 이를 타개하기 위해 1990년 1월 여당인 민정당(민주정의당)과 김영삼의 민주당(통일민주당). 김종필의 공화당(신민주공화당)의 3당 합당을 이끌어내어 민자당(민주자유당)을 만들었다.

▲ 민주자유당 창당 축하연 모습 (1990.1)

① 신한국당은 김영삼 때인 1995년 12월에 등장한 집권당이다. 기존 집권당인 민자당은 계파 간 갈등으로 민정계 일부가 이탈한 데 이어 김종필의 공화계가 이탈했고, 1995년 11~12월 민정계의 뿌리인 전두환·노태우 두 전직 대통령이 구속되었다. 이를 계기로 김영삼 대통령은 집권당의 이미지를 바꾸기 위해 민자당의 당명을 신한국당으로 바꾸었다.

▲ 구속된 노태우·전두환 전 대통령

② 김대중은 1992년 제14대 대선에서 패배한 후 정계 은퇴를 선언했다가 1995년 7월 정계에 복귀한 후 새정치국민회의를 창당하였다(1995.9)

③ 신한국당은 제15대 대선(1997.12) 직전인 1997년 11월 조순·이기택 등을 흡수하여 당명을 한나라당으로 개명하였다.

⑤ 민자당에서 대표인 김종필에 대한 퇴진 운동이 벌어지자 1995년 3월 김종필이 공화계 동조 세력과 함께 민자당을 탈당하여 신민주공화당을 창당하였다.

答 : ④

26. 우리나라 지방자치제에 대한 설명 중 사실과 다른 것은 무엇인가?

① 제1공화국에서는 지방자치제가 전혀 시행되지 않았다.

② 5·16군사정변 이후 지방자치제가 연기되었다.

③ 1988년 3월 지방자치법이 개정, 지방자치제 실시가 가능해졌다.

④ 1991년 처음 기초 및 광역단체 의회가 구성되었다.

⑤ 1995년 처음 기초 및 광역단체 단체장 선거가 치러졌다.

| 해 설 |

① 제1공화국 시기인 1952년에 최초로 지방자치 선거가 실시되었다.

答 : ①

27. 1997년 발생한 외환 위기의 원인에 대한 설명 중 사실과 다른 것은 무엇인가?

① 압축 고도 성장기에 행해졌던 대기업들의 차입 경영, 은행들의 과도한 단기 외채 차입 등의 관행을 해소하지 못한 데 근본적 원인이 있었다.

② 1997년 초 태국·인도네시아 등 동남아시아 각국에서 외환 위기 및 금융 불안 사태가 일어났는데, 이것이 한국 경제로 인화하였다.

③ 외환 위기 발생 몇 년 전부터 한국의 대외신인도는 낮아지고 있었다.

④ 기아 등 부실 기업에 대한 신속한 구조 조정을 했어야 함에도 노조 등의 극심한 반대와 대선을 앞둔 정치권의 포퓰리즘 등으로 지체하여 대외신인도가 급격히 추락하였다.

⑤ 정부가 심각한 외환 고갈 상태를 숨겨 대응 시기를 놓쳤고 대선이 가까워오면서 금융개혁법·노동법 등 개혁법안 통과가 정치권 갈등으로 무산되었기 때문이다.

| 해 설 |

③ 한국의 대외신인도는 1997년에 들어와 갑자기 낮아졌다.

전경련 등 경제계에서는 김영삼 정부가 전격적으로 금융실명제를 실시함으로써 급속하고 대규모적인 외환 유출이 발생하고 이것이 외환 위기의 중요한 요인이었다고 주장하며, 1997년 말 외환 위기 발생 이후 금융실명제 폐지를 강력히 주장하였다.

③ : 답

28. 김영삼 정부 때 북한 핵 개발 문제를 둘러싸고 남·북한과 국제 사회는 다양한 조치들을 취했다. 다음 의 기술 중 김영삼 정부 때 일어난 사건에 관한 것이 아닌 것은 무엇인가?

① IAEA가 북한 핵 개발이 의심된다며 북한에 대한 핵 특별 사찰을 요구하자, 북한은 핵확산금지조약 (NPT) 탈퇴를 선언하는 등 벼랑 끝 전술을 구사하였다.

② 북한은 방북한 IAEA사찰단의 사찰을 거부한 데 이어 유엔 제재가 논의되자 IAEA 탈퇴를 선언하였다. 이에 미국은 북한의 핵무기 개발 시설이 있는 영변에 대한 정밀 폭격을 검토했으나 김영삼 대통령과 야당 지도자 등의 반대로 실행하지 못했다.

③ 김영삼 대통령은 대북 특사를 자청한 카터 전 미 대통령을 통해 김일성에게 대북 제재의 불가피성을 전하고 조건 없는 정상회담 개최를 제의하였다. 김일성이 이를 수용, 준비 중 사망함으로써 남북 정상회담이 무산되었다.

④ 한국·미국·중국 등은 북핵 문제를 평화적으로 해결하기 위해 6자 회담을 개최하여 비핵화에 대한 북한의 약속을 받아냈다. 그러나 북한은 협상 진행 기간에도 뒤에서는 핵 실험을 강행하여 약속을 위반하였다.

⑤ 미국·북한은 제네바회담에서 핵 동결 대가로 경수로 건설과 완공 때까지 중유를 지원키로 파격적인 합의를 했다. 이에 따라 한국·미국·일본은 경수로 건설을 위한 국제 컨소시엄인 한반도에너지개발기구(KEDO)를 발족했다.

| 해 설 |

④ 6자 회담 등을 통해 북핵 문제를 평화적으로 해결하려고 노력한 것은 김대중 정부 기간에 취해진 일이다.

④ : 답

29. 다음 중 김영삼 대통령 때 일어난 일이 아닌 것은 무엇인가?

① 북한의 대량 아사와 황장엽 망명

② 강릉 무장 공비 침투 사건

③ 북한과 미국 간 제네바 합의 체결

④ 이인모 노인 대북 송환

⑤ 제1차 연평 해전

⑤ 제1차 연평 해전은 김대중 정부 때인 1999년 6월에 발생하였다. 북한 경비정이 북방한계선(NLL)을 넘어 우리 영해를 침범하자, 우리 해군 고속정이 북한 경비정의 선체를 충돌하는 방법으로 밀어냈다. 이에 북한 경비정은 소총, 기관포를 발사하는 한편 북한 어뢰정 세 척도 공격에 가담하였다. 우리 해군은 초계함의 함포와 고속정의 기관포 등으로 응사하여 북한 어뢰정 한 척 침몰, 나머지 경비정들을 모두 파괴시키는 등으로 격퇴하였다. 이로 인한 우리 측 전사자는 없었다.

① 황장엽은 북한 김일성의 주체사상의 이론적 토대를 정립한 이론가이며, 김일성대학 총장, 조선노동당 비서, 최고인민회의 의장 등을 역임한 북한 최고위층 인사이다. 그는 북한 김정일 체제에 대한 환멸을 느끼고 1997년 2월 한국으로 망명하였다. 북한은 황장엽 한국 망명 이후 북한에 있던 황장엽 친인척 100여 명을 숙청했다고 한다. 황장엽은 2010년 사망하였다.

▲ 서울공항 도착 후 성명 발표에 이어 기자들의 질문에 대답하는 황장엽 (1997.4.20)

② 잠수함을 동원한 강릉 무장 공비 침투 사건은 김영삼 대통령 때인 1996년의 일이다. 1996년 9월 18일 새벽, 강릉의 한 택시 기사가 경찰에 강릉시 안인진리 앞 바다에 배가 좌초되어 있는데 수상한 사람들이 둘러앉아 있다라는 사실을 신고하였다. 사실 확인 결과, 정찰국 소속 26명의 무장 공비들이 타고 왔던 350톤급 상어 잠수함이었는데, 높은 파고로 인해 바위에 좌초된 것이었다. 공비들은 무장한 채 육지로 상륙했다. 군경은 대규모 수색 작전을 전개하여 강릉시 청학산에서 11명의 공비 시신을 발견(한 명이 11명을 사살하고 도주)한 데 이어 이광수를 생포하고 잔당 13명을 차례로 사살하였다(한 명은 북으로 도주). 이 사건은 청와대 기습 사건, 울진 삼척 무장 공비 침투 사건 이후 30년 만에 일어난 최대의 무장 공비 침투 사건이었다.

▲ 강릉 앞바다에 좌초된 북한 잠수함

▲ 강릉시 통일공원에 전시된 북한 잠수함

③ 북한과 미국이 비핵화를 위해 1994년 체결한 합의문인데, 북한은 미국으로부터 중유 및 경수로를 제공받고, 핵확산금지조약(NPT) 완전 복귀와 모든 핵 시설에 대한 국제원자력기구(IAEA)의 사찰 허용, 기존 핵 시설의 해체를 약속하였다. 그러나 북한은 약속과 달리 핵 개발을 은밀히 계속했다.

④ 김영삼 정부는 1993년 3월 미전향 장기수 이인모를 조건 없이 북한으로 송환하였다. 그는 6·25전쟁 때 북한군 종군 기자로 참전하였다가 인천상륙작전으로 퇴로가 없자 지리산에서 빨치산 활동을 하다 체포, 구속되었으며 출소 후에도 사상 전향을 거부하고 지속적으로 좌익 운동을 하여 총 34년 간이나 교도소 생활을 하였다.

▲ 북한으로 돌아가기 전 판문점에서 북한 가족을 만나는 이인모 (1993.3.19)

⑨ : 吕

30. 1980년대 급증한 반정부, 반체제 학생 운동권이 1990년대 들어 국민들의 지지를 상실하고 위축하게 된 결정적 계기는 무엇인가?

① 정원식 폭행 사건

② 동구 공산권 붕괴

③ 북한의 대량 아사 사건

④ 한총련의 연세대 폭력 사태

⑤ 대법원 한총련 이적 단체 판결

| 해 설 |

④ 연세대 사건은 강경 주사파 대학생 단체인 한총련이 국민과 학생들에게 위험한 단체라는 인식을 줌으로써 급격하게 세력이 위축되는 결정적 계기를 제공하였다. 한총련은 1993년 창립 총회 때 8만 명이 참가할 정도로 대규모였으나 연세대 사건을 계기로 세력의 위축은 물론 법원으로부터 이적 단체로 판결을 받았다. 한총련은 세력 위축을 거듭하여 1999년에는 1만 명도 안 되는 군소 세력으로 축소되었고, 2000년대 후반 이후에는 거의 유명무실한 상태에 이르렀다.

▲ 연세대 사건 현장

연세대 사건의 발생 경위는 이렇다. 주사파 단체 한총련은 범민련·범청학련 등 외부 단체들과 연계, 1996년 8월 15일 북한에서 개최하는 '8·15 통일대축전 및 범민족대회'에 대표자를 보내는 한편 대표들이 판문점을 통해 귀환하는 것에 맞추어 연세대에 모여 판문점까지 행진한다는 계획을 세웠다. 그러나 정부는 경찰 병력으로 연세대를 원천 봉쇄하였다. 연세대 안에는 전국에서 모인 한총련 소속 대학생 2만여 명이 강경 농성을 벌이고 있었다. 이들은 경찰이 진압에 나서자 경찰 집단 구타는 물론 종합관 등 건물의 상당 부분을 불태우고 내부 시설을 파손하는 등 대형 폭력 사태를 유발하였다. 학생들의 집단 구타로 의경 한 명 사망, 890명이 부상하여 장애인이 되는 등 큰 후유증을 남겼으며, 연세대도 건물을 복구하는 몇 년 동안 수업에 큰 차질을 빚었다.

▲ 쇠파이프로 경찰을 구타하는 시위대

이 사건을 TV나 신문을 통해 접한 국민은 이들의 불법성을 확인하였다. 국민은 공산주의가 몰락하고 북한 주민이 심각한 아사 상태에 있는 것이 드러났는데도 여전히 북한을 맹종하는 한총련 대학생들의 폭력 사태에 경악하였다. 이 사태를 계기로 정부도 학생 운동권 학생 체포에 적극 나섰고, 국민의 여론도 등을 돌렸으며 학생들의 참여도 현격하게 줄어들고 이탈자가 급증하였다. 또한 한총련은 1997년 법원으로부터도 이적 단체로 판결을 받아 불법 단체가 되었다. 이로써 한총련 등 주사파 학생 운동은 급격하게 쇠퇴의 길로 접어들었다. 운동권 학생이 총학생회장직을 독식하던 문화에서 비운동권 학생이 당선되는 일들이 일어나기 시작하였다.

① 1991년 4월 26일 명지대생 강경대가 경찰 사복 체포조에 의해 구타 사망한 것을 계기로 시위가 격화되었다. 곳곳에서 분신 사건이 일어나고 전국적인 학생 시위가 격화되어 갔다. '제2의 6월 항쟁'으로 번질지 모른다는 위기감마저 돌았다.

이러한 반정부 시위를 잠재운 것이 정원식 폭행 사건이다. 정원식 계란 투척 사건, 6·3 외대 사태, 정원식 밀가루 사건 등으로도 불린다. 정원식 전 문교부 장관은 1989년 문교부 장관 재임 시 전교조를 불법 단체로 규정하고 관련자들을 처벌하였다. 문교부 장관 퇴임 후 외국어대 겸임 교수를 하던 정원식은 노태우 대통령으로부터 국무총리로 임명되자, 6월 3일 마지막 강의를 하기 위해 외국어대를 찾았다. 이때 외대 운동권 학생들은 '전교조를 탄압했다'라며 정원식 총리 서리에게 달걀과 밀가루를 퍼붓고 멱살잡이와 발길질을 하는 등 10분간 폭행하였다. TV와 신문을 통해 밀가루를 뒤집어쓴 정원식 총리의 모습을 본 국민은 분노했고, 학생 운동권에 대한 여론이 싸늘해졌다. 강경대 사건 이후 격화되던 반정부 시위도 바로 위축되고 말았다.

▲ 정원식 총리가 외대생들에게 폭행당한 것을 보도한
　신문들(1991.6.4)

② 1990년 전후 동구 공산권 붕괴는 좌익 운동권 학생들에게 큰 충격을 주었다. 특히 마르크스-레닌 이론을 추종하던 PD 계열이 큰 혼동을 겪었고, 많은 수가 전향하는 계기로 작용하였다. 그러나 주사파들은 큰 동요가 없었다.

③ 북한에서는 1994년 여름 수해로 다량의 농경지 피해를 입었고, 이로 인해 1994년부터 1997년까지 300백만 명에 달하는 아사자가 생기고 먹을 것을 찾아 중국으로 넘어가는 탈북자 러시도 일어났다. 북한에서는 이를 '고난의 행군'이라고 부른다. 이 사태는 북한을 맹종한 주사파들에게 큰 충격을 주었고, NL 운동권의 약화를 가져오는 배경이 되었다.

答 : ④

3) 제15대 김대중 대통령 시기 (1998.2.25~2003.2.24)

31. 김대중 정부가 외환 위기를 극복하는 과정에 대한 설명 중 거리가 먼 것은 무엇인가?

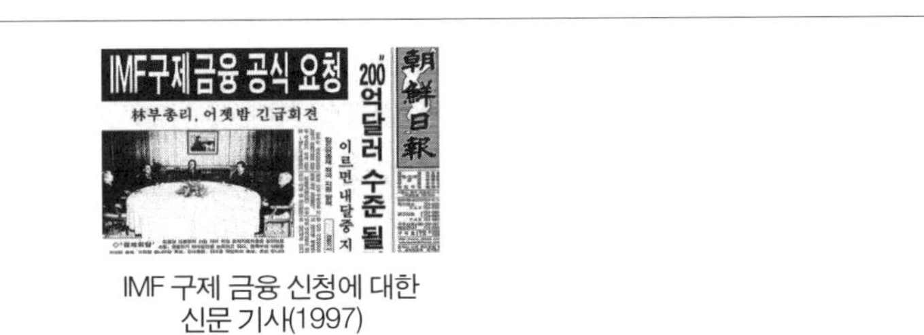

IMF 구제 금융 신청에 대한
신문 기사(1997)

① 은행 대출 이자 급등과 대출 중단 등으로 흑자 도산하는 기업이 많았다.

② 알짜 국내 기업들이 헐값으로 외국 기업들에 넘어가는 국부 유출이 심했다.

③ 기업들이 피나는 구조 조정을 하였으나 이때 당한 충격으로 경쟁력이 취약해졌다.

④ 외환 위기를 극복하기 위한 국민의 금 모으기 운동은 세계를 놀라게 했다.

⑤ 노·사·정 모두 합심한 결과, 조기에 외환 위기를 극복할 수 있었다.

| 해 설 |

③ 외환 위기에 당면하여 기업들은 살아남기 위해 알짜 사업을 매각하거나 운영 경비를 감축하는 등 체질 강화 조치를 취했다. 그 결과 시련을 견디지 못한 기업들은 도산했으나, 시련을 극복한 기업들은 생존력과 경쟁력이 크게 강화되었다.

答 : ③

32. 다음은 1997년 말 발생한 외환 위기 극복 과정에 대한 기술이다. 이같이 빠른 속도로 외환 위기를 극복하게 된 요인이라 말하기 힘든 것은 무엇인가?

> 김대중 정부 1년차인 1998년 경제성장율은 마이너스 5.8%로 후퇴하고 이자는 20%대로 육박하여 수많은 기업이 도산하고 가계가 파산되었으며 물가는 7.5%, 실업자는 180만 명에 육박하는 등 극심한 경제 혼란이 초래되었다. 1999년 들어서 경제가 회복되기 시작하여 9%대의 플러스 경제성장율로 반전되고 물가는 1%대로, 이자는 한자리 수로 안정되어 갔으며, 국제 수지는 250억 달러의 흑자를 기록했고 외환 보유고는 700억 달러를 넘어서는 등 유례없는 급속한 경제 위기 극복이 이루어졌다.

① 기업의 과감한 구조 조정

② 노사정 간 대타협

③ 정부의 강력한 노동·금융·행정 개혁 추진

④ 국민의 금 모으기 운동 등 지원

⑤ 일본 등 주변국들의 적극적 지원

| 해 설 |

⑤ 일본은 우리의 외환 위기 극복을 지원해주지 않았다. 오히려 우리나라 은행과 기업들에 빌려준 외채를 연기해주지 않고 상환을 요구하여 우리의 외환 위기를 조장했다.

④ 우리 국민들은 외환 위기를 극복하기 위해 금 모으기 운동을 전개하여 전 세계 사람들을 놀라게 했다.

▲ 국민의 금 모으기 운동

⑤ : 답

33. 다음 중 김대중 정부가 추진한 대북 정책과 거리가 먼 것은 무엇인가?

① 금강산 관광   ② 햇볕 정책   ③ 6·15공동 선언

④ 10·4선언   ⑤ 개성공단

| 해 설 |

④ 10·4선언은 노무현 대통령이 2007년 방북하여 김정일과 가진 제2차 남북정상회담의 결과로 나온 선언이다.

답 : ④

34. 다음은 6·15남북 공동 선언에 대한 설명이다. 옳지 않은 것은 무엇인가?

제1차 남북정상회담(2000.6)

① 남북한의 통일에 대해 많이 언급했다.

② 남북한 간의 평화 정착에 대해 많이 언급했다.

③ 남북한 간의 협력과 교류에 대해 많이 언급했다.

④ 남측의 연합제 통일 방안과 북측의 낮은 단계의 연방제 통일 방안의 공통성을 인정했다.

⑤ 통일과 관련하여 '자주'에 '우리 민족끼리'를 덧붙여서 외세 배제 정신을 더욱 강조했다.

| 해 설 |

② 6·15공동 선언은 통일에 대해서는 매우 많이 언급했으나 평화에 대해서는 거의 언급하지 않았다. 이 선언은 남북한 간의 평화를 정착시키는 문제에 대해서는 아무런 직접적 언급을 하지 않은 것이다. 심지어 이 선언에서는 '평화'라는 단어는 독립적으로는 전혀 언급되지 않았고 통일을 수식하는 형용사로만 언급되었다.

《6·15남북공동선언 내용》

(1) 남과 북은 나라의 통일 문제를 그 주인인 우리 민족끼리 서로 힘을 합쳐 자주적으로 해결해나가기로 하였다.

(2) 남과 북은 나라의 통일을 위한 남측의 연합 제안과 북측의 낮은 단계의 연방 제안이 서로 공통성이 있다고 인정하고 앞으로 이 방향에서 통일을 지향시켜 나가기로 하였다.

⑶ 남과 북은 올해 8·15에 즈음하여 흩어진 가족, 친척 방문단을 교환하며 비전향 장기수 문제를 해결하는 등 인도적 문제를 조속히 풀어나가기로 하였다.

⑷ 남과 북은 경제 협력을 통하여 민족 경제를 균형적으로 발전시키고 사회·문화·체육·보건·환경 등 제반 분야의 협력과 교류를 활성화하여 서로의 신뢰를 다져나가기로 하였다.

⑸ 남과 북은 이상과 같은 합의 사항을 조속히 실천에 옮기기 위하여 빠른 시일 안에 당국 사이의 대화를 개최하기로 하였다.

㉔ : 君

35. 다음 일본의 역사 왜곡에 대한 설명 중 옳지 않는 것은 무엇인가?

① 일본의 역사 교과서 왜곡 파동은 1997년 일본의 극우 세력이 '새로운 역사 교과서를 만드는 모임(새역모)'이라는 단체를 결성하면서부터 본격화하였다.

② 1982년 한·일 간에 첫 역사 교과서 파동이 발생한 후 우리나라는 국민 성금을 모아 독립기념관을 만들었다.

③ 야스쿠니 신사는 태평양전쟁 때 일본을 위해 희생한 246만 명의 전몰자 위패를 모신 곳으로 우리나라 현충원과 유사한 시설이다.

④ 일본은 종군위안부 자체를 인정하지 않다가 1993년 관방 장관 고노 요헤이가 고노 담화를 발표함으로써 종군위안부와 관련한 일본군의 간여를 인정하였다.

⑤ 일본은 1905년 무주지 독도를 시마네 현에 귀속시켰다고 하나 1900년 대한제국이 독도를 울릉군에서 관할한다는 칙령을 관보에 게재한 바 있다.

| 해 설 |

③ 야스쿠니 신사(靖國神社)는 도쿄 황궁 북쪽에 위치하고 있으며, 거기에는 총 246만여 명이나 되는 전쟁에서 죽은 전몰자의 이름이 있는 합사 명부(이름, 사망날짜, 장소)가 안치되어 있다. 여기에는 청일전쟁, 러일전쟁, 태평양전쟁 등 일본이 주변국을 침략한 각종 침략 전쟁에서 죽은 전몰자들이 포함되어 있는데, 특히 도조 히데키 등 태평양전쟁 A급 전범 14명도 합사되어 있어 한국·중국은 물론 각국으로부터 비난을 받고 있다.

▲ 칼을 차고 야스쿠니 신사를 참배하는 극우 세력

⑧ : 君

36. 다음은 한국의 산업 구조 변화 추이에 관한 통계이다. 옳지 않은 것은 무엇인가?

① 1953년에는 1차 산업 47.3%, 2차 산업 12.7%, 3차 산업 40.0%였다.

② 1970년에는 1차 산업 29.2%, 2차 산업 26.1%, 3차 산업 44.7%였다.

③ 1980년에는 1차 산업 16.2%, 2차 산업 36.6%, 3차 산업 47.2%였다.

④ 1990년에는 1차 산업 8.9%, 2차 산업 41.5%, 3차 산업 49.6%였다.

⑤ 2000년에는 1차 산업 8.4%, 2차 산업 46.6%, 3차 산업 45.0%였다.

| 해 설 |

⑤ 김영삼 정부 때 있었던 농업 개방과 외환 위기로 인해 1차 산업이 크게 위축되었고 2차 산업도 타격을 받았다. 또 1차 산업과 2차 산업에서 퇴출된 인력과 자원이 3차 산업으로 대거 이동했다. 따라서 1990년보다 1차 산업이 약간만 축소되고 2차 산업이 증가했으며 3차 산업이 축소된 것으로 표기된 ⑤항의 통계는 당시의 산업계 동향과 반대되는 잘못된 것이다. 2000년의 산업 구조 실제 통계는 1차 산업 4.9%, 2차 산업 40.8%, 3차 산업 54.3%였다.

⑤ : 답

37. 600만 명에 달하는 대규모 '붉은 악마'의 거리 응원으로 세계를 놀라게 했던 행사는 무엇인가?

① 2002년 한일 월드컵

② 88올림픽

③ 86아시아게임

④ 2010년 남아공 월드컵

⑤ 2014년 브라질 월드컵

| 해 설 |

2002년 한일 월드컵은 우리나라 축구팀이 4강에 올라가는 성적을 거둔 것과 함께 붉은 악마의 거리 응원으로 세계를 놀라게 했다.

▲ 붉은 악마의 거리 응원(광화문 광장)

① : 답

38. 2002년 한일 월드컵이 한창이던 6월 29일 연평도 근해 북방한계선 부근에서 북한 함정의 기습적 포격으로 상호 교전한 해전은 무엇인가?

① 천안함 사건

② 제1연평 해전

③ 백령도 사건

④ 연천 포격 사건

⑤ 제2연평 해전

| 해 설 |

제2연평 해전(2008년 이전 명칭은 '서해교전')은 2002년 한일 월드컵이 한창이던 6월 29일 연평도 근해 북방한계선 부근에서 북한 함정의 기습적 포격으로 상호 교전한 해전이다. 북한 해군 함대는 NLL을 넘어 남하, 차단 기동 하던 우리 해군 참수리 고속정 357호를 향해 기습 함포 공격을 시작하였고, 이에 해군도 함포와 기관포로 응사, 30여 분간 교전하였다. 이로 인해 대한민국의 피해는 6명이 전사, 19명이 부상하였고, 전투 종료 후 복귀 도중 참수리급 고속정 357호가 침몰하였다. 북한도 30여 명의 사상자를 내고 초계정 등산곶 684호가 반파된 채로 퇴각하였다.

▲ 제2연평 해전에서 피해를 입은 참수리 357호(해군 제2함대사령부, 평택)

⑤ : 답

39. 처음으로 촛불이 시위에 등장하였고, 2000년대 반미 시위의 기폭제가 된 사건은 무엇인가?

① 평택 미군 기지 이전 반대 시위

② 맥아더 동상 철거 시위

③ 한미FTA 반대 시위

④ 효순·미선 사건

⑤ 미 쇠고기 수입 반대 촛불 시위

| 해 설 |

④ 미군 장갑차에 의한 여중생 압사 사건(일명 효순·미선 사건, 의정부 여중생 미군장갑차 압사 사건)은 2002년 6월 조양중학교 2학년 신효순·심미선이 의정부로 가기 위해 마을을 나섰다가 경기도 양주시 광적면 소재 국가 지원 지방도 제56호선 갓길에서 훈련장으로 이동하던 주한 미군 장갑차에 깔려 사망한 사건이다. 장갑차는 차폭이 3.65미터여서 중앙선을 침범하지 않으려면 갓길을 침범할 수밖에 없었다. 더욱이 장갑차 운전병은 장갑차 특성상 갓길을 볼 수 없어서 갓길을 걷던 여중생 두 명을 치고 말았다.

▲ 사고차와 동종의 장갑차

▲ 장갑차 사고 지역
(사고 후 인도를 만듦)

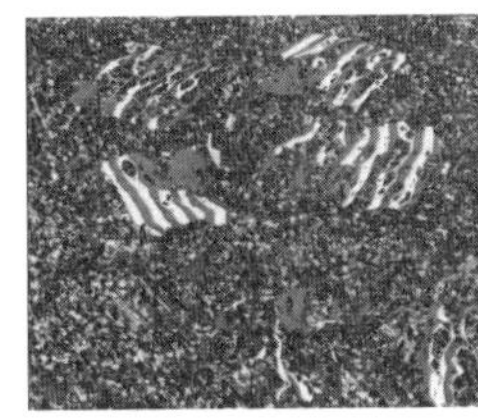

▲ 광화문에서의 반미 시위(2002.12)

이 사건이 일어난 2002년 6월은 한창 한일 월드컵에서 붉은 악마의 거리 응원으로 전국이 흥분의 도가니였던 때였다. 그래서 이 사건에 관심 갖는 국민이 별로 없었다. 그런데 미군 측은 공무상 일어난 사고라는 이유로 한국 법정에서의 재판을 거부하고 동두천 소재 미군 군사 법정에서 재판을 개최하였다. 그해 11월 18~23일간 열린 미 군사 재판에서 배심원들은 운전병 등의 과실이 없다며 무죄 평결을 내렸다. 이것이 발단이 되어 대규모 반미 시위가 일어났는데, 이때 처음으로 촛불이 시위에 동원되었다. 이때 여중생범대위(여중생사건범국민대책위원회)가 만들어져 시위를 주도하였다. 2002년 11월 무죄 평결 발표를 기점으로 본격화된 반미 촛불 시위는 12월에 전국적인 대규모 반미 시위로 확산되었다.

2012년 6월 4일, 미선 양의 아버지 심수보 씨는 한 언론과의 인터뷰에서 "단순한 교통사고다. (미군들이) 애들이 미워서 낸 사고가 아니지 않느냐"라며 "얼굴도 모르지만 그 미군들도 이젠 마음의 짐을 덜고 편하게 살았으면 좋겠다"라고 말했다. 효순 양의 부친 신현수 씨도 마찬가지 생각일 것이라고 말했다. 그러면서 "제발 효순, 미선을 정치적 목적에 이용하지 말아주기를 바라고 추모 행사에 다른 분들은 그만 오셨으면 한다"라고 말했다.

북한은 두 여중생을 평양 모란봉 제1중학교 6학년 9반 명예 학생으로 등록하고 교실 빈 자리에 두 학생 영정을 모시는 등 남남 갈등을 부추기는 수단으로 활용하고 있다.

◀ 북한 노동신문에 게재된
효순·미선 양의 시신 등
관련 사진들.

① 한미 양국은 2004년 8월 용산 기지와 미 제2사단을 평택으로 이전하는 협정에 합의하고, 10월에 협정안에 서명하였다. 이주 대상 지역 주민은 이에 반발하여 2004년 9월부터 2007년 2월까지 약 935일간 반대 시위를 벌였다. 이때 반미 단체 등 외부 세력들이 이에 개입하여 치열한 반미 투쟁을 벌였다. 이를 일명 대추리 사태라고도 한다.

▲ 평택 미군 기지 이전 반대 시위

▲ 대추리 농협 창고 외벽에 그려진
반미 구호

③ 한미자유무역협정(약칭 한미 FTA)은 대한민국과 미국 간의 자유무역협정으로, 양국 간 무역 장벽을 완화하거나 철폐함으로써 물자나 서비스 등의 이동을 자유화하는 협정이다. 이를 추진하는 목적은 시장을 확대함으로써 비교 우위에 있는 상품 수출을 늘리고 투자를 촉진할 수 있다는 데 있다.

노무현 정부는 2006년 2월 한미 FTA 협상 출범을 공식 선언한 후 미국 측과 14개월간의 마라톤 협상을 마치고 최종 타결 지었다. 이에 대해 미 의회는 자동차 부분 등에 불만을 품고 통과를 거부하였다. 이명박 정부는 미국 측과 재협상에 임하여 자동차 부분에 대한 미국 측 요구를 수용한 재협상안을 2010년 12월 타결 지었다. 이 한미 FTA 비준안은 2011년 11월 국회를 통과하였다. 이에 대해 한미 FTA 자체를 반대하거나 협상안에 반발하는 반미 시위, 반정부 시위가 거세게 일어났다.

▲ 서울광장에서 열린 한미 FTA 반대
시위(2011.11.13)

▲ 한미 FTA 저지 범국민 촛불 시위
광고물(2011.11)

④ 범민련, 한총련, 연방통추 등 단체(앞의 세 단체는 법원으로부터 이적 단체로 판결받음)들은 2005년 5월 "양키추방공동대책위"를 구성하고 9월까지 수천여 명이 모여들어 지속적으로 인천 자유공원에 있는 맥아더 장군 동상 철거 시위를 벌였다. 그런데, 인천 중심으로 활동하다 2011년 적발된 왕재산이라는 북한 지하당 수사에 따르면, 왕재산이 북한의 지령에 따라 2005년 맥아더 동상 철거 시위를 주도한 것으로 드러났다.

▲ 맥아더 장군 동상 철거 시위(2005.9.11)

정답 : ④

4) 제16대 노무현 대통령 시기 (2003.2.25~2008.2.24)

40. 노무현 정부 당시에 있었던 사실이 아닌 것은 무엇인가?

① 대통령 탄핵 사건

② 평택 미군 기지 이전 완료

③ 부동산 폭등

④ 신행정수도의 건설을 위한 특별조치법 헌법재판소 위헌 판결

⑤ 대한민국의 전시작전권 한미연합사에서 국군으로 전환 방침 결정

| 해 설 |

② 평택 미군 기지 이전 사업을 추진한 것은 노무현 정부 때이나 공사 후 이전을 시작한 것은 이명박 정부 때부터이며 미군기지 이전은 현재도 진행 중이다.

① 노무현 대통령은 2004년 4월 총선을 앞두고 정치적 중립성을 해치는 발언을 하였다. 즉 "개헌 저지선까지 무너지면 그 뒤에 어떤 일이 생길지는 나도 정말 말씀드릴 수가 없다(2.18)", "국민들이 총선에서 열린우리당을 압도적으로 지지해줄 것을 기대한다"라는 등의 발언이 대통령의 선거 중립 의무를 위반했다는 논란에 휩싸였다. 이에 새천년민주당, 한나라당, 자유민주연합 등 야당들의 주도 아래 찬성 193표, 반대 2표로 대통령을 대상으로 탄핵 소추안을 통과시켰다. 이로써 노무현 대통령의 직무가 정지되고 고건 총리가 대통령 권한을 대행하였다. 그러나 총선에서는 열린우리당이 압승을 거두고 야당들이 참패하였다. 이때 방송사들은 일방적인 탄핵 비판 방송을 했는데, 지나치게 형평성을 상실한 방송이라는 비판을 받았다. 헌법재판소도 2004년 5월 탄핵 심판 기각 판결을 내렸다. 이에 따라 노무현 대통령은 대통령직에 복귀하였다.

③ 2006년 말경에는 수도권 전체, 나아가 전국적으로 부동산 값이 유래 없이 폭등하였다. 정부에서도 신도시 정책, 종합부동산세 등 수도 없는 대책을 발표했으나 폭등을 막을 수 없었고, 국민들의 정부에 대한 불신이 팽배하였다. 세계적인 호황으로 인한 부동산 폭등 경향, 서울 재건축 억제, 기업 도시·혁신 도시 등 개발 공약 남발, KTX 개통 효과, 부동산 대책 실기 등 다양한 요인들이 작용한 결과였다. 심지어 2008년 미국발 세계 경제 위기 발생으로 인한 장기적인 부동산 침체와 맞물려 부동산에 투자한 가계들의 부채 급증 등 후유증을 겪게 되었다.

④ 2002년 12월 대선에서 새천년민주당 노무현 후보는 행정수도를 충청권으로 옮기겠다는 공약으로 압도적 표차로 당선되었다. 그러나 2004년 10월 헌법재판소에서 "신행정수도특별법은 서울을 수도로 보아온 관습헌법에 어긋나는 일"이라며 위헌 판결을 내렸다. 이에 따라 노무현 정부는 청와대와 행정중심복합도시(행복도시) 계획으로 대체하였다. 따라서 청와대와 국회 이전은 포기하고 행정부처 이전과 함께 다른 기능의 복합 도시로 만드는 행정중심복합도시건설특별법을 만들어 추진하였다. 이 법에 따라 공사가 진행되고 2012년 12월 정부세종청사가 개청하였다.

⑤ 노무현 대통령은 2006년 8월 한미연합사가 가지고 있는 전시작전권을 우리 군으로 전환하기로 방침을 정했는데, 이에 대해 한나라당이나 군 원로들의 반발이 심했다. 그러나 2010년 6월, 이명박 대통령과 오바마 미국 대통령은 전시작전권 전환을 2015년 12월로 연기하기로 하였다. 박근혜 정부가 들어선 후 한미 당국 간 협의를 통해 재연기하기로 하였다.

정답 : ②

41. 다음은 10·4남북 공동 선언에 관한 설명이다. 옳지 않은 것은 무엇인가?

제2차 남북정상회담(2007.10)

① 서해 공동어로구역과 서해평화협력특별지대 설정에 합의함으로써 해상에서의 북방한계선(NLL)을 무력화하게 만들 소지를 제공했다.

② 남북 관계를 통일 지향적으로 발전시키기 위해 양측의 법률적·제도적 장치들을 정비하기로 합의했다.

③ 개성-신의주 철도와 개성-평양고속도로 개·보수, 안변·남포 조선협력단지 건설 등을 지원하는 것을 포함하여 대한민국의 북한에 대한 많은 경제 지원을 약속했다.

④ 북한의 핵무기 문제 해결을 남북한 간에 지속적으로 협의하기로 합의했다.

⑤ 6·15남북 공동 선언을 보다 적극적으로 차질 없이 실천하기로 합의했다.

| 해 설 |

④ 10·4공동 성명에서는 북한의 핵무기 문제 해결을 남북한 간에 지속적으로 협의할 사항으로 천명하지 않았다. 이 성명은 "남과 북은 한반도 핵문제 해결을 위해 6자 회담의 9·19성명과 2·13합의가 순조롭게 이행되도록 공동으로 노력하기로 하였다"라는 극히 의례적인 문장만 포함했다.

노무현 대통령이 북한 김정일과 합의한 '남북 관계 발전과 평화 번영을 위한 선언' 일명 '10·4남북 공동 선언'(8개항)의 내용은 다음과 같다.

(1) 남과 북은 6·15공동 선언을 고수하고 적극 구현해나간다. 남과 북은 우리 민족끼리 정신에 따라 통일 문제를 자주적으로 해결해 나가며 민족의 존엄과 이익을 중시하고 모든 것을 이에 지향시켜 나가기로 하였다. 남과 북은 6·15공동 선언을 변함없이 이행해나가려는 의지를 반영하여 6월 15일을 기념하는 방안을 강구하기로 하였다.

(2) 남과 북은 사상과 제도의 차이를 초월하여 남북 관계를 상호 존중과 신뢰 관계로 확고히 전환시켜 나가기로 하였다. 남과 북은 내부 문제에 간섭하지 않으며 남북 관계 문제들을 화해와 협력, 통일에 부합되게 해결해나가기로 하였다. 남과 북은 남북 관계를 통일 지향적으로 발전시켜 나가기 위하여 각기 법률적·제도적 장치들을 정비해나가기로 하였다. 남과 북은 남북 관계 확대와 발전을 위한 문제들을 민족의 염원에 맞게 해결하기 위해 양측 의회 등 각 분야의 대화와 접촉을 적극 추진해나가기로 하였다.

(3) 남과 북은 군사적 적대 관계를 종식시키고 한반도에서 긴장 완화와 평화를 보장하기 위해 긴밀히 협력하기로 하였다. 남과 북은 서로 적대시하지 않고 군사적 긴장을 완화하며 분쟁 문제들을 대화와 협상을 통하여 해결하기로 하였다. 남과 북은 한반도에서 어떤 전쟁도 반대하며 불가침 의무를 확고히 준수하기로 하였다. 남과 북은 서해에서의 우발적 충돌 방

지를 위해 공동어로수역을 지정하고 이 수역을 평화 수역으로 만들기 위한 방안과 각종 협력 사업에 대한 군사적 보장 조치 문제 등 군사적 신뢰 구축 조치를 협의하기 위하여 남측 국방부 장관과 북측 인민무력부 부장 간 회담을 금년 11월 중에 평양에서 개최하기로 하였다.

⑷ 남과 북은 현 정전 체제를 종식시키고 항구적인 평화 체제를 구축해나가야 한다는데 인식을 같이하고 직접 관련된 3자 또는 4자 정상들이 한반도 지역에서 만나 종전을 선언하는 문제를 추진하기 위해 협력해나가기로 하였다. 남과 북은 한반도 핵문제 해결을 위해 6자 회담 9·19공동 성명과 2·13 합의가 순조롭게 이행되도록 공동으로 노력하기로 하였다.

⑸ 남과 북은 민족 경제의 균형적 발전과 공동의 번영을 위해 경제 협력 사업을 공리공영과 유무상통의 원칙에서 적극 활성화하고 지속적으로 확대 발전시켜 나가기로 하였다. 남과 북은 경제 협력을 위한 투자를 장려하고 기반 시설 확충과 자원 개발을 적극 추진하며 민족 내부 협력 사업의 특수성에 맞게 각종 우대 조건과 특혜를 우선적으로 부여하기로 하였다. 남과 북은 해주 지역과 주변 해역을 포괄하는 서해평화협력특별지대를 설치하고 공동어로구역과 평화 수역 설정, 경제특구건설과 해주항 활용, 민간 선박의 해주 직항로 통과, 한강 하구 공동 이용 등을 적극 추진해나가기로 하였다. 남과 북은 개성공업지구 1단계 건설을 빠른 시일 안에 완공하고 2단계 개발에 착수하며 문산-봉동간 철도 화물 수송을 시작하고, 통행 통신 통관 문제를 비롯한 제반 제도적 보장 조치들을 조속히 완비해나가기로 하였다. 남과 북은 개성-신의주 철도와 개성-평양 고속도로를 공동으로 이용하기 위해 개보수 문제를 협의·추진해가기로 하였다. 남과 북은 안변과 남포에 조선협력단지를 건설하며 농업, 보건 의료, 환경 보호 등 여러 분야에서의 협력 사업을 진행해나가기로 하였다. 남과 북은 남북 경제 협력 사업의 원활한 추진을 위해 현재의 남북경제협력추진위원회를 부총리급 남북경제협력공동위원회로 격상하기로 하였다.

⑹ 남과 북은 민족의 유구한 역사와 우수한 문화를 빛내기 위해 역사, 언어, 교육, 과학 기술, 문화 예술, 체육 등 사회 문화 분야의 교류와 협력을 발전시켜 나가기로 하였다. 남과 북은 백두산 관광을 실시하며 이를 위해 백두산-서울 직항로를 개설하기로 하였다. 남과 북은 2008년 북경 올림픽경기대회에 남북 응원단이 경의선 열차를 처음으로 이용하여 참가하기로 하였다.

⑺ 남과 북은 인도주의 협력 사업을 적극 추진해나가기로 하였다. 남과 북은 흩어진 가족과 친척들의 상봉을 확대하며 영상 편지 교환 사업을 추진하기로 하였다. 이를 위해 금강산 면회소가 완공되는데 따라 쌍방 대표를 상주시키고 흩어진 가족과 친척의 상봉을 상시적으로 진행하기로 하였다. 남과 북은 자연 재해를 비롯하여 재난이 발생하는 경우 동포애와 인도주의, 상부상조의 원칙에 따라 적극 협력해나가기로 하였다.

⑻ 남과 북은 국제 무대에서 민족의 이익과 해외 동포들의 권리와 이익을 위한 협력을 강화해나가기로 하였다 남과 북은 이 선언의 이행을 위하여 남북 총리 회담을 개최하기로 하고, 제1차 회의를 금년 11월 중 서울에서 갖기로 하였다. 남과 북은 남북 관계 발전을 위해 정상들이 수시로 만나 현안 문제들을 협의하기로 하였다.

④ : 君

42. 다음은 자녀 출산과 관련된 우리나라의 속담과 표어들이다. 시간적으로 가장 뒤에 등장한 것은 어느 것인가?

① '딸 아들 구별 말고 둘만 낳아 잘 기르자'

② '아빠! 혼자는 싫어요. 엄마! 저도 동생을 갖고 싶어요'

③ '세 자녀, 삼 년 터울, 35세 단산(斷産)'

④ '잘 키운 딸 하나 열 아들 안 부럽다'

⑤ '제가 먹을 것은 갖고 태어난다'

| 해 설 |

② 인구 증가율이 1% 미만에 그치고 있고, 가임(可妊) 여성 1인당 출산율이 1.16명으로 세계 최저 수준인 우리 사회의 심각한 저출산 문제를 해결하기 위해 내놓은 고육책인 표어다(2004).
① '딸 아들 구별 말고 둘만 낳아 잘 기르자'는 표어는 1970년대 표어다.
③ 1960년대 대한가족계획협회가 내세운 '3·3·3운동'의 표어이다.
④ 인구 4,000만 명을 돌파한 1980년대에는 '잘 키운 딸 하나 열 아들 안 부럽다'로 표어가 바뀌었다.
⑤ 이러한 속담이 횡행할 정도로 다산(多産)이 장려되는 시기였다. 인구수가 남북한 대결의 승패를 좌우한다는 논리에 따라 다산모(多産母)를 표창할 정도로 출산 장려 정책을 추진할 때 유행하던 속담이었다.

ⓐ : 月

5) 제17대 이명박 대통령 시기 (2008.2.25~2013.2.24)

43. 이명박 정부 시기에 있었던 사실이 아닌 것은 무엇인가?

① 4대강 사업 추진

② G20정상회의 성공적 추진

③ 5% 이상의 경제 성장률 회복

④ 아덴만 여명 작전

⑤ 한미 FTA 체결

| 해 설 |

③ 이명박 정부가 출범한 2008년에는 미국발 세계 금융 위기가 불어닥쳤다. 2007년 미국의 초대형 서브프라임 모기지(subprime mortgage) 대부업체가 파산하면서 미국은 물론 국제 금융 시장에 신용 경색을 불러왔다. 이 위기는 2008년 미국의 보험업체, 은행, 부동산업체 등으로 확산되고 그 여파는 유럽, 아시아 등 전 세계로 파급되었다. 이 위기는 1929년 세계 대공황에 버금가는 세계적 경제 위기로 평가되었다. 이에 대한 우리 정부는 외환 보유고를 확충하는 한편 중국, 일본과 통화 스와프 체결 등 선제적으로 신속히 대응함으로써 세계적인 경제 위기를 슬기롭게 극복할 수 있었다.

▲ 정부의 긴축 정책에 항의하는 그리스 시위대

2008년 세계 금융 위기는 2009년에로 이어졌다. 그래서 2008년에는 경제 성장률 2.3%, 2009년에는 0.3%로 추락했다. 2010년, 2011년에는 남유럽의 그리스, 이탈리아, 스페인 등 남유럽 국가들 중심으로 심각한 경제 위기가 닥쳤다. 그럼에도 불구하고 경제 위기를 선방하여 2010년 6.2%, 2011년에는 3.6%로 양호해졌다. 그러나 이명박 정부 5년간 평균 성장률은 2.88%에 불과하였다.

▲ 아덴만 여명 작전

④ 2011년 1월, 우리 해군 청해 부대는 소말리아 해적들에게 납치당한 삼호주얼리호(1만 톤급)를 소말리아 인근 아덴만 해상에서 성공적으로 구출하였다. 해군의 작전명은 '아덴만 여명 작전'이다. 다섯 시간의 교전을 통해 해적들을 제압하고 21명의 선원을 전원 구출하였다. 삼호주얼리호 선장 석해균이 복부 관통상을 입으면서도 기지를 발휘하여 작전을 성공시킬 수 있는 여건을 조성하였다.

답 : ③

---

44. 2008년 미 쇠고기 수입 반대 촛불 시위로 전국이 큰 홍역을 치렀다. 이 촛불 시위에 대한 설명 중 사실과 다른 것은 무엇인가?

① 이명박 대통령이 취임한 지 불과 두 달 만에 일어나 100여 일간 지속되었다.

② 이명박 대통령이 2008년 4월 미국 방문 당시 미국 쇠고기 수입 재협상을 타결한 것이 원인이 되었다.

③ 촛불 시위가 발발한 결정적 계기는 4월 29일 방영된 MBC PD수첩의 방송이었다.

④ 미국은 수백 건 이상의 광우병 발생 국가였기 때문에 당시 국민의 우려는 타당했다.

⑤ 광우병 촛불 시위에는 건강을 염려하여 자발적으로 참여한 사람도 많았으나 반미 단체들도 적극 참여하였다.

④ 2008년 촛불 시위가 일어날 당시를 기준으로 볼 때 그때까지 미국에서 광우병에 걸린 소가 발견된 것은 세 마리였다. 한 마리는 캐나다에서 수입된 것이었고, 미국에서 태어난 소는 두 마리였다. 그 두 마리도 1997년 동물성 사료를 먹일 때 태어난 소였고, 동물성 사료를 중단한 1997년 이후에는 한 마리도 발견되지 않았다.

③ 광우병 촛불 시위는 2008년 4월 중순 이명박 대통령이 미국 순방 중 미국 쇠고기 수입 재협상을 타결 지었을 때 일어난 것이 아니다. 2008년 4월 29일 MBC PD수첩이 방영된 직후 5월 2일 청계광장에서 첫 시위가 있었고, 이후 걷잡을 수 없을 정도로 확산되었다. MBC PD수첩은 동물 학대로 넘어진 소 영상을 마치 광우병 소인 것처럼 방송하였고, 야콥병(CJD)으로 죽은 아레사 빈슨의 죽음을 광우병(vCJD)으로 죽은 것처럼 방송했다. 설사 광우병에 걸린 소라도 인간이 뇌, 뼈 등 위험 부위가 아닌 살코기만 먹으면 광우병에 걸릴 확률이 거의 없음에도 그 사실을 숨기고 살코기만 먹어도 무조건 병에 걸리는 것처럼 과장했다. 실제로 광우병에 걸린 소에서 광우병을 일으키는 인자인 프리온은 대부분 뇌, 척수 등에서 발견되고 살코기에서는 0.55% 밖에 발견되지 않았다.

이 방송을 본 국민은 이명박 정부가 국민 건강을 생각하지 않고 졸속으로 광우병 위험이 있는 소를 수입했다며 분노, 광화문 광장으로 몰려가 정부를 규탄했다. 라면 수프, 화장품 등으로도 전염된다는 인터넷 유언비어도 있어 어린 중학생들이 "아직 어린 나이인데 죽기 싫어요"라고 울면서 시위장에 몰려갔다. 당시 광화문 광장 등에 몰려든 사람이 많을 때는 60만 명을 헤아렸다고 한다.

⑤ 광우병을 우려한 일반 국민도 많이 참여했지만 반미 단체들과 정부 비판 단체 등 1천여 개의 단체가 대거 동참해 결성한 '광우병국민대책회의'가 시위를 주도하였다. 미 쇠고기 수입 반대 촛불 시위는 반미 감정이 저변에 깔린 것으로, 2002년 미군 장갑차에 의해 압사당한 효순·미선 사건 촛불 시위, 이라크 파병 반대 시위(2003~2004), 미군 기지 평택 이전 반대 시위(2004.9~2007.3), 2005년 맥아더 동상 철거 시위, 한미 FTA 반대 시위(2007) 등 반미 시위의 연장선상에서 일어난 것이다.

답 : ④

45. 다음 사건들을 발생 순서대로 맞게 나열한 것은 무엇인가?

> ㉠ 연평도 포격 도발 ㉡ 대청 해전 ㉢ 금강산 관광객 박왕자 피격 사건 ㉣ 천안함 폭침

① ㉠㉡㉢㉣

② ㉡㉢㉠㉣

③ ㉢㉣㉠㉡

④ ㉣㉠㉢㉡

⑤ ㉢㉡㉣㉠

| 해 설 |

ⓒ 금강산 관광객 박왕자 피격 사건(2008.7) - ⓛ 대청 해전(2009.11) - ⓔ 천안함 폭침(2010.3) - ⓘ 연평도 포격 도발 (2010.11)

ⓒ 금강산 관광객 피격 사망 사건은, 2008년 7월 금강산에 관광을 갔던 한국 여성 관광객 박왕자 씨가 북한군의 총격에 의해 사망한 사건이다. 북한이 한국 정부의 진상 규명을 거부함에 따라 금강산 관광이 중단되었다.

ⓛ 대청 해전은 2009년 11월 일어난 남북 해군 간 교전으로, 우리 해군이 승리한 전투이다. 북한군 경비정이 NLL을 1.2해 리나 월선하자, 우리 해군이 경고 방송을 했고, 북한 경비정이 이를 무시하였다. 이에 우리 해군이 경고 사격을 하자, 북 한 경비정에서 조준 사격을 가함으로써 교전이 일어났다. 북한 경비정이 반파되어 북으로 예인되었고 북한군 여덟 명이 사망하였다.

ⓔ 천안함 폭침 사건은 2010년 3월 백령도 인근 해상에서 우리 해군 초계함인 천안함이 북한군 어뢰에 의해 폭침된 사건이다. 이로 인해 해군 장병 46명이 사망하였다. 천안 함이 폭침되자, 인터넷상으로 미군 오폭설, 암초 충돌설, 피로 파괴설 등 다양한 주장이 난무하였으나 바다 밑에서 북한군의 어뢰 추진체가 발견됨으로써 북한군의 소행임 이 확인되었다.

▲ 동강난 천안함의 모습

▲ 쌍끌이 그물로 건져올린 천안함 추진체

▲ 포격당하는 연평도

▲ 파괴된 연평도 민가들

ⓘ 연평도 포격 도발은 2010년 11월 북한군이 인천시 옹 진군 대연평도를 향해 해안포 170여 발을 포격하여 많은 피해를 낸 사건이다. 이로 인해 해병 두 명 사망(서정우 하 사, 문광욱 일병), 16명 부상, 민간인 두 명 사망, 세 명 부 상 등 인명 피해를 당했고 민가 등 건물 수십 채가 파손되 었다.

해군은 첫 포격을 당한 후 13분 만에 K9 자주포로 90여 발을 응사하였다. 국민은 천안함에 이어 연평도 포격을 당함으로 써 북한의 호전성과 위험성을 깨닫게 되었다.

▲ 북한의 포격에 응사하는 해병대

⑨ : 답

46. 최근의 대한민국 상황에 대한 기술 중 맞는 것은 무엇인가?

① 대한민국은 아직도 개발도상국 범주를 벗어나지 못하고 있다.

② 정부와 관료들의 행태, 국민 의식, 국민의 정치·행정 참여 정도 등을 볼 때 아직 민주화 정도가 낮다고 평가된다.

③ 대한민국이 제2차 세계대전 후 식민지에서 해방된 나라 중 산업화와 민주화를 함께 달성한 유일한 국가라고 평가받고 있다.

④ 아직도 우리나라는 국민소득 2만 불을 넘어서지 못하고 있다.

⑤ 대한민국이 사회 갈등과 정치 갈등이 그리 심하지 않은데, 이는 단일 민족이기 때문이다.

| 해 설 |

① 대한민국은 개발도상국을 뛰어넘어 중진국을 지나 선진국으로 진입하는 단계에 있다.

② 세계적으로도 권위 있는 영국의 경제주간지 '이코노미스트지'는 정권·정부의 투명도, 시민 자유 정도, 정치 참가 정도 등을 기준으로 '민주주의 지수'를 만들어 각 국가들의 평가하고 있는데, 2011년 평가에 따르면 대한민국을 아시아에서 일본과 함께 '완전한 민주화'를 달성한 국가로 평가하였다.

④ 우리나라 1인당 국민총소득(GNI)은 2007년 2만 달러 대에 진입했다. 2008년 글로벌 금융 위기로 다시 1만 달러 대로 떨어졌다가 2011년 2만 4천302달러가 되었다. 2013년에는 2만 6천205달러를 기록했고, 이 추세로 간다면 곧 3만 달러를 달성할 것으로 예측되고 있다.

⑤ 우리나라는 정치, 사회 등 다방면에서 갈등이 심한데, 이는 일제 식민지 경험, 남북 분단과 이념 갈등, 권위주의 통치 시대 경험, 산업화 과정에서 빈부 갈등, 지역 갈등 등이 어우러진 결과이다.

정답 : ③

5장

북한의 역사

개론

(1) 북한정권 수립과정

(2) 조선민주주의인민공화국

개론

1945년 8월 9일 일본에 대한 선전포고와 함께 소련군이 한반도로 진군했다. 소련군은 점령하는 대로 각 지역의 일본 행정관으로부터 개별적인 항복을 받았다. 소련군은 처음에 좌우익이 동수로 참여하는 인민위원회에 자치권력을 이양하는 척했다. 그러나 소련의 제88극동여단에서 훈련받은 김일성을 귀국시킨 후 인민위원회를 완전히 손아귀에 넣었다. 그 과정에서 북한 지역의 우파 지도자 조만식이 숙청당했다.

1945년 9월 말 스탈린은 북한 지역에 친소련 과도정부를 수립하라는 비밀 지령을 내렸다. 이 지시를 접수한 후 소련군은 인민위원회가 실질적인 정부 기능을 할 수 있도록 제도를 정비하고 독자적인 화폐를 찍어낼 은행 설립 등을 준비했다. 1945년 10월 대중 앞에 모습을 드러낸 김일성은 다음 해 2월 8일 준 정부조직인 북조선 임시 인민위원회의 위원장이 되어 실질적인 최고 지도자가 되었다.

북조선 임시 인민위원회는 토지 개혁, 조선중앙은행 설립, 조선인민군 창설 등 북한을 독자적인 정치 경제적 단위로 만드는 조치를 단행했다. 그러나 공식적인 정부 수립은 남한 지역의 정부 수립 이후로 미뤄두었다. 대한민국 정부가 수립되자 북한 공산집단은 이른바 조선최고인민회의를 구성하고 헌법을 채택한 후 '전 조선'을 아우르는 조선민주주의인민공화국의 설립을 선포하였다. 조선민주주의인민공화국은 그 시작부터 완성까지 소련의 각본에 의한 작품이었다. 스탈린이 측근과 만든 헌법을 그대로 채택하였으며, 김일성의 모든 연설은 소련 고문이 작성했다.

조선민주주의인민공화국은 사회주의를 표방하지 말라는 스탈린의 지시대로 인민민주주의를 내세웠으며 훗날 체제가 공고해진 뒤에야 사회주의를 선언했다. 1955년에 형식적으로 농민들에게 주었던 토지 소유권을 빼앗아 협동농장 체제를 세웠고, 1972년에는 기존의 헌법을 사회주의 헌법으로 전면 개정했다.

(2) 조선민주주의인민공화국

1인 독재체제 강화

소련군은 김일성 중심의 지도체제를 갖추는 과정에서 조만식을 제거하였다. 김일성은 이후 계기가 있을 때마다 반대파를 숙청하거나 제거하면서 1인 독재 체제를 강화해갔다. 6·25남침전쟁 도중에는 연안파의 거두 무정을 숙청하였고 전쟁이 끝난 후에는 남로당의 거두 박헌영과 소련파의 수뇌 허가이를 제거하였다. 소련의 스탈린 청산의 영향을 받아 반 김일성 세력의 움직임이 있자 1950년대 중반에는 소위 종파사건을 일으켜 김두봉을 비롯해 연안파와 소련파의 잔존 세력을 모두 제거하였다. 1960년대 중반에는 지지 세력이었던 갑산파마저 제거하고 개인 우상화 작업을 본격화하였다.

중소 분쟁 이후 독자 노선을 강화하기 위해 '주체사상'이라는 용어를 쓰기 시작한 김일성은 1960년대부터 빈번하게 이 용어를 사용하였고 1970년대에는 공식적인 당 이념으로 선언하였다. 주체사상은 김일성의 우상화에 이어 김정일 후계구도를 정당화하는 이념적 도구로 확장되었다. 이와 더불어 김일성 집단은 내부적 결속을 다지고 체제를 공고하게 만들기 위한 동원 체제와 인간 개조 운동을 전개해나갔다.

김일성 독재체제는 1980년대 들어 김정일로 이어지는 후계자 세습 체제를 구축하였다. 김정일 사후에는 김정은으로 이어진 3대 세습을 통해 인민의 공화국이 아닌 김씨 왕조국가임을 드러내었다.

대남 전략과 공세

전면적인 남침전쟁이 실패로 돌아간 이후, 외형적인 평화 공세와 함께 남한 사회를 혼란에 빠뜨리고 내부 혁명을 부추기는 동시에 무력 도발로 끊임없이 기회를 엿보았다. 어떤 전술을 채택하건 노동당 규약에서 천명한 바와 같이 '남조선에서 미제 침략군을 몰아내고 …… 남조선 혁명의 완성을 위하여 투쟁'한다는 기본 목표는 달라지지 않았다.

조선민주주의인민공화국 출범 직후에는 북한을 혁명적 민주기지로 선언한 뒤 그 역량을 바탕으로 한반도 공산혁명을 완수한다는 전략을 채택했다. 남침전쟁이 실패로 돌아가고 무력 통일의 가능성이 낮아지자 대통령을 암살하기 위한 타격대

(1968년 1·21사건)를 보내는가 하면 울진·삼척 지역에 무장공비를 침투시켜 사회를 혼란스럽게 하기도 했다. 1970년 이후에는 남한의 혁명 세력이 주체가 되어 남한에서 인민민주주의 혁명을 일으킨다는 전략을 채택하고 통혁당, 민혁당 등 여러 차례에 걸쳐 남한 내 지하당 구축을 시도하였다. 이 과정에서 공산주의자들의 기본 전술인 통일전선전술이 일관되게 유지되었고 무력도발도 멈추지 않았다.

북한의 대남전략전술은 철저하게 기만적이다. 1972년 비밀회담 끝에 자주, 평화, 민족의 대단결이라는 평화통일 3대 원칙에 합의하고 이를 발표했지만(7·4남북공동성명), 이를 전후해서 대남 침투용 땅굴을 지속적으로 뚫고 있었다는 게 밝혀졌다. 1983년에는 대통령 및 정부 고위관료를 암살하기 위해 미얀마 아웅산에서 폭탄 테러를 저질렀고 1987년에는 대한항공 여객기 폭파사건을 저질렀으며, 최근에도 2회에 걸친 연평해전과 연평도 포격 사건 등 크고 작은 무력 도발을 멈추지 않고 있다. 그리고 현재 북한의 핵무장은 한반도는 물론 국제적인 위협이 되고 있다.

북한정권 수립과정

1. 북한 정권의 수립에 대한 설명으로 사실과 다른 것은?

① 북한정권 수립의 배경이 된 것은 1945년 8월 9일부터 시작된 소련군의 북한지역 점령이었다.

② 스탈린의 내락을 받은 김일성은 1945년 9월 북한지역으로 들어와 1945년 10월 14일 평양공설운 동장의 이른바 '김일성 장군 환영대회'에서 모습을 드러낸 후 북한통치자로 지위를 굳혀갔다.

③ 1946년 2월 8일 발족한 김일성을 책임자로 하는 북조선임시인민위원회는 최초의 북한정부로서 기능을 하였다.

④ 1946년 8월 30일에는 북조선공산당과 조선신민당이 합동하여 대중정당을 표방하는 북조선노동 당을 창당하여 북한지역의 주도 정당으로서 역할을 하였다.

⑤ 대한민국이 1948년 8월 15일 정부수립과 함께 국군을 창설하자, 북한은 1948년 9월 9일 정부수립 과 함께 조선인민군을 창설하였다.

| 해 설 |

⑤ 대한민국 국군의 창설일은 1948년 8월 15일이나, 북한의 조선인민군 창설일은 1948년 2월 8일이다. 정규군의 창설일만 보더라도 북한의 분단화 작업이 먼저 이루어졌음을 알 수 있다.

③ 북조선임시인민위원회는 북한 최초의 정부로서 무상몰수 무상분배의 사회주의식 토지 개혁, 중요산업 국유화 등 사회주의 개혁을 추진하였다. 남한과 별도로 북한지역만을 대상으로 토지 개혁 및 중요산업을 국유화한 조치의 의미는 무엇일까. 이는 소련과 김일성이 북한지역을 친소공산정권을 수립하겠다는 의도를 분명히 가진 것이며, 이로서 남한이 공산화되지 않는다면 분단화로 귀결될 수밖에 없는 것이었다.

북조선임시인민위원회는 1946년 말 도·시·군 인민회의와 북조선인민회의를 구성함으로써 이전의 북조선임시인민위원회에서 '임시' 용어를 뺀 북조선임민위원회라는 공식 정부를 발족하였다.

⑤ : 답

2. 북한의 조선민주주의인민공화국 수립에 대한 설명 중 사실과 다른 것은?

① 북한은 1948년 8월 15일 대한민국이 건국되자 9월 9일 조선민주주의인민공화국 수립을 선포하였다.

② 북한은 1947년 11월에 헌법 제정에 착수하였고 헌법초안은 소련공산당의 검토와 스탈린의 승인을 받은 후 1948년 4 · 29 북조선인민회의를 통과하였다.

③ 조선민주주의인민공화국 수립에 있어서 남한 내 좌익들도 동참하여 정통성 확보에 일조하였다.

④ 북한은 조선민주주의인민공화국의 통치권의 범위를 한반도 전체가 아니라 북한지역에 한정하는 것으로 보았다.

⑤ 북한의 헌법초안은 1936년 스탈린이 제정한 소비에트헌법을 기초로 하였다.

| 해 설 |

③④ 북한은 '조선민주주의인민공화국'을 1948년 9월 9일 수립하였는데, 북한지역만이 아니라 남북한 전체를 통치하는 정부로 규정하였다. 북한은 이러한 통일 정부 명분을 만들기 위해 조선최고인민회의(우리의 국회) 구성 때 남한 내 좌익들도 동참케 하였을 뿐 아니라 남한 주민들도 투표에 참여토록 하였다. 남한 좌익들은 북한의 지령에 따라 남한 각 지역 내 좌익 성향 주민들을 대상으로 야간에 몰래 지하선거를 실시, 미리 인민대표로 정해진 인사에 대해 지지하는 도장을 날인토록 하였다. 이 선거에서 선출된 대표자들은 투표함을 가지고 북한 해주에서 실시한 인민대표자회의에 가서 북한 정권 수립에 참여하였다.

특히 제주 4 · 3사건을 일으킨 김달삼 등 주동자들은 제주지역 주민들을 대상으로 자발적 또는 회유 · 강압적으로 지하선거를 실시하였다. 비밀리에 하는 좌익들의 선거였으므로 강압, 조작, 대리날인 등 광범한 부정선거로 이루어졌다. 동 선거에서 선출된 김달삼 등 주동자 6명은 투표에 참여한 52,350명의 투표용지를 가지고 8월 2일 제주도를 탈출, 북한 황해도 해주에 올라가 남조선인민대표자회의에 참석하였다.

이렇듯 남한 각지에서 선발된 인민대표 1,080명은 1948년 8월 21일까지 북한 해주에 모여 남조선인민대표자회의를 개최하였다. 이 회의에서는 조선최고인민회의에 참가할 360명의 남한측 대의원들을 선출하였다. 북한 측도 선거를 통해 인민대표를 선발한 후 이들로 북조선인민대표자대회를 개최하고 조선최고인민회의에 참가할 212명의 북한 측 대의원을 선출하였다. 9 · 2 남 · 북측이 모두 포함된 572명의 조선최고인민회의가 소집되었다. 이 조선최고인민회는 우리의 제헌국회와 같은 성격으로, 여기에서 북조선인민회의가 채택했던 헌법초안을 조선민주주의인민공화국헌법으로 채택했으며 1948년 9월 9일 '오늘부터 전(全) 조선에 실시한다'고 선포하였다. 북한만의 정부가 아니고 남한까지도 아우르는 한반도 전체를 통치하는 정부라는 것을 선언한 것이다. 그 근거는 1948년 9월 9일 수립한 조선민주주의인민공화국정부가 '남 · 북한 전 지역에서 인민들을 대상으로 선거를 실시했다. 그 선거에서 선출된 대표들이 대의원들을 선출하여 조선최고인민회의라는 입법기구를 만들었다. 이 기구에서 조선민주주의인민공화국헌법을 제정했고, 그 헌법에 따라 조선민주주의인민공화국정부를 구성했다.'등을 제시하고 있다.

② 북한이 남한보다 헌법 제정을 먼저 착수한 사실에서도 민족분단 책임이 북한에 더 있음을 알 수 있다. 남한에서는 1948년 5 · 10선거를 통해 제헌의회를 구성한 후 이 제헌의회에서 제헌헌법 제정에 착수하였으며, 북한이 헌법 제정에

착수한 것은 1947년 11월이다. 헌법 초안이 북조선인민회의를 통과한 것은 김구, 김규식이 김일성 등이 남북 협상을 위해 북한에 가 있던 1948년 4월 29일이었다. 소련군과 김일성은 김구 등 남한 대표들과 남북 협상을 하는 동안에 몰래 북한정권 수립을 위한 헌법을 통과시키는 이중 플레이를 했던 것이다.

㉮ : 君

3. 북한의 1948년 9월 9일 수립된 조선민주주의인민공화국의 토대가 된 이른바 '조선민주주의인민공화국헌법'에 대한 설명 중 사실과 다른 것은?

① 언론·출판·집회·결사의 자유 등을 보장했으나 정치적 선언에 불과하였다.

② 삼권분립에 의해 사법부의 독립을 보장하지 않았다.

③ 토지 등 생산수단을 모두 국가·협동단체 명의 소유로 바꾸고 개인의 명의 소유를 불허하였다.

④ 인민민주주의 경제를 지향했는데, 이는 공산주의로 나아가기 위한 과도적 체제였다.

⑤ 이 헌법은 1972년 전면 개정, '조선민주주의인민공화국 사회주의헌법'(약칭 사회주의헌법)으로 바뀌었다.

| 해 설 |

우리의 제헌국회 격인 조선최고인민회의는 1948년 9월 2일 소집되어 1948년 4월 북조선인민회의가 채택하여 시행해온 헌법초안을 조선민주주의인민공화국헌법으로 채택하고 오늘부터 전 조선에 실시한다고 선포하였다.

① 조선민주주의인민공화국헌법은 '인민공화국의 주권은 인민에게 있으며 인민의 자유와 권리는 보장된다'라고 규정하기는 했다. 그러나 "조국과 인민을 배반하는 것은 최대의 죄악이며 엄중한 형벌에 의하여 처단된다"는 억압적 조항을 포함하는 등 자유를 억압하는 헌법이었다. 언론·출판·집회·결사의 자유 등도 자유와 권리는 장식적이며 정치적 선언에 불과한 것이었다.

② 재판소가 도·시·군의 인민위원회에 의해 선출 구성되는 등 사법부가 행정부에 종속될 뿐 아니라 재판소의 독립적 판결도 허용되지 않았다. 삼권분립이란 입법부, 행정부, 사법부 3권의 독립과 견제를 통해 권력의 남용을 막겠다는 자유민주주의의 인권보장 제도인데, 북한에서는 처음부터 이러한 제도가 실질적으로 존재하지 않았다.

③④ 이 헌법은 인민민주주의체제를 지향하였는데, 이는 공산주의(사회주의)체제로 가기 위한 과도적 체제였다. 즉 바로 개인의 소유·경영권을 박탈해 버리면 반발이 일어나기 때문에 과도적으로 일부 생산수단의 개인 소유·경영을 인정한 것이다. 물론 일부만 개인 소유·경영을 인정한 것이고 1948년 북한정권 수립 당시 이미 대부분의 생산수단이 국가소유였다(1946년 말 북한 공업시설의 90% 이상이 국가 소유). 그러다 체제가 공고화되면서 그간 인정해주었던 개인의 소유와 경영권을 완전히 몰수하여 국가와 협동단체로 귀속시켰다. 토지의 경우도 1946년 3월 지주로부터 토지를 몰수하여 빈농들에게 분배해주었는데 명의만 농민으로 해주었을 뿐 실제로는 경작권만 준 것이다. 명의라도 준 것은 농민들의 소유욕을 무시할 수 없었기 때문이었다. 그러나 6·25전쟁 후 체제를 공고히 한 1955년경부터 집단농장제로 바꾸면서 명의마저도 박탈하여 모든 토지를 집단농장에 귀속시켰는데, 1958년 작업을 완료하였다. 이렇게 하여 1948년 9월부터 약

10여 년간 지속되던 과도적 인민민주주의체제는 이후 개인의 사유·경영이 존재하지 않는 공산체제·사회주의체제로 된 것이다. 그리고 이를 헌법에 적용한 것이 1972년 전면 개정한 '조선민주주의인민공화국 사회주의헌법'(약칭 사회주의헌법)인 것이다.

⑧ : 月

1) 북한의 독재체제 전개과정

1. 북한 김일성의 독재체제 구축과정에 대한 설명 중 틀린 것은?

① 소련군과 김일성은 해방직후 북한지역에서 가장 영향력이 있던 민족주의자 조만식세력을 신탁통치 반대운동을 계기로 제거하였다.

② 김일성은 6·25전쟁 중에 평양 방어 실패를 이유로 연안파의 거두 무정을 숙청하고 전선사령관 김책을 의문사시킴으로써 군권을 완전 장악하였다.

③ 6·25전쟁 후에는 박헌영·이승엽 등 남로당지도부를 반혁명과 미제국주의 고용간첩 죄명으로 숙청하고 소련파 허가이 전 부수상을 숙청하는 정적들을 제거해나갔다.

④ 김일성은 소련 스탈린 격하운동 영향을 받은 '8월 종파사건(1956. 8)' 이후 반종파투쟁(1957)을 전개, 자신에게 도전한 김두봉 등 연안파와 박창옥 등 소련파를 모두 제거하고 독재의 기틀을 만들었다.

⑤ 김일성은 1967년 박금철·이효순 등 갑산파가 김일성의 권력강화에 저해되자 숙청한 직후 북한 전 주민들에 대한 사상검토작업(반동분자 색출작업)을 벌여 6만여 명을 적발함으로써 반김일성세력은 완전히 소멸하였다.

| 해 설 |

⑤ 북한 전 주민들에 대한 사상검토작업(반동분자 색출작업)을 벌여 6만여 명을 적발한 것은 1957년 반종파투쟁 때다.

김일성은 갑산파 거두 박금철을 유교봉건사상을 퍼트렸다며 숙청, 정치범수용소에 가두는 등 자기세력인 갑산파를 제거하였다. 김일성은 갑산파를 제거한 이듬해인 1968년 자기 생일을 명절로 만드는 등 개인 우상화 작업에 박차를 가하였고 황장엽 등을 활용하여 주체사상을 확립하였다.

① 북한지역의 최고 민족지도자인 조만식은 우익정당인 조선민주당을 결성(1945.11.3)하였는데, 12월 모스크바삼상회의에서 신탁통치안이 결정되자 반탁 노선을 견지하였다. 조만식은 소련군사령부의 신탁통치 지지 강요를 거부(1946.1.1)하다가 감금당함(1946.1.5)으로써 징계에서 완진 제거당하였다. 이로서 북한에서 민족주의세력은 완전히 몰락하고 공산주의세력이 득세하였고, 조만식을 제외한 조선민주당세력은 대부분 남한으로 월남하였다.

③ 김일성은 6·25전쟁의 패전 책임을 떠넘기면서 자신의 권력 기반을 강화하기 위해 1952년-1955년간 박헌영·이승

엽·이강국 등 남로당지도부를 반혁명과 미제국주의 고용간첩 죄명으로 숙청하고 이들을 변호한 소련파 거두 허가이 마저 숙청하는 등 가장 강력한 정적들을 제거하였다.

④ 김일성의 든든한 후원자였던 소련 공산당서기장 스탈린이 죽고(1953.3) 후임 공산당서기장 후르시초프에 의한 스탈린격하운동이 일어났다(1955.2). 이러한 분위기는 북한에도 전파되었다. 북한내 연안파, 소련파, 잔존 남로당파 등 반김일성세력은 스탈린 통치방식을 모방한 김일성을 제거하려 하였다. 반김일성세력인 김두봉, 최창익 등 일부 연안파와 박창옥 등 소련파는 김일성이 소련·동구 순방기간을 이용하여 김일성제거작전에 돌입한 것이다. 이들은 1956.8.30-31간 조선노동당 중앙위원회 전체회의에서 김일성 개인숭배를 비판하고 소련식 집단지도체제를 주장하다 친김일성파의 공박으로 무산되고 말았다. 이를 '8월종파사건'이라고 하는데, 중국과 소련의 개입으로 탄압 없이 일단락되었다. 그러다 다음해인 1957년 상황이 급변하였다. 중소분쟁이 일어나 소련과 중국이 서로 김일성을 자기 편으로 끌어들이려 하였다. 김일성은 이러한 유리한 대외환경을 활용하여 반김일성세력을 제거(반종파투쟁)하는 한편 북한 전 주민들에 대한 사상검토작업(반동분자색출작업)을 벌여 6만여 명을 적발하였다. 이로서 북한 내에서 김일성에 대항하는 세력은 완전히 소멸되었고, 김일성 독재체제기반이 확립되었다.

정답 : ④

2. 북한의 통치사상인 주체사상에 대한 설명으로 틀린 것은?

① 북한정권은 1955년부터 수시로 '주체사상'이라는 용어를 사용하기 시작하였다.

② 북한은 1965.4 '사상에서의 주체' '경제에서의 자립' '정치에서의 자주' '경제에서의 자립' '국방에서의 자위'를 주체사상 4대원칙이라고 천명하였다.

③ 1970년 제5차 중앙 노동당대회에서 드디어 주체사상을 당 이념으로 공식화하여 사용하기 시작하였다.

④ 북한은 1972년 12월 제정한 "사회주의헌법"에 와서 주체사상을 처음으로 헌법에 규정하였다.

⑤ 주체사상은 김일성의 통치철학으로서 김정일이 후계자로 내정된 이후에는 그 비중이 떨어졌다.

| 해 설 |

⑤ 주체사상은 1970년대 들어 김일성을 우상화하는 도구로 전락하였고, 1980년대에는 김정일을 우상화하는 절대적인 도구 역할을 하였다. 1980년대에 김정일에 의해 '사회정치적 생명체론'이 도입됨으로써 주체사상은 정치사상을 넘어 종교적 형태로 변화하였다.

정답 : ⑤

3. 남한에서 유신체제로 권력을 강화한 데 대응하여 북한 김일성이 권력 강화를 위해 한 것은?

① 사회주의헌법 채택

② 반종파투쟁

③ 4대 군사노선

④ 3대혁명소조운동

⑤ 천리마운동

| 해 설 |

① 북한은 헌법을 전면 개정(1972.12.27)했는데, 기존의 인민민주주의헌법을 폐기하고 사회주의헌법("조선민주주의인민공화국 사회주의헌법")을 공포한 것이다. 이 헌법에서는 북한(조선민주주의인민공화국)을 '자주적 사회주의국가'로 규정하여 '인민민주주의'혁명단계에서 '사회주의'혁명단계로 넘어왔음을 분명히 했다. 이 사회주의헌법은 주체사상을 헌법 규범화하고 국가주석제를 신설하여 김일성 1인체제를 제도화하였다. 북한이 사회주의헌법을 만들어 김일성 독재체제를 강화한 것은 남한에서 박정희 정부가 10월유신(1972.10)과 유신헌법 개정(12.27)으로 독재체제를 강화한 것과 맥을 같이하는 것이었다.

③ 북한은 쿠바미사일 위기(1962.10)를 겪은 후 미군 철수 등 결정적 시기가 올 경우, 외부의 지원 없이 독자적으로 전쟁을 수행하여 대남 적화통일을 달성할 수 있도록 하기 위해 4대 군사노선(전 인민의 무장화, 전 국토의 요새화, 전 군의 간부화, 전 군의 현대화)을 채택하였다(1962.12).

④ 3대혁명소조운동은 김정일이 주도한 것으로 1973년부터 시작되었는데, 김정일로 세대교체를 하는 기반이 되었다. 3대혁명소조운동이란 사상·기술·문화의 3대 혁명을 강화하기 위해 당성과 현대적 실무능력을 갖춘 젊은 인재들을 각 부문에 투입하여 정치지도와 생산성 향상을 촉진시키는 사회운동이다.

⑤ 북한은 소련 등의 원조가 삭감되자 사회주의 경제 발전에 필요한 자본, 물자, 기술 등의 부족에 직면하였다. 북한은 이러한 대외여건하에서 자력갱생으로 빠른 사회주의 경제를 건설한다는 명분을 내세워 대중들을 산업생산에 동원하는 노력경쟁운동인 천리마운동을 전개하였다(1958). 천리마운동은 1970년대에 이르러 한계에 직면, 퇴색되고 말았는데, 자본축적, 기술발전을 외면하고 대중 노력동원만을 치중한데다 경제 발전보다는 대중에 혁명사상을 고양시키는 정치사업적 특성이 강했기 때문이다.

①：답

2) 북한의 대남전략

4. 북한의 통일방안인 고려민주연방공화국방안에서 제시한 연방제 통일에 앞서 충족해야 할 선결조건 중 틀린 것은?

① 미북 간 휴전 협정을 대체할 평화협정 체결

② 주한 미군 철수

③ 반공정권의 퇴진과 자유민주정권 수립

④ 대한민국내 공산주의 활동 합법화

⑤ 국가보안법 폐지

| 해 설 |

김일성이 주장한 남북통일방안인 '고려민주연방공화국방안'은 이렇듯 연방제 실시 전제조건으로 국가보안법 폐지 등 앞의 예시문과 같은 것들을 제시하고 있다. 이는 대한민국 체제수호 기능을 무력화시킨 후 북한체제로의 공산통일을 하겠다는 의도를 숨기지 않는 것이다.

김정일이 주장한 남북통일방안인 '낮은단계의 연방제'는 전제조건을 제시하지 않는다. 현재 남한정권과 북한정권을 그대로 둔 채 각기 현재의 군사력 보유를 허용하고 국가보안법 폐지는 물론 주한 미군 철수도 요구하지 않는다. 이들이 노리는 것은 전제조건을 제시하지 않음으로써 남한 국민들로 하여금 경계심을 이완시킴으로써 통일국가라는 외형을 빨리 만들자는 데 있다. 북한은 느슨한 형태라도 통일국가를 만들기만 하면 사후적으로 전제조건들을 실현할 수 있다고 본다. 외형적으로라도 통일연방제국가를 이루기면 하면 그때 비로소 남한을 향해'통일된 자주국가에 왜 주한 미군이 있느냐'며 철수시키고, '통일되었는데 북한을 적으로 돌리는 국가보안법은 불필요하냐'며 없애려는 저의인 것이다. 이러한 식으로 적화통일하겠다는 전략이 낮은 단계의 연방제인 것이다.

③반공정권의 퇴진과 민주정권(용공정권)의 수립임. 자유민주정권 아님.

답 : ③

5. 북한이 판 땅굴도 발견되었는데, 이에 대한 설명으로 틀린 것은?

남침용 제3땅굴

① 기습남침을 위해 판 것이다.

② 지금까지 발견된 것만 6곳이다.

③ 더 많은 땅굴이 존재할 가능성이 높다.

④ 제3땅굴은 판문점 인근에 있다.

⑤ 1990년대에 발견된 것도 있다.

| 해 설 |

4곳이다. 고랑포 제1땅굴 발견(1974.11), 철원 북방 제2땅굴 발견(1975.3), 판문점 제3땅굴 발견(1978.10), 양구 제4땅굴 (1990.3)

남한과의 남북적십자회담 및 남북 비밀정치협상을 준비하던 중인 1971.9 "속전속결 기습전 감행 준비 교시(9·25교시)"에 따라 남침용땅굴을 파기 시작한 것이다.

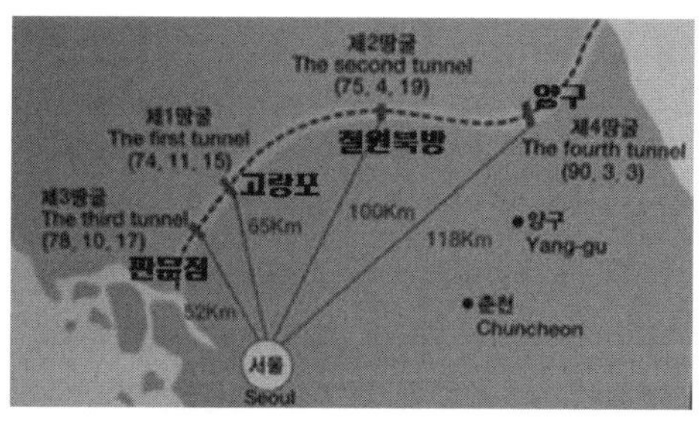

㉮ : 君

6. '자주, 평화, 민족의 대단결'이라는 평화통일 3대원칙에 합의한 사건은?

① 8·15평화통일 선언(1970)

② 남북적십사회담(1971)

③ 6·23평화통일 선언(1973)

④ 7·4남북공동성명(1972)

⑤ 평화통일 3대 원칙 제시(1974)

남한과 북한은 1972.5 비밀 접촉을 통해 남북공동성명에 합의하고 이를 7·4 서울과 평양에서 동시에 발표하였다. 이것이 최초의 남북합의문서인 7·4남북공동성명이다.

남북 접촉은 남한에서는 이후락 중앙정보부장이 북한을 비밀 방문하였고, 북한에서는 박성철 제2부수상이 서울을 방문하는 등 고위정치협상을 통해 조국통일원칙과 긴장완화 등 7개 항에 달하는 합의에 도달했던 것이다.

▲ 7·4남북공동성명을 발표하고 있는
이후락 중앙정보부장(1972.7.4)

7·4남북공동성명에서 가장 핵심적 사항은 자주·평화·민족대단결의 평화통일 3대원칙을 공식 천명한 것이다.

(1) 통일은 외세에 의존·간섭을 받음 없이 자주적으로 해결하여야 한다.

(2) 통일은 무력행사에 의거하지 않고 평화적 방법으로 실현하여야 한다.

(3) 사상·이념·제도의 차이를 초월하여 하나의 민족으로서 민족의 대단결을 도모한다.

答 : ④

▲ 이후락 중정부장과 김일성
(1972. 5. 4)

▲ 북한 박성철 제2부수상과 박정희
대통령(1972. 5. 31)

7. 다음 사건과 연관성이 없는 것은?

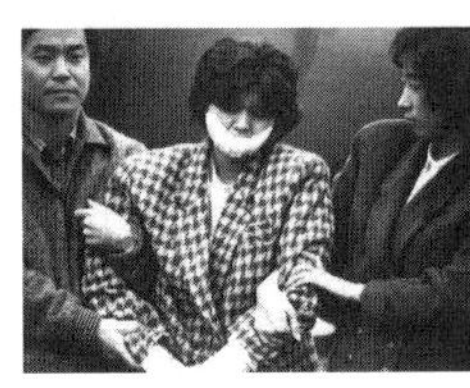

① 대한항공기(KAL기) 피격사건

② 88올림픽

③ 김현희

④ 바그다드

⑤ 김정일

| 해 설 |

① 1983.9 미국 뉴욕을 출발해 서울로 향하던 대한항공기(KAL기)가 사할린 부근 상공에서 소련 전투기의 미사일 공격을 받고 추락해 승객 전원이 사망한 사건을 말한다.

②③④ 김승일과 김현희는 1987년 11월 28일 이라크 바그다드발 서울행 대한항공 858기를 폭파하였다. 이듬해 서울에서 개최되는 88서울올림픽에 세계 각국들이 참가 신청하는 시기였다. 김승일(신이치)과 김현희(마유미)는 일본인으로 가장하고 일본인 여권을 소지하였다. 이들은 비행기 선반에 폭파용 라디오가 든 청색쇼핑백을 선반 위에 올려놓고 경유지인 아랍에미레이트의 아부다비 공항에 내렸다. 이들은 다시 바레인의 바레인 공항으로 가서 로마로 가기 위해 출국수속을 밟다가 가짜 일본여권임이 적발되어 바레인 경찰에 체포되었다. 김승희는 그 자리에서 독약 앰플을 깨물어 자살하고 김현희는 실패하여 국내로 체포 압송되었다.

⑤ 이 사건은 김정일이 서울에서 개최되는 88올림픽을 무산시키기 위해 김승일, 김현희에게 직접 친필지령을 내려 실행한 항공기테러사건이다. 김정일의 친필 지령 내용은 다음과 같다.

"당은 남조선 측의 두 개 조선책동과 올림픽 단독개최 책동을 막기 위해 대한항공기 1대를 폭파키로 결정하였다. 시기적으로 중요한 이번 사건은 세계 모든 국가들의 올림픽 참가의사에 찬물을 끼얹게 될 것이며, 남조선 괴뢰 정권은 치명적인 타격을 받게 될 것이다. 반드시 성취시켜야 하며 절대 비밀이 보장되어야 한다."

①: 吊

8. 아래의 인사에 대한 설명으로 틀린 것은?

① 북한 주체사상을 만든 장본인이다.

② 1997년 북한경제위기시 탈북하였다.

③ 주사파의 대부 김영환 등의 전향 계기가 되었다.

④ 주체사상의 이론가로서 북한통치사상 비판은 자제하였다.

⑤ 김정일은 수차례 암살조를 파견하였다.

④ 황장엽 전 노동당비서는 북한 김정일체제를 정면으로 공격하였다. 그들의 반인권적 행태, 체제의 모순점 등을 파헤치며 북한정권 타도운동에 적극 가담하였다. 그래서 김정일은 황장엽에 대해 '개만도 못한 놈'이라고 비난을 퍼부었다.

② 황장엽은 이른바 '고난의 행군'으로 300만 명의 아사자가 나고 북한 붕괴위기가 높아지던 1997년 탈북하였다.

③ 주사파의 대부 김영환 등의 증언에 따르면 1990년경 동구공산권의 붕괴도 충격을 주었지만 1990년대 중반 북한의 대량 아사자와 탈북행렬, 그리고 주체사상을 창시한 황장엽의 귀순을 통해 북한체제의 실상을 깨닫고 전향을 확실히 굳혔던 것이다.

⑤ 북한은 북한 김정일체제를 비판하는 황장엽(전 노동당비서)에 대해 "황가놈의 목줄을 따버리겠다"며 암살 위협을 가하였다.

2006년 12월 21일 김 모 씨가 황장엽이 참여하는 자유북한방송 사무소에 '황장엽은 쓰레기 같은 그 입을 다물라, 배신자는 대가를 치른다'라는 협박문과 함께 도끼 등을 소포로 보냈다가 2008년 9월 경찰에 체포된 일도 있었다.

실제로 김정일이 탈북자로 위장하여 남파시킨 황장엽 암살조가 관계당국에 적발되기도 하였다. 2010년 2월 김명호·동명관, 2010년 10월 이동삼이 암살 목적으로 침투했다가 적발되었다.

答 : ④

9. 다음 북한과 연계된 사건들 중 대통령 등 요인암살을 목적으로 일으킨 것이 아닌 것은?

① 아웅산묘소폭탄테러사건

② 1·21사건

③ 문세광사건

④ 현충원 현충문 폭파사건

⑤ 김포공항 폭파사건

⑤ 김포공항 폭파사건은 1986년 9월 86서울아시안게임을 바로 앞둔 시점에서 북한이 86아시안게임을 방해하기 위해 김포공항 청사 외벽 쓰레기통에 폭발물을 설치, 폭파시킨 사건이다. 5명이 사망하고, 32명이 중경상을 입었다.

① 아웅산묘소폭탄테러사건은 북한 공작원들이 김정일의 지령에 따라 버마(미얀마)를 공식 방문 중인 전두환 대통령을 암살하기 위해 일으킨 사건이다.(1983.10.9)

② 1·21사건은 김일성이 김신조 등 정찰국 소속 무장공비 31명이 청와대를 기습, 박정희 대통령을 암살하기 위해 일으

킨 사건이다(1968.1.21)

③ 문세광사건도 박정희 대통령을 암살하기 위해 일으킨 사건이다. 문세광은 1974년 8·15 광복절 기념식장에서 박정희 대통령을 암살하기 위해 총을 쏘다가 육영수 여사에게도 발사하여 육여사를 사망케 하였다.

④ 현충원 현충문 폭파사건도 북한이 박정희 대통령을 암살하려다 일어난 사건이다. 1970년 6월 22일, 6·25전쟁일을 3일 앞두고 박정희 대통령이 참배할 것을 예상하고 현충원 행사장 입구인 현충문에 폭탄을 설치하다가 실수로 터졌던 사건이다. 1명은 폭사하고 2명은 추격 사살되었다.

⑤ : 답

10. 북한은 4·19혁명이 일어난 이후 1960년대에 활발하게 대남 지하당공작을 전개하였고, 1980년대 중반 이후 양산된 주사파세력을 대상으로 1990년 즈음부터 다시 활발한 지하당공작을 전개하였다. 다음의 사건 중 오랫동안 적발되지 않고 장기간 활동하다가 가장 최근에 적발된 지하당 사건은 무엇인가?

① 통혁당 사건

② 동백림사건

③ 민혁당 사건

④ 왕재산 사건

⑤ 중부지역당 사건

| 해 설 |

④ 왕재산조직은 2011년에 적발되었지만 그 근원은 1990년대 초로 거슬러 올라간다. 간첩단 총책 김덕용이 북한 공작원에게 포섭된 것은 1990년대 초이며, 북으로부터 지하당 조직 지령을 받은 것은 1993년이었다. 이후 김덕용은 순차적으로 조직원들을 포섭한 후 2001년 3월 '왕재산'을 조직하였다.

④ : 답

11. 북한의 핵개발에 대한 설명 중 틀린 것은?

① 북한은 2003년 8월부터 6자회담을 진행하면서도 이면에서는 2차례의 핵실험(2006.10, 2009.5)을 강행하였다.

② 북한이 1990년대 들어 영변지역에서 은밀하게 핵개발을 하고 있다는 의혹이 생기기 시작하였고, 이에 따라 IAEA는 1992년 북한 내 핵개발 의혹시설에 대해 특별사찰을 요구했으나 북한은 이를 거절하였다.

③ 북한은 1993년 3월 NPT(핵확산금지조약)를 탈퇴를 선언하면서 벼랑끝 전술을 구사하며 핵을 이용한 위협공세를 강화하였다.

④ 미국은 북한을 협상장으로 끌어들여 경수로 건설, 중유제공 등 파격적 조건의 제네바합의(1994.10)를 도출하였고, 이의 결과로 한반도에너지개발기구(KEDO)가 출범하였다.

⑤ 북한은 2002년 우라늄 농축사실을 시인함에 따라 국제사회가 중유제공 중단 등을 선언하자, 2003년 NPT 탈퇴를 재선언한 후 우라늄 농축활동 등 핵무기 개발활동을 노골화하였다.

| 해 설 |

북한이 핵개발 연구를 시작한 것은 1950년대 중반부터이고, 원자력 전력생산을 넘어 핵무기를 개발하기 시작한 것은 1980년대이다. 1989년에는 재처리 시설을 가공하여 플루토늄을 추출하였는데, 이 시기로부터 국제사회가 북한핵 개발에 대한 관심과 의심을 갖기 시작하였다. 북한은 1992년 1월 IAEA와 핵안전조치협정에 서명하였고, IAEA는 6차례에 걸쳐 북한핵에 대한 임시사찰을 하였다. IAEA는 이 사찰을 통해 최초 신고서와는 다른 불일치한 점을 발견하였다. 이에 IAEA는 1993.2 북한 미신고 시설 2곳에 대한 특별사찰을 거듭 요구하였다. 이에 북한은 1993.3 특별사찰을 강요하면 전쟁이 초래될 것이라며 반발하고, 나아가 NPT 탈퇴 선언하는 등 벼랑끝전술을 구사하였다.

북한의 NPT 탈퇴 및 핵개발이라는 카드를 가지고 협박하는 북한과 이를 막으려는 미국(빌 클린턴 대통령 시기) 등이 지리한 협상과 타협을 한 1993-94년간을 1차 북핵위기라고 한다.

그 결과, 미국과 북한은 1994년 10월 스위스 제네바에서 미북기본합의서 이른바 제네바기본합의서에 서명하였다. 핵심은 북한의 핵개발을 포기하는 대신 경수로를 건설해준다는 합의였다. 경수로가 지어질 때까지는 중유를 제공한다는 조건도 있었다. 이에 따라 1995년 5월 이를 실행하기 위한 한반도에너지개발기구(KEDO)가 설립되었다.

이러한 미국과 북한 간의 합의는 북한의 신뢰 위반으로 깨어져갔다. 1997년 북한은 내부적으로 몰래 핵개발을 위한 고폭실험을 재개했던 것이다. 미국의 부시 정부가 들어선(2001.1) 이후 속속 북한 핵개발 사실이 드러나고 말았다. 2001년 6월 북한이 러시아로부터 고강도 알루미늄 150톤을 구입한 사실이 미 정보당국에 적발되는 등 핵개발 재개 사실이 드러났다. 북한은 2002년 10월 방북한 부시 미대통령 특사 켈리의 계속된 추궁에 핵 개발 사실을 시인하였다. 이로서 2차 북핵위기가 발생하였다. 9·11테러(2001.9.11)가 일어난 직후인 2002년 1월 부시 대통령의 연두 국정연설에서 '북한·이란·이라크를 악의 축'이라고 규정하였다. 부시 대통령은 북한에 계속 끌려다니지 않겠다는 의지를 분명히 하였다. 2002년 북한이 핵무기를 보유하고 있다는 인식이 정부 내에 공식화되었고, 이로서 제네바협의는 무효화되었다는 인식이 공공연히 제기되었다.

이러한 상황에서 북한에서는 2002년 12월 핵개발을 재개함과 동시에 IAEA 사찰단을 추방하였다. 북한은 2003년 1월 NTP 탈퇴를 선언하는 벼랑끝 전술을 다시 구사하였다.

이에 중국이 나서 다자회담으로 문제를 풀자고 하여 미국, 일본, 중국, 러시아, 한국, 북한 6자 간 회담을 지루하게 진행하였다.

2007년 2월, 2·13합의가 이루어짐으로써 문제해결의 실마리가 잡히기 시작했는데, 북한의 핵시설 폐쇄와 불능화, 핵사찰 수용, 중유지원 100만 톤 상당의 경제적 지원 등을 합의하였다. 그러나 2009년 4월 북한은 영변에 주재하던 IAEA 감시단을 추방함으로써 6자회담은 도루묵이 되고 말았다.

그해 9월 신선호 유엔 주재 북한대사는 "우라늄 농축 실험이 성공했다"고 발언하였고, 북한은 2010년 11월 방북한 핵물리학자인 지그프리드 해커 박사(미국 스탠포드대 국제안보협력센터장) 등에게 영변 소재 우라늄 농축시설을 공개하는 한편 원심분리기 2000여개가 가동 중이라는 설명을 덧붙였다. 이로서 북한의 핵개발은 이미 공공연한 사실로 굳어졌다.

북한은 2006년, 2009년 핵실험을 진행한 데 이어 2012년에는 함경북도 길주군 풍계리에서 제3차 핵실험을 실시하였는데, 핵을 미사일에 탑재할 수 있는 경량화를 위한 실험으로 평가되고 있다. 더욱이 핵무기를 탑재할 수 있는 다양한 미사일 실험을 지속(2012.4, 광명성 3호)하는데다 전략잠수함 탄도탄발사실험(2015.5) 등 이동식 발사까지 실험하고 있어 북한 핵문제는 대한민국은 물론 미국 등 국제적 위협이 되고 있다.

ⓒ : 邑

12. 북한의 헌법 개정에 대한 설명 중 타당하지 않는 것은?

① 북한은 1972.12 헌법을 개정(6차 개정)하여 사회주의헌법이라 하고 주석제를 신설하고 주체사상을 헌법규범화하는 등 김일성독재체제를 제도화하였다.

② 북한이 1992.9 헌법을 개정(7차 개정)하여 마르크스-레닌주의를 공식적으로 폐기한 것은 동구공산권 붕괴한 데 따른 것이다.

③ 북한은 1998.9 헌법을 개정(8차 개정)하여 김일성의 유훈통치를 공식화하고 서문을 신설하여 김일성헌법임을 명문화하였다.

④ 북한은 2009.4 헌법을 개정(9차 개정)하여 선군사상이란 용어를 명기하였다.

⑤ 북한은 2009.4 헌법 9차 개정에서 공산주의란 용어를 삭제했는데, 이는 공산주의체제를 없애겠다는 뜻을 분명히 한 것이다.

⑤ 북한이 9차 개헌에서 공산주의 용어를 삭제했다고 해서 공산주의체제를 없애겠다는 것은 아니다. 김정일체제의 독자성을 강조하기 위한 정치적 목적이나 전술적 목적에 있는 것이다.

③ 8차 개헌에서는 서문에 "김일성을 영원한 주석으로 높이 모실 것"을 강조, 유훈통치를 제도화하고 "조선민주주의인민공화국 사회주의헌법은 김일성동지의 주체적 국가건설 사상과 국가건설 업적을 법제화한 김일성 헌법이다"라고 규정하였다.

④ 김정일의 통치사상인 선군사상을 확고히 하기 위한 목적에 있다.

⑨ : 답

3) 북한의 역사왜곡

13. 북한의 역사 기술에 대한 사항 중 틀린 것은?

① 북한에서는 우리민족의 기원을 구석기시대까지 올려 잡고 있다.

② 북한에서는 1993년 평양 인근에서 단군릉 발굴을 발표하고 단군이 5000년전 평양에서 고조선을 건국했다는 주장을 하고 있다.

③ 북한은 1876년 쇄국정책을 버리고 개항한 강화도조약을 근대의 시작 시점으로 본다.

④ 북한은 현대의 기점을 1926년 '타도제국주의동맹(ㅌ · ㄷ동맹)' 결성에서 찾는다.

⑤ 북한은 신라의 삼국통일을 부정하며, 고구려 유민들의 발해 건국을 정통으로 보고 이후 고려-조선으로 이어졌다고 본다.

③ 북한은 근대의 시작 시점을 1866년 대동강에서 미국상선 제너럴셔먼호가 평양 군민에 의해 불타고 격침된 사건에서 찾는다. 이는 김일성 가문의 우상화와 연관된 것으로, 외지에서 온 산지기에 불과한 김일성 증조부 김응우가 앞장서 미국상선 제너럴 셔먼호를 격침시켰다고 역사를 날조하고 있다.

① 한국 역사계에서는 구석기인은 우리 민족과 관계가 없고, 우리 민족의 뿌리는 신석기인과 청동기인이라고 본다. 그러나 북한 역사학계에서는 구석기인이 우리 민족의 혈통으로 이어졌다고 주장한다.

② 한국 역사학계에서는 북한의 단군릉 발표를 믿지 않는다.

④ 북한은 김일성이 14세 때인 1926년 만주 화전현으로 가서 마르크스 자본론 등 공산주의 책들을 읽고 공산주의의 길

로 갈 것을 결심한 후 1926년 10월 "타도제국주의동맹(ㅌ·ㄷ동맹)을 조직했다고 한다. 북한은 이를 첫 혁명 청년조직이라고 보면서 이 조직 결성을 분기점으로 하여 근대와 현대로 나눈다. 14세에 불과한 김일성이 난해하기로 소문난 마르크스의 자본론을, 그것도 당시 영어·독어·불어·러시아판밖에 없었는데, 짧은 시간 내에 읽고 타도제국주의동맹을 결성했다는 주장은 현실성이 없는 역사 날조로 평가된다."

⑤ 북한은 고조선-고구려-발해-고려-조선-북한으로 정통성이 이어지고 있다고 보고, 한국에 대해서는 신라를 계승한 것으로 보아 폄하하고 있다.

정답 : ⑧

---

14. 북한은 중세에서 근대로 변화한 기점을 무엇으로 보는가?

① 병인양요　　　　　② 신미양요　　　　　③ 강화도조약

④ 제너럴셔면호사건　　⑤ ㅌ·ㄷ동맹

| 해 설 |

북한은 근대사의 시작시점을 1866년 제너럴셔면호사건으로 본다. 북한은 김일성의 증조부 김응우가 통상을 위해 대동강을 거슬러 올라온 미국상선 제너럴셔면호를 격침시킨 주동자였다는 데서 찾는다. 그러나 제너럴셔면호 격침은 평양감사 박규수 등 평양군민들이 힘을 합해 일으킨 것으로, 외지에서 들어온 20대 산지기 김응우가 주동했다는 것은 인정할 수 없다. 그리고 김응우 이름은 어떤 기록에도 없다. 북한의 김일성 우상화를 위한 작업의 일환으로 이루어진 것이다.

정답 : ④

---

15. 북한은 현대사의 시작시점을 언제로 보는가?

① 해방(1945.8.15)

② 북한정권 창건일(1948.9.9)

③ 3·1운동(1919.3.1)

④ 타도제국주의동맹 결성(1926)

⑤ 조국해방전쟁(1950.6.25, 6·25전쟁)

정답 : ④

 북한 김일성의 활동 내용에 대한 설명으로 타당하지 않는 것은?

① 북한은 김일성이 14세인 1926년 타도제국주의동맹을 만들었다고 주장한다.

② 김일성은 1936년 결성된 중국 공산당 소속 동북항일연군에서 활동하였다.

③ 김일성은 1937년 함남 갑산군 혜산시 보천보전투를 정치적 자산으로 삼으나 실제는 소규모 보급 투쟁에 불과했다.

④ 김일성은 1940년 11월 러시아 하바로프스크로 도피했고, 곧 러시아 88여단에 귀속하였다.

⑤ 김일성은 백두산 밀영을 중심으로 재만한인조국광복회를 이끌고 대일 투쟁을 할 때인 1942년 2월 16일 김정일을 낳았다.

| 해 설 |

⑤ 김정일은 김일성이 하바로프스크 브야츠크로 도피한 직후 1941년 2월 16일 태어났다. 그 후 김일성의 생년(1912년)과 맞추기 위해 1942년으로 수정했다는 설이 유력하다. 김정일이 백두산 밀영에서 태어났다고 하는 역사왜곡은 김일성이 조국의 영토를 지키며 격렬한 항일 투쟁을 전개하여 일본을 물리쳤다는 논리를 합리화하기 위해서 한 것이다.

④ 김일성이 소속되었던 동북항일연군은 1939년 10월경부터 시작된 일본 관동군의 대대적인 토벌로 대부분의 소속 부대들이 궤멸되고 말았다. 이에 김일성 부대원 수십명도 1940년 말(또는 1941년) 중·소 국경을 넘어 소련영토인 하바로프스크의 브야츠크로 갔다. 김일성은 그곳에서 소련이 장차 대일전을 대비해서 조직한 88여단으로 들어갔다.

▲ 88여단 대원들(러시아인도 보임)

▲ 88여단 본부

③ 보천보전투(1937.6.4)

▲ 보천보전투 현장

⑤ : 답

17. 1940년대 김일성의 행적에 대한 설명 중 사실과 다른 것은?

① 1941년 김일성이 동북항일연군 일행과 함께 러시아 하바로프스크 브야츠크로 도피했다.

② 88여단 소속의 김일성은 해방 후 1945년 9월초 모스크바로 가 스탈린을 4시간 면접하고 낙점을 받았다.

③ 김일성은 1945년 9월 19일 소련군과 함께 소련군함을 타고 소련군 대위계급장을 달고 원산항에 도착하였다.

④ 88여단은 장차 소련의 대일전 참전을 위해 만든 부대로서 1945년 8·8 대일전 선전포고 직후 한반도 진군에 참여하였다.

⑤ 소련군사령부는 김일성을 북한의 지도자로 키운다는 계획에 따라 1945년 10·14 평양공설운동장에서 열린 '소련군 환영 평양시민대회'에 처음으로 대중 앞에서 연설하게 했다.

|해 설|

④ 김일성이 귀속한 88여단은 소련군이 1945년 8월 9일부터 한반도를 진군하여 일본군을 소탕하는 작전에 돌입할 때 일체 참여하지 못했다. 그래서 김일성이 귀국한 후 소련군 정치사령관 레베데프 소장에게 자신들(88여단 김일성 부대)도 대일본전에 참여한 것으로 해달라고 요청했다가 거절당한 일화가 있다. 그런데 김일성은 결국 역사를 왜곡하여 소련군이 한 진군을 마치 자신들이 한 것처럼 꾸몄다.

⑤ 이것은 김일성을 지도자로 부상시키려는 소련군사령부의 공작에 기인한 것이었다. 이때 김일성이 한 "감사하는 조선인민을 대표해"라는 환영 연설은 소련군사령부에서 만들어준 연설문을 번역한 것이었고, 김일성이 입은 양복도 소련군사령부 강마하일 소좌의 양복이었으며, 넥타이도 메클레르 중령이 매주었다. 동 행사 때 평양시민들은 33세의 젊은이를 김일성 장군이라고 소개하자 믿을 수 없다며 반발하였다. 이에 메클레르 중령은 불신여론을 잠재우기 위해 신문사 기자를 대동하여 김일성의 생가 만경대를 방문해 보도토록 하였고, 김일성이 가는 곳마다 대규모 환영집회를 개최토록 했다. 조만식 선생과 협조를 이끌어내기 위해 식사자리도 만들었다. 김일성을 향후 북한의 지도자로 만들라는 스탈린의 지시를 이행하기 위한 조치들이었다.

답 : ④

지은이 김원

저자 김원은 1973년생으로 서울대학교에서 국어국문학을 전공했다. 각종 교양도서의 집필 및 번역에 힘써왔다. 몇 년간 한국 현대사를 공부하고 그 성과를 『젊은 대한민국사』 '건국'과 '위기' 편으로 정리했다. 한국 현대사를 올바로 알리기 위한 노력의 일환으로 뜻을 같이하는 이들과 함께 『정통한국사』를 만들었다.

정통 한국사 - 근현대사 편

펴낸날	**초판 1쇄 2015년 8월 13일**
지은이	김원
펴낸이	김광숙
펴낸곳	백년동안
출판등록	2014년 3월 25일 제406-2014-000031호
주소	경기도 파주시 광인사길 30
전화	031-941-8988 팩스 070-8884-8988
이메일	on100years@gmail.com
ISBN	979-11-86061-37-4 13910

※ 값은 뒤표지에 있습니다.
※ 잘못 만들어진 책은 구입하신 서점에서 바꾸어 드립니다.

이 도서의 국립중앙도서관 출판시도서목록(CIP)은 서지정보유통지원시스템 홈페이지(http://seoji.nl.go.kr)와 국가자료공동목록시스템(http://www.nl.go.kr/kolisnet)에서 이용하실 수 있습니다.(CIP제어번호: CIP2015018595)